SPECIAL
EDUCATION

2판

특수교육학개론

| 강대옥 · 강병일 · 김기주 · 김남진 · 김창평 공저 |

학지사

2 판 서문

초판을 출간한 지 4년이 흘러 개정판을 내기에 이르렀다. 이 책을 처음 집필할 때는 기본 사항을 중심으로 알차면서도 체계적으로 구성하여 특수교육학을 처음 접하는 이들에게 학습에의 부담감을 덜 느끼게 하고, 강의 및 학습에의 효과성과 효율성을 높이고자 했다. 생각한 만큼 도움이 되었는지 평가하기에는 다소 두려운 면이 없진 않지만 특수교육에 관심을 가지고 이 책을 활용해주신 모든 분에게 감사를 드리고 싶다.

그간 특수교육관련 통계가 해마다 새롭게 발표되고, 2013년 5월에는 『정신질환의 진단 및 통계 편람-제5판(DSM-5)』이 출간되었다. 그리고 2015년 12월에는 2015 개정 특수교육 교육과정이 고시되는 등 특수교육학에 접근하는 데 있어 몇 가지 참고해야 할 사항들이 발생하였다. 따라서 이번 개정판에는 우리나라의 특수교육대상자 배치 현황을 최근 5년의 내용으로 수정하였으며, DSM-5와 관련된 특수교육대상 영역별 용어 및 개념 등을 부분적으로 수정하였다. 극히 한정된 분량이기는 하지만 2015 개정 특수교육 교육과정의 주요 사항들도 반영하고자 하였다. 단원별로 학습동기 유발을 위해 관련 인물에 대한 사례를 포함시켰으며, 초판에 있었던 각 단원별 주요 용어는 삭제하였다. 대신에 각 단원마다 요약을 추가하여 전체적인 내용을 정리하는 데 도움이 되도록 하였다. 이에 이 책은 제1판과 마찬가지로 핵심 내용 중심의 단원 조직이라는 근본적 원칙은 유지하면서, 학습동기 유발, 최신의 특수교육 동향 및 이론 반영, 학습내용 정리라는 교수-학습의 이상적인 골격을 완성시키고자 했다.

이 책의 단원 구성은 특수교육대상자의 분류 및 대학의 학사일정 등을 고려하여 기존의 13개 장을 고수하여 그대로 구성하였다. 이에 제1장과 제2장은 특수교육 전반에 대한 내용 및 이후에 진행될 단원별 내용에 대한 이해를 돕기 위한 특수교육의 기초와 통합교육에 대해 탐색하였다. 제3장부터 제12장까지는 특수교육대상자 영역별 특성과 교육방법을 각론 수준에서 논의하였다. 그리고 마지막 제13장은 특수아동의 평생교육 차원에서 장애영유아교육, 전환교육, 부모교육에 대한 내용으로 구성하였다.

초판에도 밝힌 것처럼 저자들이 갖고 있는 능력의 한계 등으로 인해 완벽한 작품을 만들기가 곤란하다는 것은 항상 인정하고 있다. 그래서 이 책이 갖고 있는 부족한 부분이나 한계점들에 대한 충고를 들을 마음의 귀는 항상 열려 있으며, 꾸준히 수정·보완해 나갈 생각이다. 또한 우리 저자들은 오늘도 같은 곳을 바라보며 함께 가고 있다는 믿음을 겸손한 마음으로 드리고 싶다.

개별 저자들의 수고와 더불어 좋은 책을 만들고 개정하기 위해 노력하실 뿐만 아니라 우리 저자들이 그 자리에 안주하지 않고 노력할 수 있도록 기회를 제공해 주시는 학지사 김진환 사장님의 독려로 개정판 출판이 가능했다고 본다. 이에 우리 저자들은 심심한 감사를 드리며, 또한 개정판이 조금이나마 덜 부끄러운 작품이 되도록 애써주신 편집부 오희승 대리를 비롯한 학지사 관계자 분들께도 감사드린다. 마지막으로 이 책으로 특수교육을 공부하시는 모든 분의 마음에 소중한 우리 아이들과 같이 손잡고 갈 수 있는 희망이 많아지길 바라는 바이다.

2016년 2월에
저자 일동

1 판 서 문

　1977년 제정된 「특수교육진흥법」이 2007년 「장애인 등에 대한 특수교육법」으로 전면 개정되면서 가장 많이 출판된 특수교육학 관련 교재 중 하나는 '특수교육학개론' '특수교육학' '특수아동의 이해' '특수아동의 이해와 지도' 같은 서명(書名)을 달리하는 기본 도서일 것이다. 이와 같이 근래에 비슷한 성격의 교재들이 봇물 터지듯 출판되었음에도 불구하고 이 책을 집필하게 된 것은 다음과 같은 문제점을 조금이나마 해결하고자 하는 의도에서다. 첫째, 내용에 충실한 교재들이 많은 것은 사실이나 상대적으로 다루고 있는 내용의 방대함으로 특수교육학을 처음 접하는 이들이 학습에의 부담감을 느낀다는 것이다. 둘째, 기본 사항을 중심으로 간략하게 기술된 교재도 많지만, 이들은 지나치게 내용이 생략되어 있는 경향이 있어서 가르치는 입장에서 부가적으로 준비해야 할 자료들이 많다는 점이다. 마지막으로, 정해진 시간 내에 해당 내용을 전달하고, 상호작용하고 마무리할 수 있는 적정 분량으로 구성된 책들 또한 드물다는 것이다.

　저자들은 이상의 문제점을 해결하기 위해 저자들이 대학의 수업장면에서 직접 활용했던 강의노트를 중심으로 재구성하여, 가급적이면 해당 내용을 이해하기 쉽도록 풀어 썼으며, 이를 구조적으로 정리하여 학습에의 효과성과 효율성을 높이는 데 중점을 두었다. 또한 특별한 경우를 제외하고는 미국, 유럽, 일본 등과 같은 선진국의 특수교육 자료들을 활용하기보다는 우리나라의 특수교육 현황을 정리하여 전달하기 위해 노력하였다. 더불어 특수교육학을 처음으로 접하는 이들이 특수교육학의 기본적 이론에 대한 이해와 이를 토대로 실질적인 특수교육에서의 문제들을 다시 한번 고찰해 볼 수 있도록 학습문제도 제시하였다.

이 책에서 다루고자 하는 특수교육학의 구체적인 내용은 특수교육대상자의 분류 및 대학의 학사일정 등을 고려하여 총 13개 장으로 구성하였다. 1장과 2장은 특수교육 전반에 대한 이해를 도모하고 이후에 진행될 학습을 수월하게 하기 위해 특수교육의 기초와 통합교육에 대해 탐색했으며, 3장부터 12장까지는 장애 영역별 특성과 교육방법을 각론 수준에서 논의하였다. 그리고 마지막 13장은 그 중요성에도 불구하고 별도의 장으로 구분하여 다루지 못한 장애영유아교육, 전환교육, 부모교육과 관련된 내용을 간략하게나마 살펴볼 수 있도록 구성하였다.

각기 다른 대학에 재직 중인 다섯 명의 저자들이 모여 교재를 집필한다는 것이 결코 수월한 과정만은 아니었다. 공동의 목적을 달성하기 위해 많은 노력을 기울였고 이에 최선을 다한 결과물이 생산되었다는 사실로 위안을 삼아 보려 하지만, 저자들이 갖고 있는 능력의 한계와 시간적 제한, 저술 방식 통일의 어려움 등으로 최고의 작품을 만들어 내지 못했음은 스스로 인정하는 바다. 이 책이 갖고 있는 부족한 부분들에 대한 충고를 충분히 수용할 준비가 되어 있는 만큼, 향후 동료 연구자는 물론이고 이 책으로 공부한 학생들의 조언을 바탕으로 꾸준히 수정·보완해 나갈 생각이다.

끝으로 이 책의 출판을 허락해 주신 학지사 김진환 사장님과, 미약했던 시작을 창대히 마무리할 수 있도록 신경 써 준 영업부 설승환 대리, 편집부 백소현 대리를 비롯한 학지사 관계자 분들께 감사드린다.

2012년
저자 일동

차 례

특수교육의 기초

우리나라에서 장애인을 위한 근대적 특수교육은 미국 북감리교 여선교사였던 로제타 셔우드 홀(Rosett Sherwood Hall, 1865~1951)이 1894년 평양에서 선교사업을 하면서 시각장애 소녀였던 오봉래를 가르친 것에서 비롯된다….

1890년 한국에 온 홀은 경성에 있는 보구여관(이화여대 부속병원의 전신) 의사로 일했다. 그러던 중 1891년 역시 의료 선교사로 내한한 윌리엄 제임스 홀(William James Hall, 1860~1894)과 1892년 결혼한 뒤, 1894년 남편을 따라 평양으로 이주하여 남편이 경영하는 병원에서 부인병 진료소를 개설하고 의료와 선교사업을 시작했다.

그때 선교사업을 돕고 있던 오석형에게 시각장애를 가진 딸이 있다는 것을 알고 그 여자아이에게 점자를 가르치기 시작했는데, 그녀가 바로 오봉래이다. 오봉래는 우리나라 최초로 장애인을 위한 근대적 특수교육인 점자교육을 받았던 것이다.

※ 출처: 정창권, 윤종선, 방귀희, 김언지(2014). 최초의 근대적 특수교육을 받은 오봉래. 『한국장애인사: 역사 속의 장애 인물』. 서울: 도서출판 솟대.

14

아침 등굣길에 볼 수 있는 노란색 스쿨버스. '○○학교'라고 쓰여 있는 것으로 봐서는 분명 유치원 버스는 아니다. 그러나 초등학교, 중학교, 고등학교 버스 역시 아닐 것이란 생각이 든다. 왜냐하면 우리가 흔히 알고 있는 학교 명칭에는 반드시 초등학교, 중학교, 고등학교라는 학교급별 명칭을 같이 쓰기 때문이다. 바로 그 버스 안에 승차하고 있는 학생들은 특수교육대상자로 분류되어 특수학교에 재학 중인 장애학생들이다. 우리는 그들을 흔히 장애인이라고 부르고 있고, 잘 모르긴 해도 비정상적이기 때문에 우리와는 다른 교육을 받고 있는 학생 정도로 여기고 있다. 이 장에서는 우리가 지금까지 정확히 몰랐던 혹은 알려고 하지 않았던 교육의 한 영역인 특수교육을 바르게 이해하기 위한 기본 사항들에 대해 살펴보고자 한다.

1. 특수교육에 대한 이해

특수교육은 분명히 일반교육과는 다른 면들을 갖고 있다. 교육대상은 물론 교육과정, 교육 내용과 방법에 있어 일반교육과는 구별되는 차별성을 갖는다. 여기에서는 특수교육이 갖는 보편성과 특수성을 바르게 이해하기 위해 특수교육의 정의, 목표와 목적 등을 중심으로 살펴본다.

1) 특수교육의 정의

사료(史料)에 따르면, 우리나라에서의 장애인 교육은 장애를 가리키는 광의의 개념으로 맹인이라는 명칭이 사용되었던 삼국시대에서 찾을 수 있다(박원희, 2009). 그러나 일반적으로 우리나라에서 서양식 특수교육이 성립하게 된 것은 구한말 개화기로 보고 있다. 즉, 우리나라의 특수교육은 19세기 말 개화운동의 전개와 더불어 그 내적 기반을 마련하는 가운데, 미국의 의료선교사 로제타 셔우드 홀(R. S. Hall)이 1894년 5월 평양에서 점자 지도를 시작한 데서 그 기점을 찾을 수 있다(김병하, 2003; 박원희 외, 2009; 박희찬, 2005). 이후 일제 강점기와 광복을 거쳐 1977년 말에 특수교육의 기초를 다지기 위한 법적 근거로 「특수교육진흥법」이 제정되었다. 이 법은 1975년 제정된 미국의 「전장애아교육법(Education for All Handicapped Children Act: EAHCA」(PL 94-142)의 영향을 받은 것으로 1994년 전면 개정을 거치게 된다.

　이와 같은 법률적 정비과정에서 특수교육의 정의도 변화하였는데 그 내용을 살펴보면 다음과 같다.

● 1977년 「특수교육진흥법」: 특수교육대상자에게 점자, 구화, 보장구 등을 사용하여 교육, 교정(요육) 및 직업보도를 하는 것
● 1994년 「특수교육진흥법」: 특수교육대상자의 특성에 적합한 교육과정・교육방법 및 교육매체 등을 통하여 교과교육・치료교육 및 직업교육 등을 실시하는 것

[그림 1-1] **로제타 S. 홀 여사(좌)와 최초로 점자 지도를 받은 맹학생 오봉래(우)**

출처: 김정권, 김병하(2002), pp. 32, 36.

　30여 년간 우리나라 특수교육의 근간을 이루었던 「특수교육진흥법」은 2007년 5월 「장애인 등에 대한 특수교육법」으로 전부 개정되었으며, 이듬해인 2008년 5월부터 효력이 발생되었다. 「장애인 등에 대한 특수교육법」 제2조 제1호에 명시되어 있는 특수교육의 정의는 다음과 같다.

특수교육대상자의 교육적 요구를 충족시키기 위하여 특성에 적합한 교육과정 및 특수교육 관련서비스 제공을 통하여 이루어지는 교육

그리고 정의에서 특수교육의 구성요소 중 하나인 특수교육 관련서비스는 동법 제2조 제2호에 다음과 같이 규정되고 있다.

특수교육대상자의 교육을 효율적으로 실시하기 위하여 필요한 인적·물적 자원을 제공하는 서비스로서 상담지원·가족지원·치료지원·보조인력지원·보조공학기기지원·학습보조기기지원·통학지원 및 정보접근지원 등을 말한다.

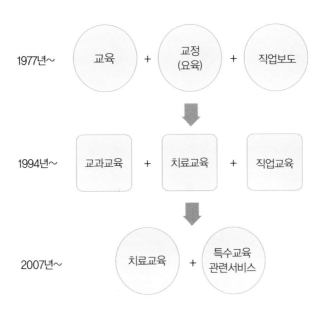

[그림 1-2] **특수교육 정의의 변화**

우리나라 특수교육 전반에 걸쳐 많은 영향을 미치고 있는 미국의 경우, 「장애인교육진흥법(Individuals with Disabilities Education Improvement Act: IDEA 2004)」에서 특수교육은 "교실수업, 체육수업, 재택수업, 병원 및 시설에서의 수업을 포함하는 것으로 부모의 추가 비용 없이 장애아동의 독특한 요구를 충족시켜 주기 위해 특별히 설계된 교수"(Turnbull et al., 2006)로 정의되고 있다.

따라서 우리나라와 미국에서의 특수교육 정의를 볼 때, 특수교육이란 특수교육대상자의 개인적 요구를 충족시키기 위해 특별히 계획·실행되는 교육이라고 정리할 수 있다.

2) 특수교육의 목적과 목표

(1) 특수교육의 목적

특수교육이 특수교육대상자의 개인적 요구를 충족시키기 위해 특별히 계획·실행되는 교육이라고 하더라도, 그 목적은 일반교육의 근본 이념적 입장과 차이가 없다. 일반적으로 교육의 목적은 아동의 내면에 있는 소질을 파악하고 그 가능성을 계발시켜 주는데 있다. 이러한 목적은 교육기관이나 교육대상에 따라서 적절하게 구체화되는데(김윤옥 외, 2005), 「초·중등교육법」에 제시된 각 학교급별 교육목적은 다음과 같다.

- 초등학교: 초등학교는 국민생활에 필요한 초등교육을 하는 것을 목적으로 한다(제38조).
- 중학교: 중학교는 초등학교에서 받은 교육의 기초 위에 중등교육을 하는 것을 목적으로 한다(제41조).
- 고등학교: 고등학교는 중학교에서 받은 교육의 기초 위에 중등교육 및 기초적인 전문교육을 하는 것을 목적으로 한다(제45조).
- 특수학교: 특수학교는 신체적·정서적·지적 장애 등으로 인하여 특수교육을 필요로 하는 자에게 초등학교, 중학교 또는 고등학교에 준하는 교육과 실생활에 필요한 지식·기능 및 사회적응 교육을 하는 것을 목적으로 한다(제55조).

따라서 특수교육의 목적은 초·중·고등학교의 일반적인 교육목적을 실현함과 동시에 실생활에 필요한 지식·기능 및 사회적응을 목적으로 하는 교육이라고 할 수 있다.

특수교육의 목적은 「장애인 등에 대한 특수교육법」 제1조(목적)와 앞서 살펴본 제2조(정의) 제1호를 토대로도 탐색 가능하다(남윤석, 2008). 즉 제1조 목적에 의하면 "이 법은 「교육기본법」 제18조에 따라 국가 및 지방자치단체가 장애인 및 특별한 교육적 요구가 있는 사람에게 통합된 교육환경을 제공하고 생애주기에 따라 장애유형·장애정도의 특성을 고려한 교육을 실시하여 이들이 자아실현과 사회통합을 하는 데 기여함을 목적으로 한다."고 명시하였다. 따라서 이를 종합해 보면, 특수교육은 장애아동의 교육적 요구를 충족시키기 위하여 특성에 적합한 교육과정 및 특수교육 관련서비스를 통하여, 이들의 자아를 실현하고 사회에 통합되도록 하는 데 목적이 있다고 할 수 있다.

(2) 특수교육의 성격 및 목표

특수교육의 기본 성격을 몇 가지로 나누어 설명하면 다음과 같다(교육과학기술부, 2009).

첫째, 특수학교(급) 교육은 대상 학생을 위한 일반교육의 보편성을 근간으로 실천되는 교육이다.

둘째, 특수학교(급) 교육은 대상 학생을 위한 특수교육의 특수성을 반영하여 실천되는 교육이다.

셋째, 학습자의 요구와 필요에 부응하는 질적 운영체제를 통해 개별성과 공통성을 추구하는 교육이다.

특수교육은 일반교육이 추구하고 있는 국민생활에 필요한 기초적이고 기본적인 교육으로서의 '초등학교' 교육, 학생의 학습과 일상생활에 필요한 기본 능력과 민주시민으로서의 자질을 함양하는 교육으로서의 '중학교' 교육, 학생의 적성과 소질에 맞는 진로개척 능력과 세계 시민으로서의 자질을 함양하는 교육으로서의 '고등학교' 교육의 기반 위에서 이루어지는 교육이기 때문에 일반교육의 보편성을 근간으로 실천되는 교육이라고 할 수 있다.

뿐만 아니라 특수교육은 다양한 교육적 요구를 가진 학생의 교육을 위하여 일반교육의 보편성과 특수교육의 특수성의 연관·조정을 통하여 이루어지는 교육으로서, 대상학생이 가진 교육적 요구에 대응하여 일반학교 교육의 목표, 내용, 방법, 평가 등을 근간으로 그대로 적용하거나 수정 또는 보완하는 교육과정 재구성을 통해 수립되는 개별화교육계획에 근간하여 이루어지는 교육으로 실천된다. 또한 교육의 효율적인 실시를 위하여 교수–학습에 직접적인 지원이 이루어지는 보충적인 서비스와 교수–학습에 간접적인 지원이 이루어지는 관련서비스를 통해서 이루어지는 교육이다. 다시 말해서, 특수학교(급) 교육은 일반교육에서 추구하는 인간상, 교육의 목적과 목표, 내용 등이 특수교육대상자를 위한 교육에도 그대로 적용되지만, 이의 효율적인 교육 실시를 위해서는 교육의 방법과 매체 등에서 일반교육과 차별화된 특수성을 가지고 있다는 것이다.

마지막으로, 개별성은 학생의 능력과 요구에 부응하는 교육을 통해 자아를 실현하고자 하는 학생의 욕구를 충족시켜 주어야 한다는 것이다. 반면 공통성은 어떤 개인차는 극복해야 하고 어떤 개인차는 무시해야 하는 측면에서 공통성을 가지고 다른 사람들과 동일해지려는 노력도 필요하다는 것이다. 따라서 특수학교(급)는 질적 운영체제를 갖추어야 하는데, 이를 위해서는 개별성과 공통성을 적절히 조화하면서 다양성 속에서 통일성을 살려 나가도록 교육의 목적 및 계획, 교육활동 및 지원활동이 전개되어야 한다.

이와 같은 특수교육대상자의 교육을 실천하는 특수학교 및 특수학급의 교육은 보편성과 특수성, 개별성과 공통성에 대한 기본 관점을 전제로 교육목표를 구현하도록 실천되어야 한다. 이에 2008년 개정 특수학교 교육과정에서부터는 장애 영역별로 교육목표를 구분하지 않고 학교급별 교육목표를 제시하였으나 일반교육의 학교급별 목표와는 차이를 두었다. 그러나 2010년 개정 특수교육 교육과정(2010년 교육과정이 개정되면서 '특수학교 교육과정'을 '특수교육 교육과정'으로 변경)에서부터는 추구하는 인간상, 교육과정 구성 방향, 학교과정별 교육목표를 2009년 개정 일반교육 교육과정과 동일한 내용으로 기술하고 있다. 최근 2015년 개정 특수교육 교육과정에서는 총론의 문서내용에 특수교육 관련 내용을 추가 또는 수정하여 제시하고 있다.

이상에서 알 수 있듯이, 학교급별 그리고 특수교육대상자별 특성 등을 모두 고려했을 때 특수교육의 목표와 목적을 기술하는 것은 결코 쉽지 않다. 따라서 일반적으로 특수교육은 특수교육을 필요로 하는 아동의 잠재성과 가능성을 최대한으로 신장시키는 것을 목표로 하면서, 심신이 건강하여 행복한 생활의 기초를 마련하고 배양하는 것을 목적으로 하는 교육활동(김원경 외, 2009; 김윤옥 외, 2005)이라고 간략히 기술되기도 한다.

2015 개정 특수교육 교육과정 학교급별 교육목표(교육부, 2015b)

• 초등학교 교육목표

초등학교 교육은 학생의 일상생활과 학습에 필요한 기본 습관 및 기초 능력을 기르고 바른 인성을 함양하는 데 중점을 둔다.

1) 자신의 소중함을 알고 건강한 생활 습관을 기르며, 풍부한 학습 경험을 통해 자신의 꿈을 키운다.
2) 학습과 생활에서 문제를 발견하고 해결하는 기초 능력을 기르고, 이를 새롭게 경험할 수 있는 상상력을 키운다.
3) 다양한 문화 활동을 즐기고 자연과 생활 속에서 아름다움과 행복을 느낄 수 있는 심성을 기른다.
4) 규칙과 질서를 지키고 협동정신을 바탕으로 서로 돕고 배려하는 태도를 기른다.

• 중학교 교육목표

중학교 교육은 초등학교 교육의 성과를 바탕으로, 학생의 일상생활과 학습에 필요한 기본 능력을 기르고 바른 인성 및 민주 시민의 자질을 함양하는 데 중점을 둔다.

1) 심신의 조화로운 발달을 바탕으로 자아존중감을 기르고, 다양한 지식과 경험을 통해 적극적으로 삶의 방향과 진로를 탐색한다.
2) 학습과 생활에 필요한 기본 능력 및 문제 해결력을 바탕으로, 도전정신과 창의적 사고력을 기른다.
3) 자신을 둘러싼 세계에서 경험한 내용을 토대로 우리나라와 세계의 다양한 문화를 이해하고 공감하는 태도를 기른다.
4) 공동체 의식을 바탕으로 타인을 존중하고 서로 소통하는 민주 시민의 자질과 태도를 기른다.

• 고등학교 교육목표

고등학교 교육은 중학교 교육의 성과를 바탕으로 학생의 적성과 소질에 맞는 진로 개척 능력과 세계 시민으로서의 자질을 함양하는 데 중점을 둔다.

1) 성숙한 자아의식과 바른 품성을 갖추고, 자신의 진로에 맞는 지식과 기능을 익히며 평생학습의 기본 능력을 기른다.
2) 다양한 분야의 지식과 경험을 융합하여 창의적으로 문제를 해결하고, 새로운 상황에 능동적으로 대처하는 능력을 기른다.
3) 인문 · 사회 · 과학기술 소양과 다양한 문화에 대한 이해를 바탕으로 새로운 문화 창출에 기여할 수 있는 자질과 태도를 기른다.
4) 국가 공동체에 대한 책임감을 바탕으로 배려와 나눔을 실천하며 세계와 소통하는 민주 시민으로서의 자질과 태도를 기른다.

2. 특수교육대상자에 대한 이해

학생의 특성과 요구에 따라 교육의 내용과 방법은 달라질 수밖에 없다. 특수교육의 특수성은 바로 특수교육대상자의 특수성에서 비롯된다고 할 수 있다. 그러나 특수교육을 처음 접하는 많은 사람들은 특수교육에서 사용하는 분류체계와 다른 영역에서의 분류체계를 구분하지 못해 혼란스러워한다. 또한 장애학생과 특수교육대상자에 대해서도 명확히 구분하지 못하기도 하고, 경우에 따라서는 '장애학생＝특수교육대상자'라는 잘못된 등식을 적용하기도 한다. 여기에서는 특수교육에서 교육대상으로 삼고 있는 특수교육대상자의 분류체계 및 현황 등을 법률 및 통계자료 등을 통해 구체적으로 살펴본다.

1) 특수교육대상자의 정의

「장애인 등에 대한 특수교육법」에서 특수교육대상자는 다음과 같이 정의되어 있다.

> 제15조에 따라 특수교육을 필요로 하는 사람으로 선정된 사람(제2조 제3호)

※제15조: 이 책의 pp. 24-26 참조.

따라서 특수교육대상자란 특수교육이 요구되는 아동이라고 할 수 있는데, 특수교육 요구 아동의 정의를 『특수교육학용어사전』(국립특수교육원, 2009)에 제시되어 있는 바를 통해 보다 구체적으로 살펴보면 다음과 같다.

> 특별한 교육적 지원을 필요로 하는 장애아동이다. 국립특수교육원에서는 학교에서 제공하는 일반적인 교육과정·교수 및 조직의 수정을 요구하고 효과적·효율적인 학습을 위해 부가적인 인적 및 물적 자원을 요구하는 아동을 특수교육 요구 아동이라고 정의하였다. 이 개념 정의에 따르면 장애아동이지만 특별한 교육지원이 필요하지 않을 경우에는 특수교육 요구 아동이라고 하지 않는다.

이상에서 살펴본 바와 같이, 우리나라에서 특수교육대상자란 장애아동을 의미한다. 그러나 장애아동이라고 해서 모두 특수교육대상자가 되는 것은 아님을 명심할 필요가 있다. 예를 들어, 신체의 일부분이 절단된 아동은 분명히 장애아동임에도 불구하고 특별한 인적 혹은 물적 지원을 요구하지 않고 일반교육과정을 원활히 따라갈 뿐만 아니라 특수교육대상자로 신청하지 않을 수도 있다. 따라서 이 아동은 장애아동이기는 하지만 특수교육대상자는 아닌 것이다. 정리하면, 법률적으로 특수교육대상자란 장애학생 중 특수교육대상자로 신청·선정되어 특수학교, 특수학급, 일반학급 중 한 곳에 배치·재학하고 있는 학생으로 한정된다.

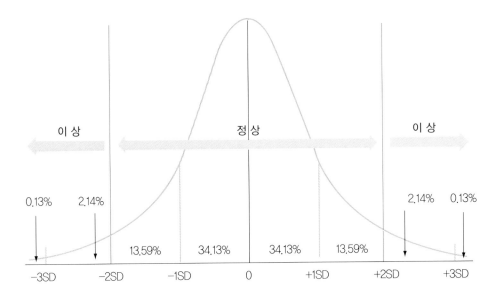

이 상   정 상   이 상

0.13%   2.14%   2.14%   0.13%

13.59%   34.13%   34.13%   13.59%

-3SD   -2SD   -1SD   0   +1SD   +2SD   +3SD

[그림 1-3] **정상분포곡선에서의 정상과 이상**

한편으로 특수교육대상자는 특정 영역에서 대부분의 일반아동과는 다른 아동을 지칭하는 경우에도 사용된다. 즉, 특수교육대상자를 장애아동으로 한정하지 않고 일반아동과는 다른 아동으로 특별한 교육을 필요로 하는 아동 모두를 의미하기도 한다. 이 경우 통계적 기준에 따라 정상분포곡선상에서 정상 범주라고 할 수 있는 기준을 넘어서는 모든 아동을 포함하게 되므로 대상이 확장되는 결과를 가져온다. [그림 1-3]에서 -2표준편차(SD) 이상부터 +2표준편차 이하까지 해당하는 범위(대략 95%)를 우리는 흔히 '정상적'이고 '일반적'인 것으로 간주한다. 이에 비해 -2표준편차 이하는 지적장애 그리고 +2표준편차 이상은 영재를 의미하여, 이에 해당하는 아동은 '이상' '특수'로 명명되기 때문에 특수교육대상자에 포함되게 된다. 따라서 통계적으로 그리고 학문적 대상으로서 특수교육대상자란 장애아동과 영재아동 모두를 포함한다.

2) 특수교육대상자의 분류

「장애인 등에 대한 특수교육법」 제15조(특수교육대상자의 선정)에 따르면, 교육장 또는 교육감은 다음 어느 하나에 해당하는 사람 중 특수교육을 필요로 하는 사람으로 진단·평가된 사람을 특수교육대상자로 선정한다.

① 시각장애

② 청각장애

③ 지적장애

④ 지체장애

⑤ 정서 · 행동장애

⑥ 자폐성장애(이와 관련된 장애를 포함한다)

⑦ 의사소통장애

⑧ 학습장애

⑨ 건강장애

⑩ 발달지체

⑪ 그 밖에 대통령령으로 정하는 장애

특수교육대상자별 선정기준

1. 시각장애를 지닌 특수교육대상자

시각계의 손상이 심하여 시각기능을 전혀 이용하지 못하거나 보조공학기기의 지원을 받아야 시각적 과제를 수행할 수 있는 사람으로서 시각에 의한 학습이 곤란하여 특정의 광학기구 · 학습매체 등을 통하여 학습하거나 촉각 또는 청각을 학습의 주요 수단으로 사용하는 사람

2. 청각장애를 지닌 특수교육대상자

청력손실이 심하여 보청기를 착용해도 청각을 통한 의사소통이 불가능 또는 곤란한 상태이거나, 청력이 남아 있어도 보청기를 착용해야 청각을 통한 의사소통이 가능하여 청각에 의한 교육적 성취가 어려운 사람

3. 지적장애를 지닌 특수교육대상자

지적 기능과 적응행동상의 어려움이 함께 존재하여 교육적 성취에 어려움이 있는 사람

4. 지체장애를 지닌 특수교육대상자

기능 · 형태상 장애를 가지고 있거나 몸통을 지탱하거나 팔다리의 움직임 등에 어려움을 겪는 신체적 조건이나 상태로 인해 교육적 성취에 어려움이 있는 사람

5. 정서 · 행동장애를 지닌 특수교육대상자

장기간에 걸쳐 다음 각 목의 어느 하나에 해당하여 특별한 교육적 조치가 필요한 사람

가. 지적 · 감각적 · 건강상의 이유로 설명할 수 없는 학습상의 어려움을 지닌 사람

나. 또래나 교사와의 대인관계에 어려움이 있어 학습상의 어려움을 지닌 사람

다. 일반적인 상황에서 부적절한 행동이나 감정을 나타내어 학습에 어려움이 있는 사람

라. 전반적인 불행감이나 우울증을 나타내어 학습에 어려움이 있는 사람

마. 학교나 개인 문제에 관련된 신체적인 통증이나 공포를 나타내어 학습에 어려움이 있는 사람

6. 자폐성장애를 지닌 특수교육대상자

사회적 상호작용과 의사소통에 결함이 있고, 제한적이고 반복적인 관심과 활동을 보임으로써 교육적 성취 및 일상생활 적응에 도움이 필요한 사람

7. 의사소통장애를 지닌 특수교육대상자

다음 각 목의 어느 하나에 해당하여 특별한 교육적 조치가 필요한 사람

가. 언어의 수용 및 표현 능력이 인지능력에 비하여 현저하게 부족한 사람

나. 조음능력이 현저히 부족하여 의사소통이 어려운 사람

다. 말 유창성이 현저히 부족하여 의사소통이 어려운 사람

라. 기능적 음성장애가 있어 의사소통이 어려운 사람

8. 학습장애를 지닌 특수교육대상자

개인의 내적 요인으로 인하여 듣기, 말하기, 주의집중, 지각(知覺), 기억, 문제 해결 등의 학습기능이나 읽기, 쓰기, 수학 등 학업 성취 영역에서 현저하게 어려움이 있는 사람

9. 건강장애를 지닌 특수교육대상자

건강질환으로 인하여 3개월 이상의 장기입원 또는 통원치료 등 계속적인 의료적 지원이 필요하여 학교생활 및 학업 수행에 어려움이 있는 사람

10. 발달지체를 보이는 특수교육대상자

신체, 인지, 의사소통, 사회 · 정서, 적응행동 중 하나 이상의 발달이 또래에 비하여 현저하게 지체되어 특별한 교육적 조치가 필요한 영아 및 9세 미만의 아동

미국 「장애인교육진흥법」은 좀 더 세분화된 분류에 따라 특수교육대상자를 다음의 13개 영역 중 하나의 장애를 지녀 특수교육 및 관련서비스를 필요로 하는 아동으로 정의하고 있다.

- 자폐
- 농–맹
- 시각장애
- 청각장애
- 정서장애
- 지적장애
- 중복장애
- 지체장애
- 말/언어장애
- 농
- 특정학습장애
- 외상성 뇌손상
- 기타 건강상 장애

우리나라와 미국의 특수교육대상자 분류체계를 비교하면 다음과 같은 차이점이 있음을 알 수 있다.

첫째, 미국은 우리나라에서는 분류되지 않는 농–맹 이중감각장애와 외상성 뇌손상, 중복장애가 포함되어 있으며, 청각기능과 관련된 장애를 농(deafness)과 청각장애(hearing impairment)로 분류하여 제시하고 있다는 점이다.

둘째, 우리나라에는 발달지체라는 범주가 포함되어 있다. 2007년 「장애인 등에 대한 특수교육법」의 제정과 함께 새롭게 특수교육대상으로 분류된 발달지체라는 개념은 어린 아동의 발달 특성 및 장애의 조기 표찰의 부적절성을 고려한 것이다. 따라서 여타의 장애와 대등한 또 다른 장애명 또는 장애 영역으로 이해되어서는 안 되며, 발달상의 지체로 인하여 특수교육 적격성을 인정받아야 하는 어린 아동에게 사용하는 용어로 인식되어야 할 것이다(이소현, 박은혜, 2011). 발달지체에 관한 자세한 내용은 13장을 참조하기 바란다.

특수교육대상자 분류체계의 사용에 있어 많은 오류를 범하고 있는 것으로 관찰되는 것이 「장애인복지법」에 의한 장애 분류와의 혼용이다. 「장애인 등에 대한 특수교육법」이 교육적 관점에서 특수교육대상자를 분류한 것인 데 비해 「장애인복지법」은 의료적 관점에서 장애를 분류한다. 따라서 각 장애의 정의는 물론 분류체계에 있어서도 차이를 보인다. 그럼에도 불구하고 「장애인복지법」에 의한 장애 명칭이나 분류체계가 보다 익숙한 이유는 「장애인복지법」에 의한 장애 분류가 일상에서 많이 사용되고 있다는 점, 아동은 물론 성인에 이르는 전 연령에 공통적으로 적용된다는 점, 특수교육이 지금까지 많은 사람으로부터 관심을 받지 못한 영역이었다는 점 등 때문이다.

다음에서는 2007년 개정된 「장애인복지법」의 장애 분류를 간략히 살펴보고 특수교육 대상자 분류체계와 비교해 본다. 「장애인복지법」에 제시되어 있는 장애의 종류를 요약 정리하면 〈표 1-1〉과 같다.

1981년 제정된 「장애인복지법」이 2007년에 전면 개정되면서 정신지체는 지적장애로, 발달장애(자폐성장애)는 자폐성장애로 대체되었는데, 이를 특수교육대상자의 분류체계와 비교하면 다음과 같다.

첫째, 특수교육에서는 뇌성마비가 지체장애에 포함되지만 「장애인복지법」에서는 뇌병변장애로 분류된다.

둘째, 정서·행동장애, 학습장애, 발달지체는 특수교육에만 존재하는 분류체계다.

셋째, 의사소통장애와 언어장애의 경우는 동일한 장애 영역임에도 각기 다른 명칭을 사용하고 있다.

〈표 1-1〉 「장애인복지법」에 따른 장애 분류

대분류	중분류	소분류	세분류
신체적 장애	외부 신체기능의 장애	지체장애	절단장애, 관절장애, 지체기능장애, 변형 등의 장애
		뇌병변장애	중추신경의 손상으로 인한 뇌성마비, 외상성 뇌손상, 뇌졸중
		시각장애	시력장애, 시야결손장애
		청각장애	청력장애, 평형기능장애
		언어장애	언어장애, 음성장애
		안면장애	안면부의 추상, 함몰, 비후 등 변형으로 인한 장애
	내부기관의 장애	신장장애	만성신부전증 및 신장이식자
		심장장애	일상생활에 제약을 받는 심장기능 이상자
		호흡기장애	일상생활이 현저히 제한되는 만성·중증의 호흡기 기능 이상
		간장애	일상생활이 현저히 제한되는 만성·중증의 간기능 이상
		뇌전증장애	일상생활이 현저히 제한되는 만성·중증의 뇌전증
		장루·요루장애	일상생활이 현저히 제한되는 장루·요루
정신적 장애	지적장애		지능지수가 70 이하인 경우
	정신장애		정신분열증, 분열정동장애, 양극성정동장애, 반복성우울장애
	자폐성장애		자폐증

출처: 권선진(2007), p. 33에서 수정.

넷째, 특수교육에서의 건강장애는 「장애인복지법」의 안면 · 신장 · 심장 · 호흡기 · 간장애 그리고 장루 · 요루장애를 포괄한다.

앞서 살펴본 우리나라의 「장애인 등에 대한 특수교육법」, 「장애인복지법」 그리고 미국의 「장애인교육진흥법」 등 특수교육 관련법에서의 특수교육대상자 혹은 장애의 분류체계를 상호 비교하면 〈표 1-2〉와 같다.

〈표 1-2〉 특수교육 관련법의 장애 영역 비교

「장애인 등에 대한 특수교육법」 (2007)	「장애인복지법」 (2007)	미국 「장애인교육진흥법(IDEA 2004)」
시각장애	시각장애	시각장애(visual impairment)
청각장애	청각장애	청각장애(hearing impairment)
		농(deafness)
지적장애	지적장애	지적장애(intellectual disability)
지체장애	지체장애	지체장애(orthopedic impairment)
	뇌병변장애	외상성뇌손상(traumatic brain injury)
정서 · 행동장애	-	정서장애(emotional disturbance)
자폐성장애	자폐성장애	자폐(autism)
의사소통장애	언어장애	말/언어장애(speech or language impairment)
학습장애	-	특정학습장애(specific learning disability)
건강장애	신장장애 심장장애 호흡기장애 간장애 안면장애 장루 · 요루장애 뇌전증장애	기타 건강상 장애 (other health impairment)
발달지체	-	-
그 밖에 대통령령으로 정하는 장애	-	-
-	정신장애	-
-	-	농-맹(deaf-blindness)
-	-	중복장애(multiple disabilities)
11개 영역	15개 영역	13개 영역

3) 특수교육대상자 현황

〈표 1-3〉은 최근 5년간 우리나라의 특수교육대상자 현황을 정리한 것이다. 〈표 1-3〉을 살펴보면, 전반적으로 특수교육대상자 중 지적장애 학생의 수가 50% 이상으로 가장 많고 다음은 지체장애 학생, 자폐성장애 학생의 순으로 많음을 알 수 있다. 뿐만 아니라 특수교육대상자의 지속적 증가와 함께 자폐성장애 학생의 수는 증가하는 데 비해 학습장애 학생의 수는 감소하고 있는 것으로 나타났다.

〈표 1-3〉 특수교육대상자의 장애영역별 현황 (단위: 명, %)

구분	2011년	2012년	2013년	2014년	2015년
시각장애	2,315(2.8)	2,303(2.7)	2,220(2.6)	2,130(2.4)	2,088(2.4)
청각장애	3,676(4.4)	3,744(4.4)	3,666(4.2)	3,581(4.1)	3,491(4.0)
지적장애	45,132(54.6)	46,265(54.4)	47,120(54.4)	47,667(54.6)	47,716(54.2)
지적장애	10,727(13.0)	11,279(13.3)	11,233(13.0)	11,209(12.8)	11,134(12.6)
정서·행동장애	2,817(3.4)	2,713(3.2)	2,754(3.2)	2,605(3.0)	2,530(2.9)
자폐성장애	6,809(8.2)	7,922(9.3)	8,722(10.1)	9,334(10.7)	10,045(11.4)
의사소통장애	1,631(2.0)	1,819(2.1)	1,953(2.3)	1,966(2.3)	2,045(2.3)
학습장애	5,606(6.8)	4,724(5.6)	4,060(4.7)	3,362(3.9)	2,770(3.1)
건강장애	2,229(2.7)	2,195(2.6)	2,157(2.5)	2,029(2.3)	1,935(2.2)
발달지체	1,723(2.1)	2,048(2.4)	2,748(3.2)	3,395(3.9)	4,313(4.9)
계	82,665(100)	85,012(100)	86,633(100)	87,278(100)	88,067(100)

출처: 교육과학기술부(2011a: 14); 교육과학기술부(2012: 14); 교육부(2013: 14); 교육부(2014: 7); 교육부(2015: 7)에서 인용

3. 특수교육대상자의 판별 및 배치

특수교육대상자로 판별되기 위해서는 법률에 정해져 있는 일련의 절차를 따라야 한다. 뿐만 아니라 그들의 개인적 요구를 충족시켜 주기 위해서는 장애 부위, 정도 등은 물론 사회 통합적인 측면 등을 모두 고려한 후에 교육적 배치가 이루어져야 한다. 여기에서는 법률적으로 명시된 특수교육대상자의 선별부터 배치에 이르는 일련의 과정 및 교육적 배치 추세를 살펴본다.

1) 판별·배치 과정

특수교육대상자로 판별·배치되기 위해서는 [그림 1-4]와 같은 법률이 정한 절차를 따라야 한다.

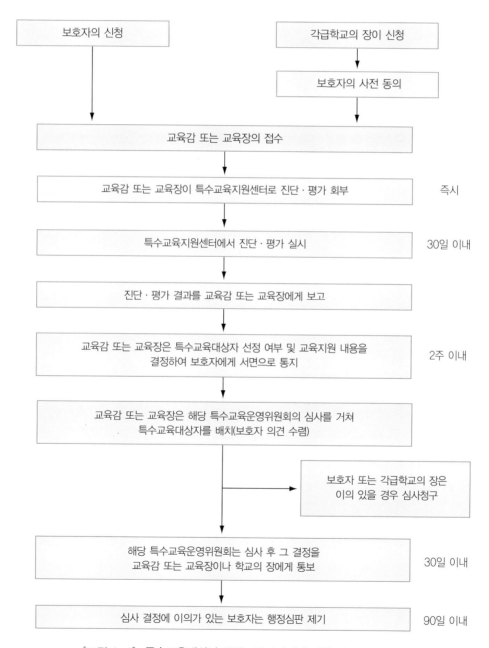

[그림 1-4] **특수교육대상자 진단·평가의뢰서 제출 및 처리 절차**

출처: 교육과학기술부(2008a), p. 116.

판별 및 배치에 이르는 일련의 과정 중 유의해야 할 몇 가지 사항에 대해 살펴보면 다음과 같다.

첫째, 특수교육대상자를 선정하기 위해서는 장애아동에 대한 선별 및 신청 과정이 있어야 한다. 선별은 주로 담임교사의 관찰 및 검사도구를 통해 이루어지며, 선별된 학생에 대해서는 교육감 혹은 교육장에게 정해진 양식을 갖춰 학교장 명의로 제출하면 정식 절차의 순을 밟게 된다. 단, 이 과정에서 보호자의 사전 동의를 반드시 거쳐야 한다. 아동을 가장 잘 알고 있는 보호자가 직접 진단·평가를 의뢰하는 경우는 선별과정 없이 바로 교육감 혹은 교육장에게 서류를 접수하면 된다.

둘째, 교육감 또는 교육장이 특수교육대상자를 선정할 때는 진단·평가결과를 기초로 고등학교 과정은 교육감이 시·도 특수교육운영위원회의 심사를 거치도록 되어 있다. 그리고 중학교 과정 이하의 각급학교는 교육장이 시·군·구 특수교육운영위원회의 심사를 거쳐 이를 결정해야 한다.

셋째, 교육장 또는 교육감은 특수교육대상자로 선정된 자를 해당 특수교육운영위원회의 심사를 거쳐 다음 중 한 곳에 배치하여 교육하여야 한다.

- 일반학교의 일반학급
- 일반학교의 특수학급
- 특수학교: 시각장애, 청각장애, 지적장애, 지체장애, 정서장애학교

특수교육대상자를 배치할 때에는 특수교육대상자의 장애 정도, 능력, 보호자의 의견 등을 종합적으로 판단하여 거주지에서 가장 가까운 곳에 배치하여야 한다. 그리고 이 과정에서 특수교육대상자를 특수학급이 없는 일반학교의 일반학급에 배치한 경우에는 특수교육지원센터에 근무하는 특수교육교원에게 그 학교를 방문하여 학습을 지원하도록 해야 한다.

넷째, 특수교육대상자의 선별에서부터 배치에 이르는 모든 과정은 법률이 정한 절차를 따라야 한다. 이와 같은 과정상의 문제와 관련하여 특수교육대상자 혹은 그 보호자 그리고 학교장은 '절차적 권리'를 주장할 수 있다. 즉, 특수교육대상자 혹은 그 보호자는 특수교육대상자의 선정, 교육지원 내용의 결정사항, 학교에의 배치, 부당한 차별 등 교육감, 교육장 또는 각급학교의 장의 조치에 대하여 이의가 있을 때 해당 특수교육운영위원회에 심사청구를 할 수 있다. 뿐만 아니라 특수교육대상자를 배치받은 각급학교의

장 역시 이에 응할 수 없는 특별한 사유가 있거나 배치받은 특수교육대상자가 3개월 이상 학교생활 적응에 상당한 어려움이 있는 경우에는 해당 특수교육운영위원회에 심사청구를 할 수 있다.

• 선별(screening)

장애의 증후가 나타날 가능성이 있는 아동이나 문제행동을 나타낼 위험이 있다고 여겨지는 아동들을 구별하는 과정이다(Heward, 2007).

• 진단(diagnosis)

특수교육 서비스와 관련된 포괄적인 사정을 위하여 장애의 정도, 원인, 필요한 처치, 배치 등을 결정하는 것이다(국립특수교육원, 2009).

• 평가(evaluation)

학생의 수행 혹은 교수 전략 등에 대하여 양적ㆍ질적 특정과 가치판단을 포함하는 의사결정이다. 평가에 대한 개념은 문헌마다 조금씩 다르나, 양적 및 질적인 특성을 파악한 후 가치판단을 통하여 미래 방향을 설정해 주는 특정으로 설명된다(국립특수교육원, 2009). 우리나라에서는 사정(assessment)과 혼용하고 있다.

• 판별(identification)

선별 및 평가 활동 이후에 의뢰한 서비스의 대상이 되는지를 결정하는 절차. 판별을 진단과 동일한 의미로 사용할 경우에는 장애의 명칭을 부여하는 결정이라고 할 수 있다. 「장애인 등에 대한 특수교육법」에서는 선정, 판정의 용어로 사용되고 있다(국립특수교육원, 2009).

2) 특수교육대상자의 배치 현황

최근 특수교육대상자의 교육기회 확대 및 지원 서비스의 강화로 특수교육대상자로 등록하는 학생 수가 지속적으로 증가하고 있는 추세다. 또한 교육환경별 배치 현황(〈표 1-4〉 참조)을 살펴보면 일반학교에 배치되어 통합교육을 받고 있는 특수교육대상자의 수가 매년 증가하고 있음을 알 수 있다. 일반학교에 배치되어 통합교육을 받는 학생이 2006년에는 전체 특수교육대상자의 62.8%이었던 것이 매년 증가하여 2015년도에는

〈표 1-4〉 **연도별 특수교육대상자 배치 현황** (단위: 명, %)

구분	특수학교	일반학교		특수교육 지원센터	계
		특수학급	일반학급		
2011년	24,580 (29.7)	43,183 (52.2)	14,741 (17.8)	161 (0.2)	82,665 (100)
2012년	24,720 (29.1)	44,433 (52.3)	15,647 (18.4)	212 (0.2)	85,012 (100)
2013년	25,138 (29.0)	45,181 (52.1)	15,930 (18.4)	384 (0.5)	86,633 (100)
2014년	25,288 (29.0)	45,803 (52.5)	15,648 (17.9)	539 (0.6)	87,278 (100)
2015년	25,531 (29.0)	46,351 (52.6)	15,622 (17.8)	563 (0.6)	88,067 (100)

출처: 교육과학기술부(2011a: 14); 교육과학기술부(2012: 14); 교육부(2013: 14); 교육부(2014: 7); 교육부(2015: 7)에서 인용

70.4%에 이르렀으며, 일반학교 내에 설치하는 특수학급도 최근 5년간 연평균 600여 학급씩 지속적으로 증설되어 왔다. 통합교육에 관한 보다 구체적인 내용은 2장을 참조하기 바란다.

이와 같이 일반학교에서 통합교육을 받는 특수교육대상자의 수가 증가함에 따라 특수학교의 학생은 상대적으로 장애 정도가 심한 중도·중복장애학생이 많아지는 경향을 나타내고 있다. 장애영역별로는 지적장애학교에 재학 중인 학생의 비율이 가장 높고 다음은 지체장애학교, 청각장애학교의 순이다(〈표 1-5〉 참조).

〈표 1-5〉 **장애영역별 특수학교 학생 수** (단위: 명, 개교)

구분	시각장애	청각장애	지적장애	지체장애	정서장애	소계
2011년	1,457(12)	1,835(18)	17,242(100)	2,652(18)	1,394(7)	24,580(155)
2012년	1,426(12)	1,617(16)	17,443(102)	2,830(19)	1,404(7)	24,720(156)
2013년	1,396(12)	1,597(16)	17,812(107)	2,903(20)	1,430(7)	25,138(162)
2014년	1,337(12)	1,406(15)	18,287(112)	2,868(20)	1,390(7)	25,288(166)
2015년	1,298(12)	1,430(15)	18,659(113)	2,785(20)	1,359(7)	25,531(167)

출처: 교육과학기술부(2011a: 17, 34); 교육과학기술부(2012: 7, 34); 교육부(2013: 16, 31); 교육부(2014: 17, 25); 교육부(2015: 17, 25)에서 수정

4. 특수교육대상자의 교육

앞에서 지속적으로 언급한 바와 같이, 특수교육은 일반교육과의 보편성 위에 특수교육만의 특수성을 갖고 있는 특별한 구조로 되어 있다. 여기에서는 특수교육의 특수성을 보다 심도 있게 이해하기 위해 개별화교육과 특수교육 교육제도를 살펴본다.

1) 개별화교육

특수교육대상자가 선정되고 각급학교에 배치되면 해당 학교의 장은 특수교육대상자의 교육적 요구에 적합한 교육을 제공하기 위하여 매 학년의 시작일로부터 2주 이내에 개별화교육지원팀을 구성하고 이후의 과정을 진행하여야 한다. 개별화교육지원팀은 일반교육에서 볼 수 없는 특수교육만의 특수한 접근이라고 할 수 있는(이경림, 2010) 개별화교육계획(Individualized Educational Plan: IEP)을 수립하여 개별화교육을 실행할 수 있도록 한다.

개별화교육은 다음과 같이 정의된다.

각급학교의 장이 특수교육대상자 개인의 능력을 계발하기 위하여 장애유형 및 장애특성에 적합한 교육목표·교육방법·교육내용·특수교육 관련서비스 등이 포함된 계획을 수립하여 실시하는 교육(「장애인 등에 대한 특수교육법」 제2조 제7호)

개별화교육지원팀을 구성하는 구성원들은 다음과 같다.

① 보호자
② 특수교육교원
③ 일반교육교원
④ 진로 및 직업 교육 담당교원
⑤ 특수교육 관련서비스 담당인력

개별화교육지원팀은 매 학기의 시작일로부터 30일 이내에 개별화교육계획을 작성하여야 한다. 그리고 특수교육대상자가 다른 학교로 전학할 경우 또는 상급학교로 진학할 경우에 전출학교는 전입학교에 개별화교육계획을 14일 이내에 송부하도록 하고 있다.

개별화교육계획에는 다음과 같은 사항이 포함되어야 한다.

① 특수교육대상자의 인적사항
② 특별한 교육지원이 필요한 영역의 현재 학습 수행수준
③ 교육목표
④ 교육내용
⑤ 교육방법
⑥ 평가계획
⑦ 제공할 특수교육 관련서비스의 내용과 방법

2) 특수교육 교육제도

특수교육대상자들에게 적용되는 교육제도는 몇 가지 측면에서 일반적인 교육제도와 다른 특수성을 갖고 있다.

(1) 교육기간

특수교육대상자의 학교교육 기간이 일반교육과 차이가 있는 것은 아니나, 교육제도의 특징을 결정하는 중요한 요인의 하나인 의무교육 기간이 다르다는 점에서 특수성을 갖는다. 즉, 일반교육은 유치원 교육과정은 무상교육을, 초등학교와 중학교 교육과정은 의무교육을, 그리고 고등학교 교육과정은 유상교육을 실시하고 있다. 그러나 특수교육은 유치원 교육과정부터 고등학교 교육과정에 이르는 모든 교육과정에 의무교육을 실시한다. 즉, 특수교육대상자는 학교의 설립 형태와는 무관하게 유치원, 초·중·고등학교 과정은 의무교육으로, 전공과와 만 3세 미만의 장애영아 교육은 무상으로 이루어지고 있다. 처음부터 모든 교육과정에 의무교육이 적용된 것은 아니며, 「장애인 등에 대한 특수교육법」이 전부 개정된 이후 2010학년도에는 유치원 과정과 고등학교 과정에, 2011학년도에는 만 4세 이상의 유치원 과정에, 그리고 2012학년도에는 만 3세 이상의 유치원 과정에 의무교육이 연차적으로 적용됨으로써 전 교육과정에 의무교육이 실현되었다.

(2) 교육단계

우리나라의 학교교육 단계는 기본적으로 초등학교, 중등학교, 고등교육의 세 단계로 구분되어 있다. 그리고 이를 더욱 세분화할 경우 초등학교, 중학교, 고등학교, 대학과정 (초급대학과정, 학사과정), 대학원 석사과정, 대학원 박사과정 등의 여섯 단계가 된다(황정규 외, 2003).

특수교육대상자에게 적용되는 교육단계 역시 보편적인 교육단계가 적용된다. 그러나 특수교육대상자에게만 적용되는 특수한 경우로 전공과를 설치 · 운영할 수 있도록 한다.

전공과란 고등학교 과정을 졸업한 특수교육대상자에게 진로 및 직업 교육을 제공하기 위하여 1년 이상의 수업연한으로 운영되는 과정(「장애인 등에 대한 특수교육법」 제24조)

그동안 「초 · 중등교육법」 제56조에 따라 고등학교 과정을 설치한 특수학교에 전공기술 교육을 하기 위해 수업연한 1년 이상인 전공과를 둘 수 있도록 하였으나, 기존의 직업 교육뿐 아니라 진로교육을 위해서도 설치할 수 있도록 하여 특수교육대상자의 특성, 능력, 장애 유형 또는 요구 등에 맞추어 직업재활 훈련과 자립생활 훈련을 실시할 수 있게 되었다.

그리고 「장애인 등에 대한 특수교육법」의 전부 개정에 의해 특수학교뿐만 아니라 특수학급을 포함하는 특수교육기관에도 전공과를 설치할 수 있도록 규정함에 따라 특수학급이 있는 일반학교에도 전공과를 설치할 수 있게 되었다. 따라서 특수학교가 없거나 고등학교 졸업 후 취업 준비를 위한 기관이 전혀 없는 지역적 특성, 전문계 고등학교 등 학교별 특성을 고려하여 일반학교에도 전공과를 설치할 수 있게 되었다(교육과학기술부, 2008a). 이처럼 전공과를 두는 목적은 고등학교 과정을 졸업하는 특수교육대상자들이 계속해서 전문기술 교육 또는 고등교육 수준의 기술교육을 받을 수 있도록 하기 위한 제도적 조치라고 볼 수 있다(대한특수교육학회, 2000).

(3) 교육과정

특수교육대상자는 일반학교의 일반학급, 일반학교의 특수학급 그리고 특수학교 등 다양한 유형의 학교(급)에 배치될 뿐만 아니라 동일한 장애 영역임에도 그 정도의 차이가 다양하기 때문에 상이한 교육과정을 필요로 한다. 이에 특수교육 교육과정은 특수교육대상 학생이 취학하는 유치원, 초·중등학교 및 특수학교의 교육 목적과 교육 목표를 달성하기 위한 국가 수준의 교육과정으로, 유치원, 초·중등학교 및 특수학교에서 편성·운영하여야 할 학교 교육과정의 공통적이고 일반적인 기준을 제시하고 있다(교육부, 2015b).

따라서 특수교육대상자들에게는 장애의 정도에 따라 네 가지 유형의 교육과정이 적용되는데, 특수교육 교육과정은 〈표 1-6〉과 같이 편성되어 있으며, 그 기본성격은 다음과 같다(교육부, 2015b).

가. 국가 수준의 공통성과 지역, 학교, 개인 수준의 다양성을 동시에 추구하는 교육과정

나. 학습자의 자율성과 창의성을 신장하기 위한 학생 중심의 교육과정

다. 학교와 교육청, 지역사회, 교원·학생·학부모가 함께 실현해 가는 교육과정

라. 학교 교육 체제를 교육과정 중심으로 구현하기 위한 교육과정

마. 학교 교육의 질적 수준을 관리하고 개선하기 위한 교육과정

유치원 교육과정, 공통교육과정 그리고 선택교육과정은 일반교육과 큰 차이가 없기 때문에 여기에서는 기본교육과정을 중심으로 설명한다.

과거에는 장애 영역별 학교 형태에 맞추어 교육과정을 편성·운영하도록 하였으나,

〈표 1-6〉 특수교육 교육과정의 구성

교육과정 유형	성격	대상
유치원 교육과정	• 일반 유치원 교육과정(누리과정)을 근간으로 하는 교육과정	만 3~5세
공통교육과정	• 일반교육의 보편성을 근간으로 편성·운영되는 교육과정 • 장애 영역별 특성을 고려하여 일부 교과(국어, 영어, 체육)를 보완한 교육과정	초 1~중 3학년
선택교육과정	• 고등학교 1~3학년 과정에서 일반교육의 보편성을 근간으로 편성·운영되는 교육과정 • 장애학생들을 고려하여 일부 보통 교과 및 전문(직업·이료) 교과를 추가로 편제한 교육과정	고 1~3학년
기본교육과정	• 공통교육과정 및 선택교육과정에 참여하기 어려운 특수교육대상학생을 지원하기 위하여 그 내용을 대체한 대안교육과정	초 1~고 3학년

출처: 국립특수교육원(2013), p. 5.

2008년 개정 특수학교 교육과정부터 특수교육대상자의 일반학교 교육과정에의 접근성 강화 및 적용대상 학생의 장애 중도·중복화 경향성의 문제 등에 효율적으로 대처하기 위하여 단위학교에 교육과정 편성·운영의 선택권을 부여하는 방안으로 전환되었다. 즉, 장애 영역별 학교 형태를 불문하고 단위학교의 필요와 실정, 학생의 요구에 근거하여 기본교육과정과 공통교육과정, 선택교육과정을 동시에 편성·운영 또는 선택 편성·운영이 가능하도록 변화되었다.

〈표 1-6〉에 제시한 바와 같이, 기본교육과정은 공통교육과정 및 선택교육과정에 참여하기 어려운 특수교육대상학생을 지원하기 위하여 그 내용을 대체한 대안교육과정으로 생활환경(가정, 학교, 지역)의 기능성을 강조하는 생활중심 교육과정이라고 할 수 있다. 기본교육과정은 수준별로 구성되었던 과거와는 달리 공통교육과정과 동일하게 학년군별로 구성되어 있으며, 모든 교과가 초등학교 3개 학년군, 중학교 1개 학년군, 고등학교 1개 학년군으로 구성되어 있다.

기본교육과정의 편제는 일반교육과정과 동일하게 교과(군)와 창의적 체험활동으로 구성되어 있다. 초등학교의 경우 교과(군)은 국어, 사회, 수학, 과학/실과, 체육, 예술(음악/미술)로 구성되어 있으며, 중·고등학교는 국어, 사회, 수학, 과학, 진로와 직업, 체육, 예술(음악/미술), 선택으로 구성되어 있다.

〈표 1-7〉 기본교육과정의 편제

편제		내용
교과군	초	국어, 사회, 수학, 과학/실과, 체육, 예술(음악/미술)
	중	국어, 사회, 수학, 과학, 진로와 직업, 체육, 예술(음악/미술), 선택(재활, 여가활용, 정보통신활용, 생활영어 등)
	고	국어, 사회, 수학, 과학, 진로와 직업, 체육, 예술(음악/미술), 선택(재활,여가활동, 정보통신활용, 생활영어, 보건 등)
창의적 체험활동		자율 활동, 동아리 활동, 봉사활동, 진로 활동

창의적 체험활동은 일반교육과정과 동일하게 자율 활동, 동아리 활동, 봉사 활동, 진로 활동의 4영역으로 구성되어 있다. 기본교육과정에 있어 창의적 체험활동은 장애학생들의 특성에 따른 교육적 요구를 교과 외 교육 활동으로 반영할 수 있도록 세부 영역인 자율 활동과 진로 활동 영역은 장애보상교육(치료지원 등), 학교·지역사회 적응교육(체험 및 사회 통합 교육 등), 직업교육(직업 체험 활동 등) 등의 장애로 인해 요구되는 특별한 교육활동이 가능하다.

〈표 1-8〉 창의적 체험활동의 활동 예시

영역	일반적인 활동 예시	장애학생들을 대상으로 한 활동 예시
자율 활동	적응 활동, 자치 활동, 행사 활동, 창의적 특색 활동 등	학교생활 적응 활동, 지역사회 체험 활동, 심리 · 행동적응훈련, 보행훈련 등
동아리 활동	학술 활동, 문화 예술 활동, 스포츠 활동, 실습 노작 활동, 청소년 단체 활동 등	각종 계발 활동, 요리 활동, 여가 활용교육 등
봉사 활동	교내 봉사 활동, 지역사회 봉사 활동, 자연환경 보호 활동, 캠페인 활동 등	지역사회 봉사 활동(시각장애 안마, 청각장애 지역 벽화 그리기, 지적장애 복지관 봉사 등)
진로 활동	자기이해 활동, 진로 정보 탐색 활동, 진로 계획 활동, 진로 체험 활동 등	요리 활동, 직업 체험 활동 등

출처: 국립특수교육원(www.knise.kr). 2011 특수교육 교육과정 길라잡이, p. 32에서 인출.

- 특수교육이란 특수교육대상자의 교육적 요구를 충족시키기 위하여 특성에 적합한 교육과정 및 특수교육 관련서비스 제공을 통하여 이루어지는 교육으로 우리나라의 서양식 특수교육은 1894년 로제타 셔우드 홀 여사에 의해 시작되었다.
- 특수교육은 특수교육을 필요로 하는 아동의 잠재성과 가능성을 최대한으로 신장시키는 것을 목표로 하며, 이를 통해 심신이 건강하고 행복한 생활의 기초를 마련하고 배양하는 것을 목적으로 한다.
- 특수교육대상자는 법률적 또는 학문적(통계적)으로 구분할 수 있다. 법률적으로 특수교육대상자는 「장애인 등에 대한 특수교육법」에 명시되어 있는 시각, 청각, 지적, 지체, 정서 · 행동, 자폐성, 의사소통, 학습, 건강, 발달지체, 그 밖에 대통령령으로 정하는 장애를 이른다. 그러나 학문적(통계적)으로는 정상 범주 이상(영재)과 이하(장애)에 해당하는 이들을 포함한다.
- 특수교육대상자의 판별 및 배치 과정은 반드시 법률이 정한 절차를 따라야 하며, 특수교육대상자로 선정된 아동은 일반학교의 일반학급, 일반학교의 특수학급 혹은 특수학교(시각, 청각, 지적, 지체, 정서장애학교)에 배치된다.
- 특수교육대상자로 선정되고 각급학교의 학급으로 배치되면 해당 학교의 장은 특수교육대상자의 교육적 요구에 적합한 교육을 제공하기 위해 매 학년의 시작일로부터 2주 이내에 개별화교육지원팀을 구성하고 이후 개별화교육을 실시하여야 한다.
- 특수교육 교육과정은 유치원 교육과정, 공통교육과정, 선택교육과정, 기본교육과정으로 구성되며, 유치원~고등학교에 이르는 전 교육기간이 의무교육으로 실시된다.

• 특수교육 교육과정 중 기본교육과정은 공통교육과정 및 선택교육과정에 참여할 수 없는 특수교육대상자를 대상으로 하는 대안적 교육과정으로 생활환경의 기능성을 강조한 생활중심 교육과정이다.

1. 우리 지역의 특수교육기관 유형 및 특수교육대상자 현황을 파악하시오.
2. 「장애인 등에 대한 특수교육법」과 「장애인복지법」상의 특수교육대상자, 장애 판별준거를 각각 비교하시오.
3. 특수교육대상자의 선별에서부터 판별, 배치 그리고 개별화교육이 이루어지기까지의 절차를 설명하시오.
4. 특수교육대상자의 판별 및 배치 과정에서 발생할 수 있는 절차적 권리에 대해 논하시오.
5. 구한말 개화기 이전 우리나라의 특수교육에 대해 조사하시오.

참 · 고 · 문 · 헌

교육과학기술부(2008a). 장애인 등에 대한 특수교육법령 설명회. 서울: 교육과학기술부.
교육과학기술부(2008b). 특수교육 연차보고서. 서울: 교육과학기술부.
교육과학기술부(2009). 특수학교 교육과정 해설(Ⅰ): 총론. 교육과학기술부 고시 제2008-3호.
교육과학기술부(2011). 특수교육 연차보고서. 서울: 교육과학기술부 특수교육과.
교육과학기술부(2012). 특수교육 연차보고서. 서울: 교육과학기술부 특수교육과.
교육부(2013). 특수교육 연차보고서. 서울: 교육부 특수교육정책과.
교육부(2014). 특수교육 연차보고서. 서울: 교육부 특수교육정책과.
교육부(2015a). 특수교육 연차보고서. 세종: 교육부 특수교육정책과.
교육부(2015b). 특수교육 교육과정 총론(별책 1). 교육부 고시 제2015-81호.
국립특수교육원(2009). 특수교육학 용어사전. 서울: 도서출판 하우.
국립특수교육원(2013). 2011 특수교육 교육과정의 이해와 적용. http://www.knise.kr 탑재 자료
국립특수교육원(연도미상). 2011 특수교육 교육과정 길라잡이. http://www.knise.kr 탑재 자료
국립특수교육원(2015). 2015 개정 특수교육 교육과정 총론 공청회. 충남: 국립특수교육원.
권선진(2007). 장애인복지론(2판). 서울: 청목출판사.
김병하(2003). 특수교육의 역사와 철학(개정판). 경북: 대구대학교출판부.

김원경, 조홍중, 허승준, 추연구, 윤치연, 박중휘, 이필상, 김일명, 문장원, 서은정, 유은정, 김자경, 이근민, 김미숙, 김종인, 이신동(2009). 최신특수교육학(2판). 서울: 학지사.

김윤옥, 김진희, 박희찬, 정대영, 김숙경, 안성우, 오세철, 이해균, 최성규, 최중옥(2005). 특수아동 교육의 실제. 서울: 교육과학사.

김정권, 김병하(2002). 사진으로 보는 한국 특수교육의 역사. 서울: 도서출판 특수교육.

남윤석(2008). 특수교육과 교과교육의 목표. 한국특수교육교과교육학회, 특수교육 교과교육론(pp. 71-104). 경기: 교육과학사.

대한특수교육학회(2000). 특수교육용어사전(2판). 경북: 대구대학교출판부.

박원희, 김기창, 김영일, 김영욱, 이은주, 신현기, 한경근, 이숙정, 김애화, 윤미선, 김은경, 송병호, 이병인, 김송석, 양경희(2009). 함께하는 사회를 지향하는 특수교육학. 서울: 교육과학사.

박희찬(2005). 특수교육학의 개요와 발전과제. 김윤옥 외, 특수아동 교육의 실제(pp. 9-34). 서울: 교육과학사.

이경림(2010). 특수아동교육의 이해. 강영심 외, 예비교사를 위한 특수교육학개론(pp. 15-37). 경기: 서현사.

이소현, 박은혜(2011). 특수아동교육(3판). 서울: 학지사.

황정규, 이돈희, 김신일(2003). 교육학개론(2판). 서울: 교육과학사.

Heward, W. L. (2007). 최신 특수교육(8판) (김진호, 박재국, 방명애, 안성우, 유은정, 윤치연, 이효신 공역). 서울: 시그마프레스. (원저는 2006년 출간)

Turnbull, R., Huerta, N., & Stowe, M. (2006). *The individuals with disabilities education act as amended in 2004*. New Jersey: Pearson Education.

Chapter 02

통합교육의 이해

한번은 동물들이 새끼들에게 이 세상에서 직면하는 일들을 돕기 위하여 교육을 해야 한다는 결정을 내렸다. 그래서 뛰고, 기어 오르고, 수영하는 것으로 구성된 교육과정을 가진 학교를 만들어서 모든 동물들이 모든 과목을 배우도록 했다. 물론 오리는 지도자보다 수영을 더 잘 했다. 그러나 오리에게 달리기는 뒤처지는 영역이었다. 그러므로 오리는 학교에 남아 있어야 했고 달리기를 하기 위하여 수영은 빼 버렸다. 달리기는 오리발이 해어질 때까지 계속되고 그 결과 수영에서도 다만 평균 수준이 되고 말았다. 그러나 평균은 학교에서 인정해 주는 준거이므로 아무도 이것에 대해(다만 오리만 제외하고는) 관심을 가지지 않았다. 반면 토끼는 달리기는 잘 했지만 수영에서는 상대가 되지 않으므로 수영을 잘 하기 위하여 보충연습으로 인한 신경쇠약으로 고통을 당했다. 2학년 말에 비상하게 수영을 잘 하며 또한 달리기와 기어오르기를 잘 하는 뱀장어가 전체적으로 높은 평균점을 받아 학급에서 대표로 고별연설을 하게 되었다.

※ 출처: 김용욱, 변찬석, 박찬웅, 우정한, 이근용(2002). 『학습장애아교육의 이론과 실제』. 경산: 대구대학교 출판부.

우리나라의 교육이념은 '홍익인간'으로서 기본적으로 인간의 존엄성을 표방하고 있다고 할 수 있다. 따라서 교육의 목적은 학교 구성원 모두가 존중되면서 개개인의 잠재가능성을 최대한 실현함과 동시에 독립적인 삶을 성취할 수 있는 미래의 삶을 준비시키는 데 두어야 한다. 그리고 자신의 권리뿐만 아니라 타인의 권리를 소중하게 인식하고 사회의 규범을 준수하는 실천력을 통하여 더불어 살 수 있는 사회문화를 형성하는 것 또한 필요하다.

학생들은 다양한 특성을 지니고 있음과 동시에 각자 독특한 특성을 지닌 개별적인 주체다. 그들이 어떤 특성을 지니고 있든지 서로 공존해야 하는 것이 우리 사회가 존속하는 방법이다. 그러므로 어릴 때부터 장애가 있든 없든 교육기관의 진정한 구성원으로서 서로 긍정적인 관계를 형성하는 것이 가장 자연스러우면서도 정상적인 환경이 될 수 있다. 이런 면에서 통합교육은 당연히 실천되어야 할 교육철학으로 수용되고 있다.

따라서 이 장에서는 통합교육의 개념과 효과, 이를 위한 조건 등에 대해서 알아보고자 한다.

1. 통합교육의 개념

특수교육의 패러다임에서 학습공동체를 추구하는 통합교육체제로의 변화가 수용되고 있다. 이에 우리나라의 「장애인 등에 대한 특수교육법」 제2조 제6호에서는 통합교육을 다음과 같이 정의 내리고 있다.

통합교육이란 특수교육대상자가 일반학교에서 장애유형, 장애정도에 따라 차별받지 않고 또래와 함께 개개인의 교육적 요구에 적합한 교육을 받는 것을 말한다.

이소현과 박은혜(2006)도 통합교육을 "다양한 교육적 필요와 능력을 지닌 아동들이 함께 교육을 받는 것으로, 장애아동과 일반아동이 사회적 활동이나 교수활동에서 의미 있는 상호작용을 하는 것"으로 정의하고 있다.

통합교육과 관련하여 카우프만 등(Kauffman et al., 1975)은 통합이란 "장애아동을 일반학급에 물리적 · 교수적 · 사회적으로 통합하는 것"을 의미한다고 하였다.

물리적 통합(temporal integration): 장애아동이 분리교육 환경에서 일반학교로 이동하여 같은
　　공간에 존재하는 통합
교수적 통합(instructional integration): 일반학교의 비장애아동들이 사용하는 일반교육과정에
　　장애아동이 의미 있게 접근하여 개별적인 교육성과를 성취하는 교육과정적 통합
사회적 통합(social integration): 학교 내의 아동 구성원들 사이에 사회적인 관계 형성과 빈번
　　한 상호작용을 목표로 하는 통합

이처럼 통합교육은 다양한 특성을 지니고 있는 학습자들에 대한 단순한 물리적 통합을 넘어서서 그들에게 적합한 교육과정 및 서비스가 제공됨과 동시에 학급의 진정한 구성원으로서 소속감을 가지고 상호 간에 의미 있는 상호작용을 하면서 소기의 성과를 거둘 수 있는 교육방법이라고 할 수 있다.

2. 통합교육의 배경

장애아동의 분리교육에 대한 우려와 폐해가 크다는 연구결과가 도출되면서 통합교육은 그 관심이 더욱 커졌고 제도 속에 정착되기에 이르렀다. 애초 통합에 대한 관심은 사회적 통합에 대한 운동으로부터 시작되어, 현재는 교육적인 완전통합의 개념까지 정립되기에 이르렀다. 통합교육의 전반적인 과정을 시대별로 살펴보면 다음과 같다.

1) 1960년대의 정상화 운동과 탈시설화

이전에 장애인들은 시설에 수용되어 분리되거나 가정에서 방치되는 경우가 많았다. 이에 장애인들의 사회통합을 위한 움직임과 장애인 시설에 대한 강한 비판이 일어나 1960년대에 스칸디나비아 반도를 중심으로 정상화 원리(principle of normalization)에 입각한 정상화 운동이 확산되었다.

정상화라는 개념은 장애인이 가능한 한 일반인과 더불어 생활하는 범위나 영역을 극대화하려는 것으로, 이후 최소제한환경 개념을 탄생시키는 촉매 역할을 하였다. 이는 문

화적으로 정상적인 개인의 행동 및 특성을 형성하고 유지하기 위해서는 가능한 한 장애인이 정상적인 생활경험으로부터 분리되지 않도록 보장하는 접근을 사용해야 한다는 철학적 믿음으로, '완전참여와 평등'을 강조한다.

1960년대에는 장애인들, 특히 중도 이상의 장애인들을 대규모 시설에 수용하는 것이 보편적이었으며, 그들의 삶은 열악하고 비참하였다. 또한 이런 시설에서 적절한 교육이나 보호가 제공되지 못하는 사실이 알려지면서 장애인들을 시설에서 벗어나 지역사회 및 가족에게 다시 돌아오게 하자는 탈시설화(deinstitutionalization) 운동이 일어났다. 이로 인해 많은 장애인들이 가족에게 돌아왔으며, 지역사회 내의 작은 시설(group home)에서 그들을 돌보게 되었다.

2) 1970년대와 1980년대의 최소제한환경과 주류화

많은 수의 장애아동이 일반학급에 부분적으로 통합된 시기로, 1975년 미국에서 제정된 「전장애아교육법」(PL 94-142, 현 IDEA 2004)의 조항에 의해 가속화되었다. 이 시기에 사용된 용어가 바로 최소제한환경(least restrictive environment: LRE)이다. 최소제한환경은 장애아동을 장애가 없는 또래, 가정, 지역사회로부터 가능한 한 최소한으로 분리시켜야 한다는 개념이다(국립특수교육원, 2009).

주류화(mainstreaming)는 최소제한환경에 기초한 개념으로서, 장애아동을 가능한 한 일반학급에서 비장애 또래와 함께 교육서비스를 제공할 수 있도록 학교 프로그램을 재구조화하려는 노력이다. 따라서 장애아동들에게 그들의 요구 정도에 따라 연계적인 특수교육 서비스 체계하에 가장 적절한 교육환경을 제공한다.

3) 1980년대 말의 일반교육주도

교육개혁에 대한 관심이 고조되던 시기로, 미 교육부 차관이었던 윌(Will)은 1986년 「학습문제아와 교육: 분담된 책무성(Educating children with learning problems: A shared responsibility)」이라는 논문에서 일반교육과 특수교육의 이중체제가 장애아동 발달의 장벽이 된다고 비판하였다. 또한 일반학교가 재구조화되어 하나의 교육체계로 통합되어야 하며, 장애아동의 일차적인 책임자는 일반교사라고 하여 교사의 책무성을 강조하였다. 이로써 일반교육주도(regular education initiative: REI)로의 개혁이 추진되었다.

일반교육주도 옹호자들은 '주류화'와 관련된 이전의 시도들이 장애아동들을 통합하는 데에는 불충분하다고 비판함과 동시에 특수교육 서비스에 대해 다음과 같이 비판하였다.

첫째, 특수교육이 필요한 많은 아동이 제외되고 있다.

둘째, 특수교육에 배치된 아동들을 일반학교 활동과 또래로부터 분리시켜 낙인찍는다.

셋째, 실패를 방지하고 성공이 가능한 조기교육 프로그램을 운영하지 않고 보류하고 있다.

넷째, 부모와 교사 간의 협력적이며 지원적인 파트너십을 조장하지 않는다.

다섯째, 장애아동의 요구에 맞게 적합화하여 일반교육 프로그램을 적용하기보다는 분리 프로그램(pull-out program)을 사용한다.

따라서 일반교육주도에서는 장애아동을 포함한 특수한 요구를 필요로 하는 다수의 아동들을 일반교육 환경으로 통합하여야 하며, 일반교육이 모든 유형의 특수아동을 완전히 포함할 수 있다고 주장하였다.

4) 1990년 이후의 완전통합

일반교육주도 지지자들에 의해 제기된 논쟁들로 완전통합(full inclusion)이 요구되었고, 이것이 장애아동의 배치에 영향을 미치게 되었다. 이는 장애의 유형이나 정도에 상관없이 모든 아동을 일반학교의 교육환경에 완전히 통합하여야 한다는 관점이다. 따라서 장애아동을 일반학급에 종일 배치함과 동시에 아동의 사회적 통합을 강조하여 사회적인 능력의 증가뿐만 아니라 교사 및 또래와의 긍정적인 관계 조성에 주력한다.

완전통합이 전제하고 있는 일반적 요소는 다음과 같다(Hallahan & Kauffman, 2003).

첫째, 장애의 유형이나 정도에 상관없이 모든 장애아동은 일반교육의 모든 수업에 참여한다.

둘째, 모든 장애아동은 장애가 없었더라면 정상적으로 다닐 학교인 인접 학교에 다닌다.

셋째, 특수교육이 아닌 일반교육이 근원적으로 이들 장애아동에 대한 책임을 진다.

5) 2000년대 이후 완전참여와 의미 있는 수혜

2000년대 이후에는 장애아동이 일반학교의 교육환경에 완전히 통합되어야 할 뿐만 아니라 학문적이나 사회적으로 통합의 원칙들이 수용되고 실천되어야 함을 강조하고 있다. 따라서 모든 아동과 교사를 위한 보편적인 교육환경을 만들고 그들의 다양성에 적합하게 참여할 수 있는 보편적인 교육과정이 운영되어 완전참여를 유도한다(Pugach & Johnson, 2002; Sailor, 2002). 그리고 그 효과와 성과를 평가하고 피드백함으로써 계속적으로 통합의 원리를 발전시키려는 학교나 관련 당사자들의 책무성을 강조한다.

3. 우리나라의 통합교육 현황

우리나라는 1971년 처음으로 특수학급이 설립되었으며, 이는 일반학급에서 적절한 교육을 받지 못하는 아동들을 분리시켜 그들의 요구에 적합한 교육을 실시하기 위한 수단이었다. 그러나 1994년에 「특수교육진흥법」이 개정되면서 특수학급을 통합교육의 수단으로 규정하게 되었다.

2007년 전면 개정된 「장애인 등에 대한 특수교육법」에서는 특수교육대상자를 가능하면 통합된 교육환경에 배치하도록 하면서 거주지에서 가장 가까운 학교에 다닐 수 있도록 명시하기에 이르렀다. 또한 특수교육대상자가 재학하고 있는 일반학교의 장으로 하여금 특수교육대상자의 장애 유형과 정도 등을 고려하여 교육과정 조정, 보조인력 지원, 학습보조기기 지원, 교원연수 등에 관한 통합교육계획을 수립 · 시행하도록 규정함으로써 통합교육의 성공적인 실행이 가능하도록 하였다(교육과학기술부, 2008).

최근 특수교육대상자의 배치 현황을 보면, 특수학교에 배치되는 학생의 비율은 점차 감소되고 있는 반면에 일반학교에 배치되는 학생의 비율은 계속 증가하고 있다. 2015년 현재 특수교육대상자의 70.4%(61,973명)가 일반학교에 배치되어 있으며, 일반학교에 배치된 61,973명 중 15,622명은 특수학급이 아닌 일반학급에서 교육을 받는 학생으로서 그 수가 점차 늘어나고 있는 추세다. 참고로, 최근 5년간 연도별 특수교육대상학생의 배치 현황은 〈표 2-1〉과 같고, 2015년 우리나라의 교육환경별 특수교육대상학생 배치 현황은 [그림 2-1]과 같다.

〈표 2-1〉 연도별 특수교육대상학생의 배치 현황   (단위: 명, %)

연도	특수학교 및 특수교육지원센터		일반학교						전체 학생 수
			특수학급		일반학급		전체		
	학생 수	비율	학생 수	비율	학생 수	비율	학생 수	비율	
2011	24,741	29.9	43,183	52.3	14,741	17.8	57,924	70.1	82,665
2012	24,932	29.3	44,433	52.3	15,647	18.4	60,080	70.7	85,012
2013	25,522	29.5	45,181	52.1	15,930	18.4	61,111	70.5	86,633
2014	25,827	29.6	45,803	52.5	15,648	17.9	61,451	70.4	87,278
2015	26,094	29.6	46,351	52.6	15,622	17.8	61,973	70.4	88,067

출처: 교육과학기술부(2011, 2012); 교육부(2013, 2014, 2015).

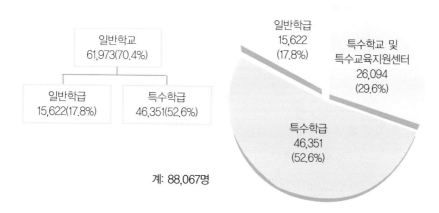

[그림 2-1] 2015년 교육환경별 특수교육대상학생 배치 현황

출처: 교육과학기술부(2015).

4. 통합교육의 필요성

특수교육의 최종 목적은 장애아동이 정상아동과 함께 자연스럽게 생활할 수 있도록 함으로써 독립적인 삶을 성취하도록 하는 데 있다. 따라서 불가피한 경우가 아니라면 특수교육을 분리교육 방법으로 실시하기보다는 정상아동과의 통합을 통해 실시하는 것이 가장 효과적일 것이다.

강영심과 정정련(2002)은 통합교육을 장애아동의 독립적인 삶의 성취와 정상적인 환경에서의 성공적인 행동과 적응을 가장 중요한 목표로 하는 특수교육의 중심철학이며 수단으로서, 특수교육이 나아가야 할 방향일 뿐만 아니라 교육이 지향해야 할 기본적인 신념이라고 하며 통합교육의 필요성을 제안하였다. 정대영(2005)은 통합교육의 목적은 장애인이 개인차의 유형과 정도에 관계없이 사회의 주류에 가능한 한 완전히 포함되어 살아갈 수 있도록 학습자의 다양성을 인정하고, 교육의 평등성과 수월성을 추구하며, 구성원들 간의 조화를 극대화함으로써 더불어 잘사는 사회 또는 공동체 사회의 실현을 지향하는 데 있다고 하였다.

이처럼 통합의 가장 기본적인 철학은 정상화의 원리와 교육기회의 평등성 보장이란 관점에서 설명될 수 있다. 정상화는 장애 정도에 상관없이 장애인도 최소제한환경에서 지역사회의 다른 구성원과 같거나 유사한 생활환경이나 교육환경에서 살아갈 수 있도록 기회가 주어져야 한다는 것이다. 교육기회의 평등성 보장이란 개인의 잠재능력을 계발할 수 있는 실질적인 기회를 제공하는 것이다.

통합의 기본적인 철학의 입장에 근거하여 통합교육의 필요성을 법적, 사회·윤리적, 교육성과의 세 가지 측면에서 제시하면 다음과 같다.

첫째, 법적인 측면에서 우리나라는 각종 법 및 법률에서 통합교육의 당위성을 제시하고 있다. 우선 「장애인 차별금지 및 권리구제 등에 관한 법률」(2008) 및 「장애인 등에 대한 특수교육법」(2007) 등에서 교육에서의 평등권과 장애아동을 위한 통합환경 제공을 목적으로 명시하고 있다. 또한 장애의 정도 및 유형에 상관없이 영유아교육기관부터 고등교육기관에 이르기까지 일반아동과 함께 교육받을 수 있는 근거를 제시하고 있다.

둘째, 사회·윤리적 측면에서 통합교육은 장애아동뿐만 아니라 비장애아동에게도 도움이 되는 활동이다. 이는 몇 가지로 나누어 설명될 수 있다. 우선 통합교육은 모든 아동을 위한 것으로, 다양한 개성을 가진 장애아동과 비장애아동 모두의 발달을 최대화시키며 더불어 사는 삶을 실현할 기회를 제공하는 최고의 장이다. 또한 통합교육을 통하여 비장애아동과 장애아동이 서로 만날 수 있는 기회가 부여되며, 서로를 인정해 줄 수 있는 인격체가 길러진다. 그리고 통합교육에서 아동은 더욱 성숙되고 발전된 모습을 보이게 된다. 그들은 분리되고 갇혀 있으며 제한된 환경에서보다는 물리적 또는 인적 환경에서 다양한 세계를 경험함으로써 발달을 촉진할 수 있다. 그리하여 비장애아동과 장애아동은 모두 이 사회의 구성원으로서 서로 이해하고 협력하며 사회를 이끌어 가고 인생을 가치 있게 하는 중요한 파트너가 된다.

셋째, 교육성과 측면에서 관찰과 모방을 통한 학습은 장애아동이 또래 아동의 바람직한 행동을 배울 수 있도록 도와주고, 장애아동과 비장애아동이 함께하는 교육환경에서 서로가 인지 및 언어 영역의 발달을 촉진하도록 할 수 있다. 또한 통합교육에서는 기존의 교육시설을 이용할 수 있으므로 경제적인 측면에도 도움을 주어 다른 측면에의 투자를 보완·지원할 수 있는 성과를 기대할 수 있다.

5. 통합교육의 효과

인간의 발달은 개인적 변인과 환경변인의 상호작용에 의해 결정된다. 따라서 가소성이 가장 풍부한 인생 초기에 환경적인 지원을 통해 정상적인 발달을 지향할 수 있도록 하는 것이 필요하다. 또한 가능한 한 작은 문제요인이 더 심각한 문제로 발전되지 않도록 하며, 이차적인 장애로 파급되지 않도록 예방하는 데 최선을 다하는 것이 필요하다. 이런 면에서 통합교육은 최선의 지원책 중 하나다. 이에 또래와의 치밀하고 상호적이며 지속적인 '관계'를 맺을 수 있는 지원망에 장애아동이 포함될 수 있도록 지원하는 것이 통합을 촉진시키는 데 유효하다(박승희, 2003).

통합교육은 일반아동이나 장애아동 모두에게 효과가 있어야만 성공을 거둘 수 있다. 통합교육을 통하여 얻을 수 있는 효과를 정리하면 〈표 2-2〉와 같다.

〈표 2-2〉 **통합교육의 효과**

대상	효과
장애아동	• 분리교육으로 인한 부정적인 영향(표찰의 부정적인 영향, 접촉 부족으로 인한 부정적인 태도 형성) 방지 • 또래들을 통해서 새로운 적응기술을 배우고 그 기술을 언제 어떻게 사용할 수 있는지 모방을 통해서 학습 • 상호작용을 할 수 있는 능력 있는 또래들을 통해서 새로운 사회적 기술과 의사소통 기술 학습 • 실제적인 생활 경험을 통해서 지역사회에서의 삶 준비 • 전형적인 발달을 보이는 또래들과 우정을 형성할 기회 제공
비장애아동	• 장애인에 대한 좀 더 사실적이고 정확한 견해를 학습할 수 있는 기회 제공 • 자신과 다른 사람들에 대한 긍정적인 태도 개발 • 이타적인 행동을 학습하고 그것을 언제 어떻게 사용해야 하는지 학습 • 어려움에도 불구하고 성공적으로 성취하는 사람들에 대한 모델을 제공받음

교사	• 장애아동 및 통합교육에 대한 인식 개선 • 교육효과 확인을 통한 성취감 증진 • 다양한 사례관리를 통한 전문성 증진
장애아동 부모	• 전형적인 발달에 대해서 알 수 있음 • 사회로부터의 소외감을 줄일 수 있음 • 전형적인 발달을 보이는 아동의 가족들과의 관계 형성과 의미 있는 지원
비장애아동 부모	• 장애아동의 가족들과 관계를 형성하고 장애아동 가족들과 지역사회에 기여 • 자녀에게 개별적인 차이와 그것을 수용하는 것에 대해서 가르칠 기회 제공
지역사회	• 교육자원(인적 · 물적)이 분리된 특수교육 프로그램에서만 제한되게 사용되는 것 방지 • 장애아동을 분리교육이 아닌 일반교육에 배치한다면 교육적 자원을 보존할 수 있으며, 교육비용 절감의 경제적인 혜택이 있음

출처: 이소현(2003), p. 510에서 수정.

6. 통합교육을 위한 지원

통합교육이 성공적으로 이루어지기 위해서는 장애아동 및 비장애아동 모두에게 효과가 있어야 한다. 그러나 교육의 목적을 실현하는 데 필요한 제반 여건이 마련되지 않고서는 성공적인 통합교육을 성취하기가 쉽지 않다. 따라서 실제 현장에서 통합교육의 저해요인을 최대한 제거하고 예방함으로써 통합교육이 효율적으로 운영되고, 장애아동과 비장애아동에게 최상의 통합교육 효과가 나타날 수 있도록 하는 다양한 차원의 지원이 필요하다. 효과적이면서 효율적인 통합교육 실천에 필요한 여러 가지 조건이 제대로 갖추어지지 않은 상태에서는 질 낮은 교육이 이루어질 수 있고, 아동들로 하여금 정상적인 사고활동과 태도를 갖추게 하려는 노력에 오히려 부정적 영향을 미칠 수 있다.

통합교육 지원은 프로그램이나 시설 · 설비, 교실환경 등의 물리적 요소뿐만 아니라 교사, 부모, 아동의 태도 등과 같은 인적 요소가 통합교육에 긍정적일 때 통합교육을 성공적으로 이룰 수 있다. 유수옥과 이금순(2000)은 교사 준비 외에 질 높은 통합교육을 위한 정책적 · 제도적 · 학문적 뒷받침이 마련된다면 개인적으로나 사회적으로 강하게 확산되고 있는 장애아동 통합교육의 교육적 요구가 충족될 것이라고 하며 통합 장면에서의 지원의 중요성을 제안하였다.

통합교육을 위한 지원을 유형별로 제시하면 다음과 같다(강대옥, 박재국, 2005).

1) 통합교육을 지원하는 조직풍토 조성

조직풍토는 통합교육 장면에서 조성되어야 할 통합교육 철학이나 지원 분위기 등을 의미한다. 이에는 크게 행정적 지원, 동료들 간의 협력 분위기, 학급의 규모나 장애 정도에 따른 자원의 적합성 등이 포함된다(Harriott, 2001).

우선 교사의 사기를 유지하고 변화를 만족시키기 위한 기관운영자의 지원과 관심은 통합교육의 성공을 위한 결정적 요소다. 기관운영자는 통합교육 철학의 중요성을 강조하고 시범 보일 수 있으며, 통합학급 교사를 위하여 정서적 지원과 교직원의 협조, 교구 등을 제공할 수 있다. 또한 프로그램의 채택과 개발도 주요한 역할을 한다. 더불어 행정적 관심과 지원의 필요성에 대한 인식, 제도 개선 및 행정적 지원 확대에 대한 인식 등 기관운영자의 긍정적인 행정적 지원이 필요하다.

또한 통합 장면에서 교직원들 사이의 협력과 팀 구성은 성공적인 통합을 위한 주요한 자원이 된다. 팀 구성은 교사들에게 기술, 자원, 평가, 사기 앙양 등을 제공하며, 팀 협력을 활용한 지속적인 능력 계발은 모든 아동과의 상호작용에서 교사에게 도움이 된다. 이처럼 통합학급 운영에 대한 계획, 문제 해결, 교수, 평가, 기술 지원 등의 영역에서 관련 교직원 및 전문가, 부모들 사이의 협력 분위기 및 팀 구성 기술은 통합교육을 위한 중요한 조직풍토 요소가 된다. 학급 규모 및 교사 대 장애아동 비율, 장애 정도 등도 조직풍토 조성을 위한 중요한 요인이 된다.

이처럼 성공적인 통합교육을 위한 조직풍토에는 기관운영자의 통합정책 및 철학, 교직원 간의 협력 분위기 및 행정적 지원, 학급 규모 등이 포함되며, 이에 대한 기반 조성 및 효율적 지원이 필요하다.

2) 자문 및 협력

통합교육 장면에서 성공을 거두려면 일반교사 혼자의 힘으로는 곤란하다. 따라서 통합교육 관련자와의 자문과 협력이 필수적인 조건이 된다. 따라서 기관 내 및 기관 간의 협력적이고 상호 교류적인 조직을 구성하는 것이 필요하다.

지원팀에 포함되어야 할 인적자원으로는 기관운영자, 부모, 교사, 교육전문가, 심리학자, 치료사, 학습 및 행동 자문가, 상담전문가, 통합교육 전문가 등이 있다.

교사에게는 교직원이나 특수교육 관련 전문가의 지원, 부모들의 지원이 필요하다. 또한 일과 동안 특수교사 및 전문가의 지원은 중도 장애아를 통합하는 데 도움을 주며, 교육과정 수정안을 계획하고 수립하는 데에도 도움이 된다. 이영학과 이대식(2003)은 시설 내 통합학급 연구회를 조직·운영하여 통합교사, 특수교사 및 보조교사 간에 정보를 주고받는 분위기가 필요하며, 서로 협력하여 통합학급 운영계획을 수립·실천하고 공동으로 교수-학습 자료를 구안·개발하는 것이 필요하다고 하였다.

이처럼 통합학급 운영에 지원되어야 할 인적 요소로는 특수교사, 전문가, 학부모 등의 자원이 있으며, 초학문적 차원에서 팀을 구성하는 것이 필요하다.

3) 교육과정 지원

통합교육을 위해서는 통합교육에 필요한 교육과정이 편성되어야 하나 공식적으로 표준화된 교육과정은 따로 마련되어 있지 않으며, 통합학급을 담당하는 교사가 학습자나 교과의 특성에 따라 재구성하여야 한다. 아동 개개인에게 적합한 질 높은 교육을 위해서 프로그램 재구성 및 교육과정 개발은 불가피한 일이지만, 교사들이 개별적으로 수정할 시간과 수행능력에 제한이 있으므로 선택하고 적용할 수 있는 다원화된 교육과정의 개발이 필요하다.

이소현과 부인앵(2004)에 따르면, 현장에서의 통합교육은 장애아동이 일반학급에서 얻게 될 동등한 구성원으로서의 자격 획득과 양질의 교육적 혜택을 위한 적극적 지원 노력이 없이는 그 실효를 거두기가 매우 어렵다. 그러므로 통합교육의 양적 확대가 이루어지기 시작한 현 시점에서 교육 프로그램 및 교육과정 개발 등에 대한 지원은 매우 시급한 상황이다. 또한 교육이란 교과지도뿐만 아니라 학생들의 생활에 대한 지도도 병행해야 하므로 통합학급에 포함된 모든 학생의 다양성을 고려한 교육과정의 설계와 운영이 필요하다. 지금까지는 기본교육과정을 수정하거나 재구성하여 사용하여 왔지만, 통합교육 장면에서는 수정이 없이도 다양한 학생들의 요구에 부합할 수 있는 교육과정이 계획되고 개발되어야 한다(김용욱, 2008).

통합학급교사에게 제공되어야 할 교육과정 지원요소로는 교육과정과 교수-학습 방법상의 변화, 성공적인 통합교육을 위해 아동의 독특한 학습 욕구를 충족시킬 수 있는 적절한 교재, 교사의 교수-학습 전략의 개발과 수행, 교육과정 정비 및 프로그램 개발, 공동 협의에 의한 개별화교육계획, 장애아동의 평가체제 개발, 교육과정적 요소 개발 및 보급 등이 있다.

4) 연수 및 교육 지원

교사들은 스스로 자신의 전문성 부족이 통합교육의 장벽임을 인식하고 있다. 따라서 교사 양성과정과 현장연수 등에서 통합교육에 필요한 다양한 지식 및 기술, 태도 등에 대한 강도 높은 훈련과 교육이 필요하다. 또한 교사로 하여금 통합 상황에서 장애아동에 대한 이해 증진과 교수능력 향상을 위해 적절한 역할을 수행할 수 있도록 체계적인 지원이 필요하다.

특히 일반아동의 장애아동에 대한 태도는 습득된 정보의 양이나 정확성에 의해 영향을 받는다. 이에 교사는 장애아동에 관한 정보를 습득하고 다양한 교수방법을 활용하여 그것을 일반아동에게 전달할 수 있도록 사전에 준비하는 것이 필요하다.

더구나 교사의 언어와 행동은 아동에게 모델로 작용하므로 교사가 장애아동에 대한 긍정적인 태도를 가짐과 동시에 사회적 수용 촉진을 위한 본보기를 보여야 한다. 교사가 장애아동을 대할 때는 한 사람의 아동으로, 즉 장애아동은 비장애아동과 다른 점보다 유사점이 많다는 사실을 인식하고 이런 태도가 일반아동에게 자연스럽게 전달되도록 하는 노력이 필수적이다.

따라서 통합 장면의 교사에게 필요한 훈련 및 교육 내용에는 통합교육 장면에 포함된 아동의 특성 이해, 그들을 다루는 교수기법 및 행동지도, 교육과정 계획, 평가계획 등이 포함되어야 한다.

통합교육이 성공적으로 실천되기 위해서는 직전교육뿐만 아니라 현직교육에서도 특수교육과 통합교육에 관한 지속적인 연수가 이루어져야 할 것이다. 또한 연수 및 세미나, 워크숍의 방법을 활용함과 동시에 단기연수나 장기연수 등의 방법을 활용할 수 있다.

5) 교육환경 조성 및 교재·교구 지원

성공적인 통합교육을 위해서는 아동의 독특한 학습 요구를 충족시키는 데 적절한 물리적 환경 및 교재·교구의 제공이 필요하다. 즉, 장애아동을 위한 기본적인 편의 시설과 설비, 아동 발달 및 교육 자료, 공학적 지원 등이 있어야 한다.

교육환경의 설계에 있어서는 학급의 모든 구성원이 지원적이고 편리한 환경에서 통합교육을 이룰 수 있도록 하는 것이 필요하다(김용욱, 2008). 우선 물리적 환경은 학습 및 학교생활에의 접근성을 확보할 수 있도록 설계되어야 하며, 사회적 환경 측면에서는 장애아동과 비장애아동 간의 사회적 관계 형성 및 상호작용이 촉진되도록 설계되어야 한다.

새로 짓는 시설의 경우 보편적 설계(universal design) 원리에 입각하여 장애아동과 비장애아동 모두에게 적합한 건축을 한다면 장기적으로는 경제적일 수 있으며, 시설을 이용하는 모두에게 편의를 제공할 수 있다. 이미 건축된 교육시설의 경우는 장애아동을 위하여 건물에 대한 구조 변경 및 보완이 필요하다.

교실환경 역시 학급 분위기 조성에 많은 영향을 미친다. 교실의 위치, 책상 배열, 사물함, 벽면, 게시판 등이 이에 속하는데, 예컨대 문제행동이 있는 아동의 자리를 배치할 때 교사나 다른 아동과의 관계 및 과제의 유형 등을 고려하는 것이 상호관계나 수업 분위기 조성에 도움을 줄 수 있다. 또한 게시판을 구성할 때에도 모든 학급 구성원의 수용과 존중, 상호 협력을 강조하는 내용으로 조성될 때 학급 구성원 간의 지원적인 분위기를 창출할 수 있다. 서로 간에 공동체감과 소속감을 인지할 수 있는 환경은 물리적 환경을 넘어서 사회심리적 환경에까지 그 영향이 파급될 수 있다. 따라서 교실의 전반적인 환경 조성 시 구성원들의 특성을 고려함과 동시에 학급의 규칙을 준수하면서도 독창성과 자유로움을 발휘할 수 있는 수용적이고 창의적인 분위기를 조성하는 것이 사회적 관계기술 향상에 도움이 된다.

6) 업무 부담 경감

통합교육 장면에서 교사에게는 통합을 실천하기 위한 공통적인 계획 시간뿐만 아니라 통합을 운영하는 데 필요한 교사연수 시간이나 프로그램 작성 및 교구 준비 시간이 필요하다.

또한 교사에게는 통합학급 운영계획에 필요한 연구 및 자유 시간이 필요하며, 교수 수정이나 통합학급 운영 계획 및 준비, 아동 관련 상담 및 자문 등을 위한 시간이 필요하며, 융통성 있게 활용 가능한 시간이 필요하다. 따라서 교사에게 정규 시간 외에 자유로이 활용할 수 있는 시간을 제공함으로써 통합교육의 질을 높이는 데 기여할 수 있도록 함이 필요하다.

7. 통합교육의 실제

통합교육이 수행되기 위해서는 교육과정 및 교수-학습 전략 등에 대한 계획 및 실행이 필요하다. 또한 교사들 간의 협력이 필수적이다. 이를 살펴보면 다음과 같다.

1) 통합교육과정의 이론적 접근

통합교육과정을 계획하고 운영함에 있어서는 교육목표의 내용 및 학습자의 특성 등을 고려해야 한다. 이를 위한 대표적인 접근방법은 다음과 같다.

(1) 발달적 접근

이는 아동의 발달은 발달예정표에 의해 순서대로 이루어진다고 보는 입장에 근거한다. 게젤(Gesell, 1928)이 개발한 발달규준목록이 전형적인 발달예정표이며, 프로그램은 운동, 적응, 인지, 사회-정서, 의사소통 영역 등에서 아동의 정상적인 발달 순서에 초점을 맞춘다. 이 접근법의 목적은 아동이 정상발달 순서를 통과하도록 돕는 데 있다. 그러므로 정상적으로 발달하는 아동의 각 연령규준과 비교하여 어떠한 기술들이 습득되지 않았는지를 파악한 후 개별화교육계획 수립을 위한 기초를 마련해야 한다. 아직까지는 나타나지 않았지만 앞으로 습득해야 할 기술들이 프로그램의 중심을 이룬다. 그러나 이 접근법은 아동이 자연적 환경에서 독립적으로 기능하는 데 필요한 기술의 습득을 포함하지 못하는 문제가 있다.

(2) 인지적 접근

이는 환경과의 상호작용을 통하여 모든 인지구조가 만들어진다는 것이 기본이다. 인지발달에는 순서 및 위계가 있으며, 이들 과정에서 아동은 지적 능력을 구성하는 능동적인 학습자로 인식된다. 따라서 교사는 물리적 지식, 논리-수학적 지식, 사회적 지식을 습득함으로써 인지적 재구성이 일어날 수 있도록 교실환경을 구조화하는 노력이 필요하다. 적절하게 준비되어 있는 환경에서는 아동의 적극적 상호작용이 활발하게 이루어진다고 보지만, 장애아동의 경우 환경과의 상호작용에 제한이 있으면 인지적 목표를 달성하는 데 문제가 있을 수 있다.

(3) 행동주의적 접근

이는 인간의 모든 행동은 환경이나 훈련의 영향, 즉 강화나 모델의 영향에 의해 이루어진다고 전제한다. 즉, 바람직한 행동은 강화를 통해 증가하고, 바람직하지 않은 행동은 소거기법을 활용함으로써 감소하거나 없어진다고 보는 입장이다. 따라서 직접교수와 지속적인 평가는 행동주의적 접근의 특징이다. 교육 현장에서는 아동의 현재 기술 상태를 진단하여 앞으로 습득해야 할 기술을 여러 단계로 나누어 아동의 개별 진도에 맞추어 순서적으로 제공하는 것이 필요하며, 교수활동이나 환경도 목표를 충족시키기 위해 구조화하여야 한다.

예를 들어, 통합교육 장면에서 발생할 수 있는 아동의 소리 지르기나 공격성 같은 바람직하지 않은 행동을 통제하고 바람직한 행동은 체계적으로 보상하기에 적합한 접근법이다. 그러나 구조화 정도가 지나칠 때는 아동의 학습동기가 무시되는 경향이 있어 좀 더 자연적 접근으로 프로그램화할 필요성이 제기되고 있다.

(4) 학문적 접근

이는 학령기 이전에 필요한 수 세기, 시계 보기, 문자에 관심 갖기 등의 전(前)학문적 기술과 학령기에 필요한 학문적 기술 습득에 근거를 두고 있다. 아동의 발달적 요구보다는 학문의 기본 구조에 초점을 맞추어 프로그램을 구성하여, 학문적 기술 습득이 주요 과제가 된다. 이 접근법은 아동의 생활이나 경험과 관련된 기술이나 사회적 기술이 강조되지 않을 가능성이 높다. 또한 분리된 시간에 분리된 자료와 과제를 사용하여 가르치므로 아동의 흥미와 관심을 등한시할 우려가 있다. 따라서 자연스러운 환경 속에서 활동에 참여하면서 여러 기술을 통합하여 사용할 것이 요구되나 장애아동에게는 이것이 넘어야 할 과제가 된다. 또한 학습된 것을 일상생활에 전이하거나 일반화하는 것이 어려울 수 있어 이에 대한 배려가 필요하다.

(5) 기능적 접근

이는 발달연령보다는 지역사회 내에서 요구되는 기능적이고 생활연령에 적합한 기술 습득을 중요시하는 것이다. 따라서 환경에서 요구되는 기술 습득을 위해 아동은 좀 더 독립적이고 적극적으로 참여하고 기능할 수 있다. 프로그램에 포함되는 내용도 아동이 현재 당면하거나 미래 사회에서의 적절한 의미와 유용성을 가질 수 있는 목표에 관련되는 것이므로 장애아동에게는 직접적인 기능적 기술이나 행동이 강조된다. 따라서 장애

아동과 비장애아동이 통합환경에서 자연스러운 상호작용이 이루어지도록 하거나 장애
아동이 좀 더 독립적으로 기능할 수 있도록 촉진시킬 수 있다.

그러나 프로그램에 대한 명백한 조직적 체제가 부족하고 아동에게 기능적이고 적합한
기술을 결정하는 보편적 기준이 없어 개별 아동에게 적합한 교육과정 내용이 존재해야 한
다. 따라서 교사는 각 아동의 요구에 맞는 프로그램을 개발해야 하는 부담을 갖게 된다.

2) 통합교육을 위한 교수적합화

통합교육 장면에서 장애아동이 다른 아동과 함께 최적의 수준으로 참여하고 상호작
용하기 위해서는 먼저 아동의 신체적 · 감각적 · 인지적 장애 및 기타의 원인으로 인하여
상호작용을 막고 있는 교육환경을 조절함과 동시에 교육과정 관련 요소에 대한 조절이
필요하다. 이를 교수적합화(instructional adaptation 혹은 curricular adaptation)라고 하며,
교수적 수정(modification), 교수적 조정(accommodation) 등으로 구분하여 사용하기도 한
다. 교수적합화 요소에는 교수-학습 환경뿐만 아니라 교수-학습 내용, 교수-학습 방법,
교수-학습 집단, 교육과정 평가 등이 포함되는데, 이를 살펴보면 다음과 같다.

(1) 교수-학습 환경의 적합화

교수-학습 환경의 적합화는 학급의 물리적 · 사회적 환경을 장애아동의 학습목표 달
성을 촉진하기 위해서 수정 · 보완하는 것을 의미한다. 물리적 환경을 적합화할 때는 장
애아동의 시각, 청각, 촉각, 후각을 포함한 감각의 현재 상태와 신체상의 특성을 고려해
야 한다(예: 칠판이 잘 보이는 곳으로의 자리 배치, 소음 차단, 넓은 공간 확보).

사회적 환경의 적합화는 다양한 능력을 가진 아동 개개인이 소속감, 존중감, 협동심,
상호 의존감, 참여의 보상을 느낄 수 있도록 조성되고 유지되도록 해야 한다. 교실 내의
보이지 않는 요소들이 장애아동의 학업성취에 영향을 미치므로, 장애아동이 학급에서
환영을 받을 수 있어야 한다. 그리고 다른 아동들이 장애아동을 학습 활동과 집단의 구
성원으로 인식하여 같이 농담하고 대화하는 상대로 받아들이는 등의 일상적인 상호작용
은 매우 중요하다.

(2) 교수-학습 내용의 적합화

교수-학습 내용의 적합화는 일반교육과정의 내용을 장애아동의 교육적 요구에 적합

하게 다양한 수준으로 수정 · 보완하는 것을 의미한다. 그러나 기본 원칙은 가능한 한 비장애아동의 학습활동과 분리되지 않도록 조정하는 것이다. 교수-학습 내용을 적합화하는 데 있어서 교육과정 내용 자체를 변화시키기에 앞서 비장애아동에게 주어지는 과제나 기술의 순서를 변화시키기, 같은 과제 내 단계의 크기를 변화시키기, 과제를 수행하기 위해 요구되는 기술의 수준을 변화시키기 등을 먼저 시도한다.

(3) 교수-학습 방법의 적합화

교수-학습 방법의 적합화는 두 가지 형태, 즉 일반교육과정의 내용을 그대로 적용하면서 방법적인 면에서만 수정이 필요한 경우와 교수 내용에서의 수정에 따라 교수-학습 방법의 수정이 요구되는 형태가 있을 수 있다. 이와 같이 장애아동을 위하여 교수-학습 방법을 적합화함에 있어서 교수-학습 활동적 측면과 교수-학습 전략적 측면 그리고 교수 자료적인 측면에서의 수정 · 보완이 이루어져야 한다.

(4) 교수-학습 집단의 적합화

교수-학습 집단의 적합화는 교육목표 달성에 가장 적합한 수업을 하기 위해서 학습집단 구성 형태를 수정 및 조절하는 것을 말한다. 교수 혹은 학습 집단의 형태로는 대집단, 소집단, 협동학습 집단, 또래지도, 다른 연령의 아동 교사, 일대일 교수 등이 있을 수 있다. 하지만 교수-학습 집단은 단지 교수의 효율성만을 목적으로 하지 않고 학급 내에서 장애아동과 비장애아동 간의 상호작용을 도모할 수 있게 구성하는 것이 중요하다. 최근의 연구들은 협동학습 집단이 통합학급에 효과적으로 적용될 수 있다고 주장되고 있다.

(5) 교육과정 평가의 적합화

통합학급에서 교육을 받는 장애아동의 학업성취에 대한 평가는 장애아동의 반응양식상의 특성이 고려되어야 한다. 특히 구어 및 읽기, 쓰기에서의 수준과 특성이 고려되어야 함과 동시에 신체적 · 정시적 요인을 고려하여 평가방법과 평가시간의 길이 등이 수정 · 조절되어야 한다.

이러한 평가는 아동 개인의 성취 수행을 규준집단의 성취 수행과 비교하는 규준지향의 평가가 아니라 교육과정을 근간으로 학습자에게 투입된 모든 요소들에 대한 평가가 되어야 하며, 그에 따른 결과들을 아동의 성과와 관련하여 개선해 나가야 한다. 그리고 평가는 통합교육 환경에서 장애아동으로 하여금 실패의 경험은 최소화하면서 성공의 기회는 최대한 체험할 수 있도록 하는 것이 중요하다.

그러나 평가에 있어서 더욱 중요한 것은 다른 아동과의 비교보다는 아동 내적인 측면에서의 행동의 진보를 가져오게 하는 전략이다. 또한 아동의 일부 행동의 변화에 대한 측정보다는 아동의 전인적 발달을 꾀할 수 있는 질적인 평가가 필요하다.

3) 통합 장면에서의 교수–학습 전략

장애아동과 일반아동 간의 원활한 상호작용은 여러 가지 어려움으로 인해 자동적으로 발생하기가 곤란하다(정계숙, 김진희, 1998). 따라서 통합의 물리적 측면을 강조하기보다 장애아동이 또래에게 수용되고 사회적 상호작용이 발생하도록 돕는 적극적인 교수전략을 활용하여 그 효과를 크게 할 필요가 있다. 통합 장면에서 활용할 수 있는 교수–학습 전략은 다음과 같다.

(1) 일반아동을 대상으로 한 장애이해 교육

일반아동을 대상으로 한 장애이해 교육은 교과목 시간을 이용하거나, 특별활동이나 재량활동 시간 등 교과목 시간 이외의 다른 시간을 이용하여 특별히 실시할 수 있다. 교사가 직접 교수하거나 아동 주도적인 방법으로 시행할 수도 있다. 이때 교사는 아동들의 차이점보다는 유사점을 강조하여야 하며, 장애를 개인의 차이 중 하나로 인식할 수 있도록 구조화된 경험을 제공하여야 한다.

구체적인 접근방법으로는 장애 관련 도서나 인터넷 자료를 활용하여 장애 관련 정보를 찾을 수 있으며, 영화나 비디오 등을 시청하고 나서 집단으로 토론학습을 할 수 있다. 또한 장애아동 당사자 및 부모 등을 초청하여 강연을 듣는 방법도 가능하다. 이를 통해 개인 간 차이, 장애아동의 능력 · 강점 · 유사점, 대표적 장애 유형에 대한 설명, 잘 알려진 장애아동의 삶에 대한 이야기, 토론과 감정 나누기, 잘못된 정보 교정 등의 효과를 얻을 수 있다. 또한 장애체험 활동이나 장애아동 접촉 경험을 갖는 활동을 통해서도 장애아동에 대한 이해와 수용의 기회를 증가시킬 수 있다.

(2) 장애아동을 대상으로 한 학습 및 사회적 기술 교수

장애아동은 집단활동에 필요한 여러 가지 규칙 준수 및 또래와의 상호작용 방법에 대해 익히는 것이 필요하다. 일반적으로 장애아동에게 필요한 사회적 기술로는 대화기술,

주장하기, 친구 사귀기 기술, 문제 해결 및 협력 기술, 자조기술, 학습과제 관련 행동, 자기 관련 기술 등이 있다. 따라서 관찰에 근거하여 장애아동에게 특히 필요한 기술을 선정하고 그에 대한 교수방법을 선정하여 실행하여야 한다. 이에는 교사나 또래의 행동시범 및 비디오테이프 등의 보조도구를 사용하는 방법이 있다.

또한 장애아동의 특정 기술이나 행동의 발생을 목적으로 교사가 직접적으로 아동에게 개입하는 교사주도 전략이 효과적으로 작용될 수 있다. 이에는 교사가 특정 기술이나 행동을 학습시킬 목적으로 촉진을 제공하거나 칭찬 등의 피드백을 제공하는 방법 등이 있다. 촉진은 아동 자신이 상호작용을 주도하거나 타인의 주도에 반응하도록 하는 모든 방법을 의미한다. 칭찬은 사회적 행동을 유발하거나 가능성을 증가시키는 긍정적 결과로 언어적 강화나 물건 또는 활동을 통해서 보상을 제공하는 강화를 모두 포함한다. 〈표 2-3〉은 교사의 촉진의 종류 및 적용방법을 제시하고 있다.

〈표 2-3〉 교사의 촉진의 종류 및 적용방법

종류	방법	적용 예
언어 촉진 (verbal prompts)	아동이 현재 주어진 과제를 수행하도록 설명을 통해 지원하는 방법이다.	손을 씻기 위해 수도 손잡이를 잘못된 방향으로 돌리고 있는 아동에게 "다른 쪽으로 돌려 봐."라고 말한다.
시범 촉진 (model prompts)	아동에게 언어나 몸짓 또는 이 둘을 모두 사용하여 시범을 보여 줌으로써 목표행동을 따라 수행할 수 있도록 지원하는 방법이다.	한쪽 운동화를 신겨 주면서 "이쪽은 선생님이 도와줄 테니 저쪽은 네가 혼자 신어 보렴."이라고 말한다.
신체적 촉진 (physical prompts)	과제를 수행하도록 신체적으로 보조해 주는 방법으로, 부분적 또는 완전한 보조의 형태를 취할 수 있다.	식사시간에 숟가락을 사용하도록 팔꿈치에 가만히 손을 대어 주거나(부분적인 촉진), 숟가락을 잡은 손을 붙들고 음식을 먹도록 움직여 준다(완전한 촉진).
공간적 촉진 (spatial prompts)	아동의 행동 발생 가능성을 높이기 위해서 사물을 특정 위치(예: 과제 수행을 위해서 필요한 장소, 아동에게 더 가까운 장소)에 놓는 방법이다.	손을 씻을 때 수건을 세면대 가까이에 가져다 놓는다.
시각적 촉진 (visual prompts)	그림이나 사진, 색깔, 그래픽 등의 시각적인 단서를 사용하는 방법이다.	아동의 사물함이나 소유물에 아동의 사진과 이름을 붙여 주거나, 과제의 수행 순서를 사진으로 붙여 놓는다.
단서 촉진 (cued prompts)	언어나 몸짓으로 주어지는 촉진으로, 과제 수행의 특정 측면에 대한 직접적인 관심을 유도하기 위한 방법이다. 이때 단서는 자극이나 과제를 가장 잘 대표할 수 있는 특성을 가지고 있는 것을 사용한다.	교사가 손가락으로 숟가락을 가리키면서 "자, 식사시간이다."라고 말한다(식사의 특성을 가장 잘 나타내는 숟가락이라는 단서를 사용해서 독립적인 식사기술을 촉진한다).

출처: 이소현(2003), p. 585.

(3) 일반아동과 장애아동의 상호작용 촉진

통합교육 장면에서 장애아동이 비장애아동에게 수용되고 사회적 상호작용이 발생하도록 적극적인 교수-학습 전략을 활용할 필요가 있다.

① 또래지원 프로그램

이는 친구의 자격으로 도움을 필요로 하는 다른 친구에게 지원과 보조를 제공하는 방법이다. 일반아동이 교실 밖에서 장애아동과 사회적 상호작용을 하기 위하여 자원봉사를 할 수도 있다. 이는 능력이나 기능에 현저한 차이가 있는 또래들 간에 보다 실질적인 상호작용을 할 수 있도록 한다. 또한 친구로서 우정, 여가 통합, 사회적 상호작용을 강조할 수 있다. 이는 장애아동과 일반아동이 졸업 후에도 의미 있는 사회적 관계를 형성하는 등과 같이 자연스럽게 발생하는 상호작용을 강화할 수 있다. 장애아동과 일반아동이 함께 직접적으로 상호작용할 수 있는 프로그램인 동아리 활동은 지원망이 구축되고 지속적일 수 있다는 측면에서 효과가 크다.

② 또래교수

또래교수(peer instruction 혹은 peer tutoring)는 한 아동이 교사로서 행동하고 또래에게 교수를 제공하는 교수 형태다. 이는 교사가 모든 아동에게 개별적인 지도를 하기가 어려운 다인수 학급에서 각 아동의 실제 학습에 몰입하는 시간을 증가시키는 역할을 할 수 있다. 또래교수를 통해서 일반아동은 장애아동에 대한 경험과 정보를 얻을 수 있으며, 장애아동은 학업교수와 더불어 적절한 행동에 대한 모델을 접할 수 있다. 이러한 또래지도 학습에서 개인교사(tutor)는 또래 아동일 수도 있고 보조교사나 다른 성인 자원봉사자일 수도 있다. 또래교수를 하는 동안 또래 개인교사는 교사가 개발한 구조화된 수업에 따라서 교수를 제공하고, 연습과 피드백을 주는 기회를 제공함으로써 또래가 필요한 기술을 습득하도록 돕는다(이유훈, 1999).

또래교수가 성공적으로 실시되기 위해서는 아동에게 사전에 특별훈련을 제공해야 하며, 교수의 대상인 장애아동과 자주 만나 교수가 이루어지게 해야 하고, 교사의 지속적인 지도와 점검이 제공되어야 한다.

이러한 또래교수 프로그램을 실시할 때 교사는 장애아동도 교사로 참여할 수 있도록 함으로써 장애아동의 자존감 및 자아개념을 향상시킬 수 있다. 장애아동은 스스로 학급의 친구나 나이가 어린 아동을 위한 또래교사로 참여하면서 학교 내의 다른 친구들로부터 새로운 모습을 인정받을 수 있으며, 사회적 기술을 학습할 수 있는 기회를 제공받고, 직접교수를 통해서 학문적 기술을 연습하고 향상시킬 수 있다(이유훈, 1999).

요약하면, 또래교수 프로그램은 또래로 하여금 장애아동의 학습이나 참여를 촉진하게 하는 방법으로, 특히 사회적 기술과 의사소통 기술의 증진에 효과적이다.

③ 집단강화

이는 미리 집단의 목표를 설정하고 이를 달성했을 때 집단으로 보상하는 방법으로 집단 구성원 간의 긍정적 상호작용을 증진할 수 있다. 집단 내의 모든 아동이 일정한 기준에 도달했을 때 단체로 강화받거나, 집단 내의 한 아동이 일정한 기준에 도달했을 때 집단 구성원 모두가 강화받을 수 있다. 또한 아동이 장애아동과 긍정적인 상호작용을 할때, 행동 문제를 보이는 장애아동이 바람직한 행동을 보일 때, 사회적 상호작용에 일정한 수준으로 참여하게 될 때 강화를 줌으로써 친밀성과 협동성을 향상시키며 장애아동에 대한 태도를 개선할 수 있다.

④ 협동학습

협동학습(cooperative learning)은 학습의 구조를 협동적으로 전환하여 이러한 구조 속에서 개별학습이나 경쟁학습을 적절하게 활용할 수 있는 학습방법이다. 대개 5~6명의 아동들을 한 팀으로 구성하여 공동의 목표 혹은 팀 내의 개별 목표를 협력적으로 달성하기 위해 수업과정에서 교사와 아동 간의 상호작용보다 아동 상호 간의 협력적인 상호작용을 고무하는 일련의 수업전략이라고 할 수 있다. 따라서 교사는 학습 촉진자나 보조자의 역할을 담당하고 대신 아동들이 주도적으로 학습활동을 해 나가게 한다.

통합교실에서 협동학습은 일반아동과 장애아동이 한 팀을 이루어 수업 중 활동이나 과제를 공동으로 수행하는 방법이다. 이는 비교적 경쟁적인 교실 상황에서 특정 아동이 고립되는 것을 막아 주고, 수용적인 분위기를 만들어 주며, 아동들 간의 상호작용과 공동의 목표를 향한 협동 작업을 증진시키는 목표를 지닌다(Friend & Bursuck, 1996; Salend, 1994: 이소현, 박은혜, 1998 재인용). 이를 통해 아동은 성공감을 경험할 기회, 학교생활 기술을 연습할 기회, 의사소통 기술이나 사회적 기술 발달을 촉진할 기회 등을 갖게 된다.

4) 통합교육을 위한 협력교수

통합 장면에서 아동을 효율적으로 지도하기 위해서는 관련 분야 전문가들 간의 연계와 협력이 매우 중요하다. 특히 일반교사와 특수교사 간의 협력이 잘 형성되고 실행될 때 아동에게 실질적인 교육적 혜택을 제공할 수 있을 뿐만 아니라 통합교육의 질적 성과를 거둘 수 있다. 통합교육 현장에서 협력해야 할 부분에는 함께 교육과정을 계획하고 서로의 동의 아래 일반아동 및 장애아동에게 가장 적절한 방법으로 교수하고 평가하는 것이 포함된다.

(1) 협력교수의 필요성

협력교수(co-teaching)는 두 명 혹은 그 이상의 전문가가 단일한 물리적 공간에서 다양한 능력의 아동들이 혼재되어 있는 집단을 대상으로 직접적인 교육서비스를 제공하는 것이다. 따라서 교사는 동일 집단의 아동들을 위해 수업을 계획하고 교수-학습 과정 및 평가 등 모든 과정에서의 책임을 공유하여야 한다(Wilson, 2005). 이를 통해 교수 계획 및 실행, 평가의 각 단계에서 교사의 강점을 살림과 동시에 서로 함께 대화하면서 갈등을 해결하고 상호 협력을 증진할 수 있어 모든 아동에게 질 높은 교육성과를 산출할 수 있다.

협력교수의 특성은 다음과 같다(박현옥, 이소현, 2000).

첫째, 협력교사는 아동의 교수에 직접적인 책임이 있는 교사들과 협력적인 역할을 수행하며 다른 전문가들과 함께 문제 해결에 참여하거나 그것을 지원함으로써 아동에 대하여 간접적인 서비스를 수행하게 된다.

둘째, 효과적인 협력을 위하여 협력자들 간에 긍정적이고 신뢰할 수 있는 관계를 형성해야 하며, 어느 한 영역의 일방적인 자문이나 전문적 지식의 제공보다는 두 영역의 전문가들이 동등한 자격으로 협력을 위한 노력을 기울여야 한다.

셋째, 자발적 참여와 거부권이다.

넷째, 적극적인 참여다.

다섯째, 협력의 목표는 아동의 현재 문제를 교정하고 이후에 생길 수 있는 문제들을 예방하는 것이다.

협력교수가 잘 이루어지면 교사는 혼자서는 달성하기 어려운 일도 쉽게 해 낼 수 있을 뿐만 아니라 새로운 정보나 지식, 전문기술 등을 습득할 수 있는 기회를 가지게 되어 전문성 신장에 도움이 된다.

또한 아동은 분리에 따른 부작용을 최소화할 수 있으며 공동체로서의 소속감을 증가시킬 수 있다. 그리고 전문성을 지닌 다양한 교사들로부터 지원을 받게 되어 학습 및 행동 지원 등에서 교육적 성과가 나타날 수 있다.

이처럼 장애아동의 성공적인 통합을 위해서는 무엇보다도 교사들 간의 상호 협력체제가 필요하다. 따라서 모든 아동에게 적절한 프로그램을 제공하기 위해 효과적으로 협력해야 하며, 장애아동의 수용을 촉진하기 위해 교육과정을 중심으로 협력하는 방안을 강구해야 한다(이유훈, 1999).

(2) 협력교수의 유형 및 유의점

협력교수의 방법은 교과의 내용, 아동의 연령과 성숙도 및 능력, 교사의 창의성에 따라 의거해서 다양한 변형들이 있을 수 있다. 〈표 2-4〉는 메이언 등(Meyen et al., 1996)이 제안한 다양한 협력교수의 유형을 제시하고 있다.

〈표 2-4〉 협력교수의 유형

형태	방법
교사와 보조자 (one teaching, one assisting) 모형	한 명의 교사가 전반적으로 수업을 이끌고 다른 교사가 보조자 역할을 하면서 개별 아동을 지원하는 역할을 한다. 이 방법은 한 교사를 보조자로 인식하는 등 적합한 역할 인식을 하기가 어렵고, 아동의 활동을 도와주기 때문에 의존적인 학습자로 만들 수 있다.
스테이션 교수 (station teaching)	수업 내용을 두세 부분으로 나누고 학급 아동들도 그에 맞추어 집단으로 나눈다. 교사들은 자기가 맡은 부분을 반복하여 수업하고, 아동들은 교사들이 맡고 있는 부분을 돌아가면서 수업받는다.
병행교수 (parallel teaching)	두 명의 교사가 함께 수업을 계획하고 학급의 아동을 반으로 나누어 같은 내용을 교사가 각각 따로 교수한다.
대안적 교수 (alternative teaching)	아동들을 대집단과 소집단으로 나누어 한 교사는 대집단을 대상으로 주로 지도하며, 다른 한 교사는 소집단을 대상으로 심화학습이나 보충학습을 실시한다. 소집단은 학습에 어려움을 보이는 아동이나 우수한 아동을 대상으로 구성할 수 있다.
팀티칭 (team teaching)	교사들이 한 교실에서 모든 아동을 대상으로 교수 역할을 공유하며, 번갈아 가면서 다양한 역할을 진행하며 동등하게 교수적 활동에 참여한다.

　　협력교수는 통합된 장면에서 매우 효과적인 교수방법이기는 하지만 교과의 내용, 아동의 연령과 성숙도 및 능력, 교사의 능력 등을 신중히 고려하여야 하며, 아울러 일반아동에 미칠 영향 등도 신중히 고려하여야 한다. 특히 우리나라의 경우 협력교수를 사용하기 위해서는 학급당 인원 감축과 보조교사제의 지원이 선결되어야 한다(이유훈, 1999).

- 통합교육은 다양한 특성을 지니고 있는 학습자들이 단순한 물리적 통합을 넘어서 이들에게 적합한 교육과정 및 서비스를 제공받고 학급의 진정한 구성원으로서 소속감을 가지고 상호 간에 의미 있는 상호작용을 하는 교육방법이다.
- 통합교육은 1960년대에 스칸디나비아반도를 중심으로 발생한 정상화운동의 일환으로 시작되었으며, 2000년대 이후에는 완전참여와 의미 있는 수혜를 강조하는 보편적 교육방법으로 인식되고 있다.
- 최근 우리나라의 특수교육대상자 배치현황을 보면, 특수학교에 배치되는 학생 비율은 점차 감소하고 있는 반면 일반학교에 배치되는 학생의 비율은 계속 증가하여 통합교육의 증가현상을 나타내고 있다.
- 통합의 기본적 철학은 정상화의 원리와 교육기회의 평등성 보장이란 관점에서 설명될 수 있다. 정상화는 장애 정도에 상관없이 장애인도 최소제한환경에서 지역사회의 다른 구성원과 같거나 유사한 생활환경이나 교육환경에서 살아갈 수 있도록 기회가 주어져야 하는 것이며, 교육기회의 평등성 보장은 개인의 잠재능력을 개발할 수 있는 실질적인 기회를 제공하는 것이다. 따라서 통합교육은 법적인 측면, 사회 · 윤리적 측면, 교육성과 등 세 측면으로 나누어 필요성을 도출할 수 있다.
- 통합교육은 일반아동이나 장애아동 모두에게 효과가 있어야만 성공을 거둘 수 있으며, 그 효과는 장애아동, 비장애아동, 교사, 장애아동부모, 비장애아동부모, 지역사회 측면 등에서 나타난다.
- 통합교육이 성공적으로 효과를 거두기 위해서는 다방면의 지원이 필요하다. 이에는 통합교육을 지원하는 조직풍토 조성, 통합교육 관련자와의 자문과 협력, 통합교육에 필요한 교육과정 지원, 통합교육담당 교사에 대한 연수 및 교육 지원, 통합교육환경 조성 및 교재 · 교구 지원, 통합교육담당교사의 업무 부담 경감 등의 지원이 포함된다.
- 통합교육과정을 운영하기 위한 대표적인 접근방법으로는 발달적 접근, 인지적 접근, 행동주의적 접근, 학문적 접근, 기능적 접근 등이 있다. 통합교육장면에서 장애아동들이 원활한 상호작용이 이루어지기 위해서는 교수–환경의 적합화, 교수–학습내용의 적합화, 교수–학습방법의 적합화, 교수–학습집단의 적합화, 교육과정 평가의 적합화 등이 고려되어야 한다. 또한 장애아동이 또래들에게 수

68

용되고 의미 있는 사회적 상호작용이 이루어지기 위해서는 적극적인 교수–학습 전략이 필요한데, 이에는 일반아동을 대상으로 한 장애이해교육, 장애아동을 대상으로 한 학습 및 사회적 기술 교수, 일반아동과 장애아동의 상호작용 촉진, 통합교육을 위한 협력교수 등이 있다.

학 습 문 제

1. 통합교육의 개념이 시대적 흐름에 따라 어떻게 변경되어 왔는지 설명하시오.
2. 통합교육의 필요성과 그 효과를 논하시오.
3. 통합교육이 성공적으로 이루어지기 위해 필요한 지원 유형을 서술하시오.
4. 통합교육과정의 운영에서의 접근법을 설명하시오.
5. 통합교육을 위해 필요한 교육과정 적합화 요소를 설명하시오.
6. 통합장면에서 활용할 수 있는 교수전략을 서술하시오.
7. 통합장면에서 협력교수의 필요성과 협력교수의 유형을 설명하시오.

참 · 고 · 문 · 헌

강대옥, 박재국(2005). 특수교육 혁신방향 및 연구동향–통합학급교사 지원유형에 대한 고찰. 제7회 한국특수아동학회 학술세미나 자료집, pp. 123-148.
강영심, 정정련(2002). 초등학교 통합학급에서의 협력교수에 대한 특수교사와 통합학급 교사의 인식. 정서 · 학습장애연구, 17(3), 107-130.
교육과학기술부(2011). 특수교육 연차보고서. 서울: 교육과학기술부.
교육과학기술부(2012). 특수교육 연차보고서. 서울: 교육과학기술부.
교육부(2013). 특수교육 연차보고서. 서울: 교육부.
교육부(2014). 특수교육 연차보고서. 서울: 교육부.
교육부(2015). 특수교육 연차보고서. 서울: 교육부.
국립특수교육원 편(2009). 특수교육학용어사전. 서울: 도서출판 하우.
김용욱(2008). 통합교육을 위한 방법론적 접근: 보편적 설계. 2008 한국특수교육학회 추계학술대회 자료집.
박승희(2003). 한국 장애학생 통합교육–특수교육과 일반교육의 관계 재정립. 서울: 교육과학사.

박현옥, 이소현(2000). 장애영유아 통합교육의 성공적 실행을 위한 특수교사-일반교사 간 협력. 교육과학연구, 31(1), 37-52.

유수옥, 이금순(2000). 장애유아 통합교육에 적합한 유아교사 준비에 관한 유치원장의 인식. 특수교육학연구, 35(3), 291-315.

이소현(2003). 유아특수교육. 서울: 학지사.

이소현, 박은혜(1998). 특수아동교육: 일반학급 교사를 위한 통합교육 지침서. 서울: 학지사.

이소현, 박은혜(2006). 특수아동교육: 통합학급 교사들을 위한 특수교육 지침서. 서울: 학지사.

이소현, 부인앵(2004). 장애 유아의 유치원 통합교육 현황 및 프로그램 지원 욕구. 특수교육학연구, 39(1), 189-212.

이영학, 이대식(2003). 초등통합학급 내에서 장애아동을 위한 교사들의 교수적 조정 실태 조사 연구. 한국교원교육연구, 20(1), 245-268.

이유훈(1999). 학습자 중심의 학교 교육과정 구성모형. 대구대학교 대학원 박사학위논문.

정계숙, 김진희(1998). 일반·장애유아 간 관계 향상을 위한 교수전략 연구. 사회과학논총, 17, 177-197.

정대영(2005). 통합교육의 개념. 한국통합교육학회 편, 교사를 위한 특수교육입문: 통합교육(pp. 15-46). 서울: 학지사.

Friend, M., & Bursuck, W. (1996). *Including students with special needs: a practical guide of classroom teachers.* Boston: Allyn and Bacon.

Halllahan, D. P., & Kauffman, J. M. (2003). *Exceptional learners: Introduction to special education* (9th ed.). Boston: Allyn & Bacon.

Harriott, W. A. (2001). *Administrators' and teachers' perceptions of necessary resources for secondary general education inclusion classrooms in rural Pennsylvania school districts.* Unpublished doctoral dissertation, The Pennsylvania State University.

Kauffman, J. M. (1993). How we might achieve the radical reform of special education. *Exceptional Children, 60*(1), 6-16.

Kauffman, J. M., Gottlieb, J., Agard, J. A., & Kukic, M. D. (1975). Mainstreaming: Toward and explication of the construct. In E. L. Meyen, G. A. Vergason, & R. J. Whelan (Eds.), *Alternatives for teaching exceptional children* (pp. 35-54). Denver: Love.

Meyen, E., Vergason, G. A., & Whelan, R. J. (1996). *Strategies for teaching exceptional students in inclusive settings.* Denver: Love.

Pugach, M. C., & Johnson, L. J. (2002). *Collaborative practitioners, collaborative schools* (2nd ed.). Denver: Love.

Sailor, W. (Ed.). (2002). *Building partnerships for learning, achievement, and accountability.* New York: Teachers College Press.

Salend, S. J. (1994). *Effective mainstreaming: Creating inclusive classroom* (2nd ed.). New York: MacMillan Publishing.

Will, M. (1986). Educating children with learning problems: A shared responsibility. *Exceptional Children, 52*(5), 411-415.

Wilson, G. L. (2005). This doesn't look familiar: A supervisor's guide for observing co-teachers. *Intervention in School and Clinic, 40*, 271-275.

시각장애아동의 교육

세종(世宗, 1397~1450)은 1418년 8월 10일 왕위에 올라 32년간 조선을 다스린 제 4대 왕이다. 1450년 향년 54세의 나이로 세상을 떠나기 전까지 세종은 조선의 정치, 경제, 사회, 문화에 안정된 기틀을 잡았다. 그러나 이토록 찬란한 세종의 업적 뒤에는 여러 질병으로 고생하고, 시각장애를 입었던 시간이 존재한다….

　　신하들은 세종의 증상을 '책을 많이 보아 생긴 안과(眼科) 질병'으로 생각했다. 당시 조선시대 사람들은 눈이 보이지 않는 것을 눈병이라 인식하여 안질(眼疾)이라 하였으나, 세종은 정사를 살피기 어려울 정도로 눈이 흐릿하고 어두운 곳은 지팡이에 의지하지 않고 걷기 힘들었다는 점으로 미루어 이는 저시력에 의한 시각장애라 볼 수 있다. …세종은 1431년 35세 무렵부터 후천적 시각장애를 갖게 되었다….

　　실록을 보면 세종은 장애인에 해당하는 '독질, 폐질, 잔질자'에게 장정 한 명을 주어 봉양하도록 명하고, 장정이 없어서 자립할 수 없는 자에게는 생활비를 나라에서 지원하도록 했다. 이처럼 세종은 장애를 지닌 백성의 생활에 어려움이 없도록 복지정책을 펼쳤다.

※ 출처: 정창권, 윤종선, 방귀희, 김언지(2014). 진정한 리더 세종, 『한국장애인사: 역사 속의 장애 인물』. 서울: 도서출판 솟대.

시각의 손상은 인간에게 많은 것을 잃게 한다. 시각은 인간에게 정보의 대부분을 받아들이는 통로의 역할을 수행하고 있기 때문이다. 시각을 통해 사물의 위치 및 형태 등을 파악할 뿐만 아니라 때로는 다른 사람의 감정을 파악하기도 한다. 따라서 시각기능의 손상은 사물의 인식을 어렵게 할 뿐만 아니라 운동기능에는 문제가 없음에도 이동에 제한을 가져온다.

이 장에서는 시각장애의 정의를 살펴보고 장애를 유발하는 원인, 시각장애를 보완해 주기 위한 다양한 방법 등에 대해 살펴본다.

1. 시각장애의 정의

미국안과학회에서는 인간이 외부세계를 관찰·경험하면서 시각을 매체로 하는 경우가 75%에 이른다고 추산하였는데, 이는 인간의 지각기능에 시각이 차지하는 비중이 다른 모든 감각을 합한 것보다 더 큼을 의미한다. 따라서 이러한 중요한 정보를 받아들이게 되는 시각에 여러 가지 원인으로 인해 문제가 생기면 시각장애가 발생한다. 전통적으로 시각장애의 정의에 있어서 가장 중요한 개념은 시력(visual acuity), 즉 얼마나 잘 볼 수 있느냐다. 아동이 학습하는 데 있어 가장 중요한 감각이 바로 시력이기 때문이다. 그러나 최근 들어 일반학교에 통합되어 있는 저시력학생에 대한 교육서비스가 증가되면서부터 시력 정도 이외에 시기능(visual functioning)이 중요한 요소로 다루어지고 있다(한국특수교육연구회, 2009).

일반적으로 시각장애의 정의는 사용 목적에 따라 크게 의학적, 법적, 교육적 측면에서 각기 다르게 규정되고 있다.

1) 의학적 정의

시각의 질은 일반적으로 시력과 시야, 광각, 색각 등에 의해 결정된다. 시력(visual acuity)은 물체의 존재 및 그 형태를 인식하는 능력을 말하며, 눈의 가장 본질적인 기능에 속하는 것으로 이를 측정함으로써 눈의 기능상태를 단적으로 파악할 수 있다(윤동호 외, 2000). 시력 측정은 우리나라의 경우 한글, 숫자, 그림 등을 사용한 한천석 시시력표를 많이 사용한다. 이는 시력이 좋지 못하여 가장 큰 시표(0.1)를 보지 못하면 그 시표를 볼 수 있을 때까지 거리를 단축시키고, 이 거리(m)에 0.02를 곱하여 시력을 나타낸다.

시야(visual field)는 눈으로 한 점을 주시하고 있을 때 그 눈이 볼 수 있는 외계의 범위를 말한다(이진학 외, 2008). 정상적인 단안 시야의 범위는 가로 150°, 세로 120° 정도이며, 시야검사 결과 협착(contraction), 감도저하(depression), 암점(scotoma) 등으로 인한 시야결손이 나타나면 시야장애를 가지게 된다. 광각(light sense)은 빛을 느끼는 기능, 즉 빛의 유무를 판단하며 빛의 강도 차이를 구별할 수 있는 능력을 말한다. 광각장애에는 야맹(night blindness)과 주맹(day blindness)이 있다. 야맹은 암순응이 불량하여 어두운 곳에서 물체의 식별이 어렵고, 주맹은 밝은 곳에서 물체의 식별이 어렵다. 색각(color vision)은 가시광선 중 파장의 차이에 따르는 물체의 색을 구별하여 인식하는 능력을 말하며, 색약과 색맹과 같은 색각이상과 무색의 물체가 착색되어 보이는 색시증(chromatopsia)이 있다(이진학 외, 2008).

2) 법적 정의

우리나라에서 시각장애의 법적 정의는 장애인복지를 목적으로 하는 「장애인복지법」과 특수교육을 목적으로 하는 「장애인 등에 대한 특수교육법」에 근거한 것이다.

2015년에 일부 개정된 「장애인복지법 시행규칙」 별표 1에서는 시각장애인의 기준을 다음과 같이 명시하고 있다.

제1급: 좋은 눈의 시력(공인된 시력표에 의하여 측정한 것을 말하며, 굴절이상이 있는 사람에 대하여는 최대 교정시력을 기준으로 한다. 이하 같다)이 0.02 이하인 사람
제2급: 좋은 눈의 시력이 0.04 이하인 사람
제3급: 1. 좋은 눈의 시력이 0.06 이하인 사람
　　　 2. 두 눈의 시야가 각각 모든 방향에서 5° 이하로 남은 사람
제4급: 1. 좋은 눈의 시력이 0.1 이하인 사람
　　　 2. 두 눈의 시야가 각각 모든 방향에서 10° 이하로 남은 사람
제5급: 1. 좋은 눈의 시력이 0.2 이하인 사람
　　　 2. 두 눈의 시야가 각각 정상시야의 50% 이상 감소한 사람
제6급: 나쁜 눈의 시력이 0.02 이하인 사람

「장애인 등에 대한 특수교육법 시행령」 별표의 특수교육대상자 선정기준에서 시각장애와 관련된 사항은 다음과 같다.

시각계의 손상이 심하여 시각 기능을 전혀 이용하지 못하거나 보조공학기기의 지원을 받아야 시각적 과제를 수행할 수 있는 사람으로서 시각에 의한 학습이 곤란하여 특정의 광학기구 · 학습매체 등을 통하여 학습하거나 촉각 또는 청각을 학습의 주요 수단으로 사용하는 사람

3) 교육적 정의

교육적 정의는 아동이 시력을 학습의 주된 수단으로 사용하는 능력에 초점을 두고 교육적 맹과 교육적 저시력으로 구분하고 있다. 교육적 맹은 시력을 사용하지 않고 청각과 촉각 등 다른 감각으로 학습하는 경우를 말하며, 교육적 저시력은 시력을 학습의 주된 수단으로 사용하는 경우를 말한다(임안수, 2006).

교육적 측면에서 시각장애를 정의할 때는 시각장애아동의 보유시력과 연령, 시력 손상 시기, 성취수준, 지적 능력, 현재의 다른 장애상태, 시력손상의 원인, 정서 및 심리 상태 등의 요인에 의해 결정하여야 한다. 시각장애의 시기에 의한 분류에서는 시각적 이미지(visual image)의 유무에 따라 선천맹과 후천맹으로 나누며, 교육적 · 심리적 입장에서는 3~5세를 기준으로 하여 선천맹과 후천맹으로 구분한다(Lowenfeld, 1975).

국립특수교육원(2001)에서는 교육적 입장에서 다음과 같이 시각장애를 정의하고 그 하위 범주를 '맹'과 '저시력'으로 분류하였다.

- 시각장애: 좋은 쪽 눈의 교정시력이 0.3 이하이거나 교정한 상태에서 학습활동이나 일상생활을 위해 특별한 지원을 요구하는 자
- 맹: 좋은 쪽 눈의 교정시력이 0.05 미만이거나 시야가 20° 이하인 자, 또는 학습에 시각을 주된 수단으로 사용하지 못하고 촉각이나 청각을 주된 수단으로 사용하여 학습활동이나 일상생활에서 특별한 지원을 지속적으로 요구하는 자
- 저시력: 좋은 쪽 눈의 교정시력이 0.05 이상 0.3 이하인 자, 또는 저시력 기구(광학기구와 비광학기구), 시각적 환경이나 방법의 수정 및 개선을 통해 시각적 과제를 학습할 수 있는 자

2. 시각장애의 원인

시각장애의 원인은 선천적 원인과 후천적 원인으로 나눌 수 있다. 선천적 원인으로는 백색증, 무안구증, 백내장, 소안구증과 같은 것이 있고, 후천적 원인으로는 백내장, 녹내장, 고혈압성 망막증, 당뇨병성 망막증, 눈의 굴절과 근육이상 등의 문제가 있다. 발생시기에 따른 이러한 시각장애의 원인을 질환 측면에서 살펴보면, 백내장, 시신경 위축, 미숙아망막증, 녹내장 등으로 인한 시각장애가 많이 발생하고 있다.

1) 백내장

백내장은 수정체가 혼탁해지거나 불투명해져서 빛이 망막에 잘 전달되지 않아 시각적 상이 희미하게 보이거나 왜곡되는 현상을 말한다. 선천적 백내장의 경우 산모가 풍진에 감염되거나 신진대사 결함으로 우유에 함유되어 있는 유당을 혈당으로 전환할 수 없는 질환을 의미하는 갈락토스미아가 원인이 된다. 후천적 백내장은 외상이나 염증에 의하여 발생하며, 수정체에만 문제가 있는 경우 인공수정체를 삽입하는 수술을 할 수 있다.

2) 녹내장

녹내장은 눈 내부의 압력인 안압이 높아져서 발생하는 질환으로 빠른 시간 내에 압력을 조절하지 못할 경우 시력이 손상되거나 실명할 수 있는 질병이다. 40세 이후의 중년기에 많이 발생하고, 진행될수록 보이는 장면 중 일부가 까만 점으로 보이는 암점현상이 나타난다. 특히 녹내장은 안통과 매스꺼움, 두통을 유발하기 때문에 상당한 고통이 따르고, 한쪽 눈이 녹내장에 걸릴 경우 다른 쪽 눈으로 녹내장이 전이될 염려가 있어 심한 경우 안구를 적출하는 경우도 있다. 따라서 조기치료가 필수적이다. 이를 예방하기 위해서 40세 이후에는 1년에 한 차례 정도 안압을 체크하는 것이 도움이 된다.

3) 안구 문제

무안구증은 눈꺼풀과 눈썹은 정상적으로 형성되어 있으나 안구가 없는 경우이며, 소안구증은 안구가 너무 작게 형성되어 발생하는 문제다. 눈을 조절하고 움직이는 것을 담당하는 근육에 문제가 있을 경우 안구진탕증이나 사시가 발생한다. 안구진탕증은 시각의 근육기능이 손상되어 눈의 한쪽이나 양쪽 모두에서 불수의적인 움직임을 보이는 것이다. 떨림의 유형에 따라 좌우 방향으로 움직이는 수평형과 상하로 움직이는 수직형, 빙글빙글 도는 회전형이 있다. 안구가 움직여도 물체가 고정되어 있는 것으로 인식하지만 물체에 초점을 맞추거나 글자를 읽는 데 어려움이 발생한다. 사시는 안구의 움직임을 조절하는 눈 주위 근육의 수축과 이완에 문제가 있는 경우 발생한다.

4) 눈의 굴절

눈의 굴절과 관련된 문제에는 근시와 원시, 난시, 사시가 있다. 근시는 가까이 있는 것은 잘 보지만 멀리 있는 것을 잘 보지 못하므로 오목렌즈로 교정이 가능하며, 원시는 멀리 있는 것은 잘 보지만 가까운 곳에 있는 것은 잘 못 보는 상태로서 볼록렌즈를 사용하여 교정할 수 있다. 이러한 원시와 근시는 수정체나 모양체가 탄성을 잃거나 안구의 지름이 너무 길거나 짧을 때 발생한다.

난시는 각막이 평평하지 않거나 안구 모양이 적절하지 않을 경우 사물을 제대로 보지 못하는 것이다. 난시가 발생했을 경우에는 망막에 맺히는 상이 심하게 왜곡되는 문제가 발생하게 된다.

사시는 안구의 움직임을 조절하는 눈 주위 근육의 수축과 이완에 문제가 있어 발생하는 것으로서, 눈동자가 안쪽으로 몰리는 내사시와 바깥쪽으로 몰리는 외사시가 있다. 최근에 사시는 조기에 발견할 경우 치료가 가능하다.

3. 시각장애의 판별

시각장애의 진단은 시력검사, 시야검사, 색각검사, 대비감도검사 등의 방법을 통해 이루어진다. 이러한 의학적 진단의 결과를 통하여 시각장애아동의 교육을 위한 평가가 가능하다.

1) 시력검사

시력검사에는 객관적 시력검사(임상적 저시력 평가라고도 함), 주관적 시력검사 그리고 기능시력검사의 세 가지가 있다(임안수, 2008).

(1) 객관적 시력검사

영유아 또는 어린 아동은 자신의 생각을 잘 표현하지 못하므로 신체적 반응이나 뇌파검사와 같은 객관적 검사를 받아야 한다. 객관적 검사는 고도의 전문성이 필요하며 시력에 대한 기본적이고 중요한 정보를 제공하기 때문에 반드시 안과의사에 의해 실시되어야 한다. 객관적 검사로서 다음과 같은 검사를 통하여 아동의 시력 상태를 알 수 있다.

- 눈의 외모와 안전 반응
- 양안의 위치 및 안구운동
- 광선을 눈에 비출 때 동공의 모양 및 크기의 변화
- 안전검사에 대한 반응
- 전기 · 생리학적 검사에 대한 반응

(2) 주관적 시력검사

주관적 시력검사는 아동이 검사자의 지시에 따라 반응하기 위하여 청각, 운동, 근육, 언어 등을 사용하는 것을 말한다. 일반적으로 의료전문가가 수행하지만 시각장애아 교사가 수행할 수도 있다.

주관적 시력검사는 두 명의 검사자가 실시하는 것이 좋은데, 한 사람은 아동을 검사하고 다른 한 사람은 아동의 반응을 기록한다. 그리고 비디오로 아동의 반응을 촬영해 두면 아동의 시력상태를 과거와 비교할 수 있기 때문에 귀중한 자료로 사용할 수 있으며, 검사자는 검사절차 중에 일어날 수 있는 모든 상황에 적절히 대처할 수 있어야 하고 정확한 검사를 수행하기 위한 검사방법을 잘 알아야 한다.

주관적 시력검사 방법에는 원거리 시력검사와 근거리 시력검사가 있다. 원거리 시력검사로는 안질환의 종류, 시기능, 굴절이상, 조명과 눈부심의 효과, 지각이나 지적 상태 등에 관한 정보를 얻기 어렵다. 그러나 법적 맹의 여부, 처방할 저시력기구의 배율 등은 알 수 있다. 원거리 시력검사로는 스넬렌 시표, 한천석 시시력표, 진용한 시시력표, 저시력자용 원거리 시력표, 유아용 원거리 시력표 등이 사용되고 있다.

근거리 시력은 35cm 거리에서 시력을 측정하는 것이다. 근거리 시력검사로는 란돌트 고리, 스넬렌 문자, 숫자 등이 있으며, 우리나라에서 개발된 근거리 검사로는 진용환의 근거리 시시력표가 있다. 근거리 시력검사는 학령기 아동에게 적합한 글자 크기(확대문자)와 저시력기구를 처방할 때 매우 중요하다.

(3) 기능시력검사

기능시력이란 원하는 과제를 수행하기 위하여 시력을 사용하는 능력을 말한다. 기능시력검사는 일상생활 활동이나 특수한 조건에서 각 개인이 기능시력을 활용하는 방법을 알기 위하여 실시한다.

기능시력을 검사하기 위한 준거지향검목표(criterion referenced checklist), 관찰보고서, 형식적 검사도구 등이 개발되어 있으며, 형식적 검사로 평가할 수 없는 아동은 비형식적 검사로 평가한다. 비형식적 검사도구는 다음과 같은 상황에서 사용한다.

- 아동이 전맹으로 판정이 났을 경우에도 교사나 부모는 아동의 시력이 있다고 느낄 때
- 교사가 학습과제와 관계되는 특수한 시각적 행동을 문서화할 필요가 있을 때
- 교사가 가장 적합한 시환경을 결정함으로써 아동을 도와야 할 때
- 아동이 시기능의 변화를 경험할 때

2) 시야검사

시야는 한 점을 주시하고 있을 때 볼 수 있는 외계의 범위를 말한다. 정상적인 시야의 범위는 코 쪽에서 귀 쪽으로 약 150°, 위쪽에서 아래쪽으로 약 120°다. 망막색소변성이나 녹내장이 있으면 가장자리 시야부터 시야가 점차 줄어 터널시야 또는 야맹 등의 현상이 나타난다.

안질환에 따라 암점이 있을 수 있는데, 황반변성이나 원뿔세포이영양증일 경우는 가운데 시야에 검은 암점이 나타나며, 이러한 암점은 기능시력을 저하시킨다. 시야검사의 방법에는 대면법, 탄젠트스크린법, 주변시야계법, 평면시야계법 등이 있다. 암점은 완전

한 퍼즐에서 한 조각의 퍼즐이 없는 것에 비유할 수 있는데, 시야에서 암점을 찾기 위하여 앰슬러 격자검사(Amsler Grid Test)를 사용한다. 시야검사의 목적은 저시력 아동에게 어떤 부위의 시야에 중요한 손상이 있는가를 파악하는 것이다.

3) 색각검사

색각이란 가시광선 중 파장의 차이에 따르는 물체의 색채를 구별하여 인식하는 능력을 말한다. 이는 망막의 추체기능에 속하는 것으로 명순응 상태에서만 볼 수 있다.

색각이상(color defect)은 정도에 따라 색맹과 색약으로 나눌 수 있다. 색맹은 색약을 포함하기도 하고, 때로는 색약과 구별하여 색약보다 더 정도가 심한 것으로 사용되기도 한다. 색각이상에는 선천성 색각이상과 후천성 색각이상이 있다. 선천성 색각이상은 태어날 때부터 색채를 구별하지 못하고 혼동하는 것으로서, 선천적으로 망막 추체 내 감광물질의 이상으로 발생한다. 이는 삼색형 색각자, 이색형 색각자, 단색형 색각자로 분류할 수 있다. 후천성 색각이상은 망막의 염증이나 이탈의 원인으로 색을 혼동하는 것을 말한다.

교사는 아동에게 필요한 교육과정의 수정과 조정을 위하여 아동이 어떤 색각이상이 있는지 알아야 하며, 아동의 잔존시력 훈련을 위하여 색각이상의 종류에 대한 충분한 지식과 이해가 요구된다. 색각검사의 종류에는 물체의 색을 이용하는 법과 색광을 사용하는 법이 있다. 물체의 색을 이용하는 법으로는 가성동색표와 색상분별법이 사용되고, 색광을 사용하는 법으로는 색각경과 색각 등이 사용된다(임안수, 2008).

4) 대비감도검사

대비감도(contrast sensitivity)란 서로 다른 대비를 갖는 대상을 얼마나 잘 구별하는가를 말하는 것으로 밝음과 어둠의 비율이다. 완전 흰색과 완전 검은색 사이의 대비감도는 1(100%)이 된다.

어린 유아의 대비감도는 줄무늬를 이용하여 주시 선호검사법으로 측정한다. 6개월 된 유아는 성인에 비하여 약간 떨어지는 대비감도를 갖게 되지만 5~8세가 되면 성인과 같아진다. 유아는 크고 대비가 잘되는 물체만을 인식할 수 있고, 얼굴과 머리를 구별할 수 있으나 얼굴 표정은 잘 구별하지 못한다(진용한, 1997). 일반적으로 대비감도검사에서 중하위에 해당하는 저시력아동은 최적의 조명조건에서 흰색 종이에 검은색 글씨로 써 있지 않으면 읽기 어렵고, 어두운 곳에서 보행할 때에도 어려움을 느낄 수 있다.

5) 시각적 행동 관찰

시각장애는 주로 외모 관찰, 행동 관찰, 학업성취 관찰을 통해서 발견되는데(임안수, 2008), 구체적인 내용은 다음과 같다.

(1) 외모 관찰

교사나 부모의 입장에서 눈의 외모를 잘 관찰함으로써 시력장애를 발견할 수 있다. 일반적으로 정상적인 눈은 깨끗하고, 앞을 똑바로 응시하며, 두 눈이 안정되어 함께 움직여 물체를 볼 수 있다. 그러나 시력에 장애가 있는 눈은 다음과 같은 증상을 보인다.

- 사물을 볼 때 눈을 자주 깜빡거린다.
- 눈을 자주 비빈다.
- 눈–손 협응이 잘 안 된다.
- 눈동자가 계속 움직인다.
- 사시가 있어 언제나 한쪽(외측 또는 내측)으로 본다.
- 눈이나 눈꺼풀(안검)이 충혈되고 눈물이 난다.
- 눈꺼풀이 처지거나 부어 있다.
- 각막이 혼탁하다.

(2) 행동 관찰

교사나 부모는 아동의 다음과 같은 행동을 통해 시력장애를 발견할 수 있다.

- 책을 읽을 때 눈을 움직이는 대신 머리를 앞뒤로 움직이거나 기울인다.
- 주의집중력이 짧고 자주 멍한 표정을 짓는다.
- 자주 물건에 걸려 넘어진다.
- 한 눈만을 사용하기 때문에 머리를 돌린다.
- 손가락으로 줄을 짚으면서 읽는다.
- 읽고 쓸 때의 거리, 즉 눈과 책(공책)의 거리가 매우 가깝거나 멀다.
- 글씨를 쓰거나 읽을 때 얼굴을 찡그린다.
- 책을 읽거나 원거리 물체를 볼 때 자세가 굳어진다.
- 머리를 한쪽으로 기울인다.

(3) 학업성취 관찰

시각장애로 인한 특성은 다음과 같은 학업성취 측면에서도 나타난다.

- 학업 성적과 학습량이 일정하지 않다.
- 학습에서 주의집중 시간이 짧다.
- 오랜 시간 독서할 때 읽는 속도가 떨어진다.
- 자신이 쓴 글씨를 읽지 못한다.
- 구두시험과 필기시험 점수의 차이가 크다.
- 말하기 능력보다 쓰기능력이 훨씬 떨어진다(Jose, 1983).
- 그래프에서 특정 정보를 찾기 힘들다.
- 긴 문장을 읽는 데 어려움을 느낀다.
- 사전에 기록된 글씨를 읽지 못한다.

4. 시각장애아동의 교육적 배치

〈표 3-1〉은 최근 5년간 특수교육대상아동 중 시각장애아동의 현황을 나타낸 것이다. 2015년 현재 특수교육대상 시각장애아동은 2,088명으로 전체 특수교육대상 아동의 2.4%에 이른다. 이 중 1,353명(64.8%)이 특수학교에 배치되어 있으며, 나머지는 특수학급과 일반학급의 통합교육 장면 등에 배치되어 있다(〈표 3-2〉 참조).

〈표 3-1〉 연도별 시각장애아동 현황

(단위: 명, %)

구분	2011년	2012년	2013년	2014년	2015년
전체 특수교육대상아동	82,665 (100)	85,012 (100)	86,633 (100)	82,278 (100)	88,067 (100)
시각장애아동	2,315 (2.8)	2,303 (2.7)	2,220 (2.6)	2,130 (2.4)	2,088 (2.4)

출처: 교육과학기술부(2011, 2012); 교육부(2013, 2014, 2015).

84

〈표 3-2〉 **시각장애아동의 배치 현황** (단위: 명)

구분	특수학교	일반학교		특수교육 지원센터	계
		특수학급	일반학급		
2011년	1,495	344	466	10	2,315
2012년	1,479	350	472	2	2,303
2013년	1,468	311	436	5	2,220
2014년	1,380	333	411	6	2,130
2015년	1,353	291	435	9	2,088

출처: 교육과학기술부(2011, 2012); 교육부(2013, 2014, 2015).

5. 시각장애아동의 특성

1) 인지적 특성

시각장애아동은 시각기능의 제한으로 인하여 외부 세계로부터 유입되는 정보를 습득하고 받아들이는 데 어려움을 지니고 있다. 이로 인해 시각장애아동은 유아기에 인지적 능력을 발달시키는 데 제한을 가지고 있다.

피아제(Piaget)의 인지발달 단계를 기초로 하여 시각장애아동의 인지능력의 발달을 살펴보면, 시각장애아동은 감각운동기에서 구체적 조작기까지 정안아동에 비하여 다소 느린 인지능력 발달수준을 나타내다가 형식적 조작기에 들어 발달지연의 폭이 좁아져서 일반아동의 인지발달과 동일한 수준의 인지능력을 가지는 것으로 나타났다(신현기 외, 2000). 시각장애아동과 정안아동 간의 지능 비교에서는 사용된 지능검사, 표집방법 등에서 다소 차이가 있지만, 시각장애아동의 평균지능은 정안아동과 특별한 차이가 없는 것으로 나타나고 있다.

선천적 시각장애아동은 시각적 모방이 제한되어 있어 언어발달이 지연되며 의미를 모르고 사용하는 낱말이 많다. 또한 언어 사용에서 빈도는 다양하지만 추상적인 표현이 많아 언어주의(verbalism)에 빠지기 쉽다. 대화의 특징은 음성의 다양성이 부족하고 말을 크게 하는 경향이 있으며, 말의 속도가 느리고 몸짓이나 입술의 움직임이 적은 편이다. 따라서 언어발달에서 시각적 모방이 불가능하므로 언어발달 지체를 가져올 경우 시각적 경험과 관련된 언어지도에 특별히 유의하여야 한다.

2) 학습적 특성

시각장애아동의 학습과 관련된 특성은 근본적으로 정안아동과 큰 차이가 없는 것으로 나타나고 있지만, 시각장애로 인한 정보 습득이 어렵고 교수절차의 구체성 부족으로 학습지체 현상을 보이기도 한다. 그러나 최근 특수교육 공학기기의 발달로 글자를 확대하거나 점자자료를 사용할 수 있는 방법이 용이해졌고, 멀티미디어 기기를 활용함으로써 학습매체의 다양화가 이루어지고 있어 시각장애아동의 학습에 많은 도움이 되고 있다.

언어능력의 발달 측면에서 시각장애아동은 시각적 모방의 제한으로 인하여 언어발달이 지연되는 경향이 있다. 또한 사용하는 어휘 수는 풍부하지만 추상적인 표현이 많아 언어주의에 빠지기 쉽다(김원경 외, 2008).

3) 신체적 특성

시각장애아동과 정안아동의 성장발달 과정은 유사하나, 시각장애아동은 대체로 키가 작고 뚱뚱한 신체를 가진 경우가 많다. 그 이유로, 시각장애아동은 시력의 통로가 차단됨으로써 외부의 물체를 지각하여 반응하고 동기 유발할 기회가 훨씬 적으며 볼 수 없다는 그 자체가 신체발달에 영향을 미치기 때문이다. 또한 대부분의 시각장애아동은 신체활동이 부족하며, 기회가 충분치 못하여 체력이 저하되고 자세도 바르지 못하며 내부에 쌓인 긴장도 풀지 못할 뿐더러, 외부로부터의 시각적 자극이 부족하여 습관적 행동(mannerism)이라는 자기 자극의 형태가 나타난다. 따라서 시각적 자극의 제한, 모방학습의 제한, 환경적 요인의 제한을 받는 아동에게 신체활동의 기회를 넓혀 주어 자세의 개선과 보행의 기본 움직임을 인지하게 하는 것이 무엇보다도 중요하다.

시각장애의 분명하고도 가장 큰 영향은 자유롭게 활동할 수 있는 능력을 제한하는 것이다. 따라서 주위 환경을 자유롭게 다니면서 환경과 상호작용하여 시각장애아동의 성장·발달을 정상적으로 이루게 하는 데는 조기교육에 의한 보상이 필요하다. 유아기에 자유롭게 활동할 수 있는 능력을 계발시키지 못하면 발달의 퇴행은 물론 장래 성공과 독립적 생활에 크게 지장을 받는다.

시각장애아동에게서 가장 쉽게 발견되는 자세이상은 머리를 기울이는 머리경사와 배면의 척추후만증이다. 이러한 자세는 문이나 벽과 같은 물체로부터 자신의 얼굴 충돌을 방지하려는 것일 수 있다. 또 보행 시에 몸통이 뒤쪽으로 기울어지는 반작용에 의해 보상적 위치로 머리경사가 발생할 수 있다.

시각장애학교에서 사용되고 있는 아동의 운동기능과 자세 훈련에 필요한 몇 가지 방법은 다음과 같다(김동연, 1991).

- 기초적인 운동을 계속해야 한다.
- 머리에 물건 이기(책이나 콩주머니를 이고 걷기), 윗몸일으키기, 리듬 맞추어 걷기, 평균대 운동, 머리와 어깨 들어 올리기, 막대기 잡기 등이 주요 지도 내용이다.
- 훈련자료로는 책이나 지팡이, 막대기, 매트 등 간편한 것을 이용할 수 있다.
- 자세지도는 팀 접근법(물리치료사 등)을 통해 교정하되, 훈련 프로그램을 통해 습관화시키는 것이 중요하다.
- 간단한 맨손체조, 수직으로 서기 연습(벽, 문 이용) 등을 활용한다.

4) 사회적 특성

시각장애아동은 시각적인 제약으로 인하여 또래 아동과 어울리거나 주변 환경에 능동적으로 참여하는 데 어려움을 가지고 있다. 이로 인해 아동기 때 형성해야 할 사회적 관계나 사회성 발달에 어려움을 겪게 된다. 예를 들어, 시각장애아동은 다른 사람과 의사소통을 하는 동안 상대방의 얼굴 표정이나 몸짓 등에 관한 정보를 알 수 없어 상대방의 의도나 미묘한 감정의 변화를 파악하지 못하는 경우가 많다. 또한 시각적 제약으로 공놀이나 술래잡기 등 또래 아동의 놀이에 적극적으로 참여하기 어려워 친구를 사귀는 데 어려움이 있다.

6. 시각장애아동의 교육

1) 주요 질환에 따른 교육적 조치

눈의 각 구조에 발생하는 주요 질환별 교육적 조치는 다음과 같다.

(1) 무홍채증

무홍채증은 홍채가 자라지 않았거나 조금밖에 자라지 않은 상태를 말한다. 홍채가 눈으로 들어오는 빛의 양을 조절하는 역할을 하기 때문에 무홍채증이 있으면 아동의 눈에 필요한 빛보다 항상 많은 빛이 들어오게 된다. 따라서 무홍채증에 대한 교육적 조치는 주로 과다한 빛을 어떻게 차단할 것인가에 초점이 맞추어진다.

- 대비가 잘된 학습자료를 제공해야 한다. 특히 글자와 종이 사이에 충분한 대비가 이루어지도록 해야 한다.
- 챙이 넓은 모자를 제공하거나 현재 착용하고 있는 안경 위에 덧씌워 착용이 가능한 색안경을 제공한다.
- 창문에서 떨어져 빛을 등지고 앉을 수 있는 자리에 앉힌다.
- 밝은 조명보다 약간 어두운 조명이 좋다.

(2) 백내장

- 책을 읽을 때 독서대를 사용하도록 한다.
- 시력은 백내장의 위치, 크기, 정도에 따라 다르므로 백내장이 수정체 주변에 있는 아동은 고도 조명을 해 주어야 하고, 중심부에 혼탁이 있는 아동은 낮은 조명을 해 주어야 한다.
- 안경을 끼면 일반적으로 중심 시력은 증가하지만 주변 시력은 감소하여 환경에서 안전한 보행에 영향을 미치므로 보행교육을 철저히 해야 한다.

(3) 녹내장

- 정확한 시간에 안약을 투약해야 하므로 교사는 수업 중에도 약을 넣도록 지도한다.
- 녹내장이 진행되어 시야가 좁아진 아동은 독서할 때 읽는 줄을 자주 잃으므로 마버(예: 타이포스코프 등)를 사용하도록 한다.
- 시야가 좁은 경우 보행에 어려움이 있으므로 보행지도를 해야 한다.
- 피로와 스트레스로 인해 안압이 증가할 수 있으므로 스트레스를 받지 않도록 주의해야 한다.

(4) 미숙아망막증

● 미숙아망막증은 예후가 매우 불량하며, 20대 이후에 망막박리가 일어날 가능성이 높다.
● 망막박리가 예상되는 아동은 얼굴이나 머리 충격을 주의하도록 한다.

(5) 망막색소변성

● 시야를 확장시키기 위하여 확대독서기(CCTV)와 저시력기구를 사용하도록 한다.
● 밝은 곳에서 어두운 곳으로 들어가면 암순응이 잘 이루어지지 않으므로 학생이 어두운 곳에 가거나 밤에는 야맹증이 있다는 것을 이해하고 지도해야 한다.
● 밝은 곳에서는 눈이 부시므로 색안경이나 차양이 달린 모자를 써서 눈부심을 피하도록 한다.
● 망막색소변성은 진행성이므로 점자를 익히도록 해야 한다.

2) 교육환경의 조정

(1) 교실 및 학교 환경

시각장애아동, 특히 저시력아동의 교육을 위해서는 다음과 같은 교실 및 학교 환경에 대한 조정을 우선적으로 고려해야 한다(이해균 외, 2006).

① 좌석 위치

대개 가운데 줄의 맨 앞자리에 앉으면 잘 볼 수 있으리라 생각하지만, 자리 배치를 고려할 때는 반드시 수명현상의 영향을 직시해야 한다. 수명현상이란 눈이 부셔 보이는 것을 말한다. 어려서부터 시력이 손상되면 정상적인 경험이 부족할 수밖에 없기 때문에, 수명현상이 존재함에도 불구하고 다른 학생들도 그렇게 보이려니 여기게 된다. 결국 그러한 시간이 어느 정도 지나서 그 상황에 적응하여 수명에 의한 장애를 덜 인지하거나 혹은 인식조차 하지 못하는 경우 빛이 직접 아동에게 영향을 주거나 칠판 혹은 벽에 반사를 일으키게 된다. 이 경우 정안아동은 어느 정도 몸을 움직이거나 자리를 이동함으로써 보는 각도와 위치에 변화를 주어 문제를 해결하지만, 저시력아동은 여러 가지 기구를 이용하더라도 반사로 인한 문제를 완전히 다 해결할 수는 없다.

따라서 가장 좋은 해결방법은 가운데 줄을 기준으로 창이 있는 방향으로 한 줄 정도

건너가 앉히는 것이다. 이 경우 맨 앞자리에 앉지 않아도 보는 데는 지장이 없고 동시에 자리 배정으로 인한 마찰도 해소하는 효과를 거둘 수 있다.

② 자료의 확대

저시력아동은 잘 보이지는 않지만 시각을 활용한 교육이 가능하므로 학생 개개인의 시각 상태를 정확하게 파악해야 한다. 그리고 개인의 특성에 맞는 교육적인 환경조건을 구성하여 보유하고 있는 잔존시력을 최대한 활용하도록 하며, 시각에 의한 인지능력을 높이고, 장애를 이해하고 자신감을 잃지 않도록 지도해야 한다. 특히 과목별로 확대교과서를 제공하거나 광학보조기구나 확대독서기를 이용해서 교재를 읽을 수 있게 가르치는 것이 바람직하다.

③ 그림의 단순화

저시력아동은 한 지면을 보고 이해해야 하는 내용이 많거나, 그림의 내용도 세세한 부분이 많으면 잘 이해하지 못한다. 그 대표적인 예가 지도다. 지도는 지형, 철도, 도로, 사적 등과 같은 많은 내용이 한 장의 지면에 복잡하게 들어 있다. 따라서 작은 글씨나 그림들이 복잡하게 가득 들어 있는 정보 중에서 필요한 정보를 선택적으로 봐야만 한다. 이렇게 복잡한 정보를 한꺼번에 제공하는 것보다는 저시력학생이 보기 쉬운 내용으로 구성하여 해안선이나 등고선 등 복잡하게 얽혀 있는 것을 단순하게 고치거나, 지도에 있는 정보의 양을 최소화하여 제공해야 한다. 특히 보아야 할 내용에 색을 칠하여 강조하거나 굵은 선으로 그어 표시해 주면 많은 도움이 될 수 있다.

④ 색상 대비

그림이나 도형 등의 단순화와 함께 그림과 지면의 색상 대비를 적절히 수정하면 망막의 상이 보다 명확해진다. 그러므로 선이 가는 문자나 해상도 낮은 인쇄물 그리고 그림 등은 굵고 진한 글씨나 그림으로 개작하여 제공하는 것이 바람직하다. 저시력아동 중에는 색채 반응이 떨어지는 학생들이 많은데, 이는 시력이 약한데다가 색각을 지니고 있는 황반부 주변에 암점이 있거나 광학매체의 혼탁으로 빛이 난반사되기 때문이다.

또 저시력아동의 색채 반응은 색맹과는 다르다는 점에 유의해야 하지만, 색채 반응이 약하다고 해서 저시력아동용 교재에 색채를 이용한 표현을 피해도 좋다는 의미는 아니다. 인지하기 쉬운 색채는 저시력아동이 보기 쉬우므로 이를 고려해서 교재를 준비해야 한다.

교재를 만들거나 제시할 때는 이처럼 색채 반응의 저하를 고려해서 알기 쉬운 배색을 사용해야 한다. 예를 들어, 채도가 약한 색이 서로 이웃하지 않도록 개작해야 하며, 같은 계열의 색을 사용할 때는 2도 이상의 명도 차이를 두어야 하며, 색과 색의 경계선에는 가능한 한 윤곽선을 그려 넣어야 한다. 그리고 판서에 사용하는 분필의 색은 가능한 한 대비가 뚜렷한 흰색이나 노란색으로 하며, 빨강, 파랑, 녹색 분필은 되도록 사용하지 않는 것이 좋다. 또 보통 굵기의 분필보다는 굵은 분필로 글씨의 획을 굵게 써 주는 것이 좋다.

⑤ 조명의 조정

적절한 밝기를 유지하는 것 역시 잘 보이게 하는 방법 중의 하나다. 일반적으로 조도가 점점 올라가면 1,000lux 부근까지는 점점 잘 보이게 되며, 이 정도의 조도를 넘으면 한계에 도달한다고 한다. 따라서 일반적으로는 조도를 높여 주는 것이 도움이 되지만, 안질환에 따라서는 지나치게 밝으면 눈부심이 생겨서 잘 보이지 않을 수도 있으므로 반드시 조도가 높을수록 도움이 되는 것은 아니다. 특히 백내장, 백색증, 홍채결손, 전색맹과 같은 안질환은 수명을 일으키지 않도록 배려해야 한다. 즉, 조도도 저시력학생 개인에게 맞도록 적절한 처치를 해야 한다. 이처럼 개개인의 조건을 만족시키려면 교실 전체 조명만으로는 어려우므로, 어느 정도의 조도를 보장하기 위한 전체 조명과 함께 스탠드를 사용해서 부분 조명을 제공해 주어야 한다. 또한 직사광선을 바로 받으면 눈부심으로 인해 오히려 잘 보이지 않는 경우도 있다. 이때는 채광을 조절해야 하므로 교실에 반드시 블라인드나 커튼을 설치해야 한다.

(2) 컴퓨터 환경

시각장애아동의 교육에 있어 컴퓨터는 중요한 매체다. 컴퓨터가 갖고 있는 다양한 기능을 시각장애아동이 이용하기 위해서는 해당 프로그램을 추가적으로 설치하는 것 외에도 기본적으로는 컴퓨터의 제어판이나 해당 프로그램에서 환경을 설정해 줄 수도 있다(김남진, 김용욱, 2010; 한국특수교육연구회, 2009).

① 마우스 활용

마우스의 크기가 작거나 혹은 그 반응 속도가 너무 빨라 사용에 어려움을 갖는 경우가 많다. 이런 경우에는 우선 마우스의 크기를 크게 하거나 반전의 기능을 선택하여 보다 선명하게 볼 수 있게 해 주어야 하며, 반응 속도를 느리게 조절하여 보다 쉽게 마우스의 추적이 가능하게끔 해 주어야 한다.

② 화면 색상 조절

컴퓨터 화면을 볼 때의 어려움은 대개 눈이 부시며 색상 대비가 잘 되어 있지 않다는 점이다. 이러한 문제를 해결하기 위해 여러 가지 화면 배색방법 중의 하나인 고대비를 활용하면 화면의 배경 색상과 글자색이 완연하게 구별되어 저시력아동이 사용하기에 편리하다.

③ 글씨 크기 확대

가장 쉬운 방법으로 Ctrl 키를 누른 상태에서 마우스 위의 휠을 돌리면 화면이 축소되거나 확대되어 저시력학생이 사용하기에 적당하다. 대부분의 프로그램에 이 기능이 모두 적용되기 때문에 간단히 가르쳐서 활용할 수 있는 좋은 방법이라 할 수 있다.

④ 화면 배색 및 크기 조절

화면 확대 프로그램을 이용하거나 보조기기를 이용할 경우 화면의 글자가 일부 나타나지 않거나 화면의 내용이 오른쪽으로 감추어지는 경우가 있어 사용상의 어려움이 발생할 수 있다. 이러한 문제를 해결하기 위해 근래에 만들어진 사이트 중에는 장애인의 접근성을 고려하여 자체적으로 화면의 배색과 글자 크기를 조절해 주는 경우가 많다. 이를 이용하면 보다 쉽게 모니터의 정보에 접근할 수 있다.

(3) 광학기구의 활용

광학기구는 훈련이 거의 필요 없고 가격이 저렴하며 휴대가 간편하다는 특징을 갖고 있다. 대표적으로는 확대경과 프리즘 그리고 망원경이 있으며, 각각에 사용되는 렌즈는 굴절력을 갖고 있다(김남진 외, 2010; 한국특수교육연구회, 2009).

① 망원경

저시력아동의 작업과제나 선호에 따라 손잡이형 망원경(hand-held telescope), 클립형 망원경(clip-on telescope), 안경장착형 망원경(bioptic telescope), 전시야형 망원경(full-field telescope), 쌍안경(binoculars) 등이 사용될 수 있다. 주로 교실에서 판서하는 내용을 보거나 가게 간판, 버스 번호 등을 확인하는 데 사용한다.

② 망원현미경

망원현미경(telemicroscope)은 망원경의 대물렌즈 끝에 부가렌즈를 장착한 현미경으로, 20~100cm의 중간 작업 거리가 필요한 경우에 사용한다. 가까운 거리에 있는 사물을 높은 배율로 보고자 할 때 사용한다.

③ 현미경

현미경(microscope)은 2~20cm의 가까운 작업 거리를 위해 사용한다. 많이 사용되지는 않으나 가끔씩 높은 배율을 통한 작업이 요구될 때 사용한다.

④ 확대경

확대경(magnifier)은 저시력아동이 근거리 시력으로 짧은 기간 활동적인 일을 할 수 있도록 만들어졌는데, 사용할 때 손을 사용해야 하므로 양손을 사용해야 하는 작업에는 부적합하다는 단점이 있다. 그 종류로는 손잡이형 확대경, 스탠드형 확대경, 광원 내장형 확대경, 막대확대경, 플랫베드 확대경 등이 있다.

(4) 기타

이상의 광학기구 외에도 독서대, 타이포스코프, 전자보조기에 해당하는 확대독서기 등이 시각장애아동의 보다 효과적인 학습을 위해 사용되고 있다(임안수, 2008; 한국특수교육연구회, 2009).

① 독서대

많은 과학기구들은 근거리 과제를 수행하는 데 사용된다. 이때 독서대를 사용하면 더욱 편리하게 과제를 수행할 수 있다. 그러므로 다양한 디자인의 독서대를 저시력기구와 함께 사용하면 좋다. 독서대는 높이와 각도를 조절할 수 있고, 눈과 읽을 자료의 거리를 조절하여 피로를 줄일 수 있으므로 저시력학생이 오랫동안 읽을 수 있도록 해 준다.

② 타이포스코프 등

물체와 배경의 대비가 높을수록 시감도는 증가하고, 눈부심이 있으면 물체의 배경이 유사한 색으로 보여 시감도는 떨어진다. 대비를 증가시키는 것은 적은 노력과 비용으로 저시력학생에게 도움을 줄 수 있다. 대비를 증가시키기 위해서는 보려는 물체의 밑에나 뒤에 물체와 대비가 잘되는 색깔의 물체를 놓으면 된다. 예를 들면, 유리잔 밑에 짙은 색깔의 컵받침을 놓아 선명한 대비를 이루도록 한다. 타이포스코프는 대비를 높이고, 반사로 인한 눈부심을 막아 주며, 읽을 줄을 제시하므로 학생이 읽던 줄을 놓치지 않도록 한다. 또한 노란색 선글라스를 쓰면 대비를 높일 수 있다. 노란색 필터는 청색과 회색 및 자주색을 검정으로 보이게 하는 경향이 있어 대비를 증가시킨다. 이러한 방법은 책을 읽는 데도 많은 도움을 준다. 책 페이지 위에 노란색 아세테이트 종이를 올려놓으면 흐릿하거나 컬러로 인쇄된 것이 검은색으로 보여 대비를 증가시킨다.

③ 확대독서기

확대독서기(closed circuit television: CCTV)는 TV 수상기와 영상카메라를 이용하여 문자 등을 화면의 100배의 배율까지 확대할 수 있다. 줌렌즈로 확대율을 연속적으로 바꿀 수 있고 음양 화면의 교체에 따라 색상역전이나 화면의 밝기, 대비 조절 등을 할 수 있다. 주로 오랫동안 책을 보거나 쓰기과제를 할 때 사용한다.

3) 교수-학습 방법

(1) 점자 지도

점자는 1829년 프랑스 파리맹학교의 루이스 브라유(Louis Braille)에 의해 6점체계로 개발되었다. 우리나라의 경우는 1926년 제생원 맹아부 교사였던 박두성에 의해 '훈맹정음'이라는 한글점자가 제정되었다.

점자는 6개의 점(종으로 3점, 횡으로 2점)으로 구성되어 있으며, 읽을 때는 점의 왼쪽 위에서 아래로 1, 2, 3점, 오른쪽 위에서 아래로 1, 2, 3점의 번호를 붙여 사용하고, 쓸 때는 오른쪽 위에서 아래로 1, 2, 3점, 왼쪽 위에서 아래로 4, 5, 6점을 붙여 사용한다. 이 6개의 점 조합에 따라 64개의 점형을 만들어서 각 점형에 특정한 의미의 문자를 배당하여 사용한다. 64개의 점형 중 하나의 점도 찍지 않은 빈칸은 점자 단어 사이를 띄우는 데 사용되며, 그 외의 63개의 점형은 초성자음 13자, 종성자음 14자, 모음 21자, 약자 27자, 약어 7개, 숫자, 문장부호 등에 배정하여 사용하고 있다.

	ㄱ	ㄴ	ㄷ	ㄹ	ㅁ	ㅂ	ㅅ	ㅇ	ㅈ	ㅊ	ㅋ	ㅌ	ㅍ	ㅎ	된소리
자음															

	ㄱ	ㄴ	ㄷ	ㄹ	ㅁ	ㅂ	ㅅ	ㅇ	ㅈ	ㅊ	ㅋ	ㅌ	ㅍ	ㅎ	
받침															

	ㅏ	ㅑ	ㅓ	ㅕ	ㅗ	ㅛ	ㅜ	ㅠ	ㅡ	ㅣ					
모음															
	ㅐ		ㅒ		ㅔ		ㅖ	ㅘ		ㅙ		ㅚ	ㅝ		ㅞ	ㅟ	ㅢ

	가	나	다	마	바	사	자	카	타	파	하	억	언	얼	연
약자															
	열	영	옥	온	옹	운	울	은	을	인	것		씨받침		

	그래서	그러나	그러면	그러므로	그런데	그리고	그리하여
약어							

	수표	1	2	3	4	5	6	7	8	9	0
숫자											

	.	?	!	,	–	~		*	"	"	'		,
문장 부호													
	;		:	줄임표(……)									

	a	b	c	d	e	f	g	h	i	j	k	l	m	n
영어														
	o	p	q	r	s	t	u	v	w	x	y	z	시작	끝

[그림 3-1] **점자일람표**

(2) 보행 지도

보행은 주변 환경과 공간관계 속에서 자신의 현재 위치를 알고 그 장소에서 가고자 하는 다른 장소로 이동하는 것을 의미한다(신현기 외, 2000). 보행은 정신적인 측면인 방향정위(orientation)와 신체적인 측면인 이동성(mobility)으로 구성된다. 방향정위는 개체가 자신에 대한 순간적 공간관계를 인식하는 능력이고, 이동은 개체가 한 장소에서 다른 장소로 옮겨 갈 수 있는 능력이다(임안수, 2008).

보행의 종류에는 일반적으로 안내 보행, 흰지팡이 보행, 안내견 보행, 전자보행기구 보행 등이 있다.

- 안내 보행: 보행에서 가장 안전한 방법으로, 정안인이 주변 환경에 대한 정보를 제공하면서 시각장애인이 목적지까지 갈 수 있도록 안내하는 방법이다. 시각장애인이 안내자의 반 보 뒤에 서서 안내자의 팔꿈치 위를 잡고 함께 보행하는 것을 말한다.
- 흰지팡이 보행: 시각장애인이 흰지팡이를 이용해 도로나 주변 환경에 대한 정보를 수집하면서 독립적인 보행을 하는 방법이다. 1943년 리처드 후버(Richard Hoover)가 처음으로 흰지팡이 사용법을 고안하여 가르쳤다. 흰지팡이 보행은 물체와 보행 표면에 대한 정보를 주며, 기동성이 좋아지고, 가격이 싸고 관리하기 편하다는 장점이 있다. 하지만 상체를 보호하기 어렵고 복잡한 거리나 강풍이나 비가 오는 등 날씨가 좋지 않은 날에는 사용하기 곤란하다는 단점이 있다.
- 안내견 보행: 개를 이용하여 보행하는 방법이다. 중요한 보행수단이지만 약 2%의 시각장애인만이 안내견을 사용하고 있다. 그 이유는 안내견을 돌보고 관리하는 데 많은 시간이 소모되고, 지속적으로 훈련시켜 주어야 하며, 안내견이 시속 5~7km로 가기 때문에 노인이나 아동이 사용하는 데 무리가 따르기 때문이다. 그러나 안내견을 사용할 경우 이동이 용이하고, 이동 중 상체를 보호할 수 있으며, 빠른 속도로 보행을 할 수 있기 때문에 자신감이 생길 수 있다.
- 전자보행기구 보행: 일정한 범위 또는 거리 내에서 환경을 지각하기 위하여 전파를 발사하고 그로부터 받은 정보를 처리하여 환경과 관계되는 정보를 사용자에게 알려 주는 기구(Farmer, 1980)를 이용한 보행기법이다. 전자보행기구로는 진로음향기, 모와트 감각기, 소닉가이드, 레이저 지팡이가 가장 널리 사용되고 있다.

(3) 일반교과 지도방법

① 국어

국어교과의 교육내용 중 대부분이 언어와 관련되어 있기 때문에 교육방법에 있어 정안아동과 큰 차이는 없다. 그러나 시각장애아동의 경우 시각능력의 제한으로 읽기와 쓰기, 국어 지식 및 문학의 학습에 있어 어려움을 경험한다(박순희, 2004). 이러한 문제를 해결하기 위해서는 점자 익히기, 글씨 크기 확대하기와 같은 대안적인 방법이 필요하다. 최근 독서확대기와 음성지원 컴퓨터 프로그램과 같은 다양한 교육공학기기들이 개발되고 있으므로, 일선 교육 현장에서 이러한 기기들을 국어교과 수업시간에 적극 활용하는 것도 좋은 방편일 것이다.

② 수학

수학교과는 수와 연산, 도형, 측정, 확률과 통계, 규칙성과 문제 해결 등의 내용체계로 이루어져 있다. 수학교과를 학습하면서 시각장애아동은 수학의 기본 개념을 이해하는 데 어려움을 가진다. 연산 영역의 경우 암산에 의존해 문제를 해결해야 하기 때문에 필산을 통해 문제를 해결하는 정안아동에 비해 많은 어려움을 가지고 있으며, 함수와 입체 및 도형과 관련된 내용을 학습하는 데는 더 큰 어려움을 가지고 있다.

따라서 이러한 문제를 해결하기 위해서는 구체물이나 반구체물을 활용한 숫자지도가 필요하며, 무게나 시간과 같은 내용을 학습할 때에는 음성적인 정보가 제공되는 음성저울이나 음성시계 등을 사용할 수 있다. 또한 길이와 거리 등을 가르칠 때에는 촉각적인 표시가 되어 있는 눈금자를 활용할 수 있으며(신현기 외, 2000), 복잡한 연산 문제는 주판이나 점필 또는 점자 타자기를 이용하여 계산하도록 지도할 수 있다. 도형과 함수와 같은 영역은 양각화된 입체자료를 활용하여 만져 볼 수 있도록 하는 것이 필요하다.

③ 사회

사회교과는 언어적 내용이 주를 이루고 있어 시각장애아동이 학습을 하는 데 큰 어려움은 없다. 그러나 지도와 그래프, 사진, 그림 등과 같은 비언어적 자료를 학습할 때 어려움이 따른다. 실제로 지도에 들어 있는 기호를 시각이 아닌 촉각으로 파악하는 것은 상당히 어려운 일이다. 따라서 최근에는 NOMAD를 활용하여 지도나 그래프의 학습에 많은 도움을 받고 있다.

④ 과학

과학교과는 많은 부분 시각에 의존하기 때문에 시각장애학생의 경우 흥미를 가지기가 어렵다. 따라서 교사는 시각장애아동이 과학과에 흥미를 가지고 접근할 수 있도록 여러 가지 노력을 기울여야 한다. 특히 그들은 직접적으로 조작하여 실험을 하는 데 어려움이 있으므로 다양한 방법으로 실험을 수행할 수 있도록 해야 한다. 잔존시력이 있는 아동의 경우는 시력을 최대한 활용하도록 하며 냄새를 맡거나 만져 보기와 같이 청각, 촉각, 후각, 미각 등의 다감각적 방법에 기초해서 접근하는 것이 바람직하다.

또한 실험활동을 할 때 실물모형이나 실습기구를 활용하는 방법에 대한 사전교육과 안전교육을 실시하도록 한다. 실습기구로는 시각장애아동이 사용하기 쉬우며 깨지지 않는 단단한 것들을 사용하고, 점자 라벨 등으로 이름표를 붙여 주는 것이 좋다.

⑤ 체육

시각장애아동의 교육과정에서 체육교과는 매우 중요시되고 있다. 정안아동에 비해 시각장애아동의 체력 상태가 20~30% 낮은 것으로 나타나고 있다. 그 이유로는 신체활동으로 인한 안전사고의 가능성, 시설의 미비, 효과적인 체육 프로그램의 부족, 지나친 직업활동의 강조, 부모나 보호자의 과잉보호 등을 들 수 있다. 그러나 보다 본질적인 문제는 시각장애 자체가 아니라 시각장애로 인한 활동의 부재에 있다고 보는 경향이 있다. 정안아동에게도 신체활동은 매우 중요하지만, 시각장애아동에게는 신체활동을 통한 전체적인 발달이 더욱 중요하다고 할 수 있다. 아울러 정안아동과 함께하는 체육 프로그램은 시각장애아동의 사회 적응력을 기르는 데 많은 도움이 될 수 있다. 시각장애아동이 주로 하는 체육활동에는 육상, 수영, 축구, 탁구, 골볼 등이 있으며, 최근에는 많은 시각장애 학생이 실내 조정을 즐기고 있다. 시각장애아동들의 심동적 특성과 지도전략을 살펴보면 다음과 같다.

- 움직임을 지도할 때에는 소리의 위치와 의미를 구별하게 하는 것이 중요하며, 학생이 지도자를 만져 보는 것처럼 동작을 손으로 안내하는 방법이나 모델이 되는 인형, 마네킹 등을 탐구해 보는 방법 등 촉각을 사용하는 지도법이 효과적이다.
- 활동은 단순한 것에서 복잡한 것으로, 정적인 것에서 동적인 것으로 진행시켜야 한다.
- 평형능력은 평균 이하다. 따라서 신체상을 강조할 경우 낮은 자세부터 높은 자세까

지 점진적으로 진행하는 정적 평형성과 동적 평형성을 제공한다. 또 넘어지거나 뛰어내리는 방법을 지도해야 한다.

- 시각장애아동은 바른 자세를 취하지 못하는 경향이 있다. 따라서 이완된 자세 유지 근육의 장력과 힘을 증가시키는 운동을 제공한다. 경직된 근육은 이완시켜 주고, 정적·동적 자세에서 이완하는 방법을 지도한다. 또 자세 단서를 제공해 주는 모델(교사 또는 또래)을 촉각으로 자세히 살피도록 한다.

- 동적 운동(던지기와 달리기 등)을 할 때에는 시각장애학생이 지도자나 또래의 팔과 다리를 만져 보게 한다. 두 사람 사이에서 달리게 하여 가까이 달리는 사람의 둔부 움직임을 느껴 보도록 한다. 언어 지시와 손을 사용하여 보조함으로써 바람직한 움직임이 이루어지도록 지도한다.

- 수중활동에서는 안전이 매우 중요하므로 풀 안과 주변의 여러 시설을 익히고 이동하는 법을 훈련하는 것이 특히 중요하다. 녹내장이 있는 시각장애학생은 다이빙이나 깊은 물에서의 수영을 금해야 하며, 망막박리를 가진 이들도 다이빙은 금기사항이다(박기용 외, 2004).

⑥ 음악

음악교과는 다른 교과에 비해 시각적 요소가 덜 필요하기 때문에 학습을 하는 데 가장 어려움을 겪지 않으며 많은 시각장애아동이 흥미를 가지고 접근하는 과목 중의 하나다. 음악은 음악점자를 이용한 악보나 확대 악보로 가르칠 수 있으며, 악기 연주의 경우 정안아동에게 지도하는 방법과 동일한 방법으로 지도하면 된다. 그러나 음악점자를 구하는 것이 쉽지 않고 악보가 음표식으로 되어 있어 점자로 표현하는 데 어려움이 있다.

⑦ 미술

미술교과는 다른 교과보다도 시지각 능력이 더욱 요구되며 매우 중요시된다. 이로 인해 시지각 능력에 상당한 제한이 있는 시각장애아동이 미술활동에 참여하는 것은 매우 어려운 일이며, 특히 전맹아동이 회화와 서예 및 감상과 같은 영역에 참여하는 데에는 많은 어려움이 따른다. 과거에는 시각장애아동에게 회화나 서예 등의 영역은 거의 교육하지 않았으나, 최근에는 이들 영역에서 자신의 느낌과 생각을 표현하는 자유스러운 방식으로 지도하고 있다.

- 「장애인 등에 대한 특수교육법」에 의하면 시각장애를 지닌 특수교육대상자는 시각계의 손상이 심하여 시각 기능을 전혀 이용하지 못하거나 보조공학기기의 지원을 받아야 시각적 과제를 수행할 수 있는 사람으로서 시각에 의한 학습이 곤란하여 특정의 광학기구 · 학습매체 등을 통하여 학습하거나 촉각 또는 청각을 학습의 주요 수단으로 사용하는 사람으로 정의하고 있다.

- 시각의 질은 일반적으로 시력과 시야, 광각, 색각 등에 의해 결정된다. 시력은 물체의 존재 및 그 형태를 인식하는 능력을, 시야는 눈으로 한 점을 주시하고 있을 때 그 눈이 볼 수 있는 외계의 범위를 말한다. 정상적인 단안 시야의 범위는 가로 150°, 세로 120° 정도이며, 시야검사 결과 협착, 감도저하, 암점 등으로 인한 시야결손이 나타나면 시야장애를 가지게 된다. 광각(light sense)은 빛을 느끼는 기능, 즉 빛의 유무를 판단하며 빛의 강도 차이를 구별할 수 있는 능력을 말한다.

- 시각장애의 선천적 원인으로는 백색증, 무안구증, 백내장, 소안구증과 같은 것이 있고, 후천적 원인으로는 백내장, 녹내장, 고혈압성 망막증, 당뇨병성 망막증, 눈의 굴절과 근육이상 등의 문제가 있다. 발생 시기에 따른 시각장애의 원인을 질환 측면에서 살펴보면, 백내장, 시신경위축, 미숙아망막증, 녹내장 등으로 인한 시각장애가 많이 발생하고 있다.

- 시각장애의 진단은 시력검사, 시야검사, 색각검사, 대비감도검사 등의 방법을 통해 이루어지며, 이러한 의학적 진단의 결과를 통하여 시각장애아동의 교육을 위한 평가가 가능하다.

- 시각장애아동의 평균지능은 정안아동과 특별한 차이가 없는 것으로 나타나고 있으며, 선천적 시각장애아동은 시각적 모방이 제한되어 있어 언어발달이 지연되며 의미를 모르고 사용하는 낱말이 많다. 또한 언어 사용에서 빈도는 다양하지만 추상적인 표현이 많아 언어주의(verbalism)에 빠지기 쉽다.

- 대부분의 시각장애아동은 신체활동이 부족하며, 기회가 충분치 못하여 체력이 저하되고 자세도 바르지 못하며 내부에 쌓인 긴장도 풀지 못할 뿐더러, 외부로부터의 시각적 자극이 부족하여 습관적 행동(mannerism)이라는 자기 자극의 형태가 나타난다. 따라서 시각적 자극의 제한, 모방학습의 제한, 환경적 요인의 제한을 받는 아동에게 신체활동의 기회를 넓혀 주어 자세의 개선과 보행의 기본 움직임을 인지하게 하는 것이 무엇보다도 중요하다.

- 점자는 6개의 점(종으로 3점, 횡으로 2점)으로 구성되어 있으며, 읽을 때는 점의 왼쪽 위에서 아래로 1, 2, 3점, 오른쪽 위에서 아래로 1, 2, 3점의 번호를 붙여 사용하고, 쓸 때는 오른쪽 위에서 아래로 1, 2, 3점, 왼쪽 위에서 아래로 4, 5, 6점을 붙여 사용한다. 이 6개의 점 조합에 따라 64개의 점형을 만들어서 각 점형에 특정한 의미의 문자를 배당하여 사용한다. 64개의 점형 중 하나의 점도 찍지 않은 빈칸은 점자 단어 사이를 띄우는 데 사용되며, 그 외의 63개의 점형은 초성자음 13자, 종성자음 14자, 모음 21자, 약자 27자, 약어 7개, 숫자, 문장부호 등에 배정하여 사용하고 있다.

- 보행의 종류에는 일반적으로 안내 보행, 흰지팡이 보행, 안내견 보행, 전자보행기구 보행 등이 있다.

- 일반교과 지도방법으로는 국어의 경우 독서확대기와 음성지원 컴퓨터 프로그램 등의 다양한 교육공학기기 활용, 수학교과는 구체물이나 반구체물을 활용한 숫자지도와 복잡한 연산 문제는 주판이나 점필 또는 점자타자기를 이용하여 계산하도록 지도한다.

1. 시각장애아동의 주요 질환에 따른 교육적 조치에 대해 설명하시오.
2. 교육환경 조정방법에 대해 논하시오.
3. 흰지팡이 보행의 장단점에 대해 설명하시오.
4. 시각장애아동의 심동적 특성과 그에 따른 지도전략을 설명하시오.

참 · 고 · 문 · 헌

교육과학기술부(2011). 특수교육 연차보고서. 서울: 교육과학기술부.

교육과학기술부(2012). 특수교육 연차보고서. 서울: 교육과학기술부.

교육부(2013). 특수교육 연차보고서. 서울: 교육부.

교육부(2014). 특수교육 연차보고서. 서울: 교육부.

교육부(2015). 특수교육 연차보고서. 서울: 교육부.

국립특수교육원(2001). 특수교육 요구아동 출현율 조사연구. 안산: 국립특수교육원.

김남진, 김용욱(2010). 특수교육공학. 서울: 학지사.

김동연(1991). 시각손상아의 지도. 대구: 도서출판 동아출판사.

김원경, 조흥준, 조홍중, 허승준, 추연구, 윤치연, 박중휘, 이필상, 김일명, 문장원, 서은정, 유은정, 김자경, 이근민, 김미숙, 김종인(2008). 최신 특수교육학. 서울: 학지사.

박기용, 강병일, 최경훈, 김한철(2004). 특수체육학의 이해. 경산: 영남대학교출판부.

박순희(2004). 시각장애아동의 이해와 교육. 서울: 학지사.

신현기, 변호걸, 김호연, 정인호, 전병운, 정해동, 강영택, 성수국, 마주리, 유재연(2000). 특수교육의 이해. 서울: 교육과학사.

윤동호 외(2000). 안과(제5판). 서울: 일조각.

이진학, 이하범, 허원, 홍영재(2008). 안과학. 서울: 일조각.

이해균, 임안수, 이우관(2006). 저시력교육. 대구: 대구대학교출판부.

임안수(2006). 시각장애아 교육. 대구: 도서출판 해동.

임안수(2008). 시각장애아 교육. 서울: 학지사.

진용한(1997). 사시학. 울산: 울산대학교출판부.

전헌선, 윤치연, 공나영, 김성화, 도명애, 박순길, 서석진, 서영란, 송호준, 양경애, 이수진, 이정남, 최성욱(2012). 특수교육학개론. 경기: 양서원.

한국특수교육연구회(2009). 최신 특수아동의 이해. 경기: 양서원.

Farmer, L. W. (1980). Orientation devices. In R. L. Welsh & B. B. Blasch (Eds.), *Foundations of orientation and mobility.* New York: American foundation for the Blind.

Ferrell, K. A. (1998). *Project PRISM: A longitudinal study of developmental patterns of children who are visually impaired. Executive summary.* Greeley: University of Northern Colorado.

Jose, R. T. (1983). *Understanding low vision.* NY: AFB.

Lowenfeld, B. (1975). *The changing status of the blind from separation to integration.* Springfield, IL: Charles C Thomas Publisher.

Thylefors, B., Negrel, A., Pararajasgaram, R., & Dadzie, K. Y. (1995). Global data on blindness. *Bulletin of the World Health Organization, 73,* 115-121.

청각장애아동의 교육

루드비히 반 베토벤(Kudwig van Beethoven)은 1770년 독일 라인 강변의 본에서 태어났으나 1827년 35세로 짧은 생을 빈에서 마쳤다. 할아버지와 아버지 모두 음악가였던 만큼, 그는 어려서부터 음악에 뛰어난 재능을 보여 14세 때 궁정 예배당의 오르간 연주자로 임명되었다.

그 후 17세에 빈에서 온 발트시타인 백작의 추천으로 빈에 가서 하이든으로부터 음악을 배웠다. 그는 대단한 노력가였고, 겉으로만 아름답고 화려한 것은 싫어했으며 마음속의 감동을 중시하였다. 처음에는 뛰어난 피아니스트로서 빈의 귀족 사회에서 환대받았다. 그 후 유력한 출판사를 만나 잇달아 작곡한 작품이 출판되었으나, 26세에 시작된 난청이 심해져 나중에는 전혀 귀가 들리지 않게 되어 만년에는 많은 고통을 받았고 고독한 생활을 보냈다. 그러나 그의 창작은 이 병마에도 아랑곳없이 오히려 고뇌와 함께 심오함을 더해 가서 음악의 낭만주의에로의 문을 활짝 열어놓았다. …인류를 위해 작곡하는 것이 신에게 주어진 사명이라고 생각하여 음악가로서는 가장 치명적인 청각장애 속에서 음악을 계속한다. 그러나 차차 세속과의 교섭이 끊어짐에 따라 그는 자기의 내면 세계로 침잠해서 피아노 소나타, 현악 4중주곡 〈장엄 미사〉, 교향곡 9번 〈합창〉 등 정신적으로 깊이가 있고, 또 때로는 신비적인 후기의 작품으로 옮겨 갔다.

※ 출처: 방귀희(2015). 악성 베토벤의 청각장애. 『세계장애인물사』. 서울: 도서출판 솟대.

인간은 태내에서부터 소리를 듣기 시작한다. 심지어 깊은 혼수상태에서도 주변의 소리를 들을 수 있다. 청각은 사람이 세상을 떠날 때 마지막으로 신체기능을 멈추는 감각기관이다. 정상 청력을 가진 사람이 언어발달과 인지·사회성 발달 및 학습에서 청각의 지대한 중요성에 대해 감사함을 갖기는 어렵다. 그렇지만 청각은 언어발달을 비롯한 발달에 지대한 영향을 미친다. 갓난 아기는 자신이 내는 꿀꺽거리는 소리나 엄마의 목소리를 듣고 웃기도 하고 때론 깜짝 놀라는 반응을 하기도 한다. 유아는 사람이 말하는 것을 듣고, 이 소리들을 다양한 사건들과 관련시키면서 언어를 발달시킨다. 사람은 소리에 의미를 부여하고, 말하고 들음으로써 정보를 전달하고 그들의 생각과 느낌을 교환한다.

그러나 말소리를 들을 수 없는 아동이 구어를 배우는 것은 결코 자연스럽지도, 쉽지도 않은 일이다. 물론 보청기나 공학의 도움을 통해 언어와 의사소통기술을 배울 수 있지만, 전화를 받거나 잘못 이해한 메시지들을 제대로 파악하기 위해 타인에게 의지하게 되는 일은 이들에게 무능력, 죄의식, 낮은 자존감 등을 갖게 할 수 있다. 따라서 청각장애아동의 학업 성취와 또래와의 원활한 관계망 형성을 위해서는 헌신적이고 적절한 교사의 지도가 필요하다.

이 장에서는 교사가 청각장애를 올바로 이해하고 대처할 수 있도록 청각장애의 정의와 분류 및 특성, 그에 따른 지도 방안을 살펴보고자 한다.

1. 청각장애의 정의

청각장애는 교육학적 관점과 생리학적 관점에 따라 다르게 분류되고 정의될 수 있다.

1) 교육학적 관점

우선 교육학적 관점에서는 청력손실이 아동의 말과 언어능력에 얼마나 영향을 미치는가를 기준으로 삼는데(Smith et al., 2006), 우리나라의 「장애인 등에 대한 특수교육법」에 제시된 청각장애를 지닌 특수교육대상자의 정의를 살펴보면 다음과 같다.

청각장애(hearing impairment)를 지닌 특수교육대상자는 교육적 성취에 불리한 청력손실을 지닌 사람으로서 농과 난청이 여기에 속한다.

　　가. 농(deaf): 청력 손실이 심하여 보청기를 착용하고도 청각을 통해 의사소통이 불가능하거나 곤란한 상태

　　나. 난청(hard of hearing): 잔존청력을 가지고 있으나 보청기를 착용해야 청각을 통한 의사소통이 가능한 상태

이와 같이 청각장애의 정의에 있어서 교육적 관점은 교육적 성취와 의사소통 가능성을 특수교육대상자 선정 준거로 보고 있다. 좀 더 구체적으로 설명하자면, 청각장애 아동이 교육을 받는 데 있어서 보청기 등과 같은 교정 청력을 한 후에 잔존청력을 이용할 수 있으면 난청으로 분류된다. 하지만 잔존청력을 이용할 수 없어 수어나 문자와 같은 시각이나 그 외 묵자와 같은 촉각 등 다른 감각을 사용하는 경우를 농으로 선정한다는 것이다.

2) 생리학적 관점

생리학적 관점에서는 소리의 강도를 기준으로 하여 어느 정도 소리를 들을 수 있는지를 기준으로 하는 것(최성규, 1997)으로, 우리나라의 「장애인복지법」이 대표적이다.

제2급: 두 귀의 청력을 각각 90dB 이상 잃은 사람
　　　(두 귀가 완전히 들리지 아니하는 사람)
제3급: 두 귀의 청력을 각각 80dB 이상 잃은 사람
　　　(귀에 입을 대고 큰 소리로 말을 하여도 듣지 못하는 사람)
제4급: 1. 두 귀의 청력을 각각 70dB 이상 잃은 사람
　　　　(귀에 대고 말을 하여야 들을 수 있는 사람)
　　　2. 두 귀에 들리는 보통 말소리의 최대의 명료도가 50% 이하인 사람
제5급: 두 귀의 청력을 각각 60dB 이상 잃은 사람
　　　(40cm 이상의 거리에서 발성된 소리를 듣지 못하는 사람)
제6급: 한 귀의 청력을 각각 80dB 이상 잃고, 다른 귀의 청력을 40dB 이상 잃은 사람

한편, 생리학적 관점에 따른 분류에서 중도와 최중도에 해당하는 청각장애인들 중에는 그들의 청력 손실을 장애로 간주하지 않으며 청각장애라는 용어는 병리학적인 용어이기 때문에 적절하지 않다고 생각하는 이들이 많다. 이들은 농사회(Deaf Community)를 구성하며, 청력손실을 문화적 관점에서 정의 내려 'Korea', 'French'처럼 'deaf'라는 용어보다는 대문자 D를 사용한 'Deaf'라는 용어를 선호한다. 이들은 수화를 농사회의 자연적인 언어로 간주하며, 수화는 농인의 자아정체성과 자아개념을 긍정적으로 형성하는 데 기여한다고 본다. 농사회에서는 구어능력의 발달을 강조하고 소리 증폭의 활용을 촉진하는 언어치료사나 청각사들을 부정적인 시각으로 바라보기도 하며, 인공와우수술은 농사회를 위협하는 것으로 여기기도 한다. 모든 농인이 농사회의 문화적 가치를 동일시한다고 할 수는 없지만, 언어치료사나 특수교육 교사는 이러한 논점들을 인식하고 있어야 교육서비스를 성공적으로 제공할 수 있을 것이다.

2. 청각장애의 분류 및 원인

청각장애는 아동의 언어 경험 기준, 즉 청력손실 시기에 따라 언어 전 청력손실(prelingually hearing loss), 언어 후 청력손실(postlingually hearing loss)로 분류하기도 하고, 출생 시 청각장애 유무에 따라 선천적 농과 후천적 농으로 구분하기도 한다. 그리고 이상이 발생한 청각 체계 부위에 따라 전도성(혹은 전음성) 청각장애(conductive hearing loss), 감각신경성(혹은 감음신경성) 청각장애(sensorineural hearing loss), 혼합성 청각장애(mixed hearing loss), 중추성 청각정보처리장애(cAPD)로 구분하기도 하며, 청력손실 정도에 따라 정상(normal), 경도(mild), 중등도(moderate), 고도(severe), 심도(profound), 농(deaf)으로 분류할 수도 있다(한국특수교육학회, 2008).

이와 같은 청각장애의 유형과 그 원인을 명확하게 이해하기 위해서는 소리를 듣는 과정에 대한 이해가 선행되어야 한다. 따라서 이 절에서는 청각생리를 우선적으로 살펴본 후 이상 발생부위에 따른 분류, 청력손실 정도에 따른 분류를 중심으로 살펴본다.

1) 청각생리

듣는 활동이나 듣는 감각인 청력은 복잡한 과정이다. 외이, 중이, 내이로 구분되는 귀는 환경으로부터 소리(음향 에너지)를 모으고, 그 에너지를 우리 뇌가 해석할 수 있는 형태(신경 에너지)로 변환시키는 기능을 수행한다.

외이는 외부 귀와 외이도로 구성되어 있다. 우리가 눈으로 보는 귀의 부분은 이개(auricle)로서 이는 외이도(auditory canal)에 음파들을 수집하고 소리의 방향을 구분짓게 하는 기능을 한다. 음파는 외이에 들어온 후 고막(tympanic membrane)으로 이동하면서 약간 증폭된다. 음압의 변동이 고막을 안과 밖으로 움직이게 만들고, 이러한 고막의 움직임이 음향 에너지를 기계 에너지로 변화시켜 중이의 이소골(추골, 침골, 등골)로 전달되게 한다. 이소골의 기저(등골발판)는 음 에너지가 내이로 들어가는 통로 역할을 하는 난원창에 놓여 있다. 이소골의 진동이 에너지 손실 없이 중이에서 내이로 전달한다.

내이는 신체 전체에서 가장 단단한 뼈인 측두골로 덮여 있다. 내이는 청각의 주 수용기관인 달팽이관(cochlea)과 평형감각을 통제하는 반규관(semicircular canals)을 포함한다. 달팽이 껍질을 닮은 달팽이관은 네 개의 열로 가지런히 정렬된 30,000개의 얇은 유모세포가 들어 있는, 두 개의 액체로 가득 찬 강으로 구성되어 있다. 에너지가 이소골에 의해 전달되면 달팽이관 내의 액체가 움직인다. 달팽이관 내의 작은 유모들이 액체의 움

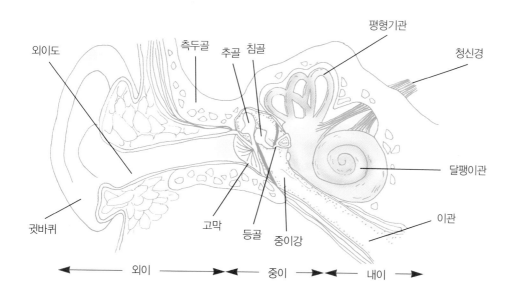

[그림 4-1] **귀의 해부학적 구조**

직임을 통해 전기신호를 발생시키고, 발생된 전기신호는 청신경을 통해 뇌로 전달된다. 고음은 달팽이관의 가장 낮은 지점인 기저의 유모세포에 의해 감지되고, 저음은 달팽이관이 가장 위쪽에 있는 유모세포를 자극한다.

2) 이상 발생부위에 의한 분류

(1) 전도성 청각장애

전도성 청각장애는 외이나 중이의 기형, 기능 부전 또는 폐색 등의 문제로 인해 발생하는 청각장애 유형으로, 『특수교육학 용어사전』(국립특수교육원, 2009)에서는 다음과 같이 정의하고 있다.

외이나 중이의 손상으로 내이로 소리의 물리적 에너지 전달이 되지 못해 발생하는 청력손실

전도성 청각장애는 충분히 증폭되지 않은 소리로 인해 문제가 발생하는 것으로 가청도에 크게 영향을 줄 수 있지만, 대부분 영구적으로 지속되지 않기 때문에 완전한 청각장애를 가져오지는 않는다. 일부는 자연적으로 치유되며, 대부분의 경우는 의학적으로 치료가 가능하다. 그러나 기본적인 질병을 치료했는데도 문제가 남아 있다면 보청기 등의 사용이 필요할 수도 있다.

외이와 관련한 청력손실은 귓바퀴가 기형적으로 작거나(소이증), 외이도가 형성되지 않은 선천적인 경우와 외이도에 염증이 생기거나 고막이 파열되는 경우가 있다. 그리고 꽉 찬 귀지나 이물질로 인해 흔히 생길 수도 있다.

중이의 장애를 일으키는 가장 흔한 원인은 중이염이다. 중이염은 유스타키오관의 기능이 비정상적일 때(예: 코감기) 생기기 쉽다. 정상적으로 기능하는 유스타키오관은 씹거나 하품을 하거나 삼킬 때 주기적으로 열려서 중이와 외부 환경 간의 기압을 평형상태로 유지시킨다. 코감기 등으로 편도선이 붓거나 비인두 조직이 부어올라 유스타키오관에 의한 중이의 환기가 적절히 이루어질 수 없으면 산소가 중이강의 점막으로 흡수되어 진공상태를 만든다. 이는 결과적으로 외이도의 압력에 비해 중이의 기압을 감소시키게 되고, 이러한 불균형은 고막을 중이강 쪽으로 들어가게 만들어 진동능력을 저하시킨다. 비행기를 탔을 때 귀가 멍멍해지는 경험은 외부 압력과 중이 압력의 차이로 발생하는 것이

다. 아동의 경우에는 유스타키오관의 길이가 성인에 비해 더 짧고 수평에 가깝고 더 유연해서 중이의 환기가 용이하지 않기 때문에 중이염이 더 자주 발생할 수 있으며, 다운 증후군이나 구개파열 아동에게서 더 많이 발생한다(Hallahan et al., 2009). 중이염은 치료하지 않고 방치하면 전도성 청각장애를 초래할 수 있다.

(2) 감각신경성 청각장애

감각신경성 청각장애는 와우각 내 유모세포의 부재, 내이의 기형 및 손상으로 인해 발생한다. 국립특수교육원의 『특수교육학 용어사전』(2009)은 감각신경성 청각장애를 다음과 같이 정의하고 있다.

내이부터 청신경, 대뇌피질 청각 영역에 이르기까지 감음기관의 장애로 발생하는 청력손실

감각신경성 청각장애는 소리가 충분히 증폭되지 않은 문제로 발생하는 전도성 청각장애와는 달리 명료성의 부족이라는 부가적인 문제를 갖는다. 즉, 특정 소리들이 들리지 않거나(대부분 고주파수), 보통보다 더 작게 들리거나, 들리더라도 왜곡된 소리로 지각되는 경우가 많다.

소리의 증폭과 왜곡은 라디오를 청취하는 것으로 생각하면 이해가 쉽다. 전도성 청각장애는 특정 채널을 맞추어 놓고 볼륨을 작게 낮춘 경우와 유사하다. 즉, 소리가 정상보다 작아 방송되는 신호를 지각하기가 어려운 상태다. 한편, 특정 채널을 조금 벗어나도록 주파수를 조정한 상태는 감각신경성 청각장애와 유사한 경우라고 할 수 있다. 즉, 신호를 들을 수는 있지만 잡음 등이 섞여서 이해하기가 쉽지 않고, 볼륨을 높이는 것이 별 도움이 되지 않는다.

감각신경성 청각장애는 어셔증후군, 메니에르 병과 같은 질병으로 발생하기도 하며, 노화현상(노인성 난청)이나 큰 소리에 노출되어서 발생하기도 한다. 최근에는 음량을 크게 하고 장시간 이어폰으로 음악을 듣는 것으로 인한 소음성 난청이 늘고 있다. 일반적으로 감각신경성 청각장애는 수술 등의 의학적 치료로 회복이 안 되기 때문에 재활치료적인 접근을 필요로 하나, 최근 인공와우 이식 수술이 도입되면서 치료 가능성이 넓혀지고 있다.

감각신경성 장애는 주로 영구적인 경향이 있으며, 청각 신호의 질을 왜곡하는 문제를

포함하고 있기 때문에 언어 및 인지 발달에 부정적인 영향을 미칠 수 있다. 물론 이러한 부정적인 영향의 정도는 원인, 발생 연령, 판별 및 재활 시기에 따라 달라진다. 특히 청각장애의 경우 언어발달과 학습능력 발달의 긍정적인 예후를 위해 조기 판별 및 재활이 매우 강조되고 있다.

(3) 혼합성 청각장애

혼합성 청각장애는 외이 또는 중이에서 생기는 전도성 청각장애와 내이에서 생기는 감각신경성 청각장애가 모두 나타나는 경우다. 예를 들어, 소음 노출로 인해 감각신경성 청각장애를 가진 사람에게 중이염이 발생한 경우인데, 이렇게 되면 청각의 민감성이 더욱더 저하된다.

(4) 중추성 청각정보처리장애

중추성 청각정보처리장애(central Auditory Processing Disorders: cAPD) 또는 청각처리장애(Auditory Processing Disorders: APD)는 아직 명확하게 정의되지는 않지만 소리의 위치판단, 말소리 변별 및 처리(타이밍과 순서), 배경소리와의 소리 경계 모호로 인한 말 이해의 어려움을 보인다. 다시 말해, 외이, 중이, 내이와 같은 말초청각체계나 청신경체계의 문제는 아니므로 청각적 민감성은 손상되지 않았지만, 뇌간에서 대뇌 피질에 이르는 청각경로 및 신경학적 시냅스의 문제로 인해 청각 정보를 효율적이고 효과적으로 사용하고 판단하는 데 있어서의 문제를 발생시킨다.

예를 들면, 이 청각장애를 지닌 사람은 쉽게 산만해지고 빠른 말을 하거나 소음 또는 잔향(에코)이 있는 환경에서 말을 이해하는 데 어려움을 보일 수 있다. 또한 소리의 위치를 정확하게 파악하거나 복잡한 청각적 지시를 따르거나, 음향학적으로 유사한 말소리를 식별하는 데 어려움을 보일 수 있다. 혹은 구어 메시지에 느리게 반응하거나, 일관성 없이 반응할 수도 있고, 시각적 단서에 주로 의존하여 대화를 나눌 때 말하는 사람의 얼굴을 지나치게 주시하는 것처럼 보일 수도 있다. 이러한 특징은 다른 장애로 인해 나타날 수도 있는데, 학습장애, 주의력결핍 과잉행동장애(ADHD), 자폐성장애 등에서 관찰되곤 한다(Owens et al., 2007).

3) 청력손실 정도에 따른 분류

진동하는 물체는 원래의 위치에서 앞뒤로 움직이기 때문에 다음과 같은 특성을 갖는다(Owens et al., 2007).

첫째, 진동체는 앞쪽이든 뒤쪽이든 측정 가능한 거리를 움직인다. 이것을 진폭(amplitide) 또는 강도(intensity)라고 하는데, 데시벨(decibels: dB)로 측정된다.

둘째, 이러한 주기적인 반복운동은 주어진 시간 동안 일정한 횟수만큼 지속된다. 이를 진동의 주파수(frequency)라고 하는데, 헤르츠(Hertz: Hz)로 표현된다.

일반적으로 강도는 소리의 크기에 대한 지각과 관련이 있으며, 주파수는 소리의 높낮이에 대한 지각과 관련이 있는데, 청력손실의 정도는 dB 단위로 나타내고 있다. 우리가 생활 주변에서 경험할 수 있는 환경음들의 대략적인 강도를 정리하면 〈표 4-1〉과 같다.

〈표 4-1〉 일상 환경음의 강도

0dB	겨우 들을 수 있는 소리
20dB	1.2m 거리에서 속삭이는 소리
30dB	자동차들이 없는 저녁의 조용한 거리
40dB	도시의 밤 소음
50dB	3m 떨어진 곳의 자동차 소리
60dB	백화점
70dB	혼잡한 교통
80~90dB	나이아가라 폭포
100dB	3.5m 떨어진 곳에서 나는 큰 못 박는 기계 소리

출처: 김영욱(2007), p. 59에서 수정.

청력손실의 정도는 국제적으로 승인된 기준을 사용한 청력계의 측정, 즉 국제표준기구(International Standard Organization: ISO)는 정상, 경도난청, 중등도난청, 중등고도난청, 고도난청, 최고도난청으로 분류한다. 그러나 한국특수교육학회(2008)는 ISO의 분류와 유사하지만 범주별 명칭을 달리하는 순음평균치(pure tone average: PTA)를 기준으로 〈표 4-2〉와 같이 청각장애를 6등급으로 구분하여 제시하였다.

〈표 4-2〉 한국특수교육학회의 청력손실 정도에 따른 청각장애 분류

구 분	청력손실 정도
정상청력	0~25dB
경도난청	청력손실치가 26~40dB
중등도난청	청력손실치가 41~55dB
고도난청	청력손실치가 56~70dB
심도난청	청력손실치가 71~90dB
농	청력손실치가 91dB 이상

3. 청각장애의 판별

1) 선별

청력을 측정하지 않고 청각장애 유무를 결정하는 것은 결코 쉽지 않지만, 한국특수교육학회(2008)에 의해 제시된 청각장애 선별기준과 같은 특성을 보이는 아동은 청각장애일 가능성이 있다.

- 같은 또래에 비하여 말을 잘하지 못하며 발음이 불분명하다.
- 라디오나 텔레비전 소리를 들을 때 보통 사람이 불평할 만큼 크게 듣는다.
- 좀 더 잘 듣기 위해 머리를 치켜들거나 화자 쪽으로 머리를 돌린다.
- 보통의 말소리에 반응을 보이지 않거나 주의를 기울이지 않는다.
- 음성활동에 참여하기를 좋아하지 않는다.
- 다시 말하라고 자주 요구한다.
- 말하는 활동에 참여하지 않으려고 한다.
- 자주 귀앓이를 하거나 귀에서 고름이 나오는 등 귀와 관련된 신체적 문제를 나타낸다.

2) 형식적 검사

(1) 선별검사

① 순음청력검사

청력검사 중 가장 많이 사용되는 검사는 순음청력검사(pure tone audiometry)다. 순음청력검사는 소리의 높이(Hz: 헤르츠, 주파수)와 강도(dB: 데시벨)를 변화시키면서 개인의 청력역치(각 주파수대에서 소리를 인식하는 데시벨 수준)를 측정하는 방법이다. 일반적으로 125, 250, 500, 1000, 2000, 4000, 8000Hz에서 소리에 대한 반응을 측정하는데, 사람 말소리는 500~2,000Hz에 해당한다([그림 4-2] 참조).

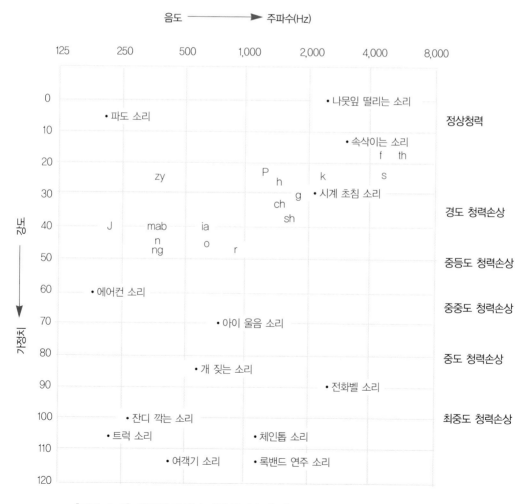

[그림 4-2] **환경음과 말소리의 주파수와 강도를 보여 주는 청력도**

출처: 강영심 외(2010), p. 74.

순음청력검사는 대개 기도청력검사와 골도청력검사 등의 두 가지를 실시한다. 기도청력검사는 이어폰을 끼고 외이와 중이를 통하여 소리가 전달되는 순음청력을 측정하는 것이며, 골도청력검사는 골도 이어폰을 사용하여 진동이 직접 두개골을 통하여 내이에 전해지게 하여 검사하는 방법이다. 외이와 중이에 장애가 있고 내이의 기능이 정상인 경우, 기도청력은 떨어지나 골도청력은 거의 정상으로 나타난다. 반면, 내이에 이상이 있는 경우는 기도청력이나 골도청력이 거의 비슷하게 낮게 나타난다.

② 청성뇌간반응검사

청성뇌간반응검사(Auditory Brainstem Response: ABR)는 자극음을 제시한 후 내이, 청신경, 청각 중추로 통하는 청각전달 경로에서 발생되는 전기적 변화를 전극을 이용하여 측정하는 청력 검사 방법으로, 신생아의 청력 검사 시에 많이 사용된다.

③ 유희청력검사

유희청력검사(play audiometry)는 아동이 어떤 신호음을 듣게 될 때마다 장난감을 들거나 공을 던지는 반응으로 청력검사를 실시하는 것으로, 전통적인 청력검사 절차들을 이해할 수 없거나 따를 수 없는 중증 장애아동이나 유아의 대안적 청력검사 기법이다.

(2) 진단검사

청각장애 진단을 위해 사용할 수 있는 검사도구로는 앞서 살펴본 선별검사에 사용되는 모든 검사 및 어음청력검사(speech audiometry)가 포함된다.

어음청력검사는 검사음을 순음 대신에 말소리를 사용하여 이를 이해하는 능력을 검사하는 것이다. 특정 주파수에 대한 청각의 민감도와 말소리에 대한 이해능력은 다를 수가 있기 때문에 순음청력검사 후 어음청력검사를 할 필요가 있다. 어음청력검사는 어음수용역치검사와 어음명료도 검사가 있다. 어음수용역치검사는 청력 검사기의 주파수를 1,000Hz에 고정시켜 놓고 6개의 2음절 검사음을 각각 다른 소리의 크기로 제시하였을 때, 6개의 2음절 검사음 중에서 3개를 들을 수 있는 가장 작은 소리의 크기를 결정하는 절차다. 어음수용역치검사와 순음청력역치가 15dB 이상의 차이를 보일 때는 위난청(malingering, 꾀병)을 의심할 수 있다. 어음명료도 검사는 50개의 1음절 검사음을 청력검사기를 통해 큰 소리로 들려줬을 때 검사음을 변별할 수 있는 능력을 알아보는 절차다.

4. 청각장애아동의 교육적 배치

한국보건사회연구원(2001)이 발표한 청각장애의 출현율은 0.42%이며, 국립특수교육원에 의한 청각장애 특수교육 요구아동의 출현율은 0.06%다(한국특수교육학회, 2008 재인용). 〈표 4-3〉은 2011년 이후 청각장애아동이 전체 특수교육대상아동 중 차지하는 정도를 정리한 것으로 2015년 현재 4.0%(3,491명)에 이른다. 특수학교 및 특수교육지원센터에 배치되어 있는 29.6% 정도를 제외하고는 대부분 통합교육 장면에서 교육을 받고 있다.

〈표 4-3〉 연도별 청각장애아동 현황

(단위: 명, %)

구분	2011년	2012년	2013년	2014년	2015년
전체 특수교육대상 아동	82,665 (100)	85,012 (100)	86,633 (100)	87,278 (100)	88,067 (100)
청각장애아동	3,676 (4.4)	3,744 (4.4)	3,666 (4.2)	3,581 (4.1)	3,491 (4.0)

출처: 교육과학기술부(2011, 2012); 교육부(2013, 2014, 2015).

〈표 4-4〉 청각장애아동의 배치현황

구분	특수학교	일반학교		특수교육 지원센터	계
		특수학급	일반학급		
2011년	1,153	916	1,597	10	3,676
2012년	1,060	939	1,732	13	3,744
2013년	1,053	821	1,774	18	3,666
2014년	976	808	1,779	18	3,581
2015년	952	765	1,752	22	3,491

출처: 교육과학기술부(2011, 2012); 교육부(2013, 2014, 2015).

5. 청각장애아동의 특성

1) 언어발달

청각장애아동이 경험하는 가장 큰 어려움은 사회에서 일반적으로 사용하는 언어로 의사소통을 하기가 힘들다는 것이다. 언어표현 능력이 생기기 이전에 청력 손실이 발생한 경우에는 구어 기술을 습득하는 데 어려움이 많다. 따라서 생후 3~4년이 지난 후 최중도의 청각장애가 생긴 경우가 출생 시부터 경도의 청각장애가 있었던 경우보다 말, 언어, 읽기, 쓰기 능력에서 더 높은 기능을 보일 수도 있다.

〈표 4-5〉에 제시된 바와 같이, 청력 손상 정도에 따라 의사소통 능력은 달라질 수 있다. 경도나 중등도의 청력손실을 가진 아동의 말은 중도나 최중도 청각장애아동보다는 알아듣기 쉽다. 이들은 특정 음소를 탈락시키거나 다른 음소로 대치하는 등의 조음 오류나 말의 억양이나 높이의 어색함, 속도나 운율의 부적절, 비음이나 지나치게 탁한 소리를 내기도 한다. 청각장애아동은 조음이나 음성 문제뿐만 아니라, 어휘와 문장 구조의 습득에도 어려움을 겪으며, 이로 인해 학습능력, 특히 국어능력은 또래 아동에 비해 부족하다(이소현, 박은혜, 2011).

〈표 4-5〉 청력 손상 정도와 의사소통 능력 간의 관계

청력손실	청각장애 정도	의사소통에 미치는 영향	표현언어
15dB	정상	의사소통에 아무 영향이 없다.	잘 말할 수 있다.
16~25dB	정상-경도	조용한 환경에서는 말을 알아듣는 데 아무 어려움이 없으나, 시끄러운 곳에서는 작은 말소리를 잘 못 알아듣는다.	몇 개의 자음이 왜곡되기도 하나 자연스럽게 말한다.
26~40dB	경도	조용한 환경에서 알고 있는 주제에 대해 일반적인 어휘수준으로 이야기할 때 의사소통의 어려움을 느끼지 않는다. 조용한 곳이라도 희미하거나 먼 소리는 듣기 어렵다. 교실에서의 토론을 따라가기가 쉽지 않다.	언어발달이 늦다. 리듬과 억양이 정상이며 목소리가 좋다. 자음 중 높은 주파수에 속하는 /ㅅ/, /ㅆ/, /ㅈ/, /ㅉ/, /ㅊ/ 등이 왜곡되기 쉽다.
41~55dB	중등도	대화하는 말은 가까운 거리에서만 들을 수 있다. 학습토론과 같은 집단활동에서는 의사소통의 어려움을 겪는다.	언어발달이 늦고 적절하지 못하다. 말에 리듬이 있으나 억양이 부자연스럽다. 입 앞쪽에서 나는 소리를 사용한다.

56~70dB	중등도-중도	대화할 때 크고 분명한 말소리만 들을 수 있으며, 여러 명이 있을 때는 훨씬 어려움이 크다. 말할 때 다른 사람이 알아들을 수는 있지만 명료하지 않다.	말은 하지만 언어구조가 바르지 않다.
			자음 가운데 입술 소리만을 배운다.
71~90dB	중도	큰 소리로 말하지 않으면 대화하는 말을 알아듣지 못하고, 알아 들을 때도 잘못 알아듣는 단어가 많다. 환경음은 감지하지만 항상 그런 것은 아니다. 말할 때 다른 사람이 알아듣기 어렵다.	말을 잘 못한다.
			간혹 말을 하더라도 장애인의 어머니만 알아듣는다.
91dB이상	최중도	아주 큰 소리는 들을 수 있지만 대화하는 말은 전혀 알아듣지 못한다. 시각이 주요 의사소통 수단이 된다. 말을 할 수 있다고 해도 알아듣기가 어렵다.	말을 못한다.

출처: Hallahan et al. (2009).

2) 사회정서발달

청각장애아동의 사회정서발달이 일반아동과 차이가 있는지의 여부, 그리고 만약 차이가 있다면 그 원인이 무엇인가는 오랫동안 연구의 관심사였다. 일부 학자들은 청각장애 자체가 사회정서발달에 영향을 끼치지 않으며, 일반아동과 특별한 차이가 없다고 보며, 일부 학자들은 청각장애로 인한 특별한 사회정서 특성을 보인다고 한다(유은정 외, 2010). 청각장애로 인해 특별한 사회정서 특성을 보인다고 보고하는 내용은 다음과 같다.

- 자기 중심적, 상호작용 기술의 부족, 사회성 결여
- 열등감, 외적 통제소, 학습된 무기력감
- 낮은 자존감, 자율성과 진취성의 부족
- 자극에 민감하게 반응하는 충동성, 자제심 부족

정서발달을 위해서는 부모와의 애착이 잘 형성되고, 충분한 인지능력과 언어기술이 뒷받침되어야 한다. 그러나 언어기술의 부족으로 인해 의사소통의 제한을 갖고 있으면, 청각장애아동은 기초적인 감정을 표현하는 데 사용되는 정서적인 단어를 잘 이해하지 못함으로써 자기 이해 부족을 초래하고, 자신의 감정뿐만 아니라 다른 사람의 감정을 인지하고 이해하는 데 어려움을 겪는다(Paul & Jackson, 1993).

자아개념은 다른 사람이 나를 어떻게 보느냐와 같은 사회적 경험이 영향을 미친다(최성규, 1997). 청각장애아동은 보청기 착용과 같은 타인과 다른 외모, 언어습득의 지체 등으로 부정적인 피드백을 경험하게 되는데, 이러한 부정적인 피드백은 자아개념 발달에 부정적인 영향을 미칠 수 있다. 이러한 부정적인 자아개념은 학습된 무기력을 초래한다(Paul, 1990). 즉, 자신의 실패를 능력 부족 탓으로 돌리고, 충분히 노력을 했는데도 결과가 좋지 않으면 낙심하고, 더 이상 노력하기를 포기해 버린다.

그리고 청각장애아동은 미성숙한 사회 행동을 보이고, 대처능력이 부족한 것처럼 보이는 경우가 많다. 이것은 언어습득의 지체로 사회적 규범을 학습하는 데 곤란을 겪고, 또래와의 상호작용 기회가 상대적으로 적어서 사회적 인지능력이 결여되는 것이다. 따라서 청각장애아동의 사회인지 능력을 길러 줄 수 있는 사회기술 훈련과 의사소통 기술 및 상호작용의 기회가 증대되도록 해 주어야 한다(Paul & Jackson, 1993).

6. 청각장애아동의 교육

1) 청각장애아동의 통합교육을 위한 지원

청각장애아동은 다른 특수교육대상자보다 일반학급에 통합된 비율이 가장 높으며, '도움을 필요로 하는 정도'도 가장 높은 것으로 조사되었는데(국립특수교육원, 2008), 청각장애아동의 통합교육을 위한 적절한 지원이 필수적임을 알 수 있다.

통합된 청각장애 아동을 위한 교육 지원은 특수학급 교사나 보조원, 수화통역사나 노트 대필자, 언어치료사나 청각장애 전문교사, 사회복지사 등과의 협력적 팀 구성 및 지원 등이 포함된다. 미국의 경우, 아동의 교육권 보장을 위해 일반학급에 통합된 청각장애아동의 교육에 필요한 경우는 국가에서 수화통역사를 제공해 준다. 그러나 우리나라는 수화통역이나 대필도우미가 대학교에서는 제공되고 있지만, 초·중·고등학교에서는 거의 제공되지 않고 있다. 수화가 필요한 청각장애아동은 통합되지 못하고 있는 실정이며, 독화와 구어 사용이 통합교육의 전제조건처럼 생각되고 있다. 그리고 언어치료사와의 협력이나 자문으로 학교 적응에 도움을 받기는 하지만 협력적 팀 구성에 의한 지원이라기보다는 개인의 자발적 노력에 의한 경우에 그치고 있다.

통합된 청각장애아동을 위해서 교사는 다음과 같은 점을 유의할 필요가 있다(Lewis & Doorlag, 2011; Luckner & Denzin, 1998; Smith et al., 2006).

① 청각장애아동의 자리는 소음으로부터는 멀고 교육활동이 진행되는 곳과는 가까워야 한다.

② 청각장애아동이 교사를 정면으로 바라볼 수 있도록 배치해야 하며, 교사는 말할 때 청각장애아동에게 등을 돌리는 일이 없도록 주의해야 한다.

③ 토론 활동 시 한 번에 한 사람씩 말하게 하고, 누가 말하는지 알려 주어 누구를 보아야 하는지 알 수 있도록 하며, 필요한 경우에는 자리를 청각장애아동이 옮겨다니며 말하는 사람의 입을 볼 수 있게 해 주어야 한다.

④ 말하는 사람이 빛을 등지고 서지 않도록 한다. 교사가 빛이 들어오는 창문 앞에 서서 말한다면 아동은 교사가 무슨 말을 하는지 입을 볼 수가 없다.

⑤ 자료를 나누어 줄 때는 말하지 않는다. 자료와 교사의 입을 동시에 볼 수 없기 때문이다.

⑥ 프레젠테이션을 사용하는 것이 좋다. 이는 교사가 필기를 하는 일을 줄여 강의를 할 때 학생들 쪽으로 얼굴을 향하고 있으므로 무슨 말을 하는지 알기 쉽다. 단, 가능한 한 기계소리가 조용한 것을 사용하고, 실내가 너무 어두우면 독화가 힘들다는 점을 고려한다.

⑦ 가능한 한 시각적인 교수방법을 최대한 활용한다. 게시판을 사용하거나, 그림, 도표, 컴퓨터 그래픽, 자막이 있는 비디오나 컴퓨터 동영상 자료 등을 활용하는 것이 바람직하다.

⑧ 수업을 시작할 때 중요한 내용을 미리 요약하고, 마칠 때도 요점을 정리해 주는 것이 도움이 된다. 중요한 단어나 새로운 단어는 칠판에 써 주고, 수업 전에 미리 새로운 단어를 공부할 수 있게 해 준다.

⑨ 과제물이나 공지사항, 새로운 어휘, 페이지 번호 등을 말할 때는 칠판에 적어 준다.

⑩ 수업이 강의식으로 진행될 때는 다른 친구 두 명 정도의 노트를 빌릴 수 있게 한다. 독화하면서 동시에 필기하기가 불가능하기 때문이다.

⑪ 수업 내용을 이해했는지 질문하고 확인한다. 항상 잘 이해하는 것은 아니며, 교사에게 질문하는 것을 어렵게 생각하는 경우가 많기 때문이다. 질문에 답하도록 하거나 다시 말해 보도록 할 수 있다.

⑫ 완전한 문장으로 말해 준다. 알아듣지 못했을 때에도 한두 단어만 말해 주지 말고 전체 문장을 다시 반복하거나 말을 바꾸어서 해 준다. 문장 속에서 내용과 의미를 파악하기가 더 쉽기 때문이다.

⑬ 보청기나 인공와우를 항상 착용하도록 독려한다. 불편하기 때문에 자꾸 빼면 학습 내용을 이해하기가 더 어렵게 된다.

⑭ 독화하거나 귀 기울여 듣는 일은 매우 힘든 일이므로 피로해하는지 살펴보라.

⑮ 많은 청각장애아동의 경우에 지능의 결함 때문이 아니라 언어능력의 문제 때문에 학업 성적이 떨어진다는 사실을 고려하여 학업성취도를 주의 깊이 관찰한다.

⑯ 학급 또래가 수화를 배우고 싶어 할 수도 있으므로 이러한 경우 배울 수 있는 기회를 마련한다.

⑰ 관련 전문가와 긴밀히 협조하여 일반학급 내에서 적절한 교육 경험을 할 수 있도록 한다.

⑱ 수화통역사가 교실에 있는 경우, 청각장애아동이 잘 볼 수 있는 위치에 있도록 한다.

2) 이중언어-이중문화적 접근

이중언어-이중문화적 접근(bilingual-bicultural method)이란, 청각장애아동이 청각장애인의 언어와 일반언어, 그리고 청각장애인의 문화와 일반 문화를 모두 습득하도록 해야 한다는 것이다(Turnbull et al., 2009). 즉, 청각장애아동이 모국어로서 수화를 사용하도록 돕고, 외국어로서 한글을 읽고 쓸 수 있도록 하는 것이다. 이러한 접근은 청각장애 아동이 즐겁고 자연스러운 의사소통을 통한 의미 구성을 돕고, 그들의 부족한 구문능력을 극복할 수 있도록 도울 수 있다(Ewolt, 1996).

3) 청각장애아동의 보조공학

(1) 보청기

보청기는 소리의 강도를 증폭시켜서 좀 더 잘 들을 수 있도록 돕는 기구다. 급속한 기술의 발전으로, 최근의 보청기는 대부분 정교한 디지털 신호 처리가 가능하다. 특정 주파수만 차별적으로 증폭할 수 있으며, 배경 소음을 줄이고 음향 피드백을 소거하면서 가청력을 향상시킬 수 있게 조작이 가능하다. 보통 이런 조정(피팅)은 청각사가 담당한다.

하지만 착용과 동시에 시력을 회복해 주는 안경과 달리, 보청기는 청력을 정상적으로 되돌려 주지는 않는다. 즉, 소리를 증폭해 주는 역할을 하지만, 소리를 더 명확하게 해 주지는 않는다. 따라서 보청기를 처음 착용하는 사람에게 비현실적인 기대를 갖지 않도록 조언하는 것은 매우 중요하다. 또한 성공적인 보청기 활용을 위해서는 상담 및 훈련이 필요하다. 이 과정은 보청기 관리와 다양한 듣기 상황에서의 훈련 등이 포함된다.

(2) FM 보청기

보청기는 소음과 소리가 반사되는 교실 환경에서는 이득이 감소된다(Nelson, 2001). 따라서 교실과 같은 환경에서는 FM 보청기를 사용하는 것이 좋다. 교사가 작은 마이크를 착용하고 말하면 소형 라디오와 같은 트랜스미터를 통해 아동이 귀에 착용하고 있는 보청기로 증폭된 음성이 전달된다. 교사가 교실 내에서 자리를 옮겨도 동일하게 음성이 전달되고, 목소리 외의 소음이 상대적으로 감소되는 장점이 있다.

(3) 인공와우

인공와우(cochlear impairment)는 외부의 음원으로부터 전달되어 온 소리 에너지를 내이를 대신하여 전기 에너지로 변환시키고 달팽이관에 삽입된 전극을 통하여 청신경을 직접 자극하여 소리를 들을 수 있도록 하는 것을 말한다. 이러한 이식 수술은 보청기를 사용하고도 청각적 단서 활용에 한계가 많은 고도 난청 및 최중도(농) 이상의 양측 감각신경성 청각장애의 청각재활에 있어서 말·언어 이해에 유용한 청각정보를 효과적으로 제공한다(허승덕 외, 2006).

인공와우를 통해 수용한 말·언어 등의 청각정보는 청각장애의 청각적 수행능력을 향상시키는 것은 물론 뇌의 가소성을 향상시키고(Lee et al., 2001), 자극에 대한 집중과 서로 다른 자극의 구분, 자극을 기억하고 추론하여 전략을 수립하고 문제를 해결하는 등의 진행과정을 바르게 수행하는 인지발달, 사회적 상호작용을 이해하고 사회적 행동을 원만하게 수행할 수 있게 되는 사회성 발달, 지적인 능력의 발달 그리고 학업성취도 향상 등 전반적인 발달에 적극적으로 기여한다(신민섭 외, 2004). 수술 후에는 언어합성기에 프로그래밍을 하는 매핑과정과 청각적 언어이해 능력의 발달에 중점을 두는 특수교육과 청능훈련, 언어치료가 뒷받침되어야 한다. 인공와우 이식은 모든 청각장애인이 할 수 있는 것은 아니며, 수술 자체의 위험 부담이 있어 수술에 대한 논란은 남아 있지만, 2005년부터 보험 급여 대상이 되면서 수술은 꾸준히 증가하고 있다.

(4) 보조청취장비

① 자막

텔레비전이나 영화에 자막이 삽입되면 청각장애인이 정보를 쉽게 얻을 수 있다. 자막이 가능한 텔레비전과 같이 교실에서도 자막처리가 되는 영상을 통해 청각장애아동의 읽기능력이 향상될 수 있는 것으로 제안되고 있다(Lewis & Jackon, 2001). 미국에서는 1993년부터 새로 출시되는 모든 텔레비전에 자막기능을 삽입하도록 되어 있으며, 그렇지 않은 경우 별도의 자막장치를 연결하여 자막을 볼 수 있게 되어 있다. 또한 청각장애인을 위해 자막이 들어간 영화나 비디오 등을 대여해 주는 기관도 있다.

② 문자/골도 전화기

전화는 농아인에게는 오랜 기간 동안 사회적 상호작용에 큰 장벽이 되어 있었다. 그러나 오늘날에는 문자전화기(text telephone: TT)나 골도전화기를 사용할 수 있게 되었다. 골도전화기는 유선수화기 부분에 특수진동자를 부착하여 귀에 대지 않고 머리에 대어 뇌에 진동을 전달함으로써 소리를 들을 수 있도록 한 것이다. 문자전화기는 문자전화기를 가지고 있는 사람이면 전화선을 통해 타이프 친 메시지를 보낼 수 있다. 문자/골도 전화기의 개발은 농아인에게 전화를 이용할 수 있게 해 준 역할은 크지만, 최근에는 휴대폰이나 메신저, 트위터 등이 보편적으로 활용되면서 청각장애인의 의사소통이 훨씬 수월해지고 있다.

③ 알림장치

일상생활 중에서 소리를 듣지 못해서 생기는 어려움을 보완하기 위하여 다양한 기구들이 개발ㆍ사용되고 있다. 청각장애인을 위해 출입문의 벨소리, 화재경보기, 자명종, 전화벨 등의 소리를 진동자나 불이 점멸되는 전구에 음 감지 스위치를 연결하여 알림장치를 해 주는 것이다. 또한 훈련받는 개가 환경 내의 주요 소리를 알릴 수도 있다.

3) 청각장애아동의 의사소통 지도

(1) 구어 교육법

구어교육(구화법)은 청각장애아동이 일반 사회에서 기능하기를 원한다면 말은 필수적인 것으로 본다. 구어교육에서는 직접적이고 체계적인 말소리 교육을 통해 전형적인 구어를 발달시키는 것과 이를 위한 조기교육을 강조한다. 적절한 보청기를 사용함으로써 소리를 확대하는 것이 중요시되며, 부족한 부분은 청능훈련과 독화를 통해 보완한다.

① 청능훈련

청능훈련(auditidy training)은 구조화된 연습을 통하여 잔존청력을 활용하도록 하는 것이다. 청능훈련은 음을 인식하는 것부터 시작한다. 초인종이나 악기 소리, 비오는 소리 등에 주의를 기울이도록 한다. 그런 다음에는 소리의 방향과 위치에 초점을 맞춘다. 예를 들면, 방의 한 구석에 라디오를 숨기고 아동에게 그것을 찾게 함으로써 소리의 방향과 위치를 감지하는 훈련을 할 수 있을 것이다. 그리고 음의 변별을 훈련하는데, 남자와 여자의 목소리 차이를 알아야 하고, 빠른 노래와 느린 노래의 차이를 구별해야 하며, '닭과 담'의 차이를 알아야 한다. 아동이 듣는 것을 통해 소리, 단어, 문장을 인식하고 판별하고 이해하도록 한다. 즉, 청능훈련은 단순히 듣기 위해서 배우는 것이 아니라, 듣는 것을 통해서 배우고 청취하기 위해서 배우도록 가르치는 것이다(Ling, 1986).

② 독화

독화(speech reading)는 화자의 입술 움직임을 보고 무슨 말을 하는지 아는 것이다. 독화를 하기 위해서는 입술의 빠른 움직임을 파악할 수 있는 예민한 시지각 능력이 필요하다. 또한 어떤 말소리는 입술의 움직임으로 보이지 않을 뿐만 아니라(예: '할머니'의 'ㅎ'), 말소리의 입술 모양이 같은 경우가 많아 분별에 어려움을 겪을 수도 있다(예: '팔'과 '발'). 이와 같이 순수하게 입술 모양만으로 판별하기 어려운 경우에는 전후 문맥에 근거해서 단어를 유추하게 된다. 따라서 잘못 알아들었을 때는 한두 단어만을 반복하기보다는 전체 문장을 반복해 주는 것이 도움이 된다.

③ 발음 암시법

발음 암시법(cued speech)은 볼 근처에 수신호 형태로 단서를 추가하는 것으로 독화로 구별하기 어려운 음소들을 인식할 수 있게 함으로써 구어의 시각적 표현을 제공한다(Comett, 1974). 예를 들면, '말, 발, 팔'이라는 단어를 입모양만으로는 판별하기가 쉽지 않다. 이때 화자가 입 주변에 검지를 펴서 대면 'ㅁ'을 의미하는 것이므로 '말'이라는 것을 쉽게 판별할 수 있게 되는 것이다(검지와 중지를 붙여서 입 주변에 대면 'ㅂ', 검지, 중지, 약지를 붙여서 대면 'ㅍ').

(2) 총체적 의사소통법

총체적 의사소통법(total communication)은 청각장애아동에게 언어를 가르치기 위해서는 다양한 형태의 의사소통법을 동시에 사용할 필요가 있다고 본다. 즉, 수화나 지문자와 같은 손으로 하는 의사소통법과 구어적 의사소통을 동시에 사용하면 청각장애아동이 의사소통법을 능숙하게 사용할 수 있게 한다고 주장한다(Hawkins & Brawner, 1997).

- 「장애인 등에 대한 특수교육법」에 의하면 청각장애(hearing impairment)를 지닌 특수교육대상자는 교육적 성취에 불리한 청력손실을 지닌 사람으로서 농과 난청이 여기에 속한다.
- 한국특수교육학회(2008)의 청각장애 분류는 청력손실도에 따라 ① 정상(0~25dB) ② 경도난청(26~40dB) ③ 중등도난청(41~55dB) ④ 고도난청(56~70dB) ⑤ 심도난청(71~90dB) ⑥ 농(91dB 이상)으로 구분한다.
- 아동이 또래에 비하여 말을 잘 하지 못하고 발음이 불분명하거나, 라디오나 텔레비전 소리를 들을 때 사람들이 불평할 만큼 크게 들으려 하거나, 보통의 말소리에 반응을 잘 보이지 않거나 다시 말하라고 자주 요구거나, 말하는 활동에 잘 참여하지 않으려 하거나, 중이염 등을 자주 앓았다면 청각장애를 의심해 볼 필요가 있다.
- 청각장애아동이 경험하는 가장 큰 어려움은 사회에서 일반적으로 사용하는 언어로 의사소통을 하기가 힘들다는 것이다. 언어 표현 능력이 생기기 이전에 청력손실이 발생한 경우에는 구어 기술을 습득하는 데 어려움이 많다.
- 청각장애아동의 언어습득 지체는 사회적 규범 습득에 대한 이해 부족 및 부정적인 자아개념으로 이어질 수 있으며, 또래와의 상호작용 기회부족 등으로 인해 미성숙한 사회행동을 보일 수 있다. 따라서 사회기술훈련과 상호작용 기회 확대를 위한 교육지원이 필요하다.
- 청각장애아동을 위한 교육지원은 특수학급 교사, 수화통역사, 노트대필자, 언어치료사, 청각장애전문교사, 사회복지사 등과의 협력적 팀 구성을 통한 지원이 효과적이다.
- 교실 수업상황에서, 청각장애 아동의 자리는 소음으로부터는 먼 자리에 앉히는 것이 좋으며, 아동이 교사를 정면으로 바라볼 수 있도록 배치해야 하고, 교사는 말할 때 아동에게 등을 돌리는 일이 없도록 주의해야 한다. 토론 활동 시 한 번에 한 사람씩 말하게 하고, 누가 말하는지 알려주어 누구를 보아야 하는지 알 수 있도록 하여 아동이 말하는 사람의 입을 볼 수 있게 해 주어야 한다.
- 총체적 의사소통법은 청각장애아동에게 언어를 가르치기 위해서는 다양한 형태의 의사소통법을 동시에 사용할 필요가 있다고 보는 것으로, 수화나 지문자 같은 손으로 하는 의사소통법과 구어적 의사소통을 동시에 사용하면 청각장애아동이 의사소통법을 능숙하게 사용할 수 있다.

학 습 문 제

1. 청각장애아동의 언어 특성과 사회·정서 특성을 서술하시오.
2. 문화적 정체성을 가진 농아동이 농사회와 청각장애를 보는 관점을 서술하시오.
3. 청각장애교육에서 이중언어-이중문화 접근법의 철학은 어떤 것인지 서술하시오.
4. 청능훈련의 목적은 무엇인지 서술하시오.

참·고·문·헌

강영심, 김자경, 김정은, 박재국, 안성우, 이경림, 황순영, 강승희(2010). 예비교사를 위한 특수교육학개론. 경기: 서현사.

국립특수교육원(2008). 특수교육실태조사보고서. 경기: 국립특수교육원.

국립특수교육원(2009). 특수교육학 용어사전. 서울: 도서출판 하우.

교육과학기술부(2011). 특수교육 연차보고서. 서울: 교육과학기술부.

교육과학기술부(2012). 특수교육 연차보고서. 서울: 교육과학기술부.

교육부(2013). 특수교육 연차보고서. 서울: 교육부.

교육부(2014). 특수교육 연차보고서. 서울: 교육부.

교육부(2015). 특수교육 연차보고서. 서울: 교육부.

김영욱(2007). 청각장애아동 교육의 이해. 서울: 학지사.

심민섭, 김수경, 오승하, 이효정, 김종선(2004). 전농 환아에서 와우이식술 후 언어 및 인지 발달에 영향을 주는 예측 인자에 대한 예비 연구. 대한이비인후과학회지, 27(11), 1095-1101.

유은정, 백무진, 안성우, 최상배, 최영숙, 서중현, 이광렬, 서유경(2010). 청각장애아동의 이해와 교과교육. 서울: 학지사.

이소현, 박은혜(2011). 특수아동교육. 서울: 학지사.

전경원(2004). 특수아동교육. 서울: 창지사.

최성규(1997). 청각장애아의 심리. 서울: 도서출판 특수교육.

최성규(2005). 특수아동 교육의 실제. 서울: 교육과학사.

한국특수교육학회(2008). 특수교육대상자 개념 및 선별기준. 충남: 한국특수교육학회.

허승덕, 최아현, 강명구(2006). 재활청각학. 서울: 시그마프레스.

Ewolt, C. (1996). Deaf bilingualism: A holisstic perspective. *Australian Journal of the Deaf, 2,* 5-9.

Hallahan, D. P., Kauffman, J. M., & Pullen, P. (2009). *Exceptional learners: An introduction to special education* (11th ed.). Boston: Allyn and Bacon.

Hawkins, L., & Brawner, J. (1997). *Educating children who are deaf/hard of hearing: Total communication*. Reston, VA: ERIC Clearinghouse on Disabilities and Gifted Education.(ERIC Document Resproduction Service No. ED 414 677)

Kuder, S. J. (2010). 언어장애와 의사소통장애: 학령기 아동 가르치기 (김화수 역). 서울: 시그마프레스. (원저는 2008년 출간)

Lee, D. S., Lee, J. S., Oh, S. H., Kim, J. W., Chung, J. K., Lee, M. C., & Kim, C. S. (2001). Cross-model plasticity and cochlear implant. *Nature, 409*, 149-150.

Lewis, R. B., & Doorlag, D. H. (2011). *Teaching students with special needs in general education classroom* (8th ed., p. 301). Boston: Pearson.

Lewis, M. S., & Jackson, D. W. (2001). Television literacy: Comprehension of program content using closed captions for the deaf. *Journal of Deaf Studies and Deaf Education, 5*, 43-53.

Ling, D. (1986). Devices and procedures for auditory learning. *Volta Review, 88*(5), 19-28.

Luckner, J., & Denzin, D. (1998). In the mainstream: Adaptations for students who are deaf or hard of hearing. *Perspectives in education and deafness, 18*, 8-11.

Nelson, P. (2001). The changing demand for improved acoustics in our schools. *Volta Review, 101*(5), 23-32.

Owens, R. E., Metz, D. E., & Hass, A. (2007). *Introduction to commnication disorders; A lifespan prespective* (3rd ed.), Pearson Education: Allyn & Bacon.

Paul, P. V. (1990). *Education and Deafness*. Boston: Allyn & Bacon.

Paul, P. V., & Jackson, P. (1993). *Toward a Psychology of Deafness*. Boston: Allyn & Bacon.

Smith, D. D. (2007). *Intoduction to special education: Making a difference* (6th ed.). Boston: Allyn & Bacon.

Smith, T. E. C., Polloway, E. A., Patton, J. R., & Dowdy, C. A. (2006). *Teaching students with special needs: in inclusion settings* (4th ed.). Boston: Allyn & Bacon.

Turnbull, R., Turnbull, A., Shank, M., & Smith, S. J. (2009). *Exceptional lives: Special education in today's school* (6th ed.). Upper Saddle River, NJ: Merrill/Prentice Hall.

지적장애아동의 교육

1996년 개봉된 프랑스 영화 〈제8요일〉에서 잘 나가는 세일즈맨 해리의 차에 어느 날 생면부지의 청년이 무단 승차한다. "나 다운증후군 장애인이다."라고 소개하는 조르주의 얼굴은 분장이 아니다. 조르주 역을 맡은 파스칼 뒤켄(Pascal Duquenne)이 다운증후군 장애인이기 때문이다. 파스칼 뒤켄은 1970년 벨기에서 태어나 프랑스에서 활동하고 있다.

자코 반 도마엘 감독이 파스칼 뒤켄을 캐스팅한 이유는 다운증후군 역을 가장 잘할 수 있는 건 다운증후군 당사자라고 생각했기 때문이다. 그래서 감독은 연극무대에서 활동하던 뒤켄을 불러들였고 이 시도는 성공한다. …세일즈맨 해리 역의 다니엘 오퇴유와 다운증후군 연극배우 파스칼 뒤켄이 나란히 칸영화제 남우주연상을 수상하게 되었다.

※ 출처: 방귀희(2015). 다운증후군 배우 파스칼 뒤켄. 『세계장애인물사』. 서울: 도서출판 솟대.

130

1. 지적장애의 정의

「장애인복지법」은 2007년 개정되면서 기존의 '정신지체'란 용어를 '지적장애'로 변경하였다. 미국 역시 그간의 논란을 정리하면서 2010년부터 지적장애라는 용어를 해당 협회 차원에서 공식적으로 사용하고 있다. 2007년 전면 개정된 「장애인 등에 대한 특수교육법」은 지속적으로 정신지체라는 용어를 사용하였으나, 최근 2016년 2월 부분 개정을 통해 지적장애로 변경되었다. 이에 과거 각 법률마다 정신지체, 지적장애 등으로 상이하게 명명되고 혼용되오던 용어가 지적장애로 통일되어 사용되기에 이르렀다.

[그림 5-1] 우리나라 최초의 사립(대구보명학교, 1967년), 공립(대구남양학교, 1968년), 국립(한국선진학교, 1990년) 지적장애학교 개교 당시 모습(상단 좌측부터)

출처: 김정권, 김병하(2002), pp. 130, 138, 168.

1) 「장애인 등에 대한 특수교육법」의 정의

1977년 「특수교육진흥법」이 제정될 당시 지적장애는 정신박약(精神薄弱, feeble-minded)으로 표기되었다. 이후 1994년 「특수교육진흥법」이 개정되면서 정신지체로 명명되었는데, 당시에는 "지능지수 75 이하이며 적응행동에 결함을 지닌 자"로 정의되었다. 그리고 2007년 제정된 「장애인 등에 대한 특수교육법」에서는 다음과 같이 정의하고 있다.

> 지적 기능과 적응행동상의 어려움이 함께 존재하여 교육적 성취에 어려움이 있는 사람

그러나 정의에 사용된 용어들을 명확히 하기 위한 조작적 정의가 없기 때문에 현실적으로 적용하는 데는 많은 문제점이 있는 것이 사실이다. 따라서 미국 지적 및 발달장애협회(American Association on Intellectual and Developmental Disabilities: AAIDD)의 지적장애 정의를 많이 인용하고 있는 것이 국내의 현실이다.

2) 미국 지적 및 발달장애협회의 정의

미국정신지체협회(American Association on Mental Retardation: AAMR)는 1921년에 처음으로 정신지체를 정의하고 편람을 발간한 이후 대략 10년을 주기로 새로운 편람을 개정·출판하고 있다. 미국정신지체협회는 2007년 1월에 미국 지적 및 발달장애협회(AAIDD)로 명칭을 바꾸었으며, 2010년에는 지적장애의 11차 정의를 제시하였다.

AAIDD의 11차 정의는 2002년의 10차 정의를 그대로 계승하면서 정신지체라는 용어를 지적장애로 대체한 것 외에는 큰 변화가 없는데, 여기서 지적장애는 다음과 같이 정의되어 있다.

> 지적장애는 지적 기능성과 개념적, 사회적, 실제적 적응기술로서 표현되는 적응행동 양 영역에서 유의한 제한성을 가진 것으로 특징지어진다. 이 장애는 18세 이전에 시작된다.

이와 같은 정의가 출현한 맥락을 명료화하고 그 정의가 어떻게 적용되어야만 하는가를 보여 주기 위하여 협회는 다음과 같은 다섯 가지 필수 가정들을 제시하였다.

- 가정 1: 개인이 현재 나타내고 있는 기능상의 제한성은 반드시 그 개인의 동년배와 문화에 전형적인 지역사회 환경 맥락 안에서 고려되어야 한다. 이것은 개인의 기능성이 비교되는 기준은 고립적이거나 분리된 환경이 아닌 지역사회 기초의 환경들에서 전형적인 것이라는 것을 의미한다.

- 가정 2: 타당한 평가를 위해서는 개인의 의사소통 능력, 감각, 운동, 행동 요인에서의 차이뿐만 아니라 문화적 및 언어적 다양성까지도 고려되어야 한다. 이것은 평가가 의미 있기 위해서는, 개인의 다양성과 독특한 반응들을 고려하여야만 한다는 것이다. 평가 결과에 영향을 줄 수 있는 개인의 문화 혹은 민족성, 비구어적 의사소통 및 관습이 반드시 고려될 때 타당한 평가라고 할 수 있음을 의미한다.

- 가정 3: 개인이 보이는 특정 능력에서의 제한성은 그것이 전부가 아니라 다른 강점과 함께 있을 수 있다. 이것은 지적장애를 가진 사람은 제한성뿐만 아니라 어떤 재능을 가질 수 있는 복합적 인간이라는 것이다.

- 가정 4: 개인의 제한성을 기술하는 주된 목적은 개인에게 필요한 지원이 무엇인지 그 윤곽을 파악하기 위함이다. 이것은 누군가의 제한성을 단순히 분석하는 것은 충분하지 않으며, 제한성을 구체화하는 것은 한 개인의 기능성을 개선하기 위하여 개인이 필요로 하는 지원을 구체적으로 묘사하는 것이 우선시되어야 한다는 것을 의미한다.

- 가정 5: 개별화된 적절한 지원이 장기간 주어진다면 일반적으로 지적장애인의 생활 기능성은 향상될 것이다. 이것은 만약 적합한 개별화된 지원이 지적장애를 가진 한 개인에게 적용된다면, 개선된 기능성이 초래된다는 것이다.

이 다섯 가지 가정을 바탕으로 지적장애는 개인의 결함이 아니라 개인을 둘러싼 생태적 요인과의 상호작용적 맥락 내에서 기능의 제한성을 일컫는다고 지적한다. 따라서 지능과 적응행동, 건강, 참여, 맥락이라는 다차원적 관점에서 장애를 개념화하고 인간의 기능성을 향상시키는 데 개별화된 지원을 강조하고 있다. [그림 5-2]는 이와 같은 개념 틀을 담고 있다.

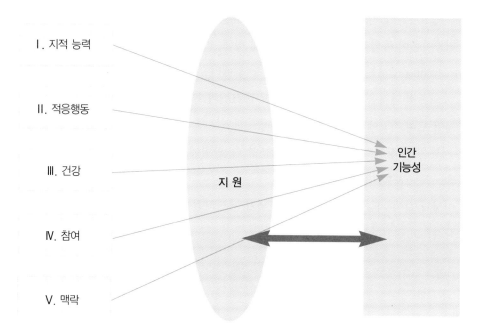

[그림 5-2] **인간 기능성의 개념적 틀**

출처: AAIDD (2011), p. 40.

3) 용어의 조작적 정의

(1) 지능

1905년 비네(Binet)가 정규교육이 불가능한 아동을 분류하기 위하여 최초로 지능검사를 고안하였지만, 오늘날까지 지능에 대한 정의는 확립되지 않았으며 지능에 대한 일치된 견해도 없다. 스피어만(Spearman)은 지능이 다른 많은 과제에 적용할 수 있는 능력의 일반요인(general factor, g요인)과 단 하나의 검사 수행과 관련되는 특수요인(special factor, s요인)으로 구성되어 있다고 주장하였다. 서스톤(Thurstone)은 지능은 단 하나의 요소가 아닌 상호 관련된 7개의 요소로 구성되어 있다고 주장함으로써 스피어만의 지능 이론을 비판하였다. 그리고 카텔(Cattell)과 혼(Horn)은 스피어만과 서스톤이 주장한 이론의 장점을 취하여 집단요인과 일반요인을 결합한 지능의 위계모형(hierarchical model)을 제시하였다.

가드너(Gardner)는 다중지능이론(theory of multiple intelligence)을 바탕으로 언어적 지능, 논리-수학적 지능, 공간적 지능, 음악적 지능, 신체-운동적 지능, 개인 간 지능, 개인

내 지능, 자연적 지능, 실존적 지능의 독립적인 9개의 지능을 제안하였다. 가드너의 다중지능이론이 독립적인 구조를 강조한 데 비해, 스턴버그(Sternberg)는 지능의 삼원이론(triarchic theory of human intelligence)을 통해 메타요소, 수행요소, 지식획득 요소들 간의 상호 의존적 과정을 강조하였다. 그리고 1921년과 1986년에는 지능에 대해 연구하는 학자들이 모여 지능에 대한 정의를 내리기도 하였는데, 당시 지능에 대한 정의에서 공통점은 지능을 ① 경험으로부터 학습하는 능력, ② 환경에 적응하는 능력으로 본다는 것이었다(Sternberg & Williams, 2010).

이상과 같이 지능에 대한 다양한 정의가 제시되었는데, AAMR은 지능을 다음과 같이 조작적으로 정의하고 있다(AAMR, 2002).

지능이란 일반적인 정신능력을 말한다. 지능에는 추리, 계획, 문제 해결, 추상적 사고, 복잡한 아이디어의 이해, 학습의 신속성, 경험을 통한 학습이 포함된다.

(2) 적응행동

적응행동(adaptive behavior)에 대한 관심은 1970년에 미국에서 보고된 '6시간 정신지체'의 개념을 통해서 촉발되었다고 볼 수 있다. 학교에 있는 6시간 동안은 지적장애를 지닌 것으로 분류되지만 그 이외의 시간에 집이나 지역사회에서의 생활에는 아무런 문제가 없는 아동을 지적장애로 분류해야 하는가의 문제가 제기된 것이다. 이에 따라 학업성취와 지능검사만으로 지적장애를 규정하는 것이 아니라 일상생활에의 적응능력을 동시에 고려하게 되었다(이소현, 박은혜, 2011).

적응행동을 구성하고 있는 구체적인 기술과 관련하여 1992년 정의에서는 의사소통, 자기 관리, 가정생활, 사회적 기술, 지역사회 활용, 자기 지시, 건강과 안전, 기능적 교과, 여가, 직업 등의 열 가지로 제한되었으며, '적응기술(adaptive skills)'이란 용어가 사용되었다. 그러나 2002년 정의부터는 '적응행동'으로 대체 사용하고 있는데, AAMR은 적응행동을 다음과 같이 조작적으로 정의하고 있다(AAMR, 2002).

적응행동은 사람이 일상생활 속에서 기능하기 위해 학습하여 왔던 개념적, 사회적, 실제적 기술들의 집합체다.

이러한 정의는 다음과 같은 적응행동의 세 가지 주요 사항들에 대한 기초를 제공한다 (AAIDD, 2011).

첫째, 적응행동의 평가는 매일의 일과와 변화하는 상황 동안에 한 개인의 최대한의 수행이 아닌, 전형적인 수행에 기초한다.

둘째, 적응기술의 제한성은 자주 다른 적응기술 영역들에서의 강점과 공존한다.

셋째, 적응기술들에서 한 개인의 강점과 제한성은 개인의 동년배에게 전형적인 보통의 지역사회 환경들의 맥락 안에서 기록되며, 개인의 개별화된 지원요구에 연결되어 있다.

〈표 5-1〉은 적응행동의 세 영역인 개념적, 사회적, 실제적 기술에 해당하는 다양한 '예'를 1992년 정의의 적응기술과 비교하여 보여 주고 있다.

〈표 5-1〉 1992년 적응기술과 2002년 적응행동 비교

2002년 정의의 적응행동 기술 영역	2002년 정의의 대표적 기술	1992년 정의에 나열된 기술 영역
개념적	• 언어 • 읽기 및 쓰기 • 금전 개념, 자기 지시	• 의사소통 • 자기 지시 • 기능적 학업교과 • 건강 및 안전
사회적	• 대인관계 • 책임감 • 자존감 • 속기 쉬움 • 순진성 • 규칙 준수 • 법률 준수 • 희생되는 것을 피함	• 사회적 기술 • 여가
실제적	• 작업기술 • 일상생활 활동 • 안전한 환경의 유지 • 일상생활의 도구적 활동	• 자기 관리 • 가정생활 • 건강과 안전, 직업 • 지역사회 이용

출처: AAMR (2002), p. 82.

2. 지적장애의 분류

지적장애를 분류하는 전통적인 방식으로 수용시설이나 치료기관에서는 백치(idiot),

치우(imbecile), 우둔(moron)으로, 교육기관에서는 교육 가능(educable), 훈련 가능(trainable), 보호수용(custodial)으로 분류하였다. 그러나 이와 같은 분류방법은 더 이상 사용되지 않는다. 현재까지도 널리 이용되고 있는 지적장애의 분류방법 중 하나는 지능지수를 기준으로 경도(mild), 중등도(moderate), 중도(severe), 최중도(profound)로 구분하는 것이다.

그러나 1992년 AAMR의 9차 정의가 발표되면서 이와 같은 분류방식에도 변화가 생겼다. 즉, 지능지수에 의한 분류체계를 삭제하고, 적응기술 영역에서 개인이 필요로 하는 지원의 강도를 기준으로 간헐적(intermittent) 지원, 제한적(limited) 지원, 확장적(extensive) 지원, 전반적(pervasive) 지원으로 분류하는 방식(〈표 5-2〉 참조)이 새롭게 도입된 것이다. 이 네 수준으로 분류되는 지원의 강도는 고정된 것이 아니라 사람과 삶의 상황 그리고 삶의 단계에 따라 다양하다. 그러므로 지원은 기간과 강도 모두에서 변할 수 있는 잠재성을 가진 것(AAMR, 2002)으로 보아야 한다는 점에 유의해야 할 것이다.

2002년 발표된 10차 정의는 다시 분류체계에 수정을 가했는데, 지원 강도, 지능지수 범위, 적응행동의 제한성, 원인론, 정신건강 범주 등에 의해 분류하도록 한 것이다. 따라서 현재는 정의를 적용하는 목적에 따라 지능지수에 의한 분류(경도~최중도)와 지원의 강도에 따른 분류(간헐적~전반적 지원)가 모두 사용되고 있다.

〈표 5-2〉 지원의 강도에 따른 분류

분 류	지원의 수준
간헐적 지원	필요에 따른 지원으로, 일시적(지원을 항상 필요로 하지는 않는다) 또는 단기적(실직이나 심각한 의료적 위험 등 일생에서의 전환기에 지원을 필요로 한다) 속성을 갖는 특징이 있다.
제한적 지원	한동안 지속되고, 시간 제한은 있지만 간헐적인 속성은 없는 특징을 갖는 지원으로, 보다 강한 수준의 지원보다는 인력이 덜 필요하고 비용 면에서도 더 저렴할 수 있다(예: 학교를 졸업하고 성인기에 들어서는 기간에 필요한, 시간이 제한된 고용훈련 또는 전환지원 등).
확장적 지원	최소한 어떤 환경(예: 학교, 직장, 가정)에 정기적으로(예: 매일) 관여하고 시간 제한이 없는 속성을 갖는 것으로 특징지어지는 지원을 말한다(예: 장기지원 및 장기 가정생활 지원 등).
전반적 지원	항구적이고 높은 강도, 여러 환경에 걸친 제공 등으로 특징지어지는 지원으로, 어쩌면 일생 동안 지속되는 속성을 가질 수도 있다. 전반적 지원은 보통, 확장적 또는 제한적 지원보다 더 많은 인력 및 개입을 포함하게 된다.

출처: AAMR (2002), p. 152.

우리나라의 경우 「장애인 등에 대한 특수교육법」에는 지적장애의 분류와 관련된 구체적인 내용이 제시되어 있지 않다. 다만 한국특수교육학회(2008)가 「장애인 등에 대한 특수교육법 시행령」에 따라 〈표 5-3〉과 같이 지적장애를 분류하였다.

〈표 5-3〉 한국특수교육학회의 지적장애 분류

지적장애 정도	IQ 점수 범위	IQ 분류 표준편차	적응행동의 제한 범위
경도	55~70	-2SD	두 개 또는 그 이상의 영역
중등도	35~54	-3SD	두 개 또는 그 이상의 영역
중도	20~34	-4SD	모든 영역
최중도	20 미만	-5SD	모든 영역

출처: 황보명, 김경신(2010), p. 45.

「장애인복지법 시행규칙」에서는 다음과 같이 지적장애를 1~3급으로 분류하여 정의하고 있다.

- 제1급: 지능지수 34 이하인 사람으로 일상생활과 사회생활의 적응이 현저하게 곤란하여 일생 동안 타인의 보호가 필요한 사람
- 제2급: 지능지수가 35 이상 49 이하인 사람으로 일상생활의 단순한 행동을 훈련시킬 수 있고, 어느 정도의 감독과 도움을 받으면 복잡하지 아니하고 특수기술을 요하지 아니하는 직업을 가질 수 있는 사람
- 제3급: 지능지수 50 이상 70 이하인 사람으로 교육을 통한 사회적·직업적 재활이 가능한 사람

3. 지적장애의 원인

지적장애의 원인에 대한 지식은 치료를 위한 목적보다는 예방적 차원에서 중요하다. 지적장애의 원인으로는 약 250여 종류의 직간접적인 요인들이 제시되고 있기 때문에(Heward, 2007) 관련 요인들을 분류하는 시각에 따라 다양하다. 생애주기에 따라 출산 전, 출산 전후(주산기), 출산 후로 분류하기도 하고, 보다 세분화하여 유전적 요인, 염색체 이상, 두개골 기형, 출산 전 요인, 후천적 요인(최중옥 외, 2006)으로 분류하기도 한다.

또한 경우에 따라서는 생의학적 요인을 중심으로 분류하기도 한다.

AAMR은 1983년의 8차 정의까지 지적장애의 원인에 대한 범주를 생물학적 원인과 문화-가족적 원인으로 이원화하여 분류하였다. 그러나 1992년 9차 정의부터는 지적장애 원인의 다양성을 종합적으로 설명하기 위해 지적장애의 위험요인들을 생의학적·사회적·행동적·교육적 원인으로 범주화하는 한편, 이를 다시 발생시기별로 구분하였다 (〈표 5-4〉 참조).

〈표 5-4〉 지적장애를 초래할 수 있는 위험요인

시기	생의학적	사회적	행동적	교육적
출산 전	• 염색체 이상 • 단일유전자 장애 • 증후군 • 대사장애 • 뇌 발생 장애 • 산모 질병 • 부모 연령	• 빈곤 • 산모 영양실조 • 가정폭력 • 출산 전 관리 부족	• 부모의 약물 복용 • 부모의 음주 • 부모의 흡연 • 부모의 미성숙	• 인지적 장애를 보이는 부모에 대한 지원 결여 • 부모가 될 준비 부족
출산 전후 (주산기)	• 조산 • 출산 시 손상 • 신생아 질환	• 출산 관리의 결여	• 부모의 양육 거부 • 부모의 아동 유기	• 퇴원 시 중재 서비스를 위한 의료적 의뢰의 결여
출산 후	• 외상성 뇌손상 • 영양실조 • 뇌막염 • 발작장애 • 퇴행성 질환	• 아동-양육자 간 상호작용 문제 • 적절한 자극 결여 • 빈곤한 가정 • 가정 내 만성질환 • 시설 수용	• 아동 학대 및 유기 • 가정폭력 • 부적절한 안전조치 • 사회적 박탈 • 다루기 힘든 아동의 행동	• 잘못된 양육 • 진단의 지체 • 부적절한 조기중재 서비스 • 부적절한 특수교육 서비스 • 부적절한 가족지원

출처: AAIDD (2011), p. 97.

● 생의학적 원인: 유전적 장애 혹은 영양과 같은 생물학적 절차들과 관련된 원인
● 사회적 원인: 자극과 성인의 반응과 같은 사회적이거나 가족의 상호작용과 관련된 원인
● 행동적 원인: 위험한 활동이나 부모의 약물 남용과 같은 잠재적 원인과 관련된 요인
● 교육적 원인: 정신발달과 적응기술의 발달을 촉진하는 교육적 지원과 관련된 원인

4. 지적장애의 판별

앞서 살펴본 바와 같이 지능, 적응행동 그리고 출현시기에 의해 지적장애가 정의되고 있다. 따라서 지적장애를 판별하기 위해서는 지능과 적응행동에 대한 평가가 수반되어야 한다.

1) 지능검사

AAMR(2002)이 제시한 지적장애 판별을 위한 지능검사의 준거는 다음과 같다.

지능의 측정은 비록 완전하지는 않지만, 적절한 진단평가 도구를 통한 측정결과일 경우, 지능 지수가 지적 기능을 가장 잘 대표한다고 본다. 사용된 특정 검사도구의 표준오차와 그 도구의 강점과 제한점을 고려한다면, 진단을 위한 준거는 대략 평균보다 2표준편차 이하다.

지적 기능의 평가를 위하여 많은 유형의 지능검사 도구가 개발되었다. 현재 국내에서 사용되고 있는 표준화된 지능검사 도구로는 한국 웩슬러 아동지능검사 4판(Korean-Wechsler Intelligence Scale for Children-IV: K-WISC-IV), 국립특수교육원 한국형 개인지능검사(Korean Institute for Special Education-Korea Intelligence Test for Children: KISE-KIT), 한국 웩슬러 유아지능검사(Korean-Wechsler Preschool and Primary Scale of Intelligence: K-WPPSI-IV), 한국판 그림지능검사(Korean- Pictorial Test of Intelligence: K-PTI), 카우프만 아동 지능검사 2판(Kauffman Assessment Battery for Children-II: KABC-II) 등이 있다.

그러나 다음과 같은 이유에서 검사결과를 전적으로 신뢰해서는 안 된다(김원경 외, 2009).

● 아무리 신뢰도가 높은 검사라 할지라도 개인의 IQ는 검사에 따라 달라질 수 있다.
● 모든 지능검사는 문화적으로 특정한 한계를 지니고 있다. 따라서 언어나 경험이 다른 소수집단의 아동은 불리한 입장에서 검사를 치르게 된다.
● 아동의 연령이 낮을수록 신뢰도와 타당도가 낮아진다. 특히 영아의 지능검사는 매우 부정확할 수 있다.
● 높은 지능지수가 반드시 사회적 성공과 행복한 삶을 보장하지는 않으며, 반대로 낮

은 지능지수가 불행한 삶을 예견하는 것도 아니다.

2) 적응행동검사

개인의 적응행동은 주로 적응행동검사를 통하여 측정되며, 이때 사용되는 도구는 장애가 있는 사람과 없는 사람을 모두 포함한 인구 표본을 대상으로 표준화한 측정도구여야 한다. 그리고 이와 같은 표준화된 측정에서 적응행동의 심각한 제한이 확인되어야 지적장애를 지닌 것으로 간주된다. AAMR(2002)이 제시한 지적장애 판별을 위한 적응행동의 준거는 다음과 같다.

지적장애 진단의 경우 적응행동의 제한성은 장애인과 비장애인이 포함된 일반 모집단을 대상으로 표준화된 측정도구를 사용하여 진단하게 된다. 이러한 표준화된 측정도구들에서 적응행동에서의 유의미한 제한성은 (a) 개념적, 사회적 및 실제적 적응행동의 세 가지 유형 중 한 가지, 혹은 (b) 개념적, 사회적 및 실제적 기술들의 표준화된 측정도구에서 전반적 점수의 평균보다 적어도 2표준편차 이하의 수행으로서 조작적으로 정의된다.

국내에서 적응행동 측정을 위해 사용되고 있는 검사도구로는 사회성숙도검사(Social Maturity Scale: SMS), 한국판 적응행동검사(Korean Scales of Independent Behavior-Revised: K-SIB-R), 지역사회적응검사(Community Integration Skills-Assessment: CIS-A), 국립특수교육원 적응행동검사(KISE Scale of Adaptive Behavior: KISE-SAB), 한국판 적응행동검사(Korea-Adaptive Behavior Scale: K-ABS) 등이 있다. 그러나 지적장애 판별 및 중재 관련 프로그램 측면에 있어서 중요한 지표로 강조되고 있는 적응행동의 평가와 관련해 다음과 같은 문제점이 지적되고 있다(Beirne-Smith et al., 2007).

● 적응행동은 정의하는 것보다 측정하는 것이 훨씬 어렵다.
● 적응행동과 지능의 관련성을 명확히 밝히기는 어렵다. 지능이 적응행동의 수행에 불필요하다고 보는 견해도 있고 그것을 적응행동의 수행에 결정적인 요소로 간주하는 경우도 있다.
● 문화적으로 적절한 평가를 실천해야 한다.
● 제3자에 의한 면접방법의 형태로 이루어지기 때문에 타당하지 않을 수도 있다.

● 부적응적 문제행동은 비록 그것이 적응행동의 습득과 수행에 종종 영향을 미칠지라도 적응행동의 특성이나 차원은 아니다.

5. 지적장애아동의 교육적 배치

〈표 5-5〉에 제시된 최근 5년간 지적장애아동의 변화 추이를 살펴보면, 특수교육대상의 범주 확대로 인해 전체 특수교육대상아동에 대한 비율은 감소하고 있으나 실질적인 수치는 증가하고 있다. 그리고 2015년 현재 31.2%(14,891명)에 이르는 지적장애아동들이 특수학교에 배치되어 있으며, 특수학급과 일반학급의 통합교육 장면으로 배치되는 수가 점차 증가하고 있는 추세다(〈표 5-6〉 참조).

〈표 5-5〉 연도별 지적장애아동 현황

(단위: 명, %)

구 분	2011년	2012년	2013년	2014년	2015년
전체 특수교육대상아동	82,665 (100)	85,012 (100)	86,633 (100)	87,278 (100)	88,067 (100)
지적장애아동	45,132 (54.6)	46,265 (54.4)	47,120 (54.4)	47,667 (54.6)	47,716 (54.2)

출처: 교육과학기술부(2011, 2012); 교육부(2013, 2014, 2015).

〈표 5-6〉 지적장애아동의 배치 현황

(단위: 명)

구 분	특수학교	일반학교		특수교육 지원센터	계
		특수학급	일반학급		
2011년	15,819	25,498	3,789	26	45,132
2012년	15,513	26,677	4,054	21	46,265
2013년	15,172	27,901	4,000	47	47,120
2014년	15,235	28,452	3,912	68	47,667
2015년	14,891	28,744	4,001	80	47,716

출처: 교육과학기술부(2011, 2012); 교육부(2013, 2014, 2015).

6. 지적장애아동의 특성

일반적으로 지적장애아동은 다양한 상황에서 적절히 활동할 수 있다. 그러나 그들은 환경적 요구에 대처하는 데 어려움이 있을 때가 있으며 주로 학교에서 가장 많은 어려움에 부딪히고 있다. 지적장애아동의 구체적 특성은 다음의 세 가지 사항에 대한 이해를 토대로 해야 한다(여광응 외, 2002).

첫째, 지적장애아동은 일반아동과 똑같은 기본 생리적·사회적·정서적 요구를 가지고 있다.

둘째, 지적장애아동은 여러 면에서 많은 개인차가 있다. 모든 지적장애아동이 똑같은 지적·학업적·신체적·사회적·정서적·심리운동적 특성을 가진 것은 아니다. 지적장애아동을 올바르게 교육·배치하려면 그들의 행동 특성이나 요구들을 이해할 필요가 있으며, 하나의 교육적 틀을 제공할 수 있는 일반화된 행동 특성을 알려고 노력해야 한다.

셋째, 지적장애아동 집단에서 일어나는 교육요건의 변화 때문에 이들 집단과 연관된 전통적인 특성들을 계속적으로 추적하고 제고해야 할 필요가 있다.

1) 지적 특성

(1) 정보의 투입 및 처리 과정

지적장애아동은 정보를 투입하는 단계에서 부정확한 지각, 비계획적·충동적 탐색활동, 수용언어의 문제, 시공간적 방향감각의 결핍, 여러 정보원을 동시에 고려할 수 있는 능력의 결핍 등과 같은 특성을 보인다. 또한 처리단계에서는 문제를 정확하게 파악하는 능력의 결핍, 필요한 자극이나 정보를 선택할 수 있는 능력의 부족, 정보를 비교할 수 있는 능력의 결핍, 자료를 종합하여 평가할 수 있는 능력의 결핍, 추론능력과 가설검증 능력의 결핍 등의 특성을 보인다(강영심, 2010). 이에 지적장애아동은 주어진 투입정보를 나중에 재생하기 위해 조직·구성하는 효과적인 기술이 부족하다(Spitz, 1966: 이상춘, 조인수, 1999 재인용).

(2) 감각 수용과 주의 집중력

지적장애아동은 감각적으로 무디고 예민성이 결여되어 있다(김원경 외, 2009). 뿐만 아니라 주의를 기울이는 데 있어서도 여러 가지 어려움을 보인다. 즉, 지적장애아동은 특정 자극이나 과제의 단서들보다는 자극이나 과제를 제시하는 사람에 더 주의를 기울일 수 있다. 또한 주의를 기울여야 하는 대상을 안다 할지라도 그 주의를 오랫동안 유지하는 데 어려움을 겪을 수 있다. 이와 같이 짧은 주의집중 시간과 산만한 경향 모두 지적장애아동에게서 발견할 수 있는 특성이다(Taylor et al., 2006).

(3) 단기기억과 장기기억

지적장애아동은 또래에 비해 정보를 기억하는 데 어려움을 보이는데, 그 정도가 심할수록 기억에서의 결함도 크다. 특히 그들은 단기기억 능력에 결함이 있는 것으로 지적되고 있다. 반면 장기기억은 일반아동과 비교했을 때 크게 뒤지지 않는 것으로 나타났다. 따라서 반복학습과 기억 증진 프로그램을 사용하여 정보를 단기기억에서 장기기억으로 옮겨서 저장할 수 있도록 해야 한다.

다음은 지적장애아동의 단기기억 기술을 향상시킬 수 있는 몇 가지 가능한 방법들이다(Drew & Hardman, 2008).

- 원하는 행동을 기대한다면 그 장면에서 가능한 한 자주 가르쳐라.
- 외부 환경 자극을 감소시켜라. 그러한 환경 자극은 학생을 산만하게 만드는 경향이 있기 때문이다.
- 간단한 과제에서 시작해서 점차 복잡한 과제로 이동하라.
- 학습과제 내에서 관련 없는 내용을 피하라.
- 모든 관련 있는 자극에 이름을 붙여라.
- 단기기억 활동에서 연습을 제공하라.
- 아동의 성공 경험을 이용해서 새로운 주제 영역과 연습한 내용을 통합하라.
- 단기기억을 포함하는 기술들을 교수의 중심에 두면서 연극으로 만들어 보라.

(4) 학습의 일반화

일반화는 새로운 일이나 문제 자극 상황에 지식이나 기술을 적용하는 능력을 말한다. 즉, 미래의 비슷한 상황이나 문제 해결에 도움이 되도록 선수 경험을 사용하는 능력이

144

다. 대부분의 학습자는 배운 지식을 비슷한 과제나 다른 상황에서 활용할 수 있지만 지
적장애아동은 이러한 일반화(혹은 전이)에 많은 어려움을 겪는다(한국특수교육연구회,
2009).

(5) 언어

말과 언어의 발달은 기억이나 문제 해결과 같은 지적 발달과 밀접한 연관이 있기 때문
에 지적장애아동은 일반아동보다 말과 언어에 더 많은 문제를 보이게 된다.

지적장애아동의 언어발달 특징을 정리하면 〈표 5-7〉과 같다(황보명, 김경신, 2010).

〈표 5-7〉 **지적장애아동의 언어발달 특징**

화용론	• 요구하기 제스처의 지체 • 제스처 발달과 의도발달 양상은 일반아동과 유사 • 명료화 기술은 정신연령이 동일한 일반아동과 비교하여 차이가 없음 • 대화 역할이 주도적이지 않음
의미론	• 더 구체적인 의미의 단어를 사용함 • 어휘 증가량이 적음 • 다양한 의미론적 단위를 잘 사용하지 못함 • 다운증후군 아동은 정신연령이 동일한 일반아동처럼 문맥에서의 노출에 따라 단어 의 미를 학습할 수 있음
구문론/ 형태론	• 학령 전 일반아동과 유사한 문장 길이와 복잡성 • 일반아동과 동일한 문장 발달과정 • 정신연령이 동일한 일반아동보다 주어를 정교화하거나 비교하는 절이 더 적고 더 짧 으며 덜 복잡한 문장 • 단어관계보다는 문자 내 단어순서를 우선시함 • 자신의 가능성보다는 더 낮은 수준의 형태에 의존 • 학령 전 일반아동과 동일한 순서의 형태소 발달
음운론	• 학령 전 일반아동과 유사한 음운 규칙을 보임 • 자신의 가능성보다 더 낮고 덜 성숙한 형태에 의존
이 해	• 다운증후군 아동은 정신연령이 동일한 일반아동보다 수용언어 기술이 더 열악함 • 정신연령이 동일한 또래보다 문장 상기 능력이 열악함 • 의미를 추출하기 위하여 문맥에 더 많이 의존

출처: 황보명, 김경신(2010), p. 233.

2) 정의적 특성

(1) 실패에 대한 기대

지적장애아동은 인지적 결함 및 사회적 능력의 부족으로 잦은 실패를 경험한다. 그리고 경우에 따라서는 지적장애아동에 대한 잘못된 고정관념으로 인해 의도적으로 기회를 박탈당하기도 한다. 따라서 그들은 어떤 과제를 수행함에 있어 또 다른 실망스러운 상황을 피하기 위해 혹은 실패에 대한 두려움을 피하기 위해 목표를 낮게 설정하거나 실패를 전제로 하는 경향이 나타난다.

(2) 외부 지향성

지적장애아동은 많은 실패 경험으로 인해 자신의 능력을 믿지 못하도록 학습되고 결국은 외부 지향적인 특성을 보이게 된다. 이와 같은 특성을 외부 지향성(outer directedness)이라고 하는데, 이는 문제를 해결하는 상황에서 자신을 믿지 못하고, 문제를 스스로 해결하려고 하기보다 타인의 지도를 바라며 외적인 단서에 의존하려는 경향을 말한다. 외부 지향적인 사람은 문제를 해결함에 있어 스스로의 힘에 의존하기보다는 상황적 혹은 외부 단서들에 의존하는 경향이 있다.

(3) 외적 통제소재

통제소재(locus of control)란 개인이 자신의 행동의 결과를 어떻게 지각하는가를 일컫는 용어다. 주로 내적(internal) 통제소재에 의해 행동하는 사람은 긍정적인 것이든 부정적인 것이든 간에 사건들을 그들 자신의 행동 결과로 인식한다. 그러나 긍정적 혹은 부정적 사건들을 주로 운명, 요행, 타인 등과 같은 외적인 힘에 의해 통제되는 것으로 보는 사람은 외적(external) 통제소재를 가지고 있는 것이다. 외적 통제소재는 사람으로 하여금 그들 자신의 성공과 실패에 대한 책임을 받아들이지 못하게 하고, 자립심과 자기 조정적 행동들을 발달시키지 못하게 한다는 측면에서 건설적이지 못한 것으로 간주된다. 일반적으로 아동은 발달과 함께 점차 더 내적 통제소재를 갖는 쪽으로 움직이게 되지만, 지적장애아동은 여전히 외적 통제소재의 상태에 머물러 있는 경향이 있다(Beirne-Smith et al., 2007).

(4) 학습된 무력감

지적장애아동은 실패를 반복하고 자신의 행동으로 사건을 통제할 수 없다고 지각하게 됨으로써, 즉 지적장애아동의 반복된 실패 경험과 외적 통제소재는 학습된 무력감(learned helplessness)을 초래한다. 학습된 무력감이란 새로운 혹은 어려운 과제에 직면할 때 쉽게 포기하거나 전혀 시도하려고 하지 않는 획득된 경향을 말한다. 근본적 원인에 관계없이 학습된 무력감은 개인이 유년기에서부터 성인의 삶으로 적응할 때 영향을 미치는 강력한 믿음인 것이다(Taylor et al., 2004).

7. 지적장애아동의 교육

지적장애아동의 교육은 대상에 따라 접근방법을 명확히 구분할 수는 없지만 어느 정도의 차이가 존재한다. 즉, 경도 지적장애아동과 중도 지적장애아동의 교육적 접근방법에는 다소 차이가 있다는 것이다. 그러나 두 가지의 교육적 접근방법 모두 지적장애아동에 대한 최종적인 교육목표는 사회적 자립에 있다. 이는 곧 지역사회의 한 구성원으로 살아가는 지적장애인을 만드는 것을 의미한다. 이러한 목표를 달성하기 위한 교육방법은 그들이 사회생활에 잘 적응할 수 있도록 인지적 능력, 정의적 능력과 의사소통 능력 및 신체적 기능을 발달시키는 데 주력하여야 한다(김원경 외, 2009). 여기에서는 지적장애아동에 대한 적절한 교수 내용 및 방법을 살펴본다.

1) 지적장애아동의 교육을 위한 교수내용

아동에게 무엇을 가르칠 것인가에 대한 결정은 아동이 무엇을 배울 필요가 있는가를 우선적으로 고려해야 한다. 따라서 학업적 능력 계발을 위한 노력의 결과로 생긴 잠재적 이익과 '기능적 기술'을 가르친 결과로 생긴 잠재적 이익을 비교하여 검토하는 과정이 반드시 필요하다. 기능적 기술에는 직업유지에 필요한 직업 습관과 행동들, 지역사회 환경에 참여하기 위해 필요한 사회적 상호작용 기술 및 지역사회 내에 있는 집에서 스스로의 안전을 위해 필요한 가정생활기술 등이 포함되어 있다(AAIDD, 2011).

지적장애아동에게 기능적 기술을 가르칠 것인지, 학업 기술을 가르칠 것인지 대한 선택은 발달중심의 접근과 기능중심의 접근으로 대별할 수 있다(윤광보, 2010). 발달중심의 교육과정은 지적장애아동의 인지발달은 비장애아동에 비해 발달이 느리고 상위 단계에 도달하지는 못하지만 동일한 발달단계를 따라 진전한다고 가정한다. 따라서 발달중심의 교육과정은 정신연령에 상응하는 발달과제를 교육내용으로 선정하며, 지적장애아동의 정신연령에 토대하여 동일 정신연령의 일반아동과 동일한 내용을 제공한다. 초기의 지적장애아동을 위한 교육과정은 이러한 발달중심의 교육과정으로 일반교육과정의 내용 수준을 낮춘 것이 보편적이었다.

그러나 발달중심의 교육과정은 발달의 규준성과 정상성에 입각해서 과제를 선정하여 목표로 제시하므로 개인차가 큰 지적장애아동에게는 적합하지 않다는 비판이 제기되었다. 일반화된 발달규준에 의하여 다음 단계의 발달을 표준적 교수목표로 엄격하게 교육과정에 고정시킨 발달중심의 교육과정은 개인차가 큰 지적장애아동의 독특한 발달을 저해할 소지가 있을 뿐만 아니라 개인의 수행 가능성과 주변 세계의 요구에 필요한 기술들을 학습할 수 없게 하여 이들의 사회생활 자립을 어렵게 만든다는 것이다.

이에 1950년대 후반부터는 교육내용을 선정함에 있어 생활에 대한 준비를 강조하는 기능중심 교육과정이 '지역사회 관련 교육과정', '지역사회중심 교육과정', '기능적 기술중심 교육과정', '기능적 생활중심 교육과정' 등의 다양한 이름으로 제시되었다.

그러나 살펴본 바와 같은 학업 기술의 교수가 우선인지, 기능적 기술의 교수가 중심인지에 대한 이분법적 결정은 지적장애아동을 교육함에 있어 교육내용의 선택 기준으로 충분하지 않다(AAIDD, 2011). 예를 들어, 거스름돈을 제대로 받고 정확한 계산을 위해 필요한 화폐 개념에 대한 교수는 일상생활에서 적용 가능한 학업적 기술에 해당하기 때문이다. 뿐만 아니라 발달중심의 교육과정은 현재와 미래 생활에 필요한 기술들을 학습할 수 없게 하여 지적장애아동의 사회통합을 어렵게 만들며, 일반아동의 발달을 토대로 한 목표를 실현하는 것이 불가능할 수도 있다. 그리고 기능중심 교육과정은 아동의 현재와 미래 생활에 필요한 기능적 기술을 지도한다고 하지만 특정의 시공간에서 필요한 기술이 다른 장면의 기술과 동일하지 않을 수도 있고, 생활에 필요한 기술은 생활의 변화와 함께 항상 변화하고 있기 때문에 가르치는 데 있어 많은 문제점이 있기 때문이다(윤광보, 2010).

이에 다양한 환경에서 학생의 개별적 요구를 충족하기 위해 학업적인 내용과 기능적인 내용을 결합한 혼합교육과정(blended curriculum)이 새롭게 생겨났다(AAIDD, 2011). 혼합교육과정으로 교육을 받는 아동은 학업적 기술과 기능적 기술 모두에 대해 개별화된 내용을 가져야 하기 때문에, 교사는 현재 그리고 가능한 미래 환경에서 아동이 필요로 하는 활동과 기술에 대한 생태학적 목록 혹은 평가를 실행해야 한다. 이러한 평가 과정은 개별화교육지원팀의 구성원임과 동시에 다른 구성원들과 밀접하게 상호작용해야하는 교사에게 달려 있다. 학생과 그 가족이 요구하고 중요하다고 생각하는 개별화된 학업적·기능적 내용은 다른 내용보다 우선순위가 되어야 한다. 개인의 일상생활에 특별히 적용될 수 없거나 선수기술을 갖추지 못한 학생을 위한 학업 개념은 목표로 삼지 않고 통합적 접근을 통해 교수될 수 있다.

일반교육과정에 지적장애아동을 통합하는 가장 큰 어려움 중의 하나는 일반교육과정에서는 전통적으로 학업 기술이 학년 수준에 의해 구분되고 미리 수립된 계획에 따라 진행된다는 것이다. 이와 같은 상황에서 지적장애아동의 학업 기술은 초등학교 고학년 혹은 중등학교 학생임에도 불구하고 대부분 초등학교 저학년 수준으로 뒤처진다. 만약 지적장애아동이 생활에서 기능하는 데 필요한 기술을 학습한다면 교사는 혼합교육과정을 고안하기 위해 필요한 학업 기술 및 기능적 기술을 확인하고, 단순화와 수정된 교수방법 및 보편적 학습설계(Universal Design for Learning: UDL)의 원리 적용을 통한 개별화된 내용을 고안하는 수정이 이루어져야 한다.

최근 몇 년 동안 지적장애아동의 일반교육과정에의 접근이 점점 강조되고 있는데, 일반교육과정은 대부분 학업 중심으로 되어 있다. 읽기, 쓰기, 수학에 대한 교수와 학습을 강조하는 교육적 책무성의 추세에도 불구하고, '두루 적용되는 교육과정(one size fits all)'에 대한 요구는 결코 없다. 오히려 개별 아동에게 무엇을 교수할 것인지를 결정하는 것은 교사의 책무성이 되고 있다. 교사는 학업적 영역과 기능적 영역의 요구에 대한 균형을 철저하게 유지해야 하고 궁극적으로는 교육적 성과를 극대화하는 학습목표를 우선적으로 정해야 한다. 학생들에게 무엇을 가르칠 것인지, 즉 교수내용을 결정할 때 교사는 아동의 연령, 미래 계획, 현재의 기술 수준 및 학습력을 가장 중요하게 고려해야 한다.

(1) 경도 지적장애아동을 위한 교수내용

일반적으로 교육과정은 다음과 같이 일반형, 수정형, 대안형의 세 가지로 구분할 수 있다(권요한 외, 2011; [그림 5-2] 참조).

● **일반형**: 장애를 가지지 않은 통합학급 내 또래 일반학생을 대상으로 고안된 그 자체의 교육과정을 특수교육대상아동에게도 적용하는 형태다. 이 유형의 교육과정은 특수교육대상아동의 일반교육 교육과정에의 참여와 진보에 주된 초점을 두고 있

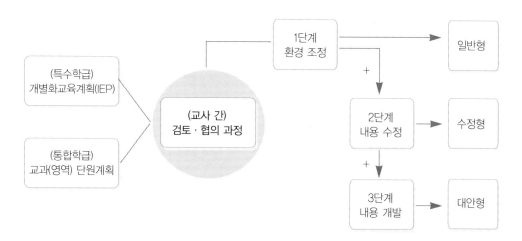

[그림 5-2]　**교육과정 유형의 결정 절차 및 단계**

출처: 권요한 외(2011), p. 345.

다. 따라서 통합학급에서 적용하는 경우에는 일반교육 교육과정의 교과별·영역별 내용 자체에 변형을 하지 않고, 개별 학생이 수업 참여를 위해 필요로 하는 교수–학습에 관련된 직간접적인 특별한 도움과 지원을 전제로 한다.

● 수정형: 통합학급 내에서 일반교육 교육과정에의 접근을 위해서는 특별한 도움과 지원이 제공되는 것만으로는 부족하여 교과별·영역별 내용 자체에 대한 전반적인 교수적 수정이 필요한 학생에게 적용되는 교육과정이다. 따라서 일반교육 교과교육과정의 내용을 단순화한 교육과정, 일반교육 교육과정과 교육목표는 동일하지만 교과내용의 수준을 낮추어 단순화한 병행의 교육과정을 의미한다.

● 대안형: 일반교육 교육과정을 적용하기 어려운 특수교육대상아동을 위하여 그들이 가진 교육적 요구와 필요에 맞추어 별도의 교육과정을 구안·적용하는 형태다. 2008년 개정 특수학교 교육과정(현 특수교육 교육과정)에서 국민공통교육과정(현 공통교육과정)을 적용하기 어려운 특수교육대상자를 위해 기본교육과정을 적용하도록 되어 있다. 따라서 기본교육과정은 대안형 교육과정인 동시에 생활중심 교육과정, 기능중심 교육과정이라고 할 수 있다.

경도 지적장애아동은 인지적인 부분에 있어 결함이 있기는 하지만 간헐적 지원이 필요한 정도이므로 수정형의 교육과정을 적용할 수 있다. 즉, 일반교육 교육과정을 수준에 맞게 수정하면 학습이 가능하다. 다만 지적장애아동이 갖고 있는 여러 가지 한계 등을 감안하여 일상생활과 직접적으로 관련된 내용을 가르치는 기능적 학업기술이 강조되고 있다.

① 학습준비 기술

지적장애아동은 일반적으로 전반적인 발달과 능력에서 지체를 보이고 학령기 이전에 습득해야 할 학업 전 기술을 익히지 못한 채 학교에 들어오게 된다. 이러한 상태에서 학업적 과제가 주어진다면 그들은 아무런 준비가 되지 않은 상태에서 학습을 강요받게 되고 결국 더 많은 실패를 겪게 된다(강영심, 2010). 따라서 학업 전 기술의 습득 여부를 점검하여 이에 대한 교육적 서비스가 우선적으로 제공되어야 한다.

할라한과 카우프만(Hallahan & Kauffman)이 제시한 경도 지적장애아동을 위한 교육내용은 다음과 같다(최중옥, 2005 재인용).

- 조용히 앉아서 교사에게 집중하기
- 보이는 자극과 들리는 자극 구분하기
- 지시 따르기
- 언어능력 계발
- 대 · 소근육 협응능력 계발(연필 잡기 또는 가위질하기)
- 자립능력 계발(신발끈 묶기, 단추 끼우고 빼기, 지퍼 열고 잠그기)
- 단체생활에서 친구들과 어울리기 등

이 외에 학교에서 필요한 학습 태도 및 습관을 길러 주는 것도 중요하다. 학교에서 필요한 학습 태도 및 습관은 주로 지각 · 결석하지 않기, 과제 완수하기, 타인과 협력하기 등의 세 가지로 구분되는데, 이러한 내용을 포함한 학급 규칙을 만들어서 지키도록 하고 또 지켰을 때 강화를 제공하는 방법을 통하여 효과적으로 증진시킬 수 있는 것으로 알려져 있다(Lewis & Doorlag, 2011: 이소현 외, 2011 재인용).

② 기능적 학업기술

기능적 학업기술이란 기초 학업기술 중 일상생활 활동과 직접적으로 관련된 기본적인 내용으로, 독립적인 성인생활을 영위하는 데 필요한 기술을 포함한다(박은혜, 김정연, 2010). 예를 들어, 고학년이 되면서 일반아동은 다른 교과내용을 잘 습득하기 위한 학업

기술로 읽기를 배우지만, 지적장애아동은 실생활에서 독립적으로 기능하기 위해서 읽기
를 배운다.

〈표 5-8〉은 기능적 학업기술의 예시를 제시한 것이다.

〈표 5-8〉 기능적 학업기술 예시

구 분	고용/교육	가정/가족	여 가	지역사회 참여	정서/ 신체적 건강	개인적 책임/ 관계
읽기	다양한 직업에 관해 도서관에서 책 읽기	핫케이크 만드는 방법 읽기	신문에서 휴대폰 광고 찾아 읽기	도로 표지와 간판 읽기	전화번호부에서 학교 전화번호 찾기	저학년 학생들에게 동화책 읽어 주기
쓰기	학급 게시판에 이 달의 행사에 대해 쓰기	쇼핑 목록 작성하기	인터넷 카페에 가입하기	은행에서 출금표 작성하기	매일 섭취한 각각의 식품군 항목 적기	생일초대 카드 쓰기
듣기	예금 계좌에 관해 은행 직원의 설명 듣기	요리방법에 대한 TV 프로그램을 보면서 듣기	오늘의 날씨에 대한 일기예보 듣기	학생이 재활용하는 방법에 대한 강의 듣기	환절기 건강에 대한 보건교사의 설명 듣기	친구의 주말 가족 여행에 대한 계획 듣기
말하기	직업을 갖고 싶은 이유에 대해 말하기	친구와의 외출 약속에 대해 부모 허락 구하기	인터넷 게임에서 친구 초대하기	급식 식단에 대해 친구와 이야기하기	건강에 대해 궁금한 사항 질문하기	학급 환경미화에 대해 의견 말하기
수학	시간 수당에 따른 1일 아르바이트 비용 계산하기	할인되는 상품의 가격 비교하기	영화 보러 갈 때의 비용 계산하기	주문한 피자의 가격에 맞게 나누어 계산하기	여러 장이 들어 있는 파스의 1장당 가격 계산하기	예산에 적절한 선물 구입하기

출처: 박은혜, 김정연(2010), p. 134.

지적장애아동에게 기능적 학업기술을 가르치는 이유는 다음 두 가지로 요약될 수 있
다(이소현 외, 2011).

첫째, 지적장애아동은 학습하는 데 오랜 시간이 걸리므로 제한된 주어진 시간에 미래
생활에 가장 필요하고 또 학습이 가능한 수준의 내용을 가르치고자 하는 것이다.

둘째, 지적장애아동의 일반화 능력에 제한이 있는 경우가 많기 때문에 교과서만으로
학습하기보다는 실생활에 적용하는 교수방법을 통하여 일반화를 촉진하고자 하는 것
이다.

(2) 중도 지적장애아동을 위한 교수내용

중도의 지적장애아동은 장애의 특성상 지적 능력이 크게 열악하며 이로 인해 적응행
동에서도 많은 문제를 보인다. 따라서 중도 지적장애아동을 지도하는 데 있어서는 학업
적인 측면보다는 독립생활에 필요한 기술들을 지도하는 데 중점을 둔 기능적 교육과정
을 적용하는 것이 효과적이다.

〈표 5-9〉는 기능적 교육과정의 영역과 주요 활동을 정리한 것이다.

〈표 5-9〉 기능적 교육과정 영역과 주요 활동

영 역	주요 활동
의사소통	전화 사용(약속이나 서비스를 위한 전화, 친구나 친지에게 전화, 위급 시 전화하기, 전화 받기), 상징적 행동(구어, 문어)과 수화 혹은 비상징적 행동(얼굴 표정, 제스처)을 이해하고 표현하기
자기 관리	샤워 혹은 목욕, 머리 손질, 손톱 및 치아 관리, 용변 보기 등 신변 처리 기술
가정생활	집안 청소(진공청소기 사용, 먼지 털기와 닦기, 정리정돈), 옷 세탁과 관리(세탁 및 건조, 옷 갈아입기, 정리), 식사 계획 및 준비(메뉴 계획, 식사 준비, 음식 저장), 일과시간표 짜기
사회적 기술	타인과 협상하고 자기주장하기(룸메이트와 책임 영역 협상하기, 공동 혹은 개인적 물건 영역 협상하기, 이웃과 협상하기, 다른 사람이 중요한 책임을 다하도록 주장하기, 필요한 지원 주장하기), 충동 통제하기
지역사회 활용	지역사회 안에서 이동하기(대중교통 이용하기), 도서관, 공공 편의시설 활용하기
자기 주도	시간 관리와 활동일정표 작성하기(일과표 준수하기, 달력 이용하기, 알람시계 활용하기)
건강과 안전	식사하기, 병의 처치 및 예방, 위급 시 119에 전화하기, 화재 시 대피하기, 소화기 사용하기, 안전하게 문 열어 주기, 기본적 안전성 고려하기
기능적 교과	읽기, 쓰기, 셈하기를 포함한 개인적인 독립생활의 견지에서 기능적인 학업기술 획득하기
여가	TV 보기, 음악 듣기, 취미생활, 손님 맞이하기, 여가활동
직업	직업기술, 직업을 유지하기 위한 사회적 행동기술

출처: 김동일 외(2010), pp. 122-123.

중도 지적장애아동을 위한 교육 프로그램이 갖추어야 할 구성요소는 다음과 같다
(Orelove et al., 2004: 이소현 외, 2011 재인용).

첫째, 생활연령에 적합한 교육과정과 교수자료를 사용해야 한다. 중도 지적장애아동
은 생활연령과 정신연령 간의 격차가 크며, 이러한 격차는 생활연령이 높아질수록 더 커
지기 때문에 정신연령만을 고려하여 교육과정이나 교수자료를 계획할 경우 생활연령에
맞지 않는 교수활동이 되기 쉽다. 이와 같은 교육활동은 지적장애아동을 무시하는 것으
로 보일 수 있고 교육적으로도 바람직하지 않기 때문이다.

둘째, 기능적 활동을 사용해야 한다. 중도 지적장애아동을 위한 교육의 가장 큰 목표는 독립적인 성인으로 생활하게 하는 것이므로 교육도 실제적인 활동으로 계획하는 것이 바람직하다. 중도 지적장애아동 중에서도 읽기나 쓰기와 같은 학업교과를 어느 정도 습득할 수 있는 아동인 경우에는 학습에 많은 시간이 소요되기 때문에 이를 감안하여 꼭 필요한 그리고 배울 수 있는 내용을 잘 선정하여 가르치도록 해야 한다.

셋째, 지역사회 중심의 교수가 이루어져야 한다. 중도 지적장애아동이 필요로 하는 기술은 대부분 교실이 아닌 지역사회 환경에서 사용되는 기술이기 때문에 교실 내에서보다는 직접 지역사회 환경에서 가르치는 것이 더 효과적이다. 지역사회 환경에서의 직접적인 경험이 기술의 습득이나 일반화 모두에 더 도움이 되는 것이 사실이나, 여의치 않을 경우 교실에서 지역사회에서의 교수를 대신하거나 모의환경을 구성하여 수업을 할 수도 있다.

넷째, 통합된 치료가 제공되어야 한다. 중도 지적장애아동 중에는 중복장애를 가지고 있는 경우가 많기 때문에 언어치료, 물리치료, 작업치료 등과 같은 여러 전문가들로부터의 도움을 필요로 하는 경우가 많다. 통합된 치료는 치료사가 직접 교실에 들어오기도 하지만 교사에게 아동이 필요로 하는 치료적 요소와 방법을 알려 주어 교사가 담당하는 부분도 있기 때문에 간접치료라고도 불린다.

다섯째, 중도 지적장애아동을 위한 교육 프로그램은 또래와의 상호작용을 촉진해야 한다. 중도 지적장애아동과 일반아동 간의 상호작용은 양쪽 모두에게 바람직한 영향을 미치는 것으로 보고되고 있다. 그러나 어느 정도(학교생활 전체 혹은 하루 중 일부)의 상호작용이 필요한지에 대해서는 다양한 의견이 제시되고 있으며, 상호작용을 증진시키기 위한 방법도 여러 가지로 시행되고 있다.

여섯째, 중도 지적장애아동을 위한 교육 프로그램에는 가족을 참여시켜야 한다. 모든 장애아동의 교육과 재활에 있어서 부모 및 가족의 참여는 매우 중요한 요인이다. 특히 중도 지적장애아동의 경우는 그들이 배우는 기술 중에 가정환경에서 적용되는 것이 많기 때문에 더욱 중요하다. 가르칠 기술의 선정부터 기술 수행의 일반화에 이르기까지 가족이 적극적으로 개입하고 협력할 때 장애아동의 학습은 훨씬 더 효과적으로 이루어질 수 있다.

2) 지적장애아동의 교육을 위한 교수방법

지적장애아동의 교육을 위해서는 행동 수정 및 형성을 위한 방법을 비롯하여 각각의 과목에서 다루고 있는 구체적 사실을 가르치기 위한 교수방법에 이르기까지 다양하다.

따라서 여기에서는 AAIDD(2011)가 지적장애에 대한 다차원적 모델([그림 5-1] 참조)의 영향력을 구체화하는 세 가지의 교육적 실제로 제시한 보편적 학습설계(Universal Design for Learning: UDL)의 적용, 교육공학과 보조공학의 활용, 긍정적 행동지원의 적용을 중심으로 살펴보도록 한다.

(1) 보편적 학습설계의 적용

지적장애아동을 일반교육 교육과정에 참여시킬 수 있는 주요 전략 중 하나는 아동에게 내용 정보를 전달하는 교수 자료의 고안으로 UDL의 원리를 실행하는 것이다. UDL이란 "다양한 특성을 가진 모든 학생이 동등하게 교육과정에 접근하고 참여하는 과정을 통해 바람직한 교육적 결과를 극대화할 수 있도록 계획단계부터 학생들의 일반성과 특수성을 고려하는 설계"(김남진, 김용욱, 2010)로 건축에서 유래된 보편적 설계(Universal Design: UD)의 원리가 교수-학습 분야에 까지 확대 적용된 개념이다. UDL에서 장애학생은 일반학생과 마찬가지로 단순히 개인차에 의해 학습 적응에 차이를 보이는 학습자로 고려된다. 따라서 UDL은 특수교육대상자가 단순히 교육과정에 접근할 수 있도록 해 주거나 이들의 특별한 요구에 한정된 것으로 볼 수 없음을 제시하였다(Council for Exceptional Children, 2006).

역사적으로 내용 정보, 특히 핵심 학업 교과는 인쇄물 중심 자료와 강의를 통해 제시되었다. 지적장애아동을 포함하여 잘 읽을 수 없는 아동이나 기억력 혹은 주의력에 어려움이 있는 아동은 주로 이러한 매체를 통해 제시되는 내용에 접근하지 못하고, 따라서 이러한 내용을 학습할 기회를 갖지 못할 것이다. 교육과정 개발에 UDL 원리를 적용하면, 정보 제시 및 아동이 정보에 반응하는 다양한 방법을 제공함으로써 이러한 문제점을 다룰 수 있다(AAIDD, 2011).

학습의 모든 과정에서 바람직한 교육적 결과를 극대화하기 위해 UDL은 다음의 핵심적 특성 세 가지를 포함해야 한다(Rose & Meyer, 2000).

① 다양한 정보 제시 수단의 제공
② 다양한 표현 수단의 제공
③ 다양한 참여 수단의 제공

응용특수공학센터(Center for Applied Special Technology: CAST)는 보편적 설계 원리를

학습 환경에 더 구체적으로 적용할 수 있도록 돕는 UDL 지침을 개발하여 발표하였다. 지침은 앞서 살펴본 UDL의 핵심적 특성을 반영한 세 가지의 원리로 구성되어 있으며, 각각의 원리는 다시 세 가지 지침들로 구성되어 있다. 지침은 상황에 따라 융통성 있게 교육과정에 적용되는 것으로, 가능한 한 모든 학생의 학습 기회를 최대화하기 위한 여러 가지 선택 요소와 융통성을 제공하고자 하는 것인 만큼 지침으로 제시된 내용은 융통성 있게 교육과정에 적절하게 혼합되고 연결되어야 함을 응용특수공학센터는 지적하였다. 더불어 지침은 '처방'으로서의 의미를 갖는 것이 아니라 현재 대부분의 교육과정에 존재하는 장벽들을 극복하기 위해 사용될 수 있는 일련의 전략들임을 강조하였다. 이와 같은 UDL의 원리와 세부 지침으로 구성되어 있는 UDL 가이드라인 2.0은 [그림 5-3]과 같다.

I. 다양한 방식의 표상을 제공	II. 다양한 방식의 행동과 표현수단을 제공	III. 다양한 방식의 학습 참여 제공
1: 인지 방법의 다양한 선택 제공 1.1 정보의 제시 방식을 학습자에 맞게 설정하는 방법 제공하기 1.2 청각 정보의 대안을 제공하기 1.3 시각 정보의 대안을 제공하기	**4: 신체적 표현 방식에 따른 다양한 선택 제공** 4.1 응답과 자료 탐색 방식을 다양화하기 4.2 다양한 도구들과 보조공학(AT)기기 이용을 최적화하기	**7: 흥미를 돋우는 다양한 선택 제공** 7.1 개인의 선택과 자율성을 최적화하기 7.2 학습자와의 관련성, 가치, 현실성 최적화하기 7.3 위협이나 주의를 분산시킬 만한 요소들을 최소화하기
2: 언어, 수식, 기호의 다양한 선택 제공 2.1 어휘와 기호의 뜻을 명료하게 하기 2.2 글의 짜임새와 구조를 명료하게 하기 2.3 문자, 수식, 기호의 해독을 지원하기 2.4 범언어적인 이해를 증진시키기 2.5 다양한 매체들을 통해 의미를 보여주기	**5: 표현과 의사소통을 위한 다양한 선택 제공** 5.1 의사소통을 위한 여러 가지 매체 사용하기 5.2 작품의 구성과 제작을 위한 여러 가지 도구들 사용하기 5.3 연습과 수행을 위한 지원을 점차 줄이면서 유창성 키우기	**8: 지속적인 노력과 끈기를 돕는 선택 제공** 8.1 목표나 목적을 뚜렷하게 부각시키기 8.2 난이도를 최적화하기 위한 요구와 자료들을 다양화하기 8.3 협력과 동료 집단을 육성하기 8.4 성취 지향적(mastery-oriented) 피드백을 증진시키기
3: 이해를 돕기 위한 다양한 선택 제공 3.1 배경 지식을 제공하거나 활성화시키기 3.2 패턴, 핵심 부분, 주요 아이디어 및 관계 강조하기 3.3 정보 처리, 시각화, 이용의 과정을 안내하기 3.4 정보 이전과 일반화를 극대화하기	**6: 자율적 관리기능에 따른 다양한 선택 제공** 6.1 적절한 목표 설정에 대한 안내하기 6.2 계획과 전략 개발을 지원하기 6.3 정보와 자료 관리를 용이하게 돕기 6.4 학습 진행 상황을 모니터링하는 능력을 증진시키기	**9: 자기 조절 능력을 키우기 위한 선택 제공** 9.1 학습 동기를 최적화하는 기대와 믿음을 증진시키기 9.2 극복하는 기술과 전략들을 촉진시키기 9.3 자기 평가와 성찰을 발전시키기
학습자원이 풍부하고 지식을 활용할 수 있는 학습자	전략적이고 목표 지향적인 학습자	목적의식과 학습 동기가 뚜렷한 학습자

[그림 5-3] **UDL 가이드라인 2.0**

출처: http://www.udlcenter.org.

지금까지 살펴본 정의 및 원리 등을 통해 볼 때, UDL은 특수교육을 일반교육과 분리된 이원적 체제로 설계하기보다는 처음부터 아동의 다양성 범위를 확장하여 교육과정이나 교수법 등을 설계해야 한다는 당위성을 강조하고 있다. 이를 통해 장애 유무나 연령 등에 상관없이 모든 학습자를 적절하게 자극하고 교수-학습 상황에 효과적으로 참여시킴으로써 궁극적으로는 모든 아동의 교육적 요구를 충족시키고자 하는 데 목적을 두고 있다고 할 수 있다(김남진 외, 2010).

(2) 교육공학과 보조공학의 활용

학생의 능력과 교육적 맥락 사이의 적합성을 좀 더 촉진하기 위한 지원 제공의 초점은 교육공학 및 보조공학의 활용을 강조한다. 교육공학은 개념을 가르치기 위한 목적을 지닌 교육자료(예: 연산을 위한 반복적 연습을 제공하는 소프트웨어 프로그램)를 포함하며, 보조공학은 학생들이 자신의 장애를 보상하도록 도와주는 도구들, 즉 기능적 능력을 증가 · 유지 · 향상시키는 공학이다(Edyburn, 2000: AAIDD, 2011 재인용).

전통적으로 특수교육에서 공학의 역할은 말과 언어에 결함이 있는 학생들을 위한 보완 · 대체 의사소통 도구와 같은 일부 보조공학 도구를 필요로 하는 중도의 손상을 지닌 학생들에게만 유익한 것으로 다소 편협하게 규정되어 왔다. 그러나 AAIDD의 다차원적 모델 및 지원체계에서는 모든 유형의 공학은 그것이 장애인을 위해서 혹은 비장애인을 위해서 특별하게 개발되었든지 간에 학생의 능력뿐만 아니라 교육적 맥락에서 매우 중요하게 여겨진다. 예를 들어, 컴퓨터 보조 교수(Computer Assisted Instruction: CAI)는 초기 내용 정보의 전달부터 반복적인 훈련과 연습에 이르기까지 다양한 교수적 역할을 수행하기 위한 컴퓨터 중심의 공학 활용을 포함한다. 컴퓨터 보조 교수는 지적장애아동을 포함하여 장애아동과 비장애아동 모두에게 효과가 있다는 연구가 있다(AAIDD, 2011).

이와 같이 교육공학은 모든 이들에게 많은 영역에 걸쳐 적잖은 도움을 제공하는데, 특히 루이스(Lewis, 1993)는 특수교육대상자들에게 제공할 수 있는 특별한 이점을 ABC모델로 제시하였다.

- 능력의 신장(Augment abilities)
- 장애의 대체(Bypass for disabilities)
- 장애의 보상(Compensate for disabilities)

능력을 신장한다는 것은 인지적 · 신체적 손상으로 인한 현재의 능력을 공학기기를 이용하여 증진시키는 것을 의미한다. 그리고 장애의 대체란 장애로 인해 정보의 입력이 불가능한 경우, 혹은 정보를 시각적으로 확인할 수 없는 경우 음성을 통한 입력 혹은 청각적 부호에 의한 출력을 제공하는 경우 등이 이에 속한다. 마지막으로 장애의 보상이란 장애로 인한 비효율성을 최소화하는 것으로 철자를 자동으로 점검하게 하는 프로그램이나, 문장을 자동으로 완성하게 하여 학습자의 신체적 수고를 최소화하는 프로그램 등이 이에 해당한다.

공학과 마찬가지로 보조공학의 활용 역시 장애학생의 학습, 기초생활, 타인과의 사회생활, 여가 생활, 직업 생활 등의 생활 전반적인 영역에서 긍정적인 영향을 미칠 뿐만 아니라, 학령기 이후의 삶에 있어서도 많은 혜택을 제공하는 것으로 보고되고 있다. 따라서 보조공학의 활용은 장애학생의 삶의 태도를 바꿀 수 있는 중요한 동기적 요소로 작용하기 때문에 장애학생의 교수-학습 및 일상생활 등의 전 영역에서 반드시 고려되어야 한다. 보조공학은 다음과 같은 일반적 혜택을 제공한다(김남진 외, 2010).

첫째, 장애학생이 가지고 있는 능력을 전반적으로 지원 · 확대할 수 있고, 이러한 지원과 능력의 확대는 장애에 대한 보상, 혹은 장애를 상쇄시킬 수 있다.

둘째, 장애학생의 학습, 일상 및 여가 생활, 직업 및 직장관련 활동 등에서 필요한 관련 과제들을 수행하기 위한 대안적인 방법들을 제공한다. 여기서 대안적 방법이란 손상된 인지적 · 신체적 능력을 대신하는 새로운 방법으로, 보조공학은 시각적 손상에 대한 대안으로 청각적인 방법을 통해 보상해 줄 수 있다.

셋째, 장애학생의 기능적인 측면의 지원뿐만 아니라 대인관계와 같은 사회생활에도 긍정적인 영향을 제공한다. 기능적 측면의 지원은 정서적 · 정의적 측면에서 영향을 미치므로 장애학생은 대인관계 형성에 보다 적극적일 수 있다.

넷째, 자신이 원하는 여가 활동을 할 수 있는 가능성을 제공한다. 자신의 신체적인 이유뿐만 아니라 여가활동을 하는 데 필요한 시설 및 설비 그리고 장치의 부족으로 인해 여가활동이 제한적이었던 장애학생에게 보조공학은 여가활동의 가능성을 제공해 줄 수 있다.

다섯째, 장애학생의 교수-학습 활동을 확대할 수 있고, 내용의 다양성을 기대할 수 있다. 상대적으로 학습을 위한 상호작용 과정에서 소외되었던 장애학생은 보조공학의 지원을 통해 다양한 활동에 참여할 수 있게 되었다.

여섯째, 장애학생의 생활에 대한 전반적인 지원뿐만 아니라 사회문화적인 폭도 확장시켜 준다. 보조공학을 이용한 이동성의 제약 극복은 다양한 환경과의 상호작용 기회를 제공함과 더불어 사회문화적인 참여의 폭도 확장시켜 준다.

일곱째, 학습과 생활의 효율성 제공과 함께 신체적인 발달에도 긍정적인 영향을 준다. 학습에 있어서 보조공학의 활용은 보다 효과적이고 효율적인 환경을 제공해 줄 뿐만 아니라 소근육운동, 시지각협응 능력, 잔존능력의 극대화와 같은 신체적인 부분의 발달에도 긍정적인 기여를 한다.

여덟째, 인지적인 결함이 있는 학생에게도 일상생활에서의 장애 및 제한적인 요소들을 보상해 주어 독립생활을 영위할 수 있도록 해 주며, 타인에 대한 의존성을 줄일 수 있는 가능성을 제공한다.

(3) 긍정적 행동지원의 적용

가. 응용행동분석

교실 내외에서 발생하는 지적장애아동의 문제행동을 통제하고 바람직한 행동을 증진시키기 위하여 다양한 관점이 이론과 교수적인 접근이 실행되어 왔다.

실험실 장면에서 이루어진 연구결과를 토대로 인간 행동을 변화시키기 위하여 사용되어온 행동수정(behavior modification)은 역사적으로 지적장애아동의 문제행동에 대한 전통적인 접근으로, 사고나 통찰, 목표나 요구 등과 같은 인지적 · 정의적 요소에 대해서는 관심을 갖지 않았다. 반면 관찰 가능한 행동에 초점을 두고 행동 변화를 위한 강화와 벌과 같은 방법을 개발하고 이행하는 것에 초점을 두는 것이다. 이와 같이 문제행동을 보다 신속하게 줄이기 위한 처벌적인 요소의 적용으로 인해 1970년대 후반부터 1980년대에 들어서면서 행동수정은 많은 비판을 받게 된다. 특히 단기적인 성과 중심으로 흐르면서 심각한 문제행동을 보이는 중도 지적장애아동에 대한 처벌 중심의 중재는 윤리적으로 문제가 되었다. 여기에 환경을 조절하고자 하는 과정에서 다른 문제행동이 발생하기도 하였고, 문제행동의 기능이나 목적에 주의를 기울이지 않기 때문에 일시적인 변화는 기대할 수 있으나 유지나 일반화의 문제를 야기하기도 하였다.

이와 같이 처벌 중심의 기능적이지 못한 중재에 대한 비판은 1968년 『응용행동분석(*Journal of Applied Behavior Analysis*)』 학술지가 출간되면서 변화되기 시작하였다. 응용행동분석(Applied Behavior Analysis: ABA)은 교사가 과학적인 방법으로 생산적인 학습 환경을 구현해 낼 수 있도록 체계적인 행동주의 원리를 적용함으로써 개인의 특정 행동을 변화시키는 원리를 의미한다. 이후 설명되는 긍정적 행동지원(Positive Behavior Support: PBS)의 방법론적인 근간을 이루는 응용행동분석은 문제행동의 발생과 비발생, 문제행동의 동기를 밝히고자 하는 데 주안점을 둔다. 즉, 응용행동분석에서는 인간의 행동을 전체 과정으로 보고 행동 전후에 발생하는 선행사건과 후속결과를 고려하여 새로운 행동을 학습하거나 기존의 행동을 조절한다(송준만 외, 2012).

나. 긍정적 행동지원

긍정적 행동지원은 사용하는 용어나 행동에 대한 평가 및 중재전략의 면에서 응용행동분석으로부터 태동하였다. 즉, 교실, 학교, 가족, 직장 등의 사회적으로 중요한 상황에 응용행동분석 전략을 적용하여 학생의 생활양식에 영향을 미치는 것을 목적으로 하는 긍정적 행동지원은 응용행동분석의 기본적인 요소들의 확장 및 적용이라고 할 수 있다 (Alberto & Troutman, 2014).

긍정적 행동지원은 학생이 적절한 행동을 증가시키기 위해 응용행동분석 원리를 사용하며, 학생의 환경을 재설계하고 삶의 질을 강화하기 위해 체제 변경 방법을 적용한다. 즉, 교사, 가족, 주변의 사람들이 자연스러운 환경에서 생태학적 관점을 지향하는 다양한 평가로 환경과 문제행동 사이의 관계를 이해하고, 현재의 관계를 변화시키거나 감소시키기 위한 새로운 관계를 만들기 위하여 폭넓은 지원 절차를 사용하여 지적장애아동의 행동을 지원하며, 궁극적으로는 개인의 삶을 개선시키는 것이다. 이에 긍정적 행동지원은 장애아동의 삶의 질을 향상시키기 위하여 문제행동을 일으키는 방해요소를 제거하여 문제행동을 예방하고 해당 아동에게 꼭 필요한 물리적 · 사회적 · 교육적 · 의학적 · 기술적인 지원을 체계적이고 종합적으로 제공하는 비강압적이고 포괄적인 접근이라고 할 수 있다(송준만 외, 2012).

문제행동 발생 전에 환경을 변화시키는 것과 이미 나타난 문제행동의 기능을 없애기 위한 전략으로 적절한 행동을 교수하는 두 가지 주요 중재 양식을 강조하는 긍정적 행동지원의 주요 특징은 다음과 같다(Bambara & Knoster, 2006: 김형일, 2014 재인용).

- 긍정적 행동지원은 평가를 기반으로 하고, 교수는 문제행동의 기능과 직접적으로 연관된 환경적 영향과 가설을 중시한다.
- 긍정적 행동지원 계획은 단일한 중재가 거의 없고 포괄적이고 다중적 중재를 활용한다.

● 긍정적 행동지원은 예방 중심이다.

● 긍정적 행동지원은 전생애적 관점에서 장기적이고 종합적인 삶의 방식의 변화에 초점을 둔다. 즉, 중재의 목적이 장기간에 걸친 체계적인 실행의 과정으로서 지금까지 중재의 유지가 수개월 지속되어 중재가 성공적인 것으로 간주되었다면, 긍정적 행동지원은 수십 년간 지속될 때 성공적으로 실행되었다고 간주한다.

● 긍정적 행동지원은 개인의 선호도나 가치를 소중하게 여기는 개인 중심 접근 방식이다.

● 긍정적 행동지원은 실생활의 자원을 활용하여 일생생활에서 실제 적용할 수 있는 내용으로 설계한다. 따라서 개인이 속해 있는 전형적인 장소인 학교 · 가정 · 직장에서, 중재자가 되는 부모, 교사 및 직업 보조원이 수행할 수 있는 중재에 더 초점을 둔다.

● 대안적 기술의 활용을 높일 수 있고, 문제행동의 발생을 줄일 수 있으며, 삶의 질을 향상시킬 수 있는 중재 관점을 중시한다.

긍정적 행동지원은 3단계 예방모델을 사용한다(Alberto & Troutman, 2014). 1단계(보편지원)는 예방으로 학교수준에서 이루어지는 보편적인 지원으로 환경 내 모든 학생을 대상으로 삼는다. 목적은 적절한 행동을 가르치고 강화함으로써 모든 학생에게 행동지원의 기초를 제공하는 것이다. 2단계(표적 지원)는 위험 요소가 있는 특정 집단을 대상으로 소집단 지원을 중시한다. 즉, 첫 번째 단계로는 행동적 요구가 채워지지 않는 학생들을 대상으로 삼으며, 학생의 행동이 학습 활동에 부정적으로 영향을 미치게 되는 것을 예방하는 데 목적이 있다. 그리고 마지막으로 3단계(집중 지원)는 보편 단계와 표적 단계 모두에서 성공적이지 못한 학생들과 만성적인 행동 문제를 나타내는 특별한 개인을 대상으로 집중적인 지원으로 구성된다. 이 단계의 목적은 문제행동의 강도와 만성성을 줄이는 것이다.

이러한 3단계 예방모델은 최근 학교 차원의 긍정적 행동지원(Schoolwide Applied Behavior Analysis: SPBS)을 위한 3차원 예방 모형([그림 5-4] 참조)에 응용되어 소개되고 있다.

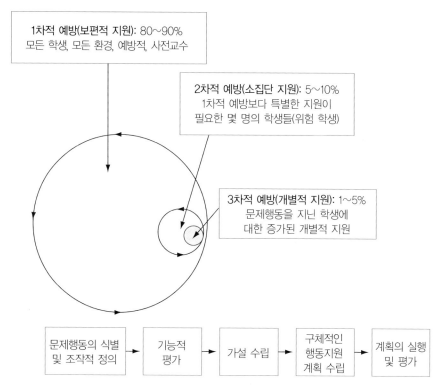

1차적 예방(보편적 지원): 80~90%
모든 학생, 모든 환경, 예방적, 사전교수

2차적 예방(소집단 지원): 5~10%
1차적 예방보다 특별한 지원이
필요한 몇 명의 학생들(위험 학생)

3차적 예방(개별적 지원): 1~5%
문제행동을 지닌 학생에
대한 증가된 개별적 지원

| 문제행동의 식별 및 조작적 정의 | → | 기능적 평가 | → | 가설 수립 | → | 구체적인 행동지원 계획 수립 | → | 계획의 실행 및 평가 |

[그림 5-4] **학교 차원의 긍정적 행동지원 모형 및 실행 단계 모형**

출처: 김형일(2014), p. 320에서 재인용.

- 미국 지적장애 및 발달장애협회에 의하면 지적장애란 지적 기능성과 개념적, 사회적, 실제적 적응 기술로서 표현되는 적응행동 두 영역에서 유의한 제한성을 가진 것으로 특징지어지며, 18세 이전에 시작되는 장애로 정의된다.
- 지적장애는 지능지수를 기준으로 경도, 중등도, 중도, 최중도로 분류되며, 지원의 강도에 따라 간헐적, 제한적, 확장적, 전반적 지원을 필요로 하는 지적장애로 구분된다. 「장애인 등에 대한 특수교육법」에는 지적장애의 분류에 대해 명시된 바가 없으며 「장애인복지법」은 제1급~제3급으로 분류한다.
- 지적장애의 원인은 매우 다양할 뿐만 아니라 설명하고자 하는 주된 영역에 따라 제시되는 요인도 많은 차이를 보인다. 그러나 일반적으로는 생의학적 · 사회적 · 행동적 · 교육적 원인에 따른 위험요

인과 발생시기를 출산 전·출산 전후 그리고 출산 후로 범주화하여 설명한다.

- 지적장애는 지적으로 정보의 투입 단계는 물론 처리 단계에서도 문제를 보인다. 뿐만 아니라 주어진 투입정보를 나중에 재생하기 위해 조직, 구성하는 효과적인 기술이 부족하다. 감각적으로 무디고 예민성이 결여되어 있으며 또래에 비해 정보를 기억하는 데 어려움을 보이는데, 특히 단기기억 능력에 결함을 보인다. 새로운 일이나 문제 자극 상황에 지식이나 기술을 적용하는 일반화에 어려움을 겪으며, 일반아동에 비해 말과 언어에 더 많은 문제를 보인다.

- 지적장애는 인지적 결함 및 사회적 능력의 부족으로 잦은 실패를 경험하게 되며, 외부지향성, 외적 통제소재의 정의적 특성을 동시에 갖는 경향이 있다. 그리고 반복된 실패 경험은 외적 통제소재와 학습된 무력감을 초래한다.

- 지적장애아의 교육을 위해서는 아동이 무엇을 배울 필요가 있는가에 대한 생태학적 접근이 우선적으로 이루어져야 한다. 이에 최근에는 학업기술보다는 기능적 기술을 중시하는 기능적 생활중심 교육과정, 지역사회중심 교수가 강조되는 경향이 있다.

- 경도 지적장애아를 위한 교수내용의 선정을 위해서는 일반형, 수정형, 대안형 교육과정을 고려하고 학습준비기술, 기능적 학업기술 등을 지도할 수 있도록 해야 한다. 중도 지적장애아동에게는 생활 연령에 적합한 교육과정과 교수자료를 사용할 수 있도록 하며 기능적 활동을 사용해야 한다. 뿐만 아니라 해당 아동의 학령기 이후를 고려한 지역사회중심 교수가 이루어져야 한다.

- 보편적 학습설계, 교육공학과 보조공학, 긍정적 행동지원을 교수방법으로 할 경우 지적장애아동의 학습을 보다 효과적으로 지도할 수 있다. 보편적 학습설계는 다양한 정보 제시 수단을 제공하고 다양한 표현 수단 및 참여 수단을 제공함으로써 지적장애아동의 학습권을 보장해 준다는 긍정적 측면이 보고되고 있다. 응용행동분석으로부터 태동된 긍정적 행동지원 역시 과거 행동수정의 문제점을 보완해 주는 방법으로 최근 학교장면에까지 적용되고 있다.

학 습 문 제

1. 지적장애 판별준거를 지적 능력과 적응행동으로 구분하여 설명하시오.
2. 지적 능력과 적응행동의 정의와 관련된 문제점에 대해 논하시오.
3. 지적장애아동의 특성을 설명하고 그에 따른 지도방안을 기술하시오.
4. 장애를 '사회적 구성개념'이라고 보는 관점을 지적장애의 판별과 관련하여 설명하시오.
5. 지적장애의 생의학적 원인에 대해 조사하시오.

참 · 고 · 문 · 헌

교육과학기술부(2011). 특수교육 연차보고서. 서울: 교육과학기술부.

교육과학기술부(2012). 특수교육 연차보고서. 서울: 교육과학기술부.

교육부(2013). 특수교육 연차보고서. 서울: 교육부.

교육부(2014). 특수교육 연차보고서. 서울: 교육부.

교육부(2015). 특수교육 연차보고서. 서울: 교육부.

김남진, 김용욱(2010). 특수교육공학. 서울: 학지사.

김형일(2014). 지적장애 학생의 이해와 교육. 서울: 학지사.

송준만, 강경숙, 김미선, 김은주, 김정효, 김현진, 이경순, 이금진, 이정은, 정귀순(2012). 지적장
　　애아교육. 서울: 학지사.

윤광보(2010). 특수교육 교과 교재연구 및 지도법. 경기: 양서원.

Alberto, P. A., & Troutman, A. C. (2014). 교사를 위한 응용행동분석(이효신 역). 서울: 학지사. (원
　　저는 2013년 출간)

American Association on Intellectual & Developmental Disabilities (2011). 지적장애: 정의, 분류
　　및 지원체계(박승희, 김수연, 장혜성, 나수현 공역). 경기: 교육과학사. (원저 2010년 출간)

Council for Exceptional Children (2006). 보편적 학습 설계: 교사들과 교육전문가들을 위한 지침서(노
　　석준 역). 서울: 아카데미프레스. (원저는 2005년 출간)

Lewis, R. (1993). *Special education technology: Classroom applications.* Belmont, CA:
　　Wadsworth Publishing Co.

Rose, D., & Meyer, A. (2000). Universal design for learning. *Journal of Special Education
　　Technology, 15*(1), 67-70.

U. S. Congress, Office of Technology Assessment (1988). *Power on! New tools for teaching
　　and learning.* OTA-SET-379. Washington, DC: U.S. Government Printing Office.

CAST. http://www.udlcenter.org

Chapter 06

지체장애아동의 교육

소아마비 대통령으로 세계 장애인들의 우상이 된 프랭클린 루스벨트(Franklin Delano Roosevelt)이지만 당시 사람들은 그가 장애인이라는 사실을 잘 모르고 있었다. 불편한 모습을 보여 주지 않은 것도 그 이유가 되겠지만 장애를 확대해석하지 않은 것이 더 큰 이유일 것이다. …1921년 뉴욕 주지사 선거에 나설 준비를 하면서 가족들과 여름 휴가를 보내던 중 작은 섬에 불이 난 것을 보고 불을 끄러 가기 위하여 호수의 차가운 물에서 오랫동안 헤엄을 쳐야 했는데, 그날 저녁 고열로 생사를 오갈 만큼 열병을 앓았다. 바로 소아마비에 걸린 것이다. 그때 그의 나이 39세로 재기를 앞두고 있는 루스벨트에게는 치명적인 결점이었지만 그는 포기하지 않았다. 1924년 정계로 복귀하여 1928년 뉴욕 주지사에 당선되어 재임에 성공하였다.

1932년 민주당 대통령 후보로 지명되자 지명수락 연설에서 뉴딜(New Deal) 정책을 제창 … 결국 허버트 후버를 물리치고 대통령에 당선되었다. …루스벨트는 휠체어에 앉아서 12년간 대통령직을 수행하며 미국은 물론 세계적인 지도자로서 위대한 업적을 남겼다.

※ 출처: 방귀희(2015). 소아마비 대통령 루스벨트. 『세계장애인물사』. 서울: 도서출판 솟대.

지체장애아동은 장애 정도와 유형이 매우 다양하며, 신체적인 장애뿐만 아니라 인지능력의 장애와 기타 감각적인 장애도 수반한 중복장애를 가지고 있는 경우가 많다. 따라서 지체장애는 신체에 이상이 있다는 공통점만으로 다양한 학생들이 함께 그룹 지어져 있다고 할 수 있다(Bigge, 1991). 또한 지체장애아동은 그 종류나 원인, 질환 등의 범위가 광범위하며 장애의 부위나 정도도 다양하여 그 원인과 현상의 구별이 매우 복잡한 개념이라고 할 수 있다. 이 장에서는 지체장애의 정의를 비롯하여 원인 및 특성 그리고 다양한 중재방법에 대해 살펴본다.

1. 지체장애의 정의

지체장애의 세계 최초의 정의로, 1920년 6월 5일 공포된 독일 프로이센의 「지체장애아 보호법」 제9조에서는 선천성 또는 후천성의 골, 관절, 근 또는 신경의 질환이나 사지 또는 그 일부의 결손 때문에 체간이나 사지의 사용이 지속적으로 부자유하여 일반 노동현장에서는 생업능력이 뚜렷이 침해되리라고 인정되는 자를 지체장애아라고 하였다. 그리고 미국 백악관회의 특수교육분과에서는 정형외과적 의미에서 골, 근, 관절의 기능적 장애나 기형에 의한 결함이 있는 사람으로서 그 상태는 선천적 또는 후천적인 외상이나 질환에 대한 무지에 의해 악화된 사람이라고 하여 정형외과적 입장에서 정의하고 있다(정재권 외, 2001).

1) 우리나라의 정의

과거 「특수교육진흥법」에서는 지체장애를 지닌 특수교육대상자를 '지체부자유'라 명하고 "체간의 지지 또는 손·발의 운동, 동작이 불가능하거나 곤란하여 일반적인 교육시설을 이용한 학습이 곤란한 자"라고 규정하였다. 이후 「장애인 등에 대한 특수교육법」에서는 장애 명칭을 지체장애로 변경하는 동시에 지체장애를 지닌 특수교육대상자를 다음과 같이 정의하고 있다.

기능·형태상 장애를 가지고 있거나 몸통을 지탱하거나 팔다리의 움직임 등에 어려움을 겪는 신체적 조건이나 상태로 인해 교육적 성취에 어려움이 있는 사람

2) 미국 「장애인교육진흥법(IDEA 2004)」의 정의

미국 「장애인교육진흥법(IDEA 2004)」에서는 지체장애에 대하여 '정형외과적 손상(orthopedic impairment)'이라는 용어를 사용하여 다음과 같이 정의한다.

정형외과적 장애란 심한 외과적 손상을 의미하는 것으로, 선천적 이상에 의한 손상(만곡족, 사지결손 등), 질병에 의한 손상(소아마비, 골결핵 등), 그 외 다른 원인에 의한 손상(뇌성마비, 절단, 골절 및 화상에 의한 수축 등)을 포함한다.

2. 지체장애의 분류

지체장애는 수족 또는 체간의 골격, 관절, 근육 또는 중추에서의 지시를 전달하는 신경 등 직접적으로 신체운동을 담당하는 기관의 질환 또는 이상에 의하여 발생한다. 그 대부분이 정형외과적 질환으로, 부자유함의 종류와 부위가 다양할 뿐 아니라 그 원인도 서로 다르게 나타나 각각의 병상(病狀)이 복잡 다양하게 나타나고 있다. 이에 한국특수교육학회(2008)는 지체장애 유형의 다양성으로 인해 개별적으로 제공되어야 하는 의료와 교육적 측면 역시 다양해야 함을 고려하여 다음과 같이 지체장애를 분류하였다.

① 신경성 증후군: 뇌성마비, 진행성근이영양증(근위축증), 척수성 마비, 소아마비 등으로 인해 학습활동과 일상생활에 있어 특별한 지원을 요구하는 자
② 운동기 증후군: 골질환, 관절질환, 결핵성 질환, 외상성 관절, 형태 이상 등으로 인해 학습활동과 일상생활에 있어 특별한 지원을 요구하는 자

신경성 증후군은 뇌나 척수(신경학적인)의 손상이 원인이 되는 장애를 뜻하며, **뼈**나 관절 등의 이상으로 인해 신체 일부의 움직임이 원활하지 못한 경우는 운동기 증후군에 해당된다. 신경성 증후군은 신체 일부의 움직임에 영향을 줄 수도 있는데, 이와 같은 특성이 동시에 나타나는 경우는 '신경운동적 장애' 혹은 '신경성 운동장애'라고 한다.

지체장애의 원인은 다양한 방법으로 분류할 수 있으나 일반적으로는 원인 질환, 장애 정도, 뇌 손상 유무 등을 기준으로 분류하는 것이 일반적이다.

1) 원인 질환

원인 질환에 의한 분류는 반드시 통일되어 있는 것은 아니지만, 다음은 일본의 전국 지체장애학교 학교장 회의에서 매년 실시하고 있는 아동 병인별 조사에서 사용하는 분류다(정재권 외, 2001).

〈표 6-1〉 **원인 질환과 그 비율** (단위: %)

원인 질환	유형별 비율
뇌질환(75.2)	뇌성마비(71.7), 뇌 외상 후유증, 뇌수종 등
척추 · 척수질환(4.3)	이분척추(1.9), 척추측만증, 척추손상 등
근원성 질환(4.1)	진행성 근위축증(3.2), 중증 근무력증 등
골계통 질환(2.5)	선천성 골형성부전증(1.1), 태아성 연골이여양증, 몰키오증 등
대사성 질환(0.2)	쿠르병, 가고이리증 등
이완성 마비질환(0.6)	소아마비(0.2), 분만마비 등
사지의 기형, 변형(1.1)	디스메리, 절단 등
골관절질환(4.5)	페르테스씨병(2.3), 선천성 고관절 탈구(1.1), 선천성 내반족, 관절류마티스, 결핵성 골관절염 등
기타(7.5)	

2) 장애 정도

지체장애 정도를 기준으로 한 분류에서는 일반적으로 경도, 중등도, 중도, 최중도로 분류한다. 그러나 이 분류기준은 통일 되어 있지 않다.

「장애인 등에 대한 특수교육법 시행령」별표(제10조 관련)에는 특수교육대상자의 선정기준이 장애 영역별로 기술되어 있는데, 지체장애 특수교육대상자의 기준은 정도별로 제시하지 않고 포괄적으로 제시하고 있다.

한편 우리나라 「장애인복지법 시행령」 제2조에서는 지체장애를 다음과 같이 규정하고 있다.

① 한 팔, 한 다리 또는 몸통의 기능에 영속적인 현저한 장애가 있는 자
② 한 손의 무지를 지골간 관절 이상 상실한 자 또는 제2지를 포함하여 한 손의 두 손가락 이상을 각각 제1지 골간 관절 이상 상실한 자
③ 한 다리를 리스 후관 관절 이상 상실한 자
④ 두 발의 모든 발가락을 상실한 자
⑤ 한 손의 무지의 기능에 영속적인 현저한 장애가 있거나, 제2지를 포함하여 한 손의 세 손가락 이상에 영속적인 현저한 기능장애가 있는 자
⑥ 지체의 위 각 목의 1에 해당하는 장애 정도 이상의 장애가 있다고 인정되는 자

이러한 내용을 중심으로 「장애인복지법 시행규칙」에서는 1급에서 6급까지의 장애 정도를 나누어 그 기준을 명시하고 있다.

3) 뇌손상 유무

뇌손상 유무에 따른 분류는 뇌성마비와 같이 뇌손상에 기인한 것과 척수 질환, 골질환, 관절질환 등 뇌손상에 기인하지 않은 것으로 대별된다. 뇌손상성 지체장애아동은 주 증상인 운동장애에 덧붙여 지적장애, 언어장애, 뇌전증, 지각장애 등의 수반장애를 갖는 경우가 많다. 그러나 비뇌손상 지체장애아동은 이러한 수반장애를 동반하는 경우가 매우 드물다(정재권 외, 2001).

3. 지체장애아동의 판별

「장애인 등에 대한 특수교육법」 제2조 제1항에 따르면, 지체장애아동의 선별 및 진단·평가를 위해서는 법률적으로 명시되어 있는 각종 검사를 실시하여야 한다. 이에 따라 장애의 조기 발견을 위해서는 사회성숙도 검사, 적응행동검사, 영유아발달검사를

실시해야 하며, 지체장애아동의 진단·평가는 기초학습기능검사 및 시력검사가 이루어져야 한다. 그러나 앞서 살펴본 바와 같이 지체장애의 유형이 다양하기 때문에 선별은 물론 보다 정확한 진단을 위해 다양한 방법들이 복합적으로 실시되고 있는 것이 사실이다.

한국특수교육학회(2008)에서 권고하고 있는 선별기준으로 기본적으로 「장애인 등에 대한 특수교육법 시행령」에서 정의하고 있는 기준에 따라 선별, 진단·평가가 이루어져야 한다. 한국특수교육학회의 권고는 이와 같은 과정을 보완 및 구체화하는 역할을 한다고 할 수 있다.

1) 선별기준

- 손상
① 사지와 몸통에 외형적인 장애를 가지고 있으며 이로 인하여 동작이 불편하다.
② 사지 또는 체간에 장기적으로 보조기를 착용한다.
③ 척추가 심하게 전후, 좌우로 기울어져 있다.
④ 근육이 뻣뻣하거나 불필요한 동작이 수반되는 등 뇌성마비의 증상을 보인다.
⑤ 골 형성이 불완전하거나 너무 약하여 부러지기 쉽다.

- 학습상의 문제
⑥ 필기가 아주 늦거나 곤란할 정도로 손 기능이 떨어진다.
⑦ 골, 관절, 근육 등의 문제로 수업 시간 동안 의자에 많은 자세를 유지할 수 없거나 곤란하다.
⑧ 침을 많이 흘려 옷이나 노트가 젖어 있는 경우가 많다.
⑨ 활동량이 많은 체육활동 등에 참가하는 것을 힘들어한다.

- 일상생활상의 문제
⑩ 주로 휠체어를 사용하여 생활한다.
⑪ 장거리 이동이 힘들어 보조기기 또는 사람의 도움을 받아 이동한다.
⑫ 근육의 마비 등으로 숟가락이나 젓가락 사용이 곤란하다.
⑬ 정형외과적 장애는 보이지 않으나 쉽게 넘어지는 등 몸의 밸런스 감각이 심하게 떨

어진다.

⑭ 혼자서 계단을 오르내리기가 곤란하다.

2) 선별도구

지체장애 선별을 목적으로 국내에서 많이 사용되고 있는 선별도구는 다음과 같다.

① 체크리스트: ADL 평가도구, MBI(Modified Barthel Index, Forthinsky et al., 1981), PULSES profile(Moskowitz McCann, 1957), S-G 검사(Standing Gait)

② 뇌성마비 반사검사: 설근반사(rooting reflex), 흡철반사(sucking reflex), 구토반사(gag reflex), 굴곡 회피반사, 신전 밀기반사, 대칭성 긴장성 경반사, 비대칭성 긴장성 경반사, 목정위 반사, 양서류 반응, 모로반사, 보호 펴짐반사 등을 검사

③ 대근육 운동기능 평가: 대근육 운동기능 평가(Gross Motor Functional Measure: GMFM), 대근육 운동발달 검사(Test of Gross Motor Development: TGMD; Ulrich, 1985), 한국판 오세레츠키 운동 능력 검사(Oseretsky, 1923; 김정권, 권기덕, 최영하 표준화, 1974)

④ 정상관절 운동범위 검사: 견갑골, 주관절, 목관절, 수근관절, 고관절, 슬관절, 족관절의 능동 및 수동관절 가동범위를 관절운동측정기(Goniometer) 또는 경사측정기(Inclinometer)로 측정

⑤ 기타 측정도구: 도수근력검사(Manual Muscle Testing: MMT; Hislop & Montgomery, 1975; 강세윤 외 역, 2001), 애쉬워드 경직척도(Modified Ashworth Scale: MAS)

3) 관련 평가도구

지체장애아동의 기능을 평가하기 위한 도구는 다음과 같다.

• 시지각 발달검사-제2판(Developmental Test of Visual Perception: DTVP-2)

• 시각-운동 통합 발달검사(Developmental Test of Visual-Motor Integration: VMI)

• 지각-운동 발달 진단검사(Perceptual-Motor Diagnostic Test)

• 비운동성 시지각검사-개정판(Motor-Free Visual Perception Test-Revised: MVPT-R)

- 퍼듀 지각·운동검사(Purdue Perceptual-Motor Survey: PPMS)
- BGT 검사(The Bender Visual Motor Gestalt Test)

4. 지체장애아동의 교육적 배치

최근 5년간 지체장애아동의 변화 추이를 살펴보면(〈표 6-2〉 참조), 지체장애아동은 전체 특수교육대상아동 중 12~13% 수준을 차지하고 있음을 알 수 있다. 과거 지적장애 다음으로 많았던 장애 영역이었으나 최근 자폐성장애아동의 증가로 전체 특수교육대상아동 중 세 번째로 많다. 지체장애아동의 장애 정도 및 특성으로 인하여 일반학교의 일반학급 즉 통합학급에 배치되기보다는 특수학교와 일반학교의 특수학급을 중심으로 배치되어 있다(〈표 6-3〉 참조).

〈표 6-2〉 연도별 지체장애아동 현황   (단위: 명, %)

구 분	2011년	2012년	2013년	2014년	2015년
전체 특수교육대상아동	82,665 (100)	85,012 (100)	86,633 (100)	87,278 (100)	88,067 (100)
지체장애아동	10,727 (13.0)	11,279 (13.3)	11,233 (13.0)	11,209 (12.8)	11,134 (12.6)

출처: 교육과학기술부(2011, 2012); 교육부(2013, 2014, 2015).

〈표 6-3〉 지체장애아동의 배치 현황   (단위: 명)

구 분	특수학교	일반학교		특수교육 지원센터	계
		특수학급	일반학급		
2011년	3,371	4,079	3,211	66	10,727
2012년	3,548	4,299	3,357	75	11,279
2013년	3,584	4,214	3,325	110	11,233
2014년	3,615	4,251	3,180	163	11,209
2015년	3,707	4,246	3,010	171	11,134

출처: 교육과학기술부(2011, 2012); 교육부(2013, 2014, 2015).

[그림 6-1] **우리나라 최초의 사립(연세재활학교, 1964년), 공립(대구성보학교, 1973년), 국립 (한국우진학교, 2000년) 지체장애학교 개교 당시 모습(상단 좌측부터)**

출처: 김정권, 김병하(2002), pp. 128, 144, 198.

5. 지체장애아동의 원인 및 특성

지체장애의 유형을 크게 정형외과적 및 신경학적 장애, 외상성 뇌손상 등으로 나누어 그 특성을 알아보기로 한다.

1) 정형외과적 및 신경학적 장애

(1) 뇌성마비

뇌성마비(cerebral palsy)의 개척자로 불리는 펠프스(Phelps, 1948)의 정의에 따르면, 뇌성마비란 "수의운동에 장애가 있는 것으로서 그 원인이 대뇌 각부의 병변에 기인한 상태의 총칭"이다(정재권, 김중선, 곽승철, 2000).

뇌성마비는 주로 자발적인 운동이나 자세 유지와 같은 기능부전에 영향을 미치며 학령기 아동에게 가장 흔한 지체장애다. 뇌성마비는 뇌기능의 비정상적 발달에서 비롯되는 영구적인 상태를 말하며, 여러 가지 질병에 의해 초래된다(Batshaw, 1997). 뇌성마비 아동은 마비로 인하여 자발적인 운동기능의 곤란을 경험하며, 장애의 종류나 정도에 따라 팔과 다리의 마비를 지니기도 하고 언어장애를 수반하기도 한다. 중도 뇌성마비는 출생 후 수개월 내에 진단되지만 그렇지 않은 대부분의 경우는 2~3세가 될 때까지 기기, 서기 그리고 균형감각에 문제를 나타내기 전에는 발견되지 않을 수도 있다. 뇌성마비는 조정될 수 있으나 치료될 수는 없다. 이것은 질병이 아니며 치명적이지도 전염되지도 않고, 대부분의 경우 유전되지도 않는다.

뇌성마비아동의 약 1/3은 정상 또는 그 이상의 지능을 가지며, 1/3은 경도 지적장애를 가지고, 나머지 1/3은 중등도에서 중도 지적장애를 보인다(Whaley & Wong, 1995). 지적 장애는 장애가 중도일수록 많이 나타난다. 감각장애는 뇌성마비아동에게 매우 일반적으로 나타나는데, 약 5~15%는 청력손실을 가지고, 약 50%는 시각장애를 갖는다(Nechring & Steele, 1996).

① 뇌성마비의 출현율

뇌성마비는 전체 인구 중 0.15~0.2% 정도로, 1,500명 출생당 7명의 비율로 발생한다. 남녀 비율은 1.4 : 1로 남아에게서 많이 발생한다. 그리고 장애 유형별 발생률은 의학이 발달하면서 경직성 양하지마비는 감소하고 중증의 중복장애를 갖는 뇌성마비는 증가되고 있다. 경직성이 전체의 70~80%이고, 무정위운동형은 15~20%, 운동실조형은 10% 미만, 기타 5% 정도다. 신생아의 핵황달에 대한 예방 및 처치 방법이 발달하면서 무정위운동형 마비는 줄어드는 추세다(정보인 외, 2000).

② 뇌성마비의 분류

뇌성마비는 형태학 또는 유형에 의하여 분류할 수 있다. 형태학적 분류체계는 뇌성마비로 제한되지 않고 신체의 부분들을 언급한다. 〈표 6-4〉는 형태학적 체계의 개관을 보여 준다.

뇌성마비아동은 근긴장(과긴장형 또는 저긴장형) 및 운동신경의 성질(무정위운동형 또는 운동실조형)에 따라 몇 가지 범위로 나누어진다.

〈표 6-4〉 뇌성마비의 형태학적 분류

단마비 (monoplegia)	• 한 부분만 마비
양마비 (diplegia)	• 상지에 가벼운 마비를 가진 하지마비
편마비 (hemiplegia)	• 신체의 한쪽 면(한쪽 상하지 모두)이 마비
하반신마비 (paraplegia)	• 양하지만의 마비 • 대마비
중복 편마비 (double hemiplegia)	• 신체의 양쪽 모두 마비되었으나 각 양측의 마비 정도가 서로 다름 • 하지보다도 상지 쪽의 마비가 심함
삼지마비 (triplegia)	• 수족의 세 부분만 마비
사지마비 (quadriplegia)	• 사지 전체 운동마비

가. 경직형

뇌성마비아동의 약 70~80%가 긴장되고 수축된 근육 특징을 보이는(경직형[spastic type]이라 불리는) 과긴장형이다. 그들의 움직임은 부자연스럽고 과장되고 조화롭지 못하다. 그들이 자신의 움직임을 조절하려고 할수록 움직임은 더욱더 부자연스럽게 된다. 대뇌의 운동피질의 손상 시 나타난다. 그들의 걸음을 보면 무릎을 구부리고 안쪽으로 향한 채 발끝으로 걷는 가위걸음이 많다. 그리고 손으로 물건을 잡지 못할 수도 있으며, 등뼈의 변형, 엉덩이의 전위, 그리고 손, 팔, 발 및 무릎의 수축을 동반하기도 한다. 생후 4개월 이후에 현저한 경직이 나타나며, 근육과 힘줄의 구축(짧아짐)과 관절의 변형이 나타날 수 있다. 손의 감각장애, 시지각 문제, 간질 등이 동반되며, 흔히 놀람 반응이 나타난다.

나. 무정위운동형

무정위운동형(athetosis)은 뇌성마비의 약 15~20% 정도를 차지한다. 무정위운동형 뇌성마비아동은 그들의 의지에 관계없이 크고 불규칙하고 뒤틀리는 동작을 나타낸다. 이러한 무정위운동형은 쉬거나 잠잘 때에는 거의 나타나지 않는다. 그러나 연필을 잡는 동작에서는 크고 구부러진 팔 동작을 해야 하고 얼굴을 찡그리거나 침을 흘리거나 혀를 내밀 수도 있다. 그들의 걸음걸이는 서툴고 비틀어져 어색할 수도 있다. 근육은 과긴장될 수도 이완될 수도 있다. 또한 그들은 언어표현, 동작 및 일상생활에서 곤란을 가지기도 한다. 대뇌기저핵의 손상 시 나타나고 일반적으로 팔보다는 다리의 기능이 더 좋다. 지

176

능이 높은 편이며, 약 20% 정도가 청각장애를 동반한다. 그리고 발음 및 호흡근의 조절 장애로 인하여 언어장애가 나타난다(정보인 외, 2000).

다. 운동실조형

뇌성마비의 약 10% 미만이 운동실조형(ataxia)에 속한다(Hill, 1999). 소뇌의 손상 시 나타난다. 운동실조형 뇌성마비아동은 특히 균형감각 및 손의 사용에서 곤란을 나타낸다. 걸음걸이는 매우 불안하여 보조가 없으면 넘어지기 쉬우며 힘없이 뛰는 것 같다. 의도하는 물건을 잡을 때는 필요 없는 과잉 동작이 수반되며, 움직임은 안정된 자세를 유지하기 위해 끊임없이 노력하고 있는 듯하다.

라. 강직형과 진전형

뇌성마비에서 드물게 나타나는 유형이다. 강직형(rigidity) 뇌성마비아동은 마비된 사지에 심한 경직을 보이며 그 부위는 오랫동안 고정되어 움직이지 못할 수도 있다. 진전형(tremor) 뇌성마비는 조절할 수 없는 떨림운동을 나타내는 것이 특징이다. 이 유형은 아동이 자신의 동작을 조절하면 할수록 떨림운동이 더욱 증가될 수 있다.

마. 혼합형

혼합형(mixed type)은 경직형과 무정위운동형이 같이 나타나는 경우가 가장 많다. 영아기에 혼합되어 보이다가 성장하면서 한 형태로 뚜렷해진다.

③ 뇌성마비아동의 특성

뇌성마비아동의 발달적 결과는 다음과 같은 많은 요인에 의하여 변할 수 있다.

- 뇌성마비의 종류
- 상태의 심각성 정도
- 추가적 장애상태의 유무
- 진단과 조치의 시기
- 아동과 가족을 위한 적절한 조치의 유용성
- 가족의 태도와 아이 양육방법

뇌성마비아동은 똑같은 모습으로 발육하지는 않지만, 공통적으로 광범위한 운동장애로 인하여 정상발달이 방해받는다. 운동발달의 각 단계는 유아가 환경과의 상호작용을 함에 있어서 그들의 성장 · 발달에 큰 영향을 미친다.

정상의 아이는 생후 12~14주 내에 머리를 가눌 수 있고, 6개월에는 앉을 수 있다. 약 12개월이 되면 도움 없이 혼자서 걷기 시작한다. 이 같은 획기적인 발달이정표들로 인해서 그들은 감각의 사용을 좀 더 많이 경험할 수 있는 기회가 증가하게 되고, 지각에 관한 인식을 더 많이 할 수 있는 기회와 사물과 자신을 조절하는 방법을 배울 기회도 증가한다. 운동계의 손상을 입게 되면 이러한 일반적인 발달과정이 방해를 받게 된다.

뇌성마비는 태어났을 때는 일반적으로 진단하지 못한다. 이때는 비정상적으로 보이는 신경학적인 신호가 거의 없기 때문이다. 사실상 신생아의 두뇌손상은 생후 처음 몇 주 동안에 일어날 수 있다. 신생아 때 볼 수 있는 운동신경 손상의 단서는 민감성, 지나친 둔감함, 창백함, 경직됨, 아치형으로 구부러짐, 지나친 경기, 안구진탕증과 황달이다(Cruickshank, 1979). 게다가 뇌성마비 증상을 보이는 신생아는 좀 색다른 행동을 보인다. 그들은 지나치게 잠을 자는 경향이 있고, 울음소리도 약하며, 젖을 빠는 힘도 적고, 그들 주변에 관해서도 관심을 거의 보이지 않는다. 그들은 느슨하게 드러누워 있거나 약간 구부린 자세가 아닌 힘껏 뻗친 자세로 누워 있는 등 색다른 모습으로 놓여 있다. 그럼에도 불구하고 조기 진단은 여전히 어렵다. 이러한 증세들은 모든 뇌성마비아동에게서 발견되는 것은 아니고, 또 이들 증세가 명백한 아동들이 모두 뇌성마비인 것도 아니다.

아동의 성장에 따라 전반적인 발달상태는 예측이 가능하다. 예를 들어, 2세 때까지 앉을 수 있다면 그 아동은 아마 걸을 수 있을 것이다. 같은 나이(2세)에서 알아들을 만한 소리를 발음할 수 있다면 그 아동 또한 말하는 것을 배울 수 있을 것이다. 아동의 성장 · 발달에 필요한 기회와 경험을 제공하기 위해서는 반드시 조기에 적절한 조치가 시작되어야만 한다. 뇌성마비 외에 감각의 상실 또는 언어의 장애가 있는 것과 같은 또 다른 문제가 있을 때는 조기의 적절한 조치가 더욱 중요하다.

④ 수반장애

뇌성마비를 초래하는 두뇌손상은 단지 운동 영역에만 국한되어 나타나는 것은 아니다. 운동 영역뿐만 아니라, 뇌성마비는 일반적으로 중복장애로 보일 수 있다. 뇌성마비 인구 중 많은 사람이 지적장애, 학습장애, 감각상실, 뇌전증, 정서 · 행동장애를 포함하는 한 가지 내지 그 이상의 추가적 장애를 가진 것으로 나타난다. 그리고 자세 취하기, 듣기, 숨쉬기, 음성, 조음과 언어의 장애 등이 뇌성마비와 결합되어 발견되는 장애들이다.

많은 사람은 뇌성마비아동의 외모만 보고 지적장애라고 추측하는 경향이 있는데 이 것은 잘못된 생각이다. 그럼에도 불구하고 정상적 지능곡선에서 이들 아동의 지적장애 발생률이 평균보다 확실하게 높게 보이는 것은 사실이다. 그러나 중증 지적장애가 뇌성 마비와 어떤 특별한 형태로 관련이 있다는 증거는 거의 없다.

뇌성마비아동의 말과 언어의 문제점은 상태의 복잡성을 반영한다. 지적장애의 경우 에서처럼 뇌성마비이면서 동시에 말과 언어의 문제를 가지고 있는 뇌성마비아동의 백분 율은 통계적 예측이 매우 다양한데, 조사 연구된 통계적 예측의 범위로 50~83% 정도가 언어의 문제를 가지고 있는 것으로 밝혀지고 있다(Cruickshank, 1979).

또 다른 문제점은 촉각, 통각, 압력과 온도의 감지가 둔하다는 것이다. 뇌성마비아동 은 짧은 주의집중 시간과 주의산만 같은 지각적 장애들로 고통을 받는다(Thompson, 1984). 이러한 문제가 있으면 15~20%의 아동들은 어떤 특별한 학습장애 유형을 가지게 될 것으로 판단된다.

뇌성마비아동이 직면하는 또 다른 추가적 문제는 경련성 질환과 관련된다. 이러한 경 련성 질환을 겪고 있는 뇌성마비아동의 절반 정도가 뇌전증으로 고통을 겪고 있다. 이러 한 것은 대부분의 반신불수자와 사지마비자에게서도 공통적이다.

수반되는 장애의 수가 가리키는 것처럼 뇌성마비는 매우 복합적이면서도 신체적·정 신적 장애가 매우 심한 장애다. 그러나 모든 뇌성마비아동이 이 모든 종류의 장애를 추가 적으로 겪는 것은 아니다. 보통 제한적이고 일정한 부분에만 뇌손상을 입은 아동은 넓은 부분 뇌손상을 입은 아동보다 수반되는 장애의 수가 적으며 그 정도도 덜하다.

(2) 이분척추

① 이분척추의 정의

이분척추(spina bifida)는 척추가 완전하게 폐쇄되지 아니하여 생기는 선천성 중앙선 결함(midline defects)이다. 전문적으로 이분척추라는 용어는 척수(spinal cord)를 보호하 고 있는 척추골(vertebrae)의 뼈아치(bony arch)에 결함이 있음을 말한다. 이 결함은 척추 의 상부와 말단 사이 어디에서나 나타날 수 있다. 척추가 폐쇄되지 아니하였기 때문에 척수가 삐져나와 신경 손상과 마비를 일으키고 결함이 있는 쪽 밑에서 기능장애를 일으 킬 수 있다.

이분척추의 원인은 아직까지 명확히 알려지지 않고 있는데, 병인론적으로는 유전적인 것과 환경적인 요소가 혼합되어 있다고 여겨진다. 그리고 최근 한 이론에서는 이분척추가 임신의 시기와 환경적 요소들의 상호작용일 것이라고 가정되기도 하였다.

② 이분척추의 출현율

이분척추의 출현율은 각 나라, 지역마다, 심지어 제한된 특정 지역 내에서도 다양하게 나타난다. 전 세계적으로 이분척추는 1,000명당 0.1~4.13명의 출현율을 보인다.

이분척추는 가계의 유전적 경향이 약간 있다. 만약 한 아이가 이분척추로 태어났다면 형제자매가 이분척추를 가질 확률은 4~5% 정도다. 이것은 사회경제적으로 낮은 계층에서 보다 자주 나타나고 남성에게서 보다 빈번하게 발생한다.

③ 이분척추의 발달결과

잠재성 이분척추아동 또는 수막류 아동은 정상적으로 성장할 수 있을 것이다. 그러나 척수수막류 아동은 성장·발달을 방해하는 신경학적인 손상으로 고통받는다. 가장 뚜렷한 신경학적인 손상은 하반신마비로 신체 보장구와 목발, 보행기 또는 휠체어의 사용이 불가피하다.

이분척추는 추가적인 장애가 없으면 학습능력에는 문제가 없다. 잠재성 이분척추를 가진 아동은 정상적인 지능을 가지며 정규 학교에도 잘 적응한다. 수막류를 가지고 태어난 아동도 특히 수막류가 어떤 뇌수종도 수반하지 않는다면 정상적인 지능을 가질 것이다. 척수수막류를 수반한 이분척추아동은 일반적으로 경도 지적장애 범위에 해당하는 평균 이하의 IQ를 나타낸다.

지각과 인지적 기능장애는 특히 뇌수종을 동반한 이분척추아동에게서 널리 나타난다. 이들은 읽기, 쓰기, 수학에서 일반아동보다 낮은 성적을 보인다.

많은 이분척추아동은 학교 내에서 장소의 이동에 어려움을 겪는다. 또한 수술, 의학적 진료, 치료를 받기 위하여 학교에 장기적으로 결석을 하여 학업에 많은 희생이 따를 수도 있다. 만약 학교 시간에 많은 결손이 있으면 병원이나 가정에서 교육이 이루어져야 한다.

척수수막류 아동은 감각이 부족하고 방광과 창자괄약근의 조절능력이 부족하다. 학습에 어려움이 없음에도 불구하고 실상은 그들의 학교생활에 사회적·물리적 장벽이 있다. 요실금을 보이는 아동은 성숙함에 따라 그들의 상태에 대처하는 법을 배운다. 즉, 그들은 방광을 배수하는 법과 3~4시간마다 스스로 도뇨관(catheterize)을 끼우는 법을 배운다.

④ 추가적 장애상태

이분척추는 하나의 독립된 질환임에도 불구하고 척수수막류 이분척추아동의 80% 정도가 뇌수종을 앓고 있다. 이 두 가지 병이 겹침으로써 그 수가 엄청나게 증가한다. 뇌수종에 의한 뇌의 손상, 이분척추에 의한 척추조직의 손상이 중복장애를 만들어 내는 것이다.

(3) 뇌수종

뇌수종(hydrocephalus)은 뇌척수액이 흐름의 방해를 받아 뇌에 과다 축적되어 일어나는 병이다. 대개 뇌척수액은 뇌실에서 계속 생산되며 지주막하라 불리는 뇌막의 두 층 사이의 공간과 뇌실을 지나며 순환한다. 흐르는 액이 크게 팽창되어 밀폐된 공간에 뇌척수액이 축적되면 뇌와 두개골이 압력을 받게 된다. 두개골에 가해진 압력은 뼈를 약하게 하고 두개골의 봉합선을 분리시킨다. 그 흐름은 또한 뇌조직에 압력을 가해 뇌조직에 염좌 및 신경이 죽게 되고 손상이 커진다.

어떤 경우에는 뇌수종의 진행이 저절로 억제되기도 하지만, 반대로 진행이 계속되어 두개골에 압력을 증가시키기도 한다. 뇌척수액의 축적이 진행되면서 여러 영역에 장애가 발생하게 된다. 정신지체가 주된 후유증이기 때문에 뇌수종은 정신지체의 임상적인 한 형태에 속한다. 다른 후유증으로 운동장애, 발작, 심지어 사망에까지 이른다.

1950년대 이전에는 뇌수종에 대한 효과적인 처방이 없었다. 1952년 엔지니어인 홀터(Holter)가 과도한 뇌척수액을 빼내어 뇌의 압력을 감소시키는 분로관(shunt tube)을 발명하였다. 이는 플라스틱 관과 중간 밸브를 심장이나 복부 사이에 넣어 조절하는 것으로 뇌척수액이 일정한 압력이 되면 흘러나오게 만든 기구다. 홀터의 발명 이후 뇌수종아동은 많은 장애를 줄일 수 있게 되었다.

(4) 진행성 근이영양증

진행성 근이영양증(muscular dystrophy)은 근이양증, 근위축증이라고도 하며 점차적으로 근육이 힘을 잃어 가는 질병이다. 듀센형 진행성 근이영양증(Duchenne Muscular Dystroph: DMD)은 열세 가지의 진행성 근이영양증 중 가장 흔한 것이다. DMD는 여아보다는 남아에게서 (3,500명의 남아 신생아 중의 1명) 훨씬 더 빈번하게 나타난다. 대개 2~5

세에 근육의 위축이 나타나며, 진행성 근이영양증 아동은 달리거나 계단을 오르는 데 어려움을 겪게 되며, 배를 앞으로 내밀고 등이 움푹 들어간 이상한 자세로 걷는다. 대개 진행성 근이영양증 아동의 위축된 부위의 하지 근육은 지방조직에 의해 대체되기 때문에 상대적으로 비대해진다.

진행성 근이영양증 아동은 눕거나 앉은 자세에서 일어서는 데 곤란을 나타내며 쉽게 넘어질 수 있다. 그들은 10~14세에 이르면 걸을 수 없게 된다. 대개 마지막에 손과 손가락의 소근육의 기능이 상실된다. 의사와 치료사들은 가능한 한 오랫동안 그들의 보행이 가능하도록 특수 브레이스나 다른 여러 가지 보조기구의 사용을 제안한다.

불행하게도, 진행성 근이영양증의 치료법은 아직 알려져 있지 않으며 대부분의 경우에 이러한 질환은 치명적으로 진행된다. 이 질환에 대한 대처법은 손상되지 않은 근육의 기능을 가능한 한 오랫동안 유지하고 보존하도록 하는 것, 아동과 가족이 질병으로 인한 활동의 제약을 잘 극복하도록 정서적인 지원을 제공하는 것 등이다(Hill, 1999). 진행성 근이영양증 아동은 규칙적인 물리치료, 운동, 적절한 보조기구 사용 등을 통하여 장기간 독립심을 유지할 수 있으므로 가능한 한 활동적으로 움직일 수 있도록 격려해야 한다. 한편 교사는 이러한 아동이 가벼운 자극에도 사지가 탈구될 수도 있는 점에 유의하여 아동의 이동을 보조할 경우 팔을 잡고 들어 올리지 않도록 주의해야 한다.

(5) 척수손상

척수손상(spinal cord injuries)은 대개 관통상(예: 권총 부상), 척추의 확장(예: 자동차 사고로 인한 목뼈의 골절), 척추의 골절 혹은 척수의 압박(예: 교통사고) 등에 의해 야기되는 척수기능 장애를 의미한다. 교통사고, 운동 중 부상, 폭력 등이 학령기 아동의 척수손상의 가장 흔한 원인이다. 척수장애는 일반적으로 손상 위치를 지적하는 문자나 숫자로 나타낸다. 예를 들어, C5~6손상이란 차량 충돌에 의한 목뼈 부상과 다이빙 혹은 트램펄린에 의한 사고로 부상당하기 쉬운 목 부위의 5번째와 6번째의 경추 부분에 발생한 손상을 의미한다. 그리고 T12는 12번째 흉추 부위, L3은 3번째 요추(등 아래쪽) 부위의 손상을 의미한다.

일반적으로 감각마비와 감각상실은 손상된 부위의 하부에서 일어난다. 척추의 상부에 손상을 입었거나 척수의 많은 부위에 손상을 입을수록 마비는 더 심각하게 된다(Hill, 1999). 척수손상아동은 보통 휠체어를 이용하여 이동한다. 전동식 휠체어(motorized wheelchairs)는 가격이 비싸기는 하지만 사지마비아동에게는 추천할 만하다. 반면에 하지마비아동은 수동식 휠체어(self-propelled wheelchairs)를 사용하는 것이 좋다. 사지마비아동은 정상적인 호흡을 조절하는 가슴 근육이 손상되어 심각한 호흡곤란을 가질 수 있다. 이들 아동의 대부분은 배뇨와 소화 기능에 문제를 가지며, 개인위생 유지와 감염 및 욕창 방지를 위한 프로그램을 필요로 한다.

척수손상을 입은 학생을 위한 재활 프로그램은 보통 자발적 움직임과 독립적인 생활을 위한 보조기구 사용을 가능하게 하는 물리치료와 갑작스러운 장애에 적응하도록 도와주는 심리적 지원에 참여하도록 하는 것이다. 보조교사와 동료들의 도움이 있다면 신체가 마비된 학생은 학교 프로그램에 완전하게 참여할 수 있다.

(6) 사지결손

사지결손(limb deficiency)은 팔이나 다리의 전체 혹은 부분 부재를 의미한다. 선천적 사지결손은 2만 명 중 1명 정도로 드물게 발생한다. 후천적 사지결손(사지절단)은 수술이나 사고로 인하여 나타날 수 있다. 인공보철(prosthesis: 인공적 사지 또는 의수족)은 보통 신체의 균형을 적절히 유지하게 하며, 아동이 다양한 과제에 참여할 수 있도록 해 주고, 보다 정상적인 외모를 형성하도록 한다. 그러나 일부 학생 또는 그들의 부모들은 인공보철의 사용을 선호하지 않아서 그들의 잔존사지를 사용하는 데 상당히 익숙하게 된다. 예를 들어, 두 팔을 잃어버린 아동은 발로 쓰고, 먹으며, 작업과제를 수행할 수 있도록 학습한다. 그들은 어떤 물체나 사람과 접촉할 때 인공보철을 사용하는 것보다 자신의 잔존사지를 사용할 때 훨씬 더 좋은 느낌을 가진다. 만약 아동이 사지결손 외에 다른 손상이 없다면 특별한 수정 없이 일반학급에서 활동할 수 있도록 해야 한다. 그 성공의 예로 『오체불만족』이라는 자서전을 통해 세계적으로 널리 알려진 오토다케 히로타다가 있다.

2) 외상성 뇌손상

(1) 외상성 뇌손상의 원인

일반적으로 뇌손상은 아동·청소년에게 보편적인 일이다. 통계에 따르면, 매년 500명의 취학아동 중 1명이 두부의 외상으로 병원에 입원하며, 30명 중 1명이 15세까지 심각한 뇌손상을 가지며, 1만 명 중 1명이 뇌손상으로 인해 사망한다. 외상에 의한 뇌손상은 아동의 가장 주요한 사망 원인이며, 두 번째 사망 원인인 백혈병보다 5배나 더 많이 발생한다. 뇌손상은 자동차, 오토바이, 자전거 사고, 추락, 폭행, 총상, 아동학대 등에 의해 발생한다.

심한 외상성 뇌손상은 종종 혼수상태, 즉 장기간의 외부적인 자극으로도 깨울 수 없는 비정상적인 혼수상태를 나타낸다. 일시적이거나 지속적인 증상으로는 인지와 언어 장애, 기억상실, 뇌졸중 그리고 감각마비가 있다. 뇌손상을 입은 사람은 과도한 공격성부터 무감각에 이르기까지 부적절하거나 과장된 행동을 보일 수 있다. 뇌손상을 입은 아동은 새로운 정보에 집중하거나 그 정보를 기억하는 데 어려움을 겪을 수도 있다.

(2) 외상성 뇌손상으로 인해 나타날 수 있는 증상

① 신체적 · 감각적 변화

- 만성적 두통, 졸음, 주의 산만(light-headedness), 구토
- 시각손상(예: 상의 겹침, 시야의 결함, 흐릿함, 빛에 민감함)
- 청각손상(예: 소리에 대한 민감성의 증가)
- 미각, 촉각 및 후각의 변질
- 수면 문제(예: 불면증, 낮/밤의 혼동)
- 스트레스 관련 장애(예: 우울증)
- 체온조절 기능의 저하
- 빈번한 뇌졸중
- 조절능력과 균형감각의 저하
- 운동수행 능력과 움직임의 정확성 결여

② 인지의 변화와 학업능력 문제

- 토론, 수업발표, 노트 필기와 같은 수행의 문제점
- 즉흥적으로 과제에 집중하거나 참여하는 데의 문제점(예: 산만함, 혼란스러움)
- 전환의 문제점(예: 가정에서 학교로, 교실에서 다른 교실로, 분수에서 십진법으로의 전환)
- 작업과 환경을 조직하는 능력 부재(예: 교재, 숙제, 식사에 집중함에 있어서의 문제점)
- 계획, 조직, 과업과 활동을 조정하는 문제점
- 과도한 잡념(예: 다른 학생과 한 교실에서 시험 치를 수 없을 정도)
- 집착하는 경향, 생각에서의 유연성 결여
- 구어를 수용하는 능력의 손상(예: 지시를 따르지 못하는 어려움, 말에 대한 오해)
- 말의 억양이나 비언어적인 단서를 인식하는 데 있어서의 어려움

- 독해능력의 손상
- 구어 또는 문어의 표현에서의 손상(예: 실어증, 단어 조합의 어려움, 불분명한 발음, 느린 발화, 철자나 구두점 찍기의 어려움)

③ 사회, 정서, 행동의 문제점
- 만성적인 혼란, 짜증, 심리상태의 불안정 또는 불안
- 공격성의 증가
- 자기 통제력의 손상, 충동 통제력의 결여, 분노 통제의 결여
- 변화를 다루는 데 있어서의 어려움(예: 완고함), 문제 해결 전략의 미숙함
- 자신의 능력을 과대평가(종종 '허풍'으로 표현)
- 자신과 타인에 대한 통찰력 저하, 판단력 저하
- 좌절 극복 능력의 저하(결여), 빈번한 성격의 분출 그리고 사건에 대한 과민반응
- 자극적이고 과격한 말과 행동
- 외부 환경으로부터의 해결방안 모색 능력 부재(종종 사회적으로 부적절한 행동을 유발)

6. 지체장애아동의 교육

지체장애아동을 위한 중재는 학문적이고 교육적인 것을 넘어 펼쳐져야 한다. 이러한 아동은 교육자, 의사, 의학전문가, 물리치료사, 작업치료사, 언어병리학자, 상담가 등으로부터의 도움을 필요로 한다. 단 한 명의 전문가로는 지체장애아동의 다양한 의학적·사회적·치료적·교육적 욕구를 효과적으로 충족시킬 수 없기 때문에 새로운 의학적 전공 분야의 진전, 발전된 소아과로 인도되는 다학문적 접근법이 발달하였다. 이상적인 진단, 치료, 상담의 프로그램은 개개 아동과 그 가족을 완벽하게 이해하고 있는 발달전문가들에 의하여 관리된다.

1) 의료적 중재

본질적으로 지체장애아동은 기본적인 의료와 치료가 필요한 상태다. 그래서 넓은 범

위의 의학적 조치는 유용하다. 다음으로 곤란을 겪는 의사소통, 이동능력, 인지적 기능 등의 영역은 교육자들과 관련이 있다. 비록 뇌성마비가 비진행성이거나 치료를 할 수 없는 상태라 하더라도 의학적 조치는 매우 중요하다.

2) 치료 및 관련 전문가

지체장애아동은 물리치료, 작업치료, 언어치료 등을 받고 있다. 최근에 뇌성마비아동이 물리치료를 받는 빈도가 증가하고 있는 실정이다. 현재 그들은 과거에는 상상도 못했던 일들을 잘 해내고 있다. 물리치료는 경련과 같은 육체적 문제들을 예방할 수도 있다. 이분척추아동은 광범위한 물리적·전문적 치료가 요구된다. 다양한 학문 간 전문가들의 팀 접근은 지체장애아동과 건강장애아동에게 특히 중요하다. 어떠한 특수아동 집단도 학교 내외에서 교사, 의사, 심리치료사 등의 다양한 전문가를 만날 필요가 있다. 왜냐하면 특수아동은 의학적·교육적·심리치료적·직업적·사회적으로 복잡하고 다양한 요구를 가지고 있기 때문이다. 따라서 교육전문가와 의료진들은 서로 개방적으로 의견을 교환하고 협력할 필요가 있다. 특수아동을 위한 간학문적 접근에 있어서 특히 중요한 두 구성원은 물리치료사와 작업치료사라 할 수 있다. 이 두 구성원은 특별한 훈련 프로그램을 마치고 엄격한 기준에 합격한 공인 건강 관련 전문가다.

(1) 물리치료사

물리치료사(physical therapists)는 운동기술, 운동 그리고 자세의 발달과 유지에 관련되어 있다. 그들은 아동의 근육조절의 강화를 돕기 위하여 특정한 운동을 처방할 수 있고, 브레이스와 같은 특수화된 장비를 효과적으로 사용할 수 있다. 아마도 이들 전문가는 물리치료 활동으로서 마사지나 처방된 운동들을 가장 흔히 사용하겠지만, 그 외에도 수영, 찜질, 음식을 먹고 배변을 위한 특별한 자세 선정, 그리고 다른 기술들도 사용할 수 있다. 물리치료사는 아동에게 가능한 한 운동 근육을 독립적으로 사용하도록 격려하며, 근육의 기능을 발달시키도록 돕고, 고통, 불편감 혹은 장기간의 지체적 손상을 경감시키도록 노력할 것이다. 그들은 또한 장애아동과 비장애아동이 함께 즐길 수 있는 운동이나 놀이 프로그램을 고안하여 적용할 수도 있을 것이다.

(2) 작업치료사

작업치료사(occupational therapists)는 자조활동, 직업, 여가, 의사소통 그리고 일상생활에 필요한 활동(예: 옷 입기, 음식 섭취, 개인적 위생건강) 등에의 아동 참여와 관련이 있다. 이들 전문가는 아동에게 개량된 컵으로 물 마시기, 단추 채우기, 신발 묶기, 물 따르기, 요리하기, 컴퓨터 키보드 다루기 등과 같은 다양한 운동행동을 학습 또는 반복 학습하도록 돕는다. 이러한 활동들은 아동의 신체적 발달, 독립심, 직업적 능력 그리고 자아개념을 강화시킬 수 있다. 작업치료사는 특별히 제작된 평가를 수행하며, 부모와 교사들에게 보조기구, 교재, 그리고 집이나 학교에서의 활동들을 효과적으로 사용할 수 있는 방법들을 제공한다. 또한 그들은 아동이 교육 프로그램을 수행한 이후에 일을 할 기회를 찾고 독립적인 삶을 영위할 수 있도록 직업재활 전문가들과 협력한다.

(3) 언어병리 전문가

언어치료, 언어중재, 구강운동의 조정(예: 씹기와 삼키기), 보완대체 의사소통 서비스를 수행한다.

(4) 의수족 제작 전문가

인공적인 팔다리를 만들고 맞추는 일을 수행한다.

3) 공학적 중재

지체장애아동은 휠체어, 목발, 부목 그리고 서기 위한 탁자와 같은 기술적인 기구들의 도움이 필요하다. 휠체어를 사용하는 아동은 위치를 정하거나 이동하는 데 도움이 필요하며, 교사는 이러한 기술들을 배워야만 한다. 교사는 휠체어로 이동할 때 늘 일어나는 일들을 이야기해 주어야 한다. 휠체어의 교실에서의 배치 또한 중요하다. 예를 들면, 이분척추아동은 뜨거운 난방기구 근처에 앉게 해서는 안 된다. 왜냐하면 그들은 뜨거움을 느낄 수 없으므로 화상을 입을 수도 있기 때문이다.

제대로 명확한 발음을 하는 데 곤란을 느끼는 아동은 말을 하는 데 대용물로서 장치들이 필요할지 모른다. 알아듣게 이야기할 수 없거나 손으로 물건을 다룰 수 없는 아동은 보조기기를 통해 충분한 도움을 받을 수 있다.

음식을 먹고, 옷을 입고, 이를 닦는 일을 도와주는 특별히 고안된 장치들은 일상생활에 널리 도움을 준다.

4) 교육적 중재

과거에는 지체장애아동에 대한 고려가 비교육적 내용 주변을 맴돌았다. 광범위한 능력과 잠재력이 있어 교육적인 욕구를 가지고 있으며 교실수업에 참여하는 데 있어 정상아동과의 차이가 전혀 없음에도 불구하고, 지체장애아동은 대부분이 특수학교나 특수학급에 배치되었다. 이는 그들의 학습능력 때문이 아니라 많은 학교에 물리적 구조물의 변경, 기술장비 그리고 그들을 돌보고 교육할 교사가 갖추어져 있지 않기 때문이다. 아이들을 한 장소에 모으고 임상치료사, 교사 그리고 조치 전문가들을 그 학생들에게 데려가는 것이 더욱 경제적으로 보였다. 게다가 이동하는 데 어려움이 있는 아동을 위해서 학교 내 모든 건물을 개조하기보다는 장애물이 없는 건물 하나를 세우는 것이 더 경제적이라는 것이었다. 그러나 최근 몇 년간 지체장애아에 대한 사회 전체의 경향이 의학적 진보와 기술 향상 그리고 태도의 변화 덕분에 많은 변화를 가져왔다.

진단상의 범주와는 상관없이, 지체장애아동은 일반아동과 같은 욕구와 요구를 가지고 있다. 신체적 장애만이 특수학급의 배치 이유가 되는 것은 아니다. 신체장애가 있는 아동은 장치(휠체어 등의 기구)에 적절히 적응하기까지 특별한 도움이 필요할지 모른다. 하지만 그들은 또래와 같은 교육과정의 경험을 하는 것이 유리할 수 있다. 어떤 아동은 특별한 도움이 주어진다면 정규학급에 통합이 가능하다. 오늘날 특수학급에 배치된 대부분의 학생은 지각력, 인지력, 언어 등에서 더 많은 문제를 가지고 있다.

자체장애아동에 대한 특별한 교육과정은 없지만, 정규교육과정에서 추가적으로 자립 기능, 보행훈련, 여가선용 기능과 정확한 발음훈련, 직업 전 기능의 강조 등이 필요할 것이다. 이들은 비록 특별한 의사소통 기구를 사용하는 등의 교수방법에 대한 적응이 요구되지만 그들의 또래들이 학습하는 것을 학습할 수 있을 것으로 기대된다. 또한 교실활동의 모든 것에 참여할 수 있을 것으로 기대된다. 특히 휠체어를 사용하는 학생에게 불필요한 경험의 박탈이 일어날 수 있다. 부모나 교사의 과잉보호가 이러한 아동의 경험의 박탈을 야기한다. 교사는 이러한 아동에 대한 과잉보호와 건강한 또래 학생에게 의존하는 경향의 발생을 경계해야만 한다.

5) 교사가 유의할 사항

지체장애아동에게 환경과 시설을 그들이 사용하기 편리하게 배려하는 것은 중요하다. 왜냐하면 이러한 배려가 지체장애아동이 학교에서 더욱더 안전하고 독립적으로 참여하도록 하기 때문이다. 환경을 개조하는 일에는 수업이 잘 전달될 수 있는 방법을 제공하는 것, 그리고 과제의 수행방법을 변화시킴으로써 학업이나 활동에 더 쉽게 접근하도록 하는 것을 포함한다. 장벽이 없는 건물은 지역사회의 건물과 서비스에 보다 근접하게 만드는 환경 개조의 가장 대표적이고 보편적인 유형이지만, 몇 가지 환경의 배려는 비용을 거의 들이지 않고도 가능하다. 예를 들면 다음과 같다.

- 휠체어를 탄 학생이 사용할 수 있도록 정수기 근처에 종이컵을 제공하는 용기를 설치하기
- 지체장애아동을 위하여 학교 건물 내에 쉽게 접근할 수 있는 공간으로 교실을 옮기거나 활동을 할 수 있게 하기
- 적은 힘으로 쓰기가 가능한 부드러운 펜을 제공하기
- 정교한 운동조절이 제한된 학생이 한 번에 하나의 컴퓨터 키를 누르는 것이 가능하도록 머리에 장착 가능한 포인터 스틱(head-mounter pointer stick)과 보조 키보드(keyboard guard)를 제공하기
- 휠체어를 사용하거나 키가 작은 학생을 위하여 높이 조정이 가능한 책상과 탁자 제공하기
- 손이 닿지 않는 높이에 설치된 버튼이나 엘리베이터 조작판을 사용할 수 있도록 보조 막대기 제공하기
- 말로 반응하는 것 대신에 문자로 반응하는 것이 가능하도록 또는 그 반대의 반응이 가능하도록 반응 형태를 수정하기 등(김진호 외 공역, 2002).

6) 통합교육에 대한 교사의 태도

지체장애아동의 통합교육에서 수용은 가장 기본적인 요구사항이다. 지체장애아동에게 부모, 교사, 학급 또래 그리고 주변 사람들이 어떻게 반응하는가는 장애 자체만큼이나 중요하다. 지체장애아동에게는 과도한 연민이나 동정, 과잉보호가 오히려 해로울 수

있다. 그들은 다른 사람들로부터 거부당하거나 뚫어지게 응시당하기도 하고, 비장애아동과 같이 활동하는 곳에 참여하지 못하기도 한다. 부모를 대상으로 인터뷰한 연구에서 365명의 만성질환을 앓는 아동의 부모들의 약 1/3(34.5%)은 만성질환을 앓고 있는 아동에 대한 특정한 차별대우를 경험하였다고 보고하였다. 이 연구는 학교에 국한하지는 않았지만, 부모들에 의해 제기된 문제의 절반 이상(55%)이 학교에서 발생했다. 두 번째 일반적인 차별은 학급 또래에 의한 것(36%)이었다(Turner-Henson et al., 1994).

모든 지체장애아동은 그들의 장애나 건강상태에 상관없이 자기존중감을 가지고 가정, 학교, 지역사회의 활동에 참여할 필요가 있다. 그러기 위해서 교사는 지체장애아동과 만성적 건강장애아동들을 장애를 가진 경우로 보기보다는 오히려 가치 있고 전인적인 사람으로 수용하고 효과적으로 대처해야 한다. 교사는 그 아동 자신 및 지체상태에 대해 긍정적이면서도 현실적인 견해를 가지도록 격려해야 한다. 그리고 아동이 성공감, 성취감 그리고 때때로 실패감을 경험하도록 해야 한다. 그들은 아동에게 그들의 지체결함을 극복하고 독특한 개인으로서 성장할 수 있는 능력을 가지고 있다는 것을 깨닫게 하고 가능한 한 장애와 맞서도록 도와주어야 한다.

지체장애아동에게는 가능한 한 많이 독립적인 행동을 하도록 격려해야 한다. 그러나 그들은 특정한 시간이나 장소에서는 다른 사람의 도움과 의존의 필요성을 느낀다. 교사는 이들이 효과적으로 장애에 대처하고, 현실적인 목표를 설정하도록 하며, 도움이 필요할 때 도움을 제공해야 한다.

교실은 장애아동을 통합하고 지체장애아동의 이해와 수용을 격려하고 장애에 대해 토론할 수 있는 유용한 장소가 될 수 있다. 교사는 비장애아동에게 시뮬레이션이나 역할활동 등을 통해서 장애를 체험토록 유도할 수도 있다. 예를 들어, 학급 또래는 지체장애를 가진 학급 친구의 장애와 장애물들에 대한 인식을 개선하기 위하여 휠체어, 브레이스, 클러치 등을 사용할 기회를 가질 수 있다. 교사는 학생들에게 함께 작업할 것이 요구되는 과제를 선택함으로써 경쟁보다는 협동 작업을 강조해야 한다. 교사는 지체장애아동이 다른 아동의 놀림감이 되지 않도록 격려하는 것이 중요하다. 또한 사실적인 정보를 제공하는 것은 지체손상에 대한 일반적인 이해를 구축하는 데 도움을 줄 수 있다. 학급 친구는 정확한 용어의 사용을 배우고, 필요할 때 올바른 도움을 제공해야 한다.

7) 기타 건강 관리

(1) 적절한 자세 유지 및 자리 앉기

적절한 자세 유지와 운동은 근육과 뼈의 발달을 도와주고 건강한 피부를 유지하게 해준다. 또한 건강에 관련된 문제인 자세 바로잡기는 지체장애아동에 대한 다른 사람들의 인식과 수용에도 영향을 미칠 수 있다. 간단한 조정만으로도 지체부자유 아동의 외모, 안락감 그리고 건강 증진에 기여할 수 있는데, 그 이점은 다음과 같다.

- 좋은 자세는 신체의 정렬과 최적의 지지를 유발한다.
- 안정적인 자세는 상체의 사용을 원활하게 한다.
- 안정적인 자세는 신체적 안전감을 증진시킨다.
- 좋은 자세는 신체의 변형을 예방할 수 있다.

(2) 적절하게 자리에 앉기

적절하게 자리에 앉는 행동은 나쁜 혈액순환, 근육긴장과 욕창(pressure sores)을 제거하는 데 도움이 되며 원활한 소화, 호흡 그리고 신체발달에 도움을 준다. 주의사항은 다음과 같다.

- 얼굴은 중간으로 위치하게 하고 앞을 보도록 한다.
- 어깨는 가운데로 두고 구부리지 않도록 한다.
- 몸통은 중앙에 위치하도록 하고, 정상적인 척추 휨을 유지하도록 한다.
- 자세는 자주 바꾸어 주어야 한다.
- 좌석 벨트, 휠체어의 앞부분 또는 다리 분리대, 어깨 띠와 가슴 띠는 몸통의 지지와 똑바른 자세를 위해 필요하다.
- 골반의 위치: 엉덩이를 가능한 한 의자 뒷부분에 두고, 양쪽 엉덩이 부분에 균등하게 무게를 분배한다.
- 발 위치: 두 발은 땅이나 휠체어 발판에 고정한다.

8) 보조공학의 활용

(1) 보조공학의 정의

미국 「장애인교육진흥법(IDEA 2004)」에서는 보조공학을 "상업적으로 구입하든, 변경하든, 최적화시키든 간에, 장애를 가진 개인의 기능적인 능력을 고양시키거나 유지하는 데 사용되는 모든 아이템, 장비 혹은 생산체제"로 정의한다. 장애를 가진 사람이 사용하는 보조공학의 유형은 대개 장애를 가지지 않은 사람이 사용하는 것들과 같다. 예를 들면, 비장애인이 사용하는 휘어지는 음료 빨대는 마시기 위한 목적으로 사용되는 편리한 물품이다. 음료를 마시기 위하여 컵을 잡을 수도 없고 기울일 수도 없는 지체장애아동의 경우에도, 그 빨대는 다른 사람의 도움 없이 기능적인 일상생활 기술을 용이하게 해 준다. 편리한 공학으로서 많은 사람에 의해 사용되는 휴대용 리모컨은 TV나 VCR을 방 어디에서든지 작동할 수 있도록 한다. TV나 VCR에 걸어가고 손으로 선택하도록 하는 것에 대한 대안물인 것이다. 장애아동의 경우에도 리모컨은 현대의 편리함에 없어서는 안 될 필수품이 될 수 있다.

(2) 이동장치

휠체어로 대표되는 이동장치는 보행이 불가능하거나 힘든 지체장애아동에게 필수적인 보조공학 도구가 되었다. 휠체어 장치의 발달은 수동 휠체어를 더 가볍고 강하게 만들었으며, 전동 휠체어는 야외에서 더 잘 사용하도록 만들어졌다. 또한 물리적 환경의 개선으로 휠체어 사용자는 멀리 떨어져 있는 곳을 찾아가 주변환경과 직접적인 접촉을 할 수 있게 되었다.

(3) 의사소통 장치

지체장애로 인해 명확하게 말을 할 수 없는 아동은 의사소통을 위한 새로운 공학적 보조기구들을 점점 더 많이 사용하고 있다. 말을 할 수는 있지만 제한된 운동기능을 가지고 있는 학생들의 경우, 목소리를 입력하고 출력하는 제품을 이용하여 컴퓨터를 사용할 수 있다. 이러한 기술의 발달은 지체손상을 가진 학생이 다른 사람과 의사소통하고 폭넓은 교수 프로그램에 참여하도록 한다.

원격통신(telecommunication)공학은 지체장애를 가진 많은 사람이 그들의 세계를 넓히고 정보와 서비스를 얻고 새로운 사람들을 만나는 데 사용된다. 전자메일(e-mail)과 스마

트폰을 통한 소셜 미디어(social media)는 장애를 가진 성인이 다른 사람과 의사소통하고 새로운 친구를 만나며 인간관계를 형성하고 유지하는 데 폭넓게 사용된다.

- 특수교육에 있어 지체장애를 지닌 특수교육대상자란 기능·형태상 장애를 가지고 있거나 몸통을 지탱하거나 팔다리의 움직임 등에 어려움을 겪는 신체적 조건이나 상태로 인해 교육적 성취에 어려움을 있는 아동을 의미하며 미국에서는 정형외과적 장애로 표현된다.
- 지체장애는 일반적으로 원인 질환, 장애 정도, 뇌 손상 유무를 기준으로 분류하며, 우리나라 특수교육학회는 신경성 증후군과 운동기 증후군으로 구분하고 있다.
- 법률적으로 지체장애아동의 진단 및 판별을 위해서는 기초학습기능검사 및 시력검사를 실시하여야 하며, 각종 선별도구 및 평가도구 등을 부가적으로 이용할 수 있다.
- 전체 특수교육대상자 중 지체장애아동이 차지하는 비율은 2015년 현재 12.6%로 지적장애, 자폐성 장애에 이어 세 번째로 많은 비중을 차지한다. 지체장애아동들은 주로 일반학교의 특수학급 및 특수학교에 배치되어 있어 일반학급으로의 배치가 다른 장애 영역에 비해 다소 늦은 편이다.
- 지체장애 특수학교에 재학 중인 학생들 중 가장 많은 비중을 차지하는 뇌성마비장애아동은 운동장애를 주장애로 하며 경직형, 무정위운동형, 강직형 등의 장애 종류나 정도에 따라 팔과 다리의 마비를 지니기도 하며, 언어장애를 수반하기도 한다. 척추가 완전하게 폐쇄되지 않아서 생기는 이분척추는 추가적인 장애가 없으면 학습능력에는 문제가 없으나 뇌수종을 동반한 아동의 경우는 지각과 인지적 기능의 장애로 일반아동에 비해 낮은 학업성취도를 보일 가능성이 있다.
- 각종 사고로 인해 외상성 뇌손상은 아동의 주요 사망원인인 동시에 일시적 혹은 지속적으로 인지와 언어 장애 그리고 기억상실 등의 증세를 나타낸다. 뇌 손상을 입은 아동들은 새로운 정보에 집중하거나 해당 정보를 기억하는 데 어려움을 겪을 수 있다.
- 지체장애아동의 교육을 위해서는 교육적·의학적·언어적·심리적 접근을 동시에 필요로 한다. 뿐만 아니라 아동들의 신체적 결함으로 인해 발생하는 학습상의 문제를 해결하기 위해서는 공학적 중재가 수반되어야 한다. 교사는 지체장애아동들의 건강관리뿐만 아니라 환경과 시설을 편리하게 사용할 수 있도록 배치하거나 조정함으로써 불편을 최소화하고 교과내용과 기능적 기술을 습득할 수 있도록 주의를 기울여야 한다.

참 · 고 · 문 · 헌

교육과학기술부(2011). 특수교육 연차보고서. 서울: 교육과학기술부.

교육과학기술부(2012). 특수교육 연차보고서. 서울: 교육과학기술부.

교육부(2013). 특수교육 연차보고서. 서울: 교육부.

교육부(2014). 특수교육 연차보고서. 서울: 교육부.

교육부(2015). 특수교육 연차보고서. 서울: 교육부.

김진호, 박재국, 박명애, 안성우, 유은정, 윤치연, 이효신 역(2002). 특수교육학개론. 서울: 시그마프레스.

이소현, 박은혜(2011). 특수아동교육(3판). 서울: 학지사.

정보인, 정민예, 안덕현(2000). 뇌성마비 영유아 바로 키우기. 서울: 교육과학사.

정재권, 김중선, 곽승철(2000). 뇌성마비아의 자세지도. 경북: 대구대학교 출판부.

정재권, 안병즙(2001). 지체부자유아 심리이해. 서울: 학지사.

한국특수교육학회(2008). 특수교육대상자 개념 및 선별기준. 충남: 한국특수교육학회.

Batshaw, M. L. (1997). *Children with Disabilities* (4th ed.). Baltimore: Bookes.

Bigge, J. (1991). *Teaching individuals with physical and multiple disabilities* (3rd ed.) New York: Merrill.

Cruickshank, W. (1979). Myths and realities in learning disabilities. In A. Lane (Ed.), *Readings in human growth and development of the exceptional individual.* Connecticut: Special Learning Corporation.

Hill, J. L. (1999). *Meeting the needs of students with special physical and health care needs.* Upper Saddle River, NJ: Merrill/Prentice hall.

Nechring, W. M., & Steele, S.(1996). Cerebral Palsy. In P. L. Jackson & J. A. Vessey (Eds.),

Primary care of the child with a chronic condition (2nd ed., pp. 232-254). St. Louis: Mosby.

Parette, H. P. (1998). Assistive technology effective practices for students with mental retardation and developmental disabilities. In A. Hilton and R. Ringlaben (Eds.), *Best and promising practices in developmental disabilities* (pp. 205-224). Austin, TX: PRO-ED.

Smith, S. W., & Farrell, D. T. (1993). Level system use in special education: Classroom intervention with prima facial appeal. *Behavioral Disorders, 18*, 251-264.

Thompson, M. (1984). *Developmental dyslexia.* London: Edward Arnold.

Turner-Henson, A., Holaday, B., Corser, N., Ogletree, G., & Swan, J. H. (1994). The experiences of discrimination: Challenges for chronically ill children. *Pediatric Nursing, 20*, 571-577.

Whaley, L. F., & Wong, D. L. (1995). *Nursing care of infants and children* (5th ed.). St. Louis Mosby.

Chapter 07

정서 · 행동장애아동의 교육

이륵(李玏, 1600∼1673)은 조선 제14대 왕인 선조와 후궁 온빈 한씨 사이에서 둘째 아들로 태어났다. 선조의 11번째 왕자로, 경평군(慶平君)으로 칭한다. 정화옹주와 친남매지간이며 같은 어머니에게서 형 흥안군과 동생 영성군을 두고 있다. …기록을 보면, 경평군은 정신병을 갖고 있었다. 경평군 이륵의 나이 9살에 아버지 선조가 세상을 떠난 후부터 그의 광질(狂疾), 즉 정신장애가 시작되었다고 한다. '미칠 광(狂)' 자와 '병(病)' 자를 써서 광병(狂病)으로 기록된 경평균의 질병은 정신분열증에 해당하는 정신장애이다. …정신장애를 지니고 있던 경평군은 젊은 시절부터 성격과 행동이 왕자라는 신분에 걸맞지 않을 정도로 사납고 막된 성향을 보여 주었다. …왕자의 신분임에도 경평군은 흥안군과 함께 사대부, 여인 등에게 행패를 부리고 사람들을 놀라게 하여 피해를 주었다. …경평군의 패악에 신하들은 그의 벼슬과 품계를 빼앗고 벼슬아치 명부에서 제할 것을 요구했다. 그러나 광해군은 "경평군은 나이가 어려서 이와 같은 것이니, 놔두는 것이 좋겠다. 어찌 삭탈까지 할 것이 있겠는가. 윤허하지 않는다." 하며 경평군의 삭탈관직을 허락하지 않았다. 광해군 시대에 일어난 경평군의 광패함은 이것으로 멈추지 않았다. 1621년 경평군은 활인서의 별제(別提)로 있던 이제인을 노비로 하여금 마구 짓밟고 몽둥이질하여 다치게 한다….

왕실의 문제아로 국법을 어기는 등 사람들에게 비난과 원성을 받았으며, 그로 인해 삭탈관직의 탄핵을 지속적으로 받았다. 그러나 광해군, 인조, 현종, 이 세 명의 왕은 그를 포용했으며 파직을 명하지 않았다. 이륵의 문제적 행동은 그가 가진 정신장애에서 연유한 것이었기에 예를 따라 파직만은 면하게 하였던 것이다. 70년의 세월 동안 사납고 막되었던 경평군 이륵의 물의를 이해할 수 있었던 것은 장애에 대한 당시의 유연한 시선이 있었기에 가능하였을 것이다.

※ 출처: 정창권, 윤종선, 방귀희, 김언지(2014). 말썽 많은 왕자 경평군 이륵. 『한국장애인사: 역사 속의 장애 인물』. 서울: 도서출판 솟대.

교실 장면에서 보면 가만히 앉아 있지 못하고 몸을 계속 움직여야 하는 아이들이 있다. 또한 정서적인 안정감을 가지지 못하고 타인에 대해 반항하거나 공격을 하는 경우도 있다. 반면에 위축되어 있어 자학하거나 또래관계를 형성하지 못하는 경우도 있다. 이런 경우 정서 · 행동적 문제를 가지고 있다고 볼 수 있다. 그러나 대부분의 아동들이 때로는 이런 정서 · 행동적 문제를 부분적으로 보인다. 그러면 정서 · 행동장애란 무엇을 의미하며 그 원인은 무엇일까? 그리고 정서장애아동들에 대해 어떤 치료와 교육이 필요한가? 이 장에서는 정서 · 행동장애의 개념, 원인 및 진단, 지도방안 등에 대해 살펴보고자 한다.

1. 정서 · 행동장애의 개념

인간은 누구나 정서를 가지고 있으나 상대방의 정서상태에 대해 정확히 파악하기가 힘들고, 정상적인 정서의 기준 또한 판가름하기가 어렵다. 일반적으로 정서란 행동에 수반되는 주관적인 감정적 경험으로, 눈에 보이지 않으므로 그 사람의 행동이나 표정 등을 통해 그 상태를 유추 해석할 수밖에 없는 주관적 심리상태다.

이처럼 정서와 행동은 분리할 수 없는 불가분의 관계를 가지고 있어 일반적으로 정서행동이라는 말을 쓰기도 한다. 그러나 인간은 자신의 내면적인 정서와 외면적인 행동이 항상 일치하지 않을 뿐만 아니라 해석하는 사람의 기준에 따라 달리 해석될 수 있다. 또한 문화권에 따라 적절한 행동기준이 다양하여 정서 · 행동장애에 대한 정의를 명확하게 내리기가 쉽지 않다.

그러나 학자 및 법적 정의를 종합하였을 때 일반적으로 정서 · 행동장애란 정서 · 행동 표현방법이 또래집단의 규준에 비해 강도나 빈도, 지속성, 상황 적합성 등의 측면에서 편향된 특성을 보이며, 자신의 의지로는 통제하기가 곤란할 뿐만 아니라 이런 특성이 지속됨으로 인해 개인적 · 사회적 적응능력에 곤란을 초래하는 상태라고 할 수 있다.

관련 법 및 학회에서 제시하고 있는 정서 · 행동장애의 정의는 다음과 같다.

1) 「장애인 등에 대한 특수교육법」의 정의

「장애인 등에 대한 특수교육법」(2007)이 제정되면서 이전의 정서장애(자폐 포함)는

'정서 · 행동장애'로 명칭이 변경되었으며, 자폐성장애는 따로 분리가 되었다. 「장애인 등에 대한 특수교육법」에서는 정서 · 행동장애를 지닌 특수교육대상자의 기준을 다음과 같이 명시하고 있다.

장기간에 걸쳐 다음 중 어느 하나에 해당하여 특별한 교육적 조치가 필요한 사람

가. 지적, 감각적, 건강상의 이유로 설명할 수 없는 학습상의 어려움을 지닌 사람
나. 또래나 교사와의 대인관계에 어려움이 있어 학습에 어려움을 지닌 사람
다. 일반적인 상황에서 부적절한 행동이나 감정을 나타내어 학습에 어려움이 있는 사람
라. 전반적인 불행감이나 우울증을 나타내어 학습에 어려움이 있는 사람
마. 학교나 개인 문제에 관련된 신체적인 통증이나 공포를 나타내어 학습에 어려움이 있는 사람

2) 미국 「장애인교육진흥법(IDEIA)」의 정의

미국 「장애인교육법(IDEA)」에서는 '심한 정서장애'라는 용어를 사용하였으나 2004년 법이 개정되면서 '정서장애'로 변경하여 사용하고 있다. IDEIA에서의 정의를 살펴보면 다음과 같다(U.S. Department of Education, 2005).

---

① 정서장애는 오랜 시간 동안 아동의 교육적 성취에 불리한 영향을 미칠 정도로 다음의 특성들 중 한 가지 이상을 보이는 상태를 의미한다.

가. 지적 · 감각적 또는 건강상의 요인으로 설명될 수 없는 학습의 어려움을 지님
나. 또래 및 교사들과 만족스러운 관계를 형성하거나 유지하는 능력의 결함을 지님
다. 일반적인 상황에서 부적절한 행동이나 감정을 나타냄
라. 일반적으로 전반적인 불행감이나 우울한 느낌을 보임
마. 개인 또는 학교 문제와 관련하여 신체적 통증이나 심한 공포감을 나타냄

② 정서장애는 정신분열증을 포함하며, 정서장애로 판명되지 않은 사회적 부적응을 보이는 아동에게는 적용되지 않는다.

3) 미국 행동장애아동협회(CCBD)의 정의

IDEIA의 정의가 모호하다는 점과 기준의 부적격성 등에 대한 비판을 들어 미국 행동

장애아동협회(Council for Children Behavioral Disorders: CCBD)에서는 다음과 같이 정의하고 있다.

---

① 학교 프로그램에서 행동이나 정서 반응이 적절한 연령, 문화 또는 인종적 규준들에 비해 너무 달라 학업, 사회성 기술, 직업 또는 개인 기술을 포함한 교육 수행에 불리한 영향을 미친다.

　가. 환경 내의 스트레스 사건에 대한 반응이 지나치게 나타난다.
　나. 서로 다른 두 장면에서 일관되게 나타나고, 적어도 이들 중 하나는 학교와 관련된다.
　다. 일반교육의 직접적인 중재에 반응하지 않고, 일반교육 중재로는 이런 아동들에게 불충분하다.

② 정서 · 행동장애는 다른 장애들과 함께 동시에 나타날 수 있다.
③ 이 범주는 ①에서 나타난 바와 같이 교육 수행에 불리하게 영향을 미치는 정신분열증, 주의력결핍 과잉행동장애, 불안장애, 기타 품행이나 적응 장애를 지닌 아동이나 청소년이 포함될 수 있다.

2. 정서 · 행동장애의 분류

정서 · 행동장애는 기준에 따라 다양한 유형으로 분류할 수 있으나, 일반적으로는 내재화 장애와 외재화 장애로 대별할 수 있다.

● 내재화 장애: 자신의 내면으로 정서를 지향하여 갈등을 일으킴으로써 자기 상해를 일으키는 것으로, 우울장애와 불안장애 등이 속한다.
● 외재화 장애: 정서를 외부로 지향하는 반사회적 행동으로 인해 타인에게 손상을 일으키거나 대인관계의 결함을 가져오는 것으로, 주의력결핍 과잉행동장애와 품행장애 등이 속한다.

또한 아동의 어떤 행동특성들은 함께 발생하는 것으로 간주하고 임상관찰에 의거하여 분류하는 질적 분류체계와 통계적으로 상관관계가 있는 행동들을 특정 행동 범주로 제시하는 양적 분류체계가 있다. 대표적인 질적 분류체계인 『정신장애의 진단 및 통계편람(Diagnostic and Statistical Manual of Mental Disorders: DSM)』과 『국제질병분류

(International Classification of Diseases: ICD)』, 양적 분류체계인 퀘이(Quay)의 분류를 중심으로 살펴보면 다음과 같다.

1) DSM-5

DSM-5(2013)은 미국정신의학회에서 작성한 『정신장애의 진단 및 통계 편람』 중 가장 최근판인 제5판으로 이전 편집판과는 달리 아라비아 숫자 5를 사용하고 있다. DSM 진단기준은 세계보건기구의 ICD의 조직구조와 조화를 이루도록 정의하고 있다. 여기에는 신경발달장애, 우울장애, 불안장애, 외상 및 스트레스 관련 장애 등이 소개되어 있는데, 정서 · 행동장애 영역에 포함될 수 있는 주요 장애만을 일부 소개하면 〈표 7-1〉과 같다.

〈표 7-1〉 DSM-5의 분류

분류	하위장애
신경발달장애	• 자폐스펙트럼장애 • 주의력결핍 과잉행동장애(복합형, 주의력결핍 우세형, 과잉행동/충동 우세형 등) • 운동장애(상동증적 운동장애) • 틱장애(투렛장애, 만성운동 또는 음성 틱장애 등)
우울장애	• 파괴적 기분조절부전장애 • 주요우울장애 • 지속성 우울장애
불안장애	• 분리불안장애 • 선택적 함구증 • 특정공포증 • 사회불안장애(사회공포증)
외상 및 스트레스 관련 장애	• 반응성 애착장애 • 탈억제성 사회적 유대감 장애
급식 및 섭식 장애	• 이식증 • 되새김장애 • 회피적/제한적 음식섭취장애
배설장애	• 유뇨증 • 유분증
파괴적, 충동조절 및 품행장애	• 적대적 반항장애 • 품행장애

2) ICD-10

ICD-10(2007)은 세계보건기구(WHO)가 공인하는 분류체계로 아동기에서 청소년기까지 발생할 수 있는 정서 및 행동 장애를 몇 가지 유형으로 나누어 분류하고 있다. 2007년에 개정된 제10판을 중심으로 살펴보면〈표 7-2〉와 같다.

〈표 7-2〉 ICD-10의 분류

분류	하위 유형
과잉운동장애	• 활동 및 주의력 장애 • 과잉운동 품행장애 • 기타 과잉운동장애
품행장애	• 가정형 품행장애 • 반사회적 품행장애 • 사회화적 품행장애 • 적대적 반항장애 • 기타 품행장애
정서와 품행의 혼합형	• 우울성 품행장애 • 정서와 품행의 혼합장애
아동기 정서장애	• 아동기 분리불안장애 • 아동기 공포불안장애 • 아동기 사회적 불안장애 • 형제간 적대장애 • 기타 아동기 정서장애
아동기 · 청소년기 사회적 기능장애	• 선택적 함묵증 • 아동기 반응성 애착장애 • 아동기 무반응성 애착장애 • 기타 아동기 사회적 기능장애
틱장애	• 일과성 틱장애 • 만성 운동 · 음성 틱장애 • 투렛증후군 • 기타 틱장애
기타 정서 및 행동 장애	• 유뇨증 • 유분증 • 섭식장애 • 이식증 • 상동행동장애 • 말더듬 • 소음장애 • 기타 정서 및 행동 장애

3) 퀘이의 분류

퀘이(Quay, 1986)는 사례사 보고 및 행동사정척도에 의해서 수집된 자료를 통계적 요인분석에 근거하여 상관관계에 있는 군집행동들을 특정 행동군의 범주로 제시하였다. 퀘이의 분류체계는 〈표 7-3〉과 같다.

〈표 7-3〉 퀘이의 정서 · 행동장애 분류

분류	행동 증후 및 특성
품행장애	• 신체적 · 언어적 공격성 • 방해 • 대인관계 결함 • 불복종 행동 • 자기통제 부족
사회화된 공격행동	• 심한 공격적 행동 • 비행 하위문화의 규준과 규칙 준수 • 또래에게 인기 있음 • 또래집단 내에서의 비행(참조: 직접적으로 다른 사람과 대적하지 않음)
주의력 결핍 및 미성숙 행동	• 짧은 주의집중 • 충동 통제와 좌절 • 사고과정에서 문제 경험 및 사고감정 조절 및 사고과정 산만성 • 시각 · 청각 자극의 조직과 해석에 어려움 • 감정이 쉽게 변하며 무력감 나타냄 • 미성숙과 관련된 퇴행행동
불안-위축 행동	• 열등감과 낮은 성공기대 • 자기 의식적이고 과민반응 • 불안 및 우울증에 빠져 있음 • 당황과 불안 • 실패에 대한 두려움으로 학습이나 사회활동에 참여하기 꺼림
정신병적 행동	• 자신과 현실에 대한 손상된 태도로 인한 심각한 상태의 문제행동 • 환상과 망상, 자기학대 행동, 주제와 무관한 말하기 등
과잉행동	• 끊임없이 말하거나 행동하는 과다행동 • 글씨를 썼다가 지우는 행동 등을 반복하는 긴장 • 성급하고 파괴적인 행동

3. 정서 · 행동장애의 원인

정서 · 행동장애의 원인은 생물학적 요인과 환경적 요인으로 나눌 수 있다. 그러나 정서 및 행동에서의 부적절한 반응은 특정 요인 단독으로보다는 개별적으로 지니고 있는 생물학적 요인과 아동을 둘러싼 다양한 환경과의 복합적인 상호작용에 의해 발생한다. 따라서 정서 · 행동장애의 발생 원인은 장애에 기여하는 요인으로 이해할 필요가 있다. 이에 장애의 원인이 되는 요인들이 미치는 영향을 살펴보고, 장애의 증후에 맞추어 행동을 중재할 수 있는 방안을 모색하는 것이 바람직하다.

1) 유전 및 생물학적 요인

정서 · 행동장애의 원인 중 생물학적인 요인에 대한 임상적 증거를 제시하기는 어려운 편이다. 그러나 일반적으로 유전이나 생리화학적인 요인, 아동의 기질, 뇌 손상 등이 그 원인으로 꼽히고 있다.

유전자에 의해 다양한 정서 및 행동 문제를 야기하는 사례는 정신질환의 가족력을 가지고 있는 경우 더 쉽게 정신질환을 겪거나, 이란성 쌍생아보다 일란성 쌍생아인 경우 정신분열증, 우울증, 주의력결핍 과잉행동장애(ADHD) 등에서 같이 발생할 확률이 높다는 연구결과에 의하여 뒷받침된다.

생리화학적인 요소로 신경전달물질의 이상을 들 수 있다. 예를 들어, 신경전달물질인 세로토닌, 도파민, 노르에피네프린, 아세틸콜린 등의 불균형은 인간의 정서상태에 영향을 미치는 것으로 알려져 있다.

뇌손상 및 중추신경계의 기능장애로 인하여 부적절한 행동이 나타나기도 한다. 감염에 의하거나 외상에 의해 뇌의 특정 영역에 손상을 입게 되면 다양한 정신질환이 유발되기도 한다(Kauffman, 2005). 또한 출산 전이나 출산 시에 입게 되는 뇌손상 또는 산소결핍에 의한 뇌손상도 이에 해당된다.

이 외에도 아동이 선천적으로 가지고 태어나는 성격요인에 해당하는 기질이 아동의 행동에 영향을 미치기도 한다. 특히 까다로운 기질을 가진 아동은 일상생활 습관이 불규칙하고 자극에 대한 부정적 반응 강도가 높아 다른 기질의 아동에 비해 문제행동을 보이는 경우가 높다고 보고되고 있다(서경희 외, 2003).

2) 환경요인

아동을 둘러싸고 있는 가정이나 또래관계, 학교, 학원, 지역사회 등은 아동의 정서 및 행동에 영향을 미칠 수 있다. 이에는 환경의 물리적 특성도 중요하지만 사회심리적 환경이라고 할 수 있는 양육태도, 기대수준, 교육방식, 문화 및 가치관 등이 더 큰 영향을 미친다고 할 수 있다.

(1) 가족 관련 요인

아동이 이 세상에 태어나서 처음으로 만나는 사회는 가정이다. 부모와의 애착이 제대로 형성되지 못한 경우, 아동은 심리적으로 의지할 수 있는 기반이 되는 안전기지가 제대로 구축되지 못하여 인지적으로나 공간적으로 기능을 확장하기가 곤란하다. 따라서 지나치게 위축되거나 불안감이 형성되어 또래관계 등에 영향을 미쳐서 사회적 관계를 형성하는 데 어려움을 지닌다.

부모의 지나친 권위적 또는 자유방임적 양육태도, 일관적이지 못한 양육태도는 아동을 거부적이고 폭력적인 아동, 그리고 사회관계를 제대로 형성하지 못하고 눈치만 보는 아동으로 성장하게 할 가능성이 높다.

가정의 사회경제적 지위, 부모의 정신병적 요소나 지나친 기대수준 또한 아동에게 부적절한 정서 및 행동을 유발하게 할 수 있다. 또한 가정폭력 및 아동학대가 정서 · 행동장애의 주요 원인이 되기도 한다.

(2) 학교나 기관 관련 요인

아동은 유아교육기관이나 학교에서의 집단생활을 하면서 또래나 교사들의 영향을 받게 된다. 특히 교사의 부적절한 태도 및 아동의 개별성에 대한 무관심, 또한 지나친 기대, 일관적이지 못한 훈육방법, 잘못된 생활지도 방법 등이 아동에게 정서 및 행동상의 혼란을 초래하기도 한다. 또한 또래들의 아동에 대한 기대 및 상호작용 방법이 영향을 주기도 한다.

(3) 사회문화적 요인

주위에서 겪는 여러 가지 사회적 사건이나 또래집단의 문화가 아동의 행동에 영향을 미친다. 특히 청소년기는 또래에 대한 관심이 높아지고 그들만의 가치를 공유하게 되는 데, 사회의 무관심이나 지도층의 그릇된 모습으로 인해 사회규범에 대한 거부 및 사회적 비행으로 연결될 수 있다.

매스미디어의 영향 또한 무시할 수 없다. 최근에는 컴퓨터나 휴대폰에 의한 정보의 공유로 인해 사회적 비행을 모방하거나 잘못된 가치관이 형성될 수 있는 여지가 점점 많아지고 있다.

4. 정서 · 행동장애의 판별

일반적으로 정서 · 행동장애 평가의 경우 관찰이나 면담, 조사 및 검사 등을 통해 아동을 선별하고 진단하며, 그 결과에 근거하여 지침을 마련하여 아동에 대한 행동 중재가 이루어진다. 이때 아동을 정확하게 진단하기 위하여 다양한 방법이나 도구를 사용하여야 하며, 아동뿐만 아니라 아동의 부모, 교사 및 또래들을 포함한 자료 수집이 필요하다.

1) 정서 · 행동장애 검사도구 유형

정서 · 행동장애의 평가를 위한 검사도구 중 국내에서 많이 사용되고 있는 것은 다음과 같다.

- 아동 · 청소년 행동평가척도(Korean-Child Behavior Checklist: K-CBCL)
- 유아행동척도(Preschool and Kindergarten Behavior Scale-Second Edition: PKBS-2)
- 유아행동평가척도(Child Behavior Checklist: CBCL)
- 청소년 자기행동 평가척도(Korean-Youth Self Report: K-YSR)
- 적응행동검사(Korean-Adaptive Behavior Scale: K-ABS)
- 아동용 주제통각검사(Korean-Children's Apperception Test: K-CAT)
- 집-나무-사람 검사(The House-Tree-Person Test: H-T-P)
- 주의력결핍 과잉행동장애 진단검사(Korean-Attention Deficit Hyperactivity Disorder Diagnostic Scale: K-ADHDDS)

2) 정서 · 행동장애의 평가전략

바람직한 정서 및 행동에 대한 기준은 사회나 문화권에 따라 다를 수 있으므로 그 타
당성을 고려하여야 하고, 진단 · 평가를 할 때에는 부모를 포함한 전문가들이 팀을 구성
하여 참여하는 것이 필요하다. 〈표 7-4〉는 정서 · 행동장애아동을 평가할 때 일반적으로
적용할 수 있는 전략이다.

〈표 7-4〉 정서 · 행동장애아동을 위한 평가전략

전략	목적	장점	단점
아동, 부모, 교사 면담	정보제공자(아동, 부모, 교사)가 인식하고 있는 아동의 행동 문제들을 제공하며, 문제행동이 발생하는 환경에 관한 정보와 아동에 관한 중요한 발달상의 이력에 대한 정보를 제공하기 위해서	아동뿐만 아니라 아동과 관련된 모든 사람이 참여할 수 있으며, 평가과정에 관심을 갖도록 할 수 있다.	정보제공자가 부정확한 정보를 제공할 수 있으며, 면담자의 편견이 발생할 수 있기 때문에 신뢰도와 타당도에 문제가 발생할 수 있다.
아동 기록물 점검	문제행동에 관한 과거의 정보를 제공하며, 아동의 행동이 학습에 영향을 주는지 여부를 알 수 있는 정보를 제공하기 위해서	문제행동과 관련된 다른 요인들(무단 결석, 잦은 전학 등)에 관한 정보를 제공할 수 있으며, 문제행동에 대한 과거의 기록과 학습에 미치는 영향에 대한 정보를 제공한다.	기록이 불완전하거나 부정확할 수 있다.
부모, 교사, 아동 평정척도	평정척도법은 형식적인 방법과 비형식적인 방법이 있다. 형식적인 방법은 보통 아동의 규준행동과의 비교를 통해서 서비스 제공을 위한 적격성을 판정하는 데 사용된다. 비형식적인 방법은 문제행동이 발생한 날의 특별한 점에 대한 정보를 제공하는 등의 다양한 목적으로 사용된다.	전문가 팀에서 서비스에 관한 적격성을 판별하는 데 필요한 표준 비교 척도를 제공하며, 교사가 정보제공자(부모, 교사, 아동)를 통해서 아동을 평가할 수 있으며, 쉽고 빠르고 저렴하다.	평정자의 편견과 주관이 개입될 수 있으며, 대부분의 평정척도는 능력 중심이 아닌 결함 중심의 평가방법을 사용하고 있다.
자연스러운 상황에서의 관찰	일상적인 상황에서의 아동의 자연스러운 행동에 관한 정보를 제공하며, 중재에 필요한 체계적인 기록을 제공하며, 교사와 부모의 아동 행동에 대한 근거를 제시한다.	관찰 가능한 행동에 대해 객관적이고 정량적인 평가가 가능하며, 자연스러운 환경에서의 아동 행동에 대한 기능적 평가가 가능하다.	시간이 오래 걸리고, 아동의 전형적인 행동에 관한 정보를 제공하지 못할 수 있으며, 표준화된 자료가 결여될 수 있다.

전략	목적	장점	단점
의학적 평가	정서장애 혹은 행동장애 혹은 다른 의료적인 상황인지에 대해 진단하기 위해서, 그리고 약물치료와 같은 적절한 의료적인 중재방안을 규정하기 위해서	아동의 행위가 정서 혹은 행동 장애와 무관한 의학적인 문제(알레르기 반응, 감염 등)의 결과가 아님을 확인하는 데 도움이 된다.	교육적인 중재의 가치를 무시하게 될 수 있으며, 경제적으로나 시간적으로 비효율적이다.
지능, 학습 등에 대한 표준화된 규준참조평가	의심스러운 다른 장애 영역을 점검하고, 아동의 능력과 수행에 대해서 표준화된 규준과 비교하며, 적격성을 결정하는 데 도움을 주기 위해서	아동의 능력과 수행수준에 대한 객관적이며 표준화된 척도를 제공하며, 적격성 판정에 도움을 준다.	중재를 위한 적절한 정보를 제공하기 어려우며, 아동의 능력과 수행 수준에 대해 특별한 정보가 아닌 일반적인 정보만을 제공한다.
기능적 행동 평가	행동의 기능을 결정하고, 문제행동의 선행사건과 후속결과를 조정함으로써 문제행동을 조정하기 위해서, 그리고 아동에게 보다 적절한 대체행동을 할 수 있도록 지도 계획을 구상하며, 긍정적인 행동 지원을 통해서 문제행동을 예방하기 위해서	중재와 직접 연결될 수 있으며, 아동에게 더욱더 긍정적이고 적절한 행동을 할 수 있도록 지도하는 데 도움을 주며, 긍정적 행동지원에 대한 원리를 제공한다. 또한 문제행동에 영향을 주는 환경적인 요인과 기타 요인을 규정하고, 아동의 행동 개선을 지속적으로 점검할 수 있는 방법을 제공한다.	이 평가과정에 대한 교사연수가 필요하며, 시간이 오래 걸릴 수 있다. 그리고 항상 문제행동에 영향을 주는 중요한 요인들이 드러나는 것은 아니다.
작업 샘플 검토, 교육과정중심평가 등 기타 비형식적 평가전략	일반교육과정 내에서의 아동의 특별한 강점과 요구를 규정하기 위해서	교육과정 및 교수와 직접 연결될 수 있으며, IEP 개발과 시행에 관한 지침을 제공하고, 아동의 학습 진도를 지속적으로 점검할 수 있다.	시간이 오래 걸리며, 교사의 연수가 필요하다.

출처: Gargiulo (2003); 정동영 외(2010), pp. 252-254에서 재인용.

5. 정서 · 행동장애아동의 교육적 배치

〈표 7-5〉는 최근 5년간 정서 · 행동장애아동의 수를 나타낸 것이다. 2015년 현재 특수교육대상 학생인 정서 · 행동장애아동은 2,530명으로 전체 특수교육대상 아동의 2.9%에

이른다. 이 중 199(7.87%)명에 이르는 정서 · 행동장애아동이 특수학교에 배치되어 있으며, 나머지는 특수학급과 일반학급의 통합교육 장면에 배치되어 있으며, 그 수가 점차 증가하고 있는 추세다(〈표 7-6〉 참조).

〈표 7-5〉 연도별 정서 · 행동장애아동 현황 (단위: 명, %)

구 분	2011년	2012년	2013년	2014년	2015년
전체 특수교육대상 아동	82,665 (100)	85,012 (100)	86,633 (100)	87,278 (100)	88,067 (100)
정서 · 행동장애아동	2,817 (3.4)	2,713 (3.2)	2,754 (3.2)	2,605 (3.0)	2,530 (2.9)

출처: 교육과학기술부(2011, 2012); 교육부(2013, 2014, 2015).

〈표 7-6〉 정서 · 행동장애아동의 배치 현황 (단위: 명)

구 분	특수학교	일반학교		특수교육 지원센터	계
		특수학급	일반학급		
2011년	429	1,766	622	–	2,817
2012년	340	1,670	702	1	2,713
2013년	279	1,760	715	–	2,754
2014년	217	1,685	703	–	2,605
2015년	199	1,624	707	–	2,530

출처: 교육과학기술부(2011, 2012); 교육부(2013, 2014, 2015).

6. 정서 · 행동장애아동의 특성

정서 · 행동장애아동은 다양한 정서 또는 행동 문제를 지니는데, 우울증, 불안이나 공포, 강박증과 같이 미성숙하면서도 내부적으로 위축된 행동을 보이는 내재화 행동이나 주의력 결핍, 충동성, 과잉행동, 품행장애 등 외부적으로 공격적인 행동을 보이는 외재화 행동을 보인다. 또한 사회적 기술 결함이나 인지기능 결함으로 인하여 사회활동이나 학습활동에 장애를 보이기도 한다. 따라서 또래관계를 형성하거나 지속하기가 어려우며, 자아존중감이 낮은 경우가 많아 사회적으로 위축되는 경우가 빈번하다.

일반적으로 외재화 행동과 내재화 행동의 특성은 〈표 7-7〉과 같다.

〈표 7-7〉 외재화 행동과 내재화 행동의 예

외재화 행동	내재화 행동
• 공격: 물기, 차기, 던지기, 때리기, 싸우기, 물건 파괴하기, 동물 괴롭히기 등 • 과잉행동: 자리 이탈하기, 큰 소리 지르기, 욕하기 등 • 불복종: 성인 무시하기, 불평하기, 지시 따르지 않기 등 • 성질 부리기: 악담, 지나친 논쟁, 울화 터뜨리기 등 • 규칙 위반 및 비행: 거짓말하기, 훔치기 등	• 불안: 슬픈 감정, 비전형적인 감정 보임 • 공포: 특정 대상이나 사람에 대한 막연한 공포감에서 벗어나지 못함 • 신체적 통증 호소: 이유 없는 두통, 복통, 구토증, 현기증 등 보임 • 사회적 위축: 활동수준의 제한이나 인간관계 기피 • 신체적, 정신적, 성적 학대 증후 • 백일몽 및 환상에 빠짐

1) 외재화 장애

외재화 행동이 문제가 되어 정서 · 행동장애를 나타내는 아동 중 주의력결핍 과잉행동장애와 적대적 반항장애를 중심으로 살펴보면 다음과 같다.

(1) 주의력결핍 과잉행동장애

주의력결핍 과잉행동장애(attention deficit hyperactivity disorder: ADHD) 아동의 대표적인 특성은 주의집중이 곤란하고 충동적이고 과잉행동을 많이 한다는 것이다. 이로 인해 학업적 수행뿐만 아니라 또래와의 사회적 상호작용에 어려움이 있다.

ADHD의 원인은 뇌 관련 요소인 신경전달물질의 불균형이나 뇌의 생리학적 발달의 취약성, 환경적 요소인 신진대사장애나 알레르기, 납중독 등이다. 따라서 교사는 의학적 접근과 관련하여 투약하는 아동에 대한 관심과 배려가 필요하며, 행동 지원적인 측면에서의 관찰과 지도를 병행하여야 한다. 〈표 7-8〉은 DSM-5의 ADHD 진단기준이다.

〈표 7-8〉 ADHD의 진단기준(DSM-5)

A. 기능이나 발달을 저해하는 부주의 및 과잉행동-충동성이 지속되며, 1 그리고/또는 2의 특징을 갖는다.
  1. 부주의: 다음 9개 증상 중 6개 이상이 6개월 이상 발달수준에 맞지 않는 정도로 지속되고, 사회적 · 학업적/직업적 활동에 직접적으로 부정적 영향을 미친다.
    (주의점) 이런 증상은 단지 반항적 행동, 적대감 또는 과제나 지시의 이해 실패로 인한 양상이 아니어야 한다. 청소년과 성인(17세 이상)의 경우에는 적어도 5가지 증상이 충족되어야 한다.
    a. 종종 세부사항에 면밀하게 주의를 집중하지 못하거나 학업, 작업 또는 다른 활동에서 부주의한 실수를 한다(예: 세부사항을 못보고 넘어가거나 놓침, 작업이 부정확함).

b. 종종 과제나 놀이 활동에 지속적으로 주의집중하지 못한다(예: 강의, 대화, 또는 긴 글을 읽을 때 계속해서 집중하기 곤란함).

c. 종종 다른 사람이 직접 말을 할 때 잘 듣지 않는 것처럼 보인다(예: 뚜렷이 주의집중을 방해하는 요소가 없는데도 마음이 다른 곳에 있는 것처럼 보임).

d. 종종 지시를 따르지 못하고, 학업, 잡일 또는 직장에서 임무를 수행하지 못한다(예: 과제를 시작하지만, 빨리 주의를 잃고 샛길로 빠짐).

e. 종종 과제와 활동을 조직화하는 데 어려움이 있다(예: 순차적인 과제 처리 곤란, 물건이나 소지품을 정리하는 데 어려움, 지저분하고 체계적이지 못한 작업, 시간 관리 힘듦, 마감 시간을 지키지 못함).

f. 종종 지속적인 정신적 노력이 필요한 과제를 피하거나 싫어하고 저항한다(예: 학업 또는 숙제, 청소년이나 성인의 경우 보고서 준비하기, 서류 작성하기, 긴 서류 검토하기).

g. 과제나 활동에 꼭 필요한 물건들(예: 학습자료, 연필, 책, 도구, 지갑, 열쇠, 서류, 안경, 핸드폰)을 자주 잃어버린다.

h. 종종 외부의 자극(예: 청소년과 성인의 경우 관련이 없는 생각들)에 의해 쉽게 산만해진다.

i. 종종 일상적인 활동을 잊어버린다(예: 잡일하기, 심부름하기, 청소년과 성인의 경우에는 전화 걸기, 청구서 지불하기, 약속 지키기).

2. **과잉행동 및 충동성**: 다음 9개 증상 중 6가지 이상이 적어도 6개월 이상 발달수준에 맞지 않는 정도로 지속되고, 사회적 · 학업적/직업적 활동에 직접적으로 부정적 영향을 미친다.
(주의점) 이런 증상은 단지 반항적 행동, 적대감 또는 과제나 지시의 이해 실패로 인한 양상이 아니어야 한다. 청소년과 성인(17세 이상)의 경우에는 적어도 5가지 증상이 충족되어야 한다.

a. 종종 손발을 만지작거리고 의자에 앉아서도 몸을 꿈틀거린다.

b. 가만히 앉아 있어야 하는 교실이나 상황에서 종종 자리를 이탈한다(예: 교실이나 사무실, 직장 등 자리를 지켜야 되는 상황에서 자리 이탈).

c. 종종 부적절하게 지나치게 뛰어다니거나 기어오른다(주의점: 청소년 또는 성인의 경우, 주관적으로 참을 수 없음을 경험하는 것에 국한될 수 있음).

d. 종종 조용히 여가 활동에 참여하거나 놀지 못한다.

e. 종종 '끊임없이 활동하거나' 마치 '태엽 풀린 자동차처럼' 행동한다(예: 음식점이나 회의실에서 오랜 시간 가만히 있을 수 없거나 불편해 함, 다른 사람에게 가만히 있지 못하는 것처럼 보이거나 가만히 있기가 힘든 것처럼 보일 수 있음).

f. 종종 지나치게 말을 많이 한다.

g. 종종 질문이 끝나기 전에 성급하게 대답한다(예: 다른 사람의 말이 끝나기 전에 가로챔, 대화 시 자신의 차례를 기다리지 못함).

h. 종종 자신의 순서나 차례를 기다리지 못한다(예: 줄 서서 기다리기).

i. 종종 다른 사람의 활동을 방해하거나 침해한다(예: 대화나 게임, 활동에 참견하기, 묻거나 허락 받지 않고 다른 사람의 물건을 사용하기, 청소년이나 성인의 경우 다른 사람이 하는 일을 간섭하거나 침해하기).

B. 몇 가지의 부주의 혹은 과잉행동–충동성 증상들이 12세 이전에 나타난다.

C. 몇 가지의 부주의 혹은 과잉행동–충동성 증상들이 2개 이상의 장면(예: 가정, 학교나 직장, 친구들 또는 친척들과의 관계, 기타 활동들)에서 나타난다.

D. 그 증상들이 사회적·학업적 또는 직업적 기능의 질을 방해하거나 감소시키는 분명한 증거가 있다.

E. 증상이 조현병 또는 기타 정신병적 장애의 경과 중에만 발생되지는 않으며, 다른 정신장애(예: 기분장애, 불안장애, 해리장애, 성격장애, 물질중독 또는 금단)로 잘 설명되지 않는다.

다음 중 하나를 명시할 것
- ADHD(복합형): 지난 6개월 동안 진단기준 A1(부주의)과 진단기준 A2(과잉행동-충동성)를 모두 충족한다.
- ADHD(주의력결핍 우세형): 지난 6개월 동안 진단기준 A1(부주의)은 충족하지만 A2(과잉행동-충동성)는 충족하지 않는다.
- ADHD(과잉행동/충동 우세형): 지난 6개월 동안 진단기준 A2(과잉행동-충동성)는 충족하지만 A1(부주의)은 충족하지 않는다.

(2) 품행장애

품행장애(conduct disorder)는 지나치게 폭력적이고 공격적이며, 물건을 파괴하는 등 외현적으로 표출되는 행동으로 인해 다른 사람의 권리를 침해하는 반사회적 행동의 독특한 유형이다. 품행장애를 가진 이들은 사기 또는 절도 등의 행위를 나타내거나 규칙을 위반하며, 성인에 대해 반항적이고 불복종하기도 한다. 그 원인은 아동의 기질이나 부모의 양육방식, 이에 복합적으로 작용한 환경적 요인 등이다.

따라서 품행장애의 지도를 위해서는 부모 및 가족의 참여와 지원이 필요하며, 교사는 구체적으로 상황에 적절한 행동을 할 수 있도록 의도적으로 구조화된 장면에서 사회적 기술에 대한 교수가 필요하다. 또래를 훈련에 참여하게 하는 것 또한 바람직하다. 〈표 7-9〉는 DSM-5의 품행장애 진단기준이다.

〈표 7-9〉 품행장애의 진단기준(DSM-5)

A. 다른 사람의 기본적 권리를 침해하고 나이에 맞는 사회적 규범 및 규칙을 위반하는 지속적이고 반복적인 행동 양상으로서 다음의 15개 기준 가운데 3개(또는 그 이상) 항목이 지난 12개월 동안 지속되고, 적어도 1개 항목이 지난 6개월 동안 지속된다.

사람과 동물에 대한 공격성
1. 흔히 다른 사람을 괴롭히거나 위협하거나 협박한다.
2. 흔히 육체적인 싸움을 도발한다.
3. 다른 사람에게 심각한 신체적 손상을 일으킬 수 있는 무기를 사용한다(예: 방망이, 벽돌, 깨진 병, 칼, 총).
4. 사람에게 신체적으로 잔혹하게 대한다.

5. 동물에게 신체적으로 잔혹하게 대한다.
6. 피해자와 대면한 상태에서 도둑질을 한다(예: 노상강도, 날치기, 강탈, 무장강도).
7. 다른 사람에게 성적 행위를 강요한다.

재산의 파괴
8. 심각한 손상을 입히려는 의도로 일부러 불을 지른다.
9. 다른 사람의 재산을 일부러 파괴한다.

사기 또는 도둑질
10. 다른 사람의 집, 건물, 차를 파괴한다.
11. 물건이나 호감을 얻기 위해 또는 의무를 회피하기 위해 거짓말을 흔히 한다(예: 다른 사람을 속인다).
12. 피해자와 대면하지 않은 상황에서 귀중품을 훔친다(예: 파괴와 침입이 없는 도둑질, 문서위조).

심각한 규칙 위반
13. 13세 이전부터 부모의 금지에도 불구하고 자주 밤늦게까지 집에 들어오지 않는다.
14. 친부모 또는 양부모와 같이 사는 동안 적어도 2번 가출한다(또는 오랫동안 돌아오지 않는 1번의 가출).
15. 13세 이전에 무단결석을 한다.

B. 행동 장애가 사회적, 학업적 또는 직업적 기능에 임상적으로 심각한 장애를 일으킨다.

C. 18세 이상일 경우 반사회적 성격장애의 진단기준에 부합되지 않는다.

(3) 적대적 반항장애

적대적 반항장애(oppositional defiant disorder)는 거부적이고 적대적이고 불복적이고 반항적인 행동이 적어도 6개월 이상 지속되고, 이와 관련된 행동이 또래에 비해 빈번하게 발생한다. 그러나 심한 신체적 공격성은 품행장애처럼 나타나지는 않는다. 또한 이 장애는 주로 집이나 평소 잘 알고 있는 사람들과의 관계에서 나타나기 때문에 아동 스스로는 자신의 행동을 환경 탓으로 돌리기도 한다. 특히 양육자가 자주 바뀌거나 자녀양육 방식에 문제가 있는 가정의 자녀에게서 많이 발생하는데, 주로 초등학교 입학 후 진단되므로 적절한 중재 및 양육자에 대한 지원을 통해 품행장애로 심화되는 것의 예방이 필요하다. 〈표 7-10〉은 DSM-5의 적대적 반항장애 진단기준이다.

〈표 7-10〉 적대적 반항장애의 진단기준(DSM-5)

A. 분노/과민한 기분, 논쟁적/반항행동 또는 보복적 양상 등이 적어도 6개월 이상 지속되고, 다음 중 적어도 4가지 이상의 증상이 나타난다. 이런 증상은 형제나 자매가 아닌 적어도 한 명 이상의 다른 사람과 상호작용할 때 나타나야 한다.

분노/과민한 기분
1. 자주 욱하고 화를 낸다.
2. 자주 과민하고 쉽게 짜증을 낸다.
3. 자주 화를 내고 크게 분개한다.

논쟁적/반항행동
4. 권위자와의 잦은 논쟁, 아동이나 청소년의 경우는 성인과 논쟁한다.
5. 적극적으로 권위자의 요구나 규칙을 자주 무시하거나 거절한다.
6. 고의적으로 타인을 자주 괴롭힌다.
7. 자신의 실수나 잘못된 행동을 자주 남의 탓으로 돌린다.

보복적 특성
8. 지난 6개월 안에 적어도 두 번 이상 원한을 품거나 앙심으로 차 있다.

주의점: 진단에 부합되는 행동의 지속성 및 빈도는 정상 범위 내에 있는 행동과 구별되어야 한다. 다른 언급이 없다면 5세 이하의 아동인 경우에는 최소한 6개월 동안 거의 매일 상기 행동이 나타나야 한다. 5세 이상의 아동인 경우에는 6개월 동안 일주일에 최소한 1회 이상 상기 행동이 나타나야 한다(진단기준 A8). 이런 빈도에 대한 기준은 증상을 기술하기 위한 최소 기준을 제공한 것일 뿐이며, 반항적 행동이 동일한 발달 수준에 있고 성별이나 문화적 배경이 같은 다른 사람들에게서 전형적으로 관찰되는 것보다 더 빈번하고 강도가 높은 지와 같은 다른 요인들도 고려해야 한다.

B. 행동장애가 개인 자신에게, 또는 자신에게 직접적으로 관련 있는 사회적 맥락(예: 가족, 또래집단, 동료) 내에 있는 상대방에게 고통을 주며, 그 결과 사회적, 학업적, 직업적, 또는 다른 중요한 기능 영역에 부정적 영향을 준다.

C. 행동은 정신병적 장애, 물질사용장애, 우울장애 또는 양극성장애의 경과 중에만 국한해서 나타나지 않는다. 또한 이 기준은 파괴적 기분조절부전장애의 진단기준을 충족하지 않아야 한다.

현재의 심각도 명시할 것
• 경도: 한 상황(예: 가정, 학교, 직장, 또래집단)에서만 증상들이 나타나는 경우
• 중등도: 적어도 두 상황에서 증상들이 나타나는 경우
• 고도: 세 개 이상의 상황에서 증상들이 나타나는 경우

2) 내재화 장애

내재화 행동이 문제가 되어 정서·행동장애를 나타내는 아동 중 불안장애 및 우울장애를 중심으로 살펴보고자 한다. 불안장애는 극도의 공포, 불안 및 관련된 행동장애의 특징을 나타내며, 분리불안장애, 선택적 함구증, 특정공포증 등이 포함된다. 우울장애는 슬프고, 공허하거나 과민한 기분이 있고, 개인의 기능 수행능력에 영향을 주는 신체적·인지적 변화가 동반된다. 이에는 주요우울장애, 지속성 우울장애(기분저하증) 등이 포함된다.

(1) 분리불안장애

분리불안장애(separation anxiety disorder)는 애착 대상자로부터 분리되는 것에 대하여 정상 발달과정과 비교하여 지나치게 부적절한 정도로 두려워하거나 걱정한다. 분리불안장애의 진단기준은 〈표 7-11〉과 같다.

〈표 7-11〉 분리불안장애의 진단기준(DSM-5)

A. 애착 대상과의 분리에 대한 공포나 불안이 발달 수준에 비해 부적절하고 지나치게 다음 중 3가지 이상이 나타난다.
  1. 집 또는 주 애착 대상과 분리되거나 분리가 예상될 때 과도한 고통을 반복적으로 겪음
  2. 주 애착 대상을 상실하거나 질병이나 상해, 재난 또는 죽음과 같은 해로운 일들이 애착 대상에게 일어날 것이라고 지속적으로 심하게 걱정
  3. 주 애착 대상과 분리하게 만들 곤란한 사건(예: 길 잃음, 유괴, 사고, 질병)이 발생할 것에 대한 지속적이고 심한 염려
  4. 분리에 대한 공포 때문에 집을 떠나 학교, 직장 또는 그 외의 장소로 외출하는 것을 지속적으로 거부하거나 거절
  5. 집이나 다른 장소에서 주 애착 대상 없이 있거나 혼자 있는 것에 대해 지속적이고 심하게 두려워하거나 거부함
  6. 집을 떠나 잠자는 것이나 주 애착 대상 곁이 아닌 곳에서 잠을 자는 것에 대해 지속적으로 심하게 거부하거나 거절
  7. 분리 주제와 연관된 반복적인 악몽
  8. 주 애착 대상과의 분리가 예상될 때 반복적으로 신체증상을 호소함(예: 두통, 복통, 오심, 구토)

B. 공포, 불안 또는 회피 반응이 아동과 청소년에게는 최소한 4주 이상 지속되고, 성인에게는 6개월 이상 지속된다.

C. 장애가 사회적, 직업적, 또는 다른 중요한 기능 영역에서 임상적으로 심각한 고통이나 손상을 초래한다.

D. 장애가 다른 정신장애로 설명되지 않는다. 예를 들어, 자폐스펙트럼장애의 경우 변화에 대한 심한 저항 때문에 집 밖으로 나가기를 회피하는 것, 정신병적 장애의 경우 분리에 대한 망상이나 환각, 광장공포증의 경우 믿을 만한 동반자 없이 밖에 나가기를 거부하기, 범불안장애의 경우 중요한 사람의 질병이나 상해에 대한 염려, 질병불안장애의 경우 병에 걸릴 것에 대한 염려

(2) 선택적 함구증

선택적 함구증(selective mutism)은 다른 상황에서는 말할 수 있지만 말을 해야 하는 특정 상황 또는 대상에게는 지속적으로 말을 하지 못하는 것이 특징이다. 이로 인해 학업이나 직업 영역에서의 성취에 중대한 영향을 미친다. 선택적 함구증의 진단기준은 〈표 7-12〉와 같다.

〈표 7-12〉 선택적 함구증의 진단기준(DSM-5)

A. 다른 상황에서는 말을 할 수 있음에도 불구하고 말을 해야 하는 특정 사회 상황(예: 학교)에서 시종일관 말하지 않는다.

B. 장애가 학습이나 직업상의 성취 또는 사회적 소통을 방해한다.

C. 이런 증상이 최소한 1개월 이상 지속되어야 한다(입학 후 첫 1개월은 포함하지 않음).

D. 말 못하는 이유가 사회생활에 필요한 말에 대한 지식이 없거나 언어가 익숙하지 않음으로 인한 것이 아니다.

E. 장애가 의사소통장애(예: 아동기 발병 유창성장애)로 잘 설명되지 않고, 자폐스펙트럼장애, 조현병 또는 다른 정신병적 장애의 경과 중에만 발생되지는 않는다.

(3) 특정공포증

특정공포증(specific phobia)은 지속적으로 주위의 대상이나 상황을 회피하거나 두려워하든지 불안하게 여기는 증상을 말한다. 이에는 동물형(예: 거미, 곤충, 개), 자연환경형(예: 고공, 폭풍, 물), 혈액-주사-손상형(예: 바늘, 침투적인 의학적 시술), 상황형(비행기, 엘리베이터, 밀폐된 장소) 등이 포함된다. 특정공포증의 진단기준은 〈표 7-13〉과 같다.

〈표 7-13〉 특정공포증의 진단기준(DSM-5)

A. 특정 대상이나 상황에 대해서 극심한 공포나 불안이 유발된다(예: 비행기 타기, 고공, 동물, 주사 맞기, 피를 봄)
주의점: 아동의 경우 공포나 불안은 울기, 발작, 얼어붙거나 매달리는 것으로 표현될 수 있다.

B. 공포 대상이나 상황은 대부분의 경우 즉각적인 공포나 불안을 유발한다.

C. 공포 대상이나 상황을 회피하거나 아주 극심한 공포나 불안을 지닌 채 참아낸다.

D. 공포나 불안이 특정 대상이나 상황이 줄 수 있는 실제 위험에 대한 것보다 극심하며 사회문화적 맥락에서 통상적으로 받아들여지는 것보다 심하다.

E. 공포, 불안, 회피 반응은 전형적으로 6개월 이상 지속된다.

F. 공포, 불안, 회피는 사회적, 직업적, 또는 다른 중요한 기능 영역에서 임상적으로 현저한 고통이나 손상을 초래한다.

G. 장애가 다른 정신질환으로 더 잘 설명되지는 않는다. 공포, 불안, 회피가 광장공포증에서 공황 유사 증상이나 다른 당황스러운 증상들과 관련된 상황, 강박장애에서 강박 사고와 연관된 대상이나 상황, 외상후 스트레스 장애에서 외상 사건을 상기시키는 것, 분리불안장애에서 집이나 애착 대상으로부터 분리되는 것, 사회불안장애에서의 사회 상황과 연관된 경우가 아니어야 한다.

(4) 주요우울장애

주요우울장애(major depressive disorder)는 최소 2주간 지속되는 정동, 인지, 생장 기능의 명백한 변화를 수반하는 삽화를 나타낸다. 주요우울장애의 진단기준은 〈표 7-14〉와 같다.

〈표 7-14〉 주요우울장애의 진단기준(DSM-5)

A. 다음 증상 중 5가지 이상이 2주 동안 지속되며, 이전 기능 상태와 비교할 때 변화를 보이는 경우, 증상 중 적어도 하나는 (1) 우울한 기분이거나 (2) 흥미나 즐거움의 상실로 나타난다.
  주의점: 명백한 다른 의학적 상태로 인한 증상은 포함되지 않아야 한다.
  1. 하루 중 대부분 그리고 거의 매일 우울한 기분에 대해 주관적으로 보고되거나(예: 슬픔, 공허감 또는 절망감) 객관적으로 관찰된다(예: 눈물 흘림).
  2. 거의 매일, 하루 중 대부분, 거의 또는 모든 활동에 대해 흥미나 즐거움이 현저히 감소된다.
  3. 체중조절을 하지 않았는데 의미 있게 체중이 감소 또는 증가(예: 1개월 동안 5% 이상의 체중 변화)하거나, 거의 매일 식욕이 감소하거나 증가한다.
  4. 거의 매일 불면증이나 과다수면이 나타난다.
  5. 거의 매일 심리운동성 초조나 지체가 나타난다(객관적으로 관찰 가능, 단지 주관적인 좌불안석 또는 처지는 느낌만이 아님).
  6. 거의 매일 피로하거나 활력이 없다.
  7. 거의 매일 무가치감 또는 과도하거나 부적절한 죄책감(망상적일 수 있는)을 느낀다(단순히 병이 있다는 데에 대한 자책이나 죄책감이 아님).
  8. 거의 매일 사고력과 집중력이 저하되거나 또는 우유부단하다(주관적인 호소나 객관적인 관찰이 가능함).
  9. 죽음에 대한 생각(단지 죽음에 대한 두려움이 아닌), 구체적인 계획 없이 반복되는 자살 생각, 자살 시도나 수행에 대한 구체적인 계획이 반복된다.

B. 증상이 사회적, 직업적, 또는 다른 중요한 기능 영역에서 임상적으로 현저한 고통이나 손상을 초래한다.

C. 삽화가 물질의 생리적 효과나 다른 의학적 상태로 인한 것이 아니다.

D. 주요우울삽화가 조현정동장애, 조현병, 조현양상장애, 망상장애, 달리 명시된 또는 명시되지 않는 조현병 스펙트럼 및 기타 정신병적 장애로 더 잘 설명되지 않는다.

E. 조증 삽화 혹은 경조증 삽화가 존재한 적이 없다.

(5) 지속성 우울장애(기분저하증)

지속성 우울장애(persistent depressive disorder)는 기분장애가 성인의 경우 최소 2년, 아동의 경우 최소 1년간 지속될 때 진단할 수 있다. 이 장애는 DSM-5에 새롭게 포함된 기준으로 DSM-IV에서 정의된 만성 주요우울장애와 기분부전장애를 통합한 것이다. 지속성 우울장애의 진단기준은 〈표 7-15〉와 같다.

〈표 7-15〉 지속성 우울장애의 진단기준(DSM-5)

A. 적어도 2년 동안 거의 하루 종일 우울 기분이 있고, 우울 기분이 없는 날보다 있는 날이 더 많으며, 이는 주관적으로 보고되거나 객관적으로 관찰된다.
　주의점: 아동 · 청소년에게는 기분이 과민한 상태로 나타나기도 하며, 기간은 적어도 1년이 되어야 한다.

B. 우울 기간 동안 다음 중 2개 이상의 증상이 나타난다.
　1. 식욕 부진 또는 과식
　2. 불면 또는 과다수면
　3. 기력 저하 또는 피로감
　4. 자존감 저하
　5. 집중력 감소 또는 우유부단
　6. 절망감

C. 장애가 있는 2년 동안(아동 · 청소년에서는 1년) 연속적으로 2개월 이상, 진단기준 A와 B의 증상이 존재하지 않았던 경우가 없었다.

D. 주요우울장애의 진단기준을 만족하는 증상이 2년간 지속적으로 나타날 수 있다.

E. 조증 삽화, 경조증 삽화가 없어야 하고, 순환성장애의 진단기준을 충족하지 않아야 한다.

F. 장애가 지속적인 조현정동장애, 조현병, 망상장애, 달리 명시된 또는 명시되지 않는 조현병 스펙트럼 및 기타 정신병적 장애와 겹쳐져서 나타나는 것이 아니다.

G. 증상이 물질(예: 약물남용, 치료약물)의 생리적 효과나 다른 의학적 상태(예: 갑상선 기능저하증)로 인한 것이 아니다.

H. 증상이 사회적, 직업적, 또는 다른 중요한 기능 영역에서 임상적으로 현저한 고통이나 손상을 초래한다.

3) 기타 장애

앞에서 제시한 외재화 장애나 내재화 장애에 포함시키기는 곤란하나 일상생활 관련 행동 중에 정상적인 수준에서 벗어난 정서나 행동을 보이는 장애가 있다. 이를 살펴보면 다음과 같다.

(1) 반응성 애착장애

반응성 애착장애(reactive attachment disorder)는 DSM-5에서 외상 및 스트레스 관련 장애(trauma-and stressor-related disorders)에 포함되는 장애유형이다. 아동이 보호자로 추정되는 사람과 애착이 없거나 명백하게 미발달되어 있는 것이 특징으로, 예상되는 안락 추구와 위로가 되는 행동에 대한 반응이 나타나지 않는다. 따라서 보호자와 일상적인 상호작용을 하는 동안 긍정적인 감정 표현이 약하거나 아예 없으며, 감정 조절 능력을 제대로 발휘하지 못한다. 반응성 애착장애의 진단기준은 〈표 7-16〉과 같다.

〈표 7-16〉 반응성 애착장애의 진단기준(DSM-5)

A. 양육자에 대한 억제되고 정서적으로 위축된 행동의 일관된 양식이 다음의 두 가지 모두로 나타난다.
  1. 아동은 정신적 고통을 받을 때 거의 위안을 받으려 하지 않거나 최소한의 위안만 받음
  2. 아동은 정신적 고통을 받을 때 거의 위안에 대한 반응이 없거나 위안에 대해 최소한의 반응만 함

B. 지속적인 사회적 · 정서적 장애가 다음 중에서 최소한 2가지 이상으로 나타난다.
  1. 타인에 대한 최소한 사회적 · 정서적 반응
  2. 긍정적 정서행동의 제한
  3. 양육자와 비위협적인 상호작용 상황에서도 설명되지 않는 과민성, 슬픔 혹은 두려움

C. 아동은 불충분한 양육의 극단적인 양식을 경험하였다는 증거가 다음 중 최소한 한 가지 이상에서 분명하게 나타난다.
  1. 양육자로부터 위안과 자극, 애정 등의 기본적인 정서적 욕구에 대한 지속적인 결핍이 사회적 방임이나 박탈의 형태로 나타남
  2. 주 양육자의 잦은 교체에 의해 안정 애착 형성 기회가 제한됨(예: 위탁 보육에서의 잦은 교체)
  3. 선택적 애착 형성 기회를 심각하게 제한하는 독특한 구조의 양육(예: 아동에 비해 양육자의 비율이 낮은 기관)

D. 진단기준 C의 양육이 진단기준 A의 장애행동의 원인이 된 것으로 추정된다(예: 진단기준 A의 장애는 진단기준 C의 적절한 양육 결핍 후 시작됨)

E. 진단기준이 자폐스펙트럼장애를 충족시키지 않는다.

F. 장애가 5세 이전에 시작된 것이 명백하다.

G. 아동의 발달연령이 적어도 9개월 이상이어야 한다.

다음의 경우 명시할 것
지속성: 장애가 현재까지 12개월 이상 지속되어 왔다.

(2) 틱장애

틱장애(tic disorders)는 신경발달장애에 포함되는 장애로서 갑작스럽고 빠르면서도 반복적이고 비율동적인 상동적 운동 또는 음성이 나타나는 장애다. 이에는 투렛장애 지속성(만성) 운동 또는 음성틱장애, 잠정적 틱장애, 그리고 달리 명시되거나 하지 않는 틱장애의 네 가지 범주로 구성된다.

틱에는 운동틱과 음성틱이 있다. 운동틱은 갑자기 눈 깜빡이기, 얼굴 찡그리기, 어깨 움직이기, 머리 휘젓기 등의 동작이 나타나며, 음성틱은 갑자기 킁킁 거리기, 헛기침하기, 캑캑거리기, 엉뚱한 단어나 구절 반복하기 등의 동작이 나타난다.

투렛장애(tourette's disorder)는 다양한 운동틱과 음성틱이 1년 이상 함께 나타나는 만성질환으로 0.11~0.15%의 아동이 가지고 있다. 이 중 2/3 정도가 주의력 결핍, 과잉운동장애, 강박장애, 아스퍼거장애 등을 함께 보인다. 음성틱에 의해 말하기를 두려워하고 의사소통에 어려움을 갖게 되어 내적 갈등으로 인한 우울증이나 불안을 가질 수 있다.

지속성(만성) 운동 또는 음성틱장애(persistent motor or vocal tic disorder)는 운동틱 또는 음성틱의 어느 한 가지가 1년 이상 지속되는 증상을 말하며, 운동틱과 음성틱이 함께 나타나지 않는다.

잠정적 틱장애(provisional tic disorder)는 한 가지 또는 여러 가지 운동 또는 음성틱이 적어도 4주 이상 거의 날마다, 하루에 여러 번 나타나지만 연속적으로 12개월 이상 나타나지 않는 장애를 말한다.

이러한 틱장애는 약물치료나 정신치료, 행동치료 등을 통해서 치료하게 되는데, 스트레스 상황에서 더 많이 나타나기 때문에 스트레스 요인을 찾아 해소할 수 있는 기회를 제공하는 것이 필요하다.

(3) 급식 및 섭식 장애

급식 및 섭식 장애(feeding and eating disorders)는 장기간 지속되는 섭식의 장애 혹은 섭식과 관련된 행동에서 이상행동이 나타나는 장애로, 대표적인 예가 이식증, 되새김장애 등이다.

이식증(pica)은 섭취하면 안 되는 물질, 예를 들어 페인트, 회반죽, 머리카락, 종이, 헝겊, 나뭇잎, 모래 등을 적어도 1개월 이상 지속적으로 먹는 장애를 말한다. 원인은 발달지연이나 가정의 빈곤, 부모의 무관심이나 양육 소홀 등이 될 수 있다. 따라서 아동이 섭취하면 안 되는 물질은 아동의 손이 닿지 않는 곳에 치우는 것이 필요하고, 충분한 영양분을 섭취할 수 있도록 음식물을 제공해야 한다. 특히 납중독이나 장 폐쇄 등의 문제 발생 시는 의학적 접근이 필요하다.

되새김장애(rumination disorder)는 정상적으로 섭취한 음식물을 뚜렷한 소화장애나 구역질 반응이 없음에도 불구하고 반복적으로 위에서 입으로 역류시켰다가 삼키는 행위를 되풀이하는 증상이 적어도 1개월 이상 지속되는 장애다. 또한 먹은 후 즉시 토하여 영양실조를 보이며 체중 감소 현상이 나타난다. 그 원인은 자극의 결여나 주위의 무관심, 스트레스 환경, 부모-자녀 관계의 부조화, 습관적인 자기자극 행동 등이 될 수 있다. 따라서 걸쭉한 음식을 제공하여 반추를 할 수 없도록 하거나 심리적인 원인에 의한 경우는 따뜻하고 지속적인 관심과 애정을 제공할 필요가 있다.

(4) 배설장애

배설장애(elimination disorders)는 대소변을 가릴 수 있는 나이가 되었음에도 불구하고 가리지 못하고 옷이나 부적절한 장소에 배설하는 것으로, 유분증과 유뇨증이 대표적이다.

유분증(encopresis)은 생활연령이 4세 이상인 아동이 적어도 3개월 동안 최소한 월 1회 이상 옷이나 거실과 같은 적절하지 않은 곳에 반복적으로 대변을 보는 것을 말한다. 그 원인은 대변 통제에 필요한 생리적 구조의 결함이거나 심리사회적 스트레스일 수 있다. 따라서 식이요법이나 놀이치료, 행동치료 등의 심리치료가 필요하다.

유뇨증(enuresis)은 생활연령이 5세 이상인 아동이 신체적 문제가 없음에도 불구하고 적어도 3개월 이상 동안 최소한 매주 2회 이상 밤이나 낮에 옷이나 침구에 반복적으로 소변을 보는 증상을 말한다. 그 원인은 심리적인 외상이나 동생의 출생으로 인한 퇴행, 이사 등의 환경 변화, 양육자의 완벽추구 성향 등일 수 있다.

따라서 스트레스를 조절할 수 있는 자기관리 전략이 필요하며 양육자의 온정을 통한 심리적인 치유가 필요하다. 또한 소변경보장치 등의 물리적인 보조장치도 도움이 되며, 소변 참는 훈련법, 약물 사용 등을 할 수 있다.

(5) 수면 관련 장애

수면 관련 장애에는 불면장애나 NREM 수면 각성장애 등이 포함되며, 흔히 우울이나 불안, 인지 변화를 수반한다.

불면장애(insomnia disorder)는 피곤하지만 불면이 오는 경우나 낮잠과 밤잠의 주기가 깨지는 현상이 속한다. 수면 습관이나 수면에 대한 두려움, 운동 부족이나 부모의 과민

반응에 의하여 나타날 수 있다. 따라서 편안한 분위기를 조성하거나 적절한 운동을 격려하는 방법도 필요하다. 특히 부모의 여유 있는 자세가 도움이 된다.

NREM 수면 각성장애(non-rapid eye movement sleep disorders)에는 수면보행증과 야경증이 포함된다. 수면보행증(sleepwalking)은 수면동안 잠자리에서 일어나 걸어 다니는 행동이 반복적으로 일어나는 것으로, 무표정한 얼굴에 다른 사람이 대화하려는 노력에 비교적 반응을 보이지 않는다. 야경증(sleep terrors)은 잠을 자다가 갑자기 돌발적인 비명과 함께 급작스럽게 잠을 깨는 행동이 반복적으로 일어나는 증상을 말한다. 간혹 무서움과 공포에 질려 있거나 눈동자가 멍하고 식은땀을 흘리며 숨을 몰아쉬는 경우도 있다.

7. 정서·행동장애아동의 교육

정서·행동장애아동이 보이는 행동 특성은 그 원인이나 증후가 다양하기 때문에 다양한 개념적 지도모형을 반영하여 중재하는 것이 필요하다. 각각의 모형들은 인간의 부적절한 행동을 유발하는 원인에 대한 전제가 다르고, 모형을 적용하는 방법 또한 다르다. 따라서 각 모형이 추구하는 기본 전제 및 개념, 실제적 적용방법에 대한 이해가 필수적이다. 또한 아동에게 적용하기 위해서는 어느 한 모형만 적용하기보다 아동의 증후에 대하여 절충적인 방안을 모색하여 중재하는 것이 바람직하다.

1) 정신역동적 모형

정신역동적 모형에서는 정서·행동장애를 과거의 여러 경험이 인간의 마음속의 정신역동적 요소인 자아와 원초아, 초자아의 정신병리적 불균형을 초래하여 일어나는 현상으로 본다. 따라서 불안과 정서적 위기는 개인 성장과 자기 발달에 중요한 요소가 되며, 생의 초기 경험과 정신내적 요소를 중시한다.

교사의 입장에서는 아동의 표면적 행동이나 학업기술을 가르치는 데 역점을 두기보다 내재하는 정신적 갈등을 아동이 극복할 수 있도록 자아를 강화하는 것이 필요하다. 또한 수용적이고 허용적인 가정환경을 조성하도록 하는 가정지원을 통해서 행복하고 잘 적응하는 개인으로 성장하도록 도와주어야 한다.

2) 신경생리학적 모형

신경생리학적 모형에서는 아동의 부적절한 행동이 유전적 · 신경생리학적 요인, 아동의 기질적 요인의 영향에서 비롯된다고 본다. 유전적 요인으로는 인간 행동에서의 유전자와 변인들의 영향과 관련하여 가족의 발달사 등에 관심을 가지며 유전공학적인 접근을 적용하게 된다. 신경생리학적 요인으로는 인간의 뇌의 구조나 기능상의 장애, 신경전달물질의 이상, 신진대사 과정 등에 관심을 가져 수술이나 정신 관련 약물치료 등을 하게 된다. 기질적 요인으로는 아동의 생래적 성향인 기질과 환경의 상호작용이 행동에 영향을 주는 것에 관심을 가진다. 따라서 중재방안으로는 식이요법, 바이오피드백 등을 적용하게 된다.

이 모델의 관점에서 교사는 정신분열증이나 우울증, 과잉행동을 가진 아동에게 우선 의학적 중재가 도움이 된다는 것을 이해할 수 있다. 또한 약물로 치료를 받고 있는 아동에 대해서는 관찰을 통해 부모 및 교사들에게 피드백이 필요하다.

3) 심리교육적 모형

심리교육적 모형에서는 아동에 대한 가정과 학교, 사회에서의 기대의 불일치나 압력 등이 포함되어 생기는 갈등의 결과로 정신병적 장애와 학습부진이 초래된다고 본다. 따라서 아동의 행동 원인에 대한 탐색을 통한 심리치료뿐만 아니라 학업과 일상생활 기술 습득을 지원하는 데에도 목표를 두어야 한다.

4) 생태학적 모형

생태학적 모형에서는 정서 · 행동장애란 아동을 둘러싼 환경적 맥락 속에 여러 요인이 복합적으로 작용하여 문제가 일어나는 것이라고 본다. 따라서 아동만이 문제를 가지고 있는 것이 아니라 아동이 속해 있는 전 생태계에 문제가 있으며, 모두의 변화를 통해 아동의 문제를 해결하는 것이 필요하다고 본다.

교사는 아동을 둘러싼 환경체계에 대한 분석을 토대로 아동에게 필요한 기술을 습득하게 하는 것뿐만 아니라 부모상담을 통해 바람직한 양육방법 및 적절한 가족의 역할 정립에 대한 지원이 필요하다. 또한 학교나 또래 등의 역할을 강화함으로써 아동이 가정이나 학교, 이웃 및 지역사회에서 제대로 기능하는 방법을 습득하도록 상호 간의 중재가 필요하다.

5) 인본주의적 모형

인본주의적 모형은 기본적으로 모든 인간의 삶의 목적은 자아실현에 있다고 전제한다. 따라서 아동의 부적절한 행동이 개인의 경험과 자아구조 사이의 불균형에 의해 일어난다고 본다. 이 모형에서는 성인과 아동 사이의 신뢰관계를 중시하며, 아동이 정서적으로 지지받고 자유롭게 선택하고 결정할 수 있는 환경에서 충분히 기능적인 인간으로 자라게 하는 데 역점을 둔다.

6) 행동주의적 모형

행동주의적 모형에서는 아동의 모든 행동은 환경에 의해 학습된 것으로 본다. 행동주의의 기본 관점은 행동이 강화를 받았을 때는 그 행동이 증가하거나 지속되고, 소거기법이 적용되면 행동이 감소하거나 사라진다는 것이다. 아동이 부적절한 행동을 한다는 것은 어떤 측면으로든 강화를 받은 결과임을 강조한다. 따라서 중재를 통해서 아동의 바람직한 행동은 강화를 하고, 부적절한 행동은 소거를 하며, 적절한 대체행동을 가르쳐야 한다는 입장을 취한다.

교사는 모든 행동은 경험과 환경 등에 의해 학습됨을 전제로 문제행동 이전과 이후의 환경적 사건을 조작함으로써 변화가 가능함을 알아야 한다. 이런 변화를 위해서는 문제행동에 대한 관찰 가능하고 구체적으로 측정 가능한 조작적 정의가 필요하고, 객관적이고 과학적인 방법의 적용이 필요하다. 이에는 직접교수나 촉진이나 강화 등의 행동적 기법 등을 사용하여야 한다. 그리하여 교사는 이런 기법의 사용에 숙련되어야 한다.

7) 인지학습모형

인지학습모형에서는 아동의 비합리적인 자기 신념이나 인지적 미숙이나 왜곡 등에 의해 장애행동이나 정서적 불안이 유발된다고 본다. 그러나 아동의 인식과 반응을 변화시킴으로써 정서와 행동은 변화할 수 있으므로, 아동의 인지 내용을 정확히 파악하고 그

것을 토대로 새로운 인지 전략 및 기술을 학습시킬 필요가 있다. 또한 합리적 인지치료 기법인 논박을 통하여 인지적 왜곡에서 탈피하거나 자기 강화나 자기조절 등을 통해 합리적인 사고를 가질 수 있도록 유도하는 등 자신의 인지를 의식적으로 조정함으로써 건강한 정서를 가지도록 한다.

정서 · 행동장애아동을 지도하기 위한 주요 개념적 지도모형을 정리하면 〈표 7-17〉과 같다.

〈표 7-17〉 정서 · 행동장애의 주요 개념적 지도모형

모형	일탈의 정의	주요 패러다임	평가절차	중재방안
정신분석학적 모형	정신내적 갈등	정신구조, 카타르시스, 방어기제, 단계적 발달	심리검사, 투사법, 자기보고	수용적 환경, 역할놀이, 사회극, 그림 그리기 · 색칠하기, 신체활동
신체생리학적 모형	해부학 · 생리학 · 신경생리학적 결함	인간 행동과 생리학의 연결	발달사, 신경학적 평가, DNA 검사	수술 및 약물치료, 식이요법, 바이오피드백, 신체훈련
심리교육적 모형	내적 심리의 갈등, 일상생활에 대한 압박	의식적 인식에 사용되는 내적 심리요소 행동 변화를 이끄는 통찰력	심리검사, 투사법 자기보고	치료를 위한 논의, 문제의 구체화, 계획적 해결방안
생태학적 모형	문화 위반자와 전달자 사이의 조화 결여, 생태계 내 장애, 가정 · 학교 · 지역사회 등의 사회체계	개개인은 사회체계와 분리할 수 없는 부분이다. 상호작용은 상호적이다.	교실 및 교수 욕구분석, 교수환경척도, 행동기능평가	기술개발, 학습의 기대에 적응하기
인본주의적 모형	자기-구조 경험 사이의 불일치	자기실현 지능을 충분히 발휘하는 사람	관찰, 질문지	비권위적인 교사, 감정이입과 일치, 불공평한 판단 수용
행동주의 모형	학습된 부적절한 행동, 수동적 조건화, 조작적 조건화, 사회학습(모델링)	고전적 조건화, 조작적 조건화, 선행자극 – 행동 – 결과(A-B-C)에 따른 연속적 3단계	체크리스트, 행동평정척도, 행동기록, 행동기능평가	사회적 기술 교육, 행동증가 기법(강화, 행동계약, 토큰경제), 행동감소기법(차별강화, 타임아웃, 벌), 교내정학, 대안교육, 체벌, 신체적 구속
인지학습 모형	부정적 기대, 평가, 귀인, 비합리적 신념으로 나타나는 역기능적 사고, 미성숙, 인지 오류, 자기관리 혹은 자기조절 기술의 결함	지각과 사고는 행동에 영향을 미친다.	아동용 인지검사, 질문지	합리적 정서 · 행동치료, 대인 간 문제 해결, 인지적 사회성 기술 훈련, 합리적 정서치료, 인지적 자기훈련, 인지적 자기 관찰, 인지적 스트레스 분할

출처: 정동영 외(2010), p. 262.

- 정서 · 행동장애란 정서 · 행동 표현방법이 또래집단의 규준에 비해 강도나 빈도, 지속성, 상황 적합성 등의 측면에서 편향된 특성을 보이며, 자신의 의지로는 통제하기가 곤란할 뿐만 아니라 이런 특성이 지속됨으로 인해 개인적 · 사회적 적응능력에 곤란을 초래하는 상태라고 할 수 있다.
- 정서 · 행동장애는 일반적으로는 내재화 장애와 외재화 장애로 대별할 수 있다. 대표적인 분류체계는 『정신장애의 진단 및 통계 편람(Diagnostic and Statistical Manual of Mental Disorders: DSM)』, 『국제질병분류(International Classification of Diseases: ICD)』, 퀘이(Quay)의 분류 등이 있다.
- 정서 · 행동장애의 원인은 유전 및 생물학적 요인과 환경적 요인으로 나눌 수 있다. 유전 및 생물학적 요인에는 가족력이나 생리화학적인 요인, 아동의 기질, 뇌 손상 등이 포함되며, 환경적 요인에는 가족 및 기관, 사회문화적 요인 등이 포함된다. 그러나 정서 및 행동에서의 대부분의 부적절한 반응은 이들 요인 간의 복합적인 상호작용에 의해 발생하며, 이들 원인을 장애에 기여하는 요인으로 이해할 필요가 있다.
- 정서 · 행동장애의 판별은 아동 및 가족, 관련자에 대한 관찰이나 면담, 조사 및 검사 등을 통해 이루어지며, 그 결과에 입각하여 아동들에 대한 행동 중재 및 지원을 하는 것이 바람직하다.
- 최근 5년간 정서 · 행동장애아동들이 일반학교의 특수학급이나 일반학급 등의 통합교육 장면에 배치되는 수가 점차 증가하고 있는 추세다.
- 정서 · 행동장애아동들은 주의력 결핍, 충동성, 과잉행동, 품행장애, 반사회적 행동 등 외부적으로 공격적인 행동을 보이는 외재화 행동을 보이거나 우울증, 불안이나 공포, 강박증과 같이 미성숙하면서도 내부적으로 위축된 행동을 보이는 내재화 행동을 보이기도 한다. 또한 일상생활 관련 행동 중에 사회적 기술 결함이나 인지기능 결함으로 인하여 정상적인 수준에서 벗어난 정서나 행동을 보이는 등 사회활동이나 학습활동에 장애를 보이기도 한다.
- 정서 · 행동장애아동을 지도하기 위한 모형으로는 정신역동적 모형, 신경생리학적 모형, 심리교육적 모형, 생태학적 모형, 인본주의적 모형, 행동주의적 모형, 인지학습모형 등이 있다. 정서 · 행동장애아동들이 보이는 행동 특성은 원인이나 증후가 다양하므로 이에 적합한 모형을 반영하여 중재하는 것이 필요하다.

1. 정서 · 행동장애에 대한 각종 정의의 공통점을 설명하시오.
2. 정서 · 행동장애의 발생 원인을 설명하시오.
3. 정서 · 행동장애 평가도구를 간단히 설명하고 평가전략을 서술하시오.

4. 정서 · 행동장애아동의 특성을 외재화 장애와 내재화 장애로 나누어 설명하시오.

5. 정서 · 행동장애아동의 교육을 위한 개념적 모형을 설명하시오.

6. 정서 · 행동장애아동의 사례를 중심으로 진단과 지도방안에 대한 계획을 세우시오.

참 · 고 · 문 · 헌

교육과학기술부(2011). 특수교육 연차보고서. 서울: 교육과학기술부.

교육과학기술부(2012). 특수교육 연차보고서. 서울: 교육과학기술부.

교육부(2013). 특수교육 연차보고서. 서울: 교육부.

교육부(2014). 특수교육 연차보고서. 서울: 교육부.

교육부(2015). 특수교육 연차보고서. 서울: 교육부.

서경희, 윤점룡, 윤치연, 이상복, 이상훈, 이효신(2003). 발달장애의 진단과 평가. 대구: 대구대학교출판부.

이상복, 이상훈(2002). 정서 · 행동장애아 치료와 교육. 대구: 대구대학교 출판부.

정동영, 김주영, 김형일, 김희규, 정동일(2010). 특수아동의 이해. 서울: 교육과학사.

American Psychiatric Association. (1994). *Diagnostic and statistical manual of mental disorder* (4th ed.). Washington, DC: Author.

American Psychiatric Association. (2013). *Diagnostic and statistical manual of mental disorder* (5th ed.). Washington, DC: Author.

Gargiulo, R. M. (2003). *Special education in contemporary society: An introduction to exceptionality* (pp. 284–285). Belmont, CA: Thompson-Wadsworth.

Kauffaman, J. M. (2005). *Characteristic of emotional and behavioral disorders children and youth* (8th ed.). Upper Saddle River, NJ: Pearson.

Keogh, B. K. (2003). *Temperament in the classroom: Understanding individual differences.* Baltimore: Brookes.

Quay, H. C. (1986). Classification. In H. C. Quay & J. S. Werry (eds.), *Psychological disorders of childhood* (3rd ed.). New York: Wiley.

U.S. Department of Education. (2005). *Individuals with disabilities education act* (IDEA). Revised October 13, 2008, from http://www.ideadata.org/.

법제처 http://www.klaw.go.kr

교육부 http://www.moe.go.kr

자폐성장애아동의 교육

스티븐 월터셔(Stephen Wiltshire)는 1974년 영국에서 태어났다. 3세 때 자폐증 진단을 받고 5세에 걷기 시작했으며 9세에 말을 하기 시작했다. 7세 때부터 도시 풍경을 그리기 시작했는데 그림을 그리는 것을 제외하고는 사실상 기본적인 생활을 할 수 없는 중증의 장애인이다. 스티븐은 헬리콥터를 타고 20여 분 동안 뉴욕 전경을 본 뒤 오로지 기억만으로 3일 동안 뉴욕의 모습을 그렸는데 화폭의 길이만 5m가 넘는다.

그는 한 번 보고 그리는데도 건물의 높이나 창문의 모양까지 정확히 그려 내는 도시 풍경 화가로 뉴욕뿐만 아니라 프랑크푸르트, 함부르크, 런던, 시드니, 마드리드, 베이징, 상하이, 홍콩 등 다양한 도시의 모습을 사진처럼 그려 내서 인간 사진기라는 별명을 가지고 있는 유명인이다.

※ 출처: 방귀희(2015). 인간 카메라 스티븐 월터셔.『세계장애인물사』. 서울: 도서출판 솟대.

우리는 놀이 장면에서도 혼자만 행동하는 아이들, 매일 다니던 길이 아닌 다른 길로 가려면 떼를 부리는 아이들, 하루 종일 의미 없는 말을 혼자 지껄이는 아이들, 특정 물건에만 특히 집착하는 아이들을 주위에서 종종 보게 된다. 이런 아이들은 일단은 자폐적인 특성을 지니고 있다고 할 수 있다. 그러나 이런 아이들이 다 자폐인가? 자폐성장애를 가지고 있는 아이들은 보통 의사소통의 장애나 사회적 상호작용에서의 결함, 놀이활동에서의 어려움을 보인다. 그러나 그 원인은 무엇이고, 어떻게 지원하는 것이 좋은지에 대해서는 한마디로 답하기가 쉽지가 않다. 자폐성장애는 용어에서 나타나듯이 광범위하며 개인마다 나타나는 특징이 다르기 때문이다. 이 장에서는 자폐성장애의 개념 및 특성, 원인 및 진단, 지도방안 등을 중심으로 살펴보고자 한다.

1. 자폐성장애의 개념

자폐증(autism)이란 용어는 원래 그리스어 '자아(autos)'에 해당되는 말에서 파생된 것으로 미국의 소아정신과 의사인 레오 캐너(Leo Kanner) 박사가 1943년에 자신의 아동 환자에게 '유아자폐'라 칭하고, '자기 자신만의 세계 속에 고립된 증세'를 설명하기 위해 사용하였다.

1980년대에는 '자폐' 뿐만 아니라 이와 비슷한 임상적 특징을 보이는 장애들이 발견되면서 '전반적 발달장애'라는 좀 더 넓은 범주 안에 포함시켰다. 이들은 정상적인 신체적 발달을 보이면서 인지적 특성이나 의사소통 특성 등에서 다양한 증후를 보인다. 1994년 미국정신의학회(APA)에서 편찬한 DSM-IV에서는 전반적 발달장애의 하위 범주에 '자폐장애(autistic disorder)'가 포함되어 있었으나, 대부분의 전문가들은 자폐의 범주에 포함되는 하위 유형을 모두 포괄한 '자폐스펙트럼장애(autistic spectrum disorder: ASD)'란 용어를 주로 사용하였다(Strock, 2004).

더구나 2013년 편찬된 DSM-5에는 '자폐스펙트럼장애'로 명시되어 있으며, 신경발달장애의 한 유형으로 분류하였다. '신경발달장애'는 발달기에 시작되는 장애들의 집합으로, 개인적, 사회적, 학업적 또는 직업적 기능에 손상을 야기하는 발달결함이 특징이다(APA, 2013). 따라서 이 장에서 자폐성장애는 과거의 순수한 자폐증의 개념으로보다는 자폐스펙트럼이란 용어와 유사하게 사용하고자 한다.

1) 「장애인 등에 대한 특수교육법」의 정의

우리나라에서는 2007년에 「장애인 등에 대한 특수교육법」이 제정되면서 과거에 정서·행동장애에 포함했던 것을 자폐성장애(이와 관련된 장애)로 따로 분리하여 정의 내리고 있다. 「장애인 등에 대한 특수교육법」에서의 자폐성장애에 대한 정의는 다음과 같다.

> 자폐성장애를 지닌 특수교육대상자는 사회적 상호작용과 의사소통에 결함이 있고 제한적이고 반복적인 관심과 활동을 보임으로써 교육적 성취 및 일상생활 적응에 도움이 필요한 사람을 의미한다.

2) 「장애인복지법」의 정의

「장애인복지법 시행령」 제2조에 제시된 '장애인의 종류 및 기준'에 자폐성장애인이 포함되어 있으며, 그 정의는 다음과 같다.

> 소아기 자폐증, 비전형적 자폐증에 따른 언어·신체표현·자기조절·사회적응 기술 및 능력의 장애로 인하여 일상생활이나 사회생활에 상당한 제약을 받아 다른 사람의 도움이 필요한 사람

또한 같은 법 시행규칙 제2조에서는 자폐성장애인의 장애등급표를 1급에서 3급으로 나누어 다음과 같이 명시하고 있다.

> 제1급: ICD-10(International Classification of Diseases, 10th Version)의 진단기준에 따른 전반성발달장애(자폐증)로 정상발달의 단계가 나타나지 아니하고, 지능지수가 70 이하이며, 기능 및 능력 장애로 인하여 주위의 전적인 도움이 없이는 일상생활을 해 나가는 것이 거의 불가능한 사람
> 제2급: ICD-10의 진단기준에 따른 전반성 발달장애(자폐증)로 정상발달의 단계가 나타나지 아니하고, 지능지수가 70 이하이며, 기능 및 능력 장애로 인하여 주위의 많은 도움이 없으면 일상생활을 해 나가기 어려운 사람
> 제3급: 제2급과 같은 특징을 가지고 있으나 지능지수가 71 이상이며, 기능 및 능력 장애로 인하여 일상생활 혹은 사회생활을 해 나가기 위하여 간헐적으로 도움이 필요한 사람

3) 미국「장애인교육진흥법(IDEIA 2004)」의 정의

미국「장애인교육진흥법(IDEIA 2004)」에는 자폐성장애를 다음과 같이 정의하고 있다 (U.S. Department of Education, 2005).

언어적, 비언어적 의사소통과 사회적 상호작용에 영향을 미치는 발달장애로, 일반적으로 3세 이전에 뚜렷하게 나타나며 아동의 생활에 불리한 영향을 미친다. 자폐와 관련된 또 다른 특성 에는 반복행동과 상동행동, 환경 변화나 일상생활의 변화에 대한 저항, 감각 경험에 대한 이상 한 반응 등이 있다. 만약 아동의 교육적 수행능력이 뒤떨어지는 것이 근본적으로 정서적 장애 때문이라면 자폐성장애라고 할 수 없다.

4) 미국자폐협회(ASA)의 정의

미국자폐협회(Autism Society of America: ASA)는 자폐성장애의 상징으로 퍼즐 조각들로 구성된 리본을 사용하고 있는데, 자폐증을 다음과 같이 설명하고 있다(ASA, 2000).

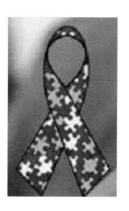

[그림 8-1] **미국자폐협회의 자폐성장애 상징**

자폐증은 복잡한 발달장애로 생후 초기 3년 이내에 나타난다. 두뇌의 기능에 영향을 미치는 신 경학적 손상의 결과로 나타나며, 자폐와 그 관련된 행동들은 500명당 1명 정도 발견된다. 자폐 증은 여아보다 남아가 일반적으로 4배 정도 높게 나타나며, 인종이나 민족, 사회적 지위에 관 계없이 나타난다. 가족의 수입이나 생활양식, 교육수준 등은 자폐의 출현율에 영향을 미치지 않는다. 자폐증은 사회적인 상호작용과 의사소통 기술과 관련된 영역의 뇌기능 발달에 부정적 영향을 미친다. 자폐증을 가진 아동과 성인은 모두 일반적으로 언어적 및 비언어적 의사소통, 사회적 상호작용, 여가활동 혹은 놀이활동에서 어려움을 보인다. 이 장애는 타인과 의사소통하거나 외부 세계와의 관계 형성에 부정적 영향을 준다. 그들은 반복적인 신체활동(손 돌리기와 흔들기), 사람이나 사물에 대한 특이한 반응이나 집착, 일상생활에서의 변화에 대한 저항 등의 특성을 보인다. 그러나 자폐증은 범위가 넓은 장애이고 각 개인마다 다른 영향을 미치며 다른 정도로 나타난다는 것을 반드시 염두에 두어야 한다.

2. 자폐성장애의 원인

초기에는 자폐성장애를 학식이나 사회적 명성이 높은 부모의 지나치게 이기적이거나 냉담한 자세와 비교육적이고 열악한 환경에 의해 야기되는 심인성 정신질환으로 생각하는 경향이 지배적이었다. 그러나 최근 들어서는 자폐성장애가 신체적·신경학적·생리학적 요인 등과 밀접하게 관련이 있음이 연구에 의해 밝혀지고 있다(Bauman & Kemper, 1985). 그러나 자폐성장애가 단일 요인에 의해서보다는 복합적인 문제들에 의해서 양상이 나타난다고 보는 견해가 지배적이다(여문환, 2008). 그리고 밝혀지지 않는 많은 부분에 원인이 존재할 수 있다는 것도 우리가 가지고 있는 제한점이라 할 수 있다.

1) 심인론

1950년대에 베텔하임(Bettelheim)은 자폐증 증상이 무신경하고 무정한 엄마가 자녀를 충분히 사랑해 주지 않는 탓에 나타난다고 생각했다. 이런 '냉장고형 부모'에서부터 자폐증이 비롯된다고 주장하는 많은 학자는 부모의 잘못된 양육태도, 양친의 왜곡된 인성 또는 사고장애 등을 그 원인으로 들었다. 따라서 자폐증을 가지고 있는 아동의 부모는 죄의식을 갖게 되었으며 비난의 대상이 되어야 했다. 따라서 부모에게는 정신분석이나 상담을 하였고, 아동에게는 놀이치료를 하였다.

그러나 이 심인론은 다양한 연구들에 의하여 비판받고 있는데, 자폐증의 심리적 원인을 정확히 밝힐 수 없을 뿐더러 대부분의 부모는 아동이 출생 때부터 기질상의 결함을 보였다고 진술하고 있다. 또한 많은 연구에서도 부모의 양육태도와 상관없이 유아기부터 이상한 행동을 나타낸다고 보고하고 있다(여문환, 2008). 따라서 최근에는 뇌기능의 생물학적 원인 때문이라는 주장이 더 많이 수용되고 있다.

2) 신경생물학적 원인

신경생물학적 원인에는 생화학적 요인, 신경생리적 요인, 뇌의 발달장애 요인, 유전적 영향, 식품과 관련된 요인, 환경적 요인 등이 있다.

생화학적 요인은 체내에서 분비되는 신경전달물질의 불균형과 관련된 것으로, 세로토닌의 불균형, 도파민의 불균형, 엔도르핀의 불균형, 에피네프린과 노르에피네프린의 불균형, 페닐알라닌의 축적 등이 속한다.

신경생리적 요인은 정보를 처리하는 기제에 문제가 발생하는 경우다. 외부 세계의 정보를 받아들이는 감각기관이 제 기능을 발휘하지 못함으로 인해서 연상능력이 부족하게 되고 이로 인해 입력되는 자극에 대해 매번 새롭게 느끼게 된다. 따라서 새롭게 느껴지는 자극을 기존 정보와 연결하지 못하거나 주어진 상황에 제대로 적용하지 못하기 때문에 불편해하거나 불안감을 느끼게 된다. 이로 인해 자기자극 행동이나 이상행동을 유발할 수 있다. 또한 우리 신체의 중심을 유지하고 수용된 감각자극을 근육에 보내는 전정기관의 기능에 결함이 있음도 지적되고 있다.

뇌의 발달장애로 인한 경우는 신경세포나 소뇌의 미성숙, 망상구조와 중뇌의 기능이상, 뇌 변연계의 손상, 뇌간의 발달지체나 손상 등이 속한다.

쌍생아에 대한 연구나 가계에 대한 조사연구를 통해서 자폐증의 유전적 영향이 보고되기도 하였다. 또한 자폐아동에게 보이는 비정상적인 X염색체의 조합인 취약X증후군, 페닐케톤뇨증 등도 자폐증이 염색체와 관련 있음을 보여 준다. 또한 아이가 태어날 때는 기본적으로 몇 가지 기질을 가지고 있는데, 이런 기질적 요인 중 자폐와 관련된 요인이 있다고 하기도 한다.

식품과 관련된 요인도 있는데, 이스트 감염증, 비타민이나 영양소 및 효소의 결핍, 식품 알레르기나 식품에의 과민성 등이 있다. 이 외에도 환경요인으로서 중금속 오염, 환경 호르몬 등이 있다.

3. 자폐성장애의 판별

자폐성장애는 진단기준에 따라 다양하게 분류할 수 있으며, 이에 근거한 도구들이 개발되어 보통 부모의 보고나 전문가의 관찰 등을 근거로 자폐성장애가 판별된다. 자폐성장애를 진단하는 도구 및 자폐성장애의 진단기준을 살펴보면 다음과 같다(이승희, 2010).

1) 자폐성장애의 진단도구

자폐성장애를 진단하는 기준으로 가장 많이 활용되는 것은 미국 정신의학회(APA)에서 발행한 『정신장애의 진단 및 통계 편람(DSM)』이며, 최근에 사용되고 있는 것은 DSM-5(APA, 2013)이다. 이 외에도 국제질병분류(ICD-10), 자폐 행동 체크리스트(ABC) 등이 있다. DSM-5 진단기준은 뒤에서 제시하고, 이를 제외한 진단도구 중 몇 가지를 살펴보면 다음과 같다.

(1) 국제질병분류

국제질병분류(ICD-10)는 세계보건기구(WHO)가 출판한 『국제질병분류 제10판(*The International Classification of Diseaes: ICD-10*)』으로서, 전반적 발달장애 항목에 자폐증 및 관련 증후군을 포함하고 있으며, 소아자폐, 비전형자폐, 레트증후군, 기타 소아기 붕괴성 장애, 정신지체와 상동운동이 결합된 과다활동장애, 아스퍼거증후군, 미분류된 전반적 발달장애 등으로 분류되어 있다.

(2) 영유아 자폐 체크리스트

영유아 자폐 체크리스트(Checklist for Autism in Toddlers: CHAT)는 걸음마기 이전의 영유아기에 나타나는 자폐 위험성을 선별하는 조기 진단 및 중재 도구로서, 부모가 각 항목에 대하여 '예'나 '아니요'로 응답하도록 되어 있다. 사회적 놀이, 또래에 대한 사회적 관심, 상상놀이, 관심 공유, 자신의 요구나 관심을 손가락으로 가리키는 행동, 운동근육 발달, 기능놀이 등의 항목으로 구성되어 있다. 또한 실제 영유아와 검사자 간의 간단한 상호작용 상황에 대한 관찰을 통해 부모의 보고와 비교할 수 있도록 구성되어 있다.

(3) 자폐 행동 체크리스트

자폐 행동 체크리스트(Autism Behavior Checklist: ABC)는 18개월~35세의 자폐성장애인을 대상으로 1978년 표준화한 도구로서 부모가 표시하도록 되어 있다. 영유아 발달과 관련된 감각, 대인관계, 신체 및 사물의 사용, 사회성 및 신변자립 영역의 5개 영역 총 57개 문항으로 구성되어 있다. 68점 이상이면 자폐로 분류되고, 53~67점은 자폐성장애의 의심수준이 된다.

(4) 자폐진단 면담지

자폐진단 면담지(Autism Diagnostic Interview-Revised: ADI-R)는 임상전문가가 아동의 부모나 양육자와 직접 상담하는 형식의 면담지로서, 정신연령이 18개월 이상인 2세 정도의 아동에게 사용될 수 있다. 사회적 상호작용, 의사소통과 언어, 상동적 행동의 3개 영역에 대한 내용이 포함되어 있다.

(5) 아동기 자폐 평정척도

아동기 자폐 평정척도(Childhood Autism Rating Scale: CARS)는 자폐성장애아동 진단을 위한 행동평정척도로서, 미국의 노스캐롤라이나 대학교 정신의학연구소에서 1988년 제작한 것을 김태련과 박랑규가 번역하였다. 인지, 개념, 의사소통, 사회관계, 모방, 감각 및 정서적 반응 등이 포함되어 전체 60항목으로 구성되어 있다. 이는 부모의 보고와 전문가의 직접 관찰에 의해 얻어진 정보를 종합하여 전체 점수가 30점 이상이면 자폐로 간주된다.

(6) 언어전 자폐 진단 관찰지

언어전 자폐 진단 관찰지(Pre-Linguistic Autism Diagnostic Observation Schedule: PL-ADOS)는 아직 언어를 사용하여 의사소통을 하기가 곤란한 만 6세 미만의 아동을 진단하기 위한 검사도구다. 놀이, 상호작용, 사회적 의사소통에 대한 평가를 하는데, 부모의 의견과 전문가의 관찰을 종합하여 진단한다.

(7) 한국 자폐증 진단검사

한국 자폐증 진단검사(Korean Autism Diagnostic Scale: K-ADS)는 강위영과 윤치연이 2004년 DSM-IV-TR과 길리엄 자폐평정척도(Gilliam Autism Rating Scale)를 기초로 우리 실정에 맞게 표준화한 것으로 3~21세의 자폐성장애 의심 아동 및 청소년을 대상으로 하고 있다. 상동행동, 의사소통, 사회적 상호작용의 3개의 하위검사로 구성되어 있으며, 하위검사마다 14개의 문항으로 총 42개 문항으로 구성되어 있다.

(8) 이화 자폐아동 행동발달 평가도구

이화 자폐아동 행동발달 평가도구(Ewha-Check List for Autistic Children: E-CLAC)는 일본 동경 정신의학연구소에서 제작된 CLAC-II를 모형으로 하여 발달 영역과 병리 영역에 관한 내용을 수정·보완하여 우리나라에서 개발한 것으로, 1~6세 아동을 대상으로 한다. 자폐성장애나 자폐성장애 의심 아동, 지적장애, 기타 장애를 가진 아동의 경우 부모나 부모 대리자를 통해 아동의 행동발달 및 병리성 수준을 평가한다. 척도 문항과 비척도 문항으로 되어 있는데, 척도 문항은 식사 습관, 배설 습관, 수면 습관, 착탈의, 위생, 놀이, 집단에의 적응, 대인관계, 언어, 지시 따르기, 행동, 운동성, 안전관리의 총 43문항으로 구성되어 있다. 비척도 문항은 수면 습관, 놀이, 운동성, 감정표현, 감각 습관의 총 13문항으로 구성되어 있다.

2) DSM-5의 자폐스펙트럼장애의 진단기준

DSM-5(APA, 2013)의 자폐스펙트럼장애는 이전 DSM-IV에서의 자폐성장애(자폐증), 아스퍼거장애, 레트장애, 소아기 붕괴성 장애, 달리 분류되지 않는 광범위성 발달장애를 아우르는 새로운 개념이다. DSM-5(APA, 2013)에서는 자폐스펙트럼장애를 신경발달장애의 한 유형으로 분류하고 있으며, 다양한 상황에서 사회적 의사소통과 사회적 상호작용의 결함이 지속적으로 나타난다고 하고 있다. 따라서 자폐스펙트럼장애를 진단하기 위해서는 사회적 의사소통의 결함과 더불어, 제한되고 반복적인 행동, 흥미, 활동이 있어야 하며, 과거 정보에 근거하여 진단기준을 충족해야 한다고 하였다. DSM-5에서의 자폐스펙트럼장애의 진단기준은 〈표 8-1〉과 같다.

〈표 8-1〉 DSM-5의 자폐스펙트럼장애의 진단기준

A. 현재 또는 과거력 상에, 다양한 분야에 걸쳐 사회적 의사소통 및 사회적 상호작용의 지속적인 결함이 다음과 같은 증상으로 나타난다.
  1. 사회적-정서적 상호성에서의 결함(예: 비정상적인 사회적 접근과 정상적인 대화의 실패, 흥미나 감정 공유의 감소, 사회적 상호작용의 시작 및 반응의 실패)
  2. 사회적 상호작용을 위해 사용되는 비언어적 의사소통 행동의 결함(예: 언어적 및 비언어적 의사소통의 통합 부족, 비정상적인 눈 맞춤과 몸짓 언어, 몸짓의 이해와 사용 결함, 얼굴표정과 비언어적 의사소통의 전반적 결함)
  3. 관계 맺기, 유지 및 관계에 대한 이해 결함(예: 다양한 사회적 상황에 적합한 적응행동 곤란, 상상놀이 및 친구사귀기 곤란, 동료들에 대한 관심 결여)

B. 현재 혹은 과거력상에, 제한적이고 반복적인 행동이나 흥미, 활동이 다음과 같은 증상 중 적어도 2가지 이상 나타난다.
  1. 상동적이거나 반복적인 운동성 동작, 물건 사용 또는 말하기(예: 단순 운동적 상동행동, 장난감 일렬로 늘어놓기, 물건 튕기기, 반향어, 특이한 문구 사용)
  2. 동일성에 대한 고집, 일상적인 것에 대한 융통성 없는 집착, 또는 의례적인 언어나 비언어적 행동 양상(예: 사소한 변화에 대한 극심한 고통, 변화의 어려움, 경직된 사고방식, 의례적인 인사, 같은 길로만 다니기, 매일 같은 음식 먹기)
  3. 관심사의 강도나 초점에 있어 비정상적으로 극도로 제한되고 고정되어 있음(예: 특이한 물건에 대한 강한 애착이나 집착, 과도하게 국한되거나 고집스러운 관심)
  4. 감각자극에 대한 과잉 또는 과소 반응, 또는 환경의 감각적인 면에 대한 특이한 관심(예: 통증/온도에 대한 명백한 무관심, 특정 소리나 촉감에 대한 부정적 반응, 과도한 냄새 맡기 또는 만지기, 불빛이나 움직임에 대한 시각적 매료)

C. 이런 증상들이 반드시 초기 발달기부터 나타나야 한다(그러나 사회적 요구가 개인의 제한된 능력을 넘어서기 전까지는 증상이 완전히 나타나지 않을 수 있고, 나중에는 학습된 전략에 의해 증상이 감춰질 수 있다).

D. 이런 증상들은 사회적, 직업적 또는 기타 중요한 현재의 기능 영역에서 임상적으로 현저한 손상을 일으킨다.

E. 이런 장애는 지적장애(지적발달장애)나 전반적 발달지연으로 잘 설명할 수 없다. 지적장애와 자폐스펙트럼장애는 자주 동반되며, 지적장애와 자폐스펙트럼장애의 공존장애 진단을 위해서는 사회적 의사소통이 전반적 발달수준의 기대치보다 저하되어야 한다.

주의점: DSM-IV의 진단기준상 자폐성장애, 아스퍼거장애 또는 달리 분류되지 않는 광범위성 발달장애로 진단된 경우에서는 자폐스펙트럼장애의 진단이 내려져야 한다. 사회적 의사소통에 뚜렷한 결함이 있으나 자폐스펙트럼장애의 다른 진단 항목을 만족하지 않는 경우에는 사회적(실용적) 의사소통장애로 평가해야 한다.

4. 자폐성장애아동의 교육적 배치

〈표 8-2〉는 최근 5년간 자폐성장애아동의 수를 나타낸 것이다. 2015년 현재 특수교육 대상자 중 자폐성장애아동은 10,045명으로 전체 특수교육대상 아동의 11.4%에 이른다. 이 중 4,000명(39.82%)의 자폐성장애아동들이 특수학교에 배치되어 있으며, 나머지는 특수학급과 일반학급의 통합교육 장면에 배치되어 있고, 그 수가 점차 증가하고 있는 추세다(〈표 8-3〉 참조).

〈표 8-2〉 연도별 자폐성장애아동 현황
(단위: 명, %)

구 분	2011년	2012년	2013년	2014년	2015년
전체 특수교육대상 아동	82,665 (100)	85,012 (100)	86,633 (100)	87,278 (100)	88,067 (100)
자폐성장애아동	6,809 (8.2)	7,922 (9.3)	8,722 (10.1)	9,334 (10.7)	10,045 (11.4)

출처: 교육과학기술부(2011, 2012); 교육부(2013, 2014, 2015).

〈표 8-3〉 자폐성장애아동의 배치 현황
(단위: 명)

구 분	특수학교	일반학교		특수교육 지원센터	계
		특수학급	일반학급		
2011년	1,917	4,312	580	-	6,809
2012년	2,459	4,790	672	1	7,922
2013년	3,191	4,840	688	3	8,722
2014년	3,531	5,113	678	12	9,334
2015년	4,000	5,363	675	7	10,045

출처: 교육과학기술부(2011, 2012); 교육부(2013, 2014, 2015).

5. 자폐성장애의 주요 특성

자폐성장애의 주요 증상으로는 보통 다른 사람에게 관심을 보이지 않는 대인관계의 손상, 의사소통의 손상, 사회인지와 상상력의 손상 등이 있다(Aarons & Gittens, 1992). 따라서 자폐성장애아동은 눈을 마주치거나 미소를 보이지 않으며, 다른 사람의 행동을 관찰하거나 모방하는 경우도 드물다. 언어발달도 또래에 비해 늦고 자신의 감정에 대한 표현이 없다. 놀이집단에 포함되어도 보통 혼자 떨어져 있는 경우가 많고 틀에 박힌 놀이를 반복한다. 자폐성장애의 주요 특성을 살펴보면 다음과 같다.

1) 사회적 상호작용의 어려움

자폐성장애아동이 가지고 있는 주요 증상 중 하나는 사회적 상호작용의 어려움으로서 대인관계를 형성하고 유지하기가 힘들다는 것이다. 그들은 자신의 생각과 행동을 관심사 이상으로 확장하는 데 어려움이 있고, 보통 타인의 생각이나 감정 등에 대한 인식이 곤란하며 사람보다는 사물에 관심이 많다. 그리고 이런 증상은 생애 초기부터 나타나서, 일반아동에게 보편적으로 일어나는 생득적 현상인 눈 마주치기나 미소 짓기, 옹알이 등이 거의 일어나지 않는다. 따라서 상대방의 얼굴을 잘 쳐다보지 않거나 부모의 자극에 대해서도 무관심한 편으로, 낯선 사람과 친숙한 사람에 대한 반응에 있어 차이를 보이지 않는다.

자폐성장애아동은 타인에 대한 의식이 없는 것처럼 행동하는 경향이 높다. 자신의 행동에 대해 다른 사람이 어떻게 생각하는가에 거의 무관심하며, 타인에게 불편을 주는 부적절한 행동을 할 뿐만 아니라 타인과의 교류가 매우 어려운 편이다. 따라서 사회생활을 하면서 다양한 상황에서 다른 사람과의 사회적 관계를 유지하기 위해서는 서로의 감정을 이해하고 교환하는 것이 필요하다는 것을 모르는 것처럼 행동하는 경향이 높다. 그러나 자폐성장애아동이 보이는 사회적 기술의 손상은 타인과 상호작용하려는 요구의 부족보다는 사회적 정보를 이해하고 그에 적절히 반응하는 능력의 부족 때문인 것으로 보고있다.

2) 의사소통의 어려움

자폐성장애아동이 가지고 있는 두 번째 증상은 의사소통 기술이 부족하다는 것이다. 그들은 상호작용 과정에서 언어라는 매체를 합리적으로 사용하기가 어렵다.

언어의 수용에 있어서 마치 주위의 소리를 듣지 못하는 것처럼 행동하여 청각장애로 오인되기가 쉽다. 그러나 자기가 관심 있는 소리에는 아무리 작은 소리라도 민감하게 반응하여 주위를 놀라게 한다. 이처럼 언어를 수용할 수는 있으나 선택적으로 수용하여 언어의 수용 범위가 극히 제한되어 있다.

또한 언어를 표현하는 기술이 부족하다. 언어로 의사를 표현하기보다는 신체행동으로 표현하는 경우가 많다. 따라서 언어를 전달하고자 하는 의지가 없는 것처럼 여겨지며, 언어가 가지고 있는 주요한 기능인 소통의 기능을 이해하지 못하는 것처럼 행동한다. 어릴 적부터 요구를 표현하기 위한 방법으로서의 가리키기 등의 몸짓언어를 결합한 언어 사용이 극히 제한되어 있다.

대화를 시작하거나 유지하는 능력이 부족하여 인간관계를 지속시키기가 쉽지 않으며, 자신의 이익과 관심사에 한정되는 대화를 하는 경향을 보인다. 그리고 같은 말이나 상대의 말을 반복하는 경향인 반향어를 사용하는 경우도 있으며, 시제나 대명사 사용에 정확성이 떨어지며, 발음이 뚜렷하지 않고 비정상적인 운율을 사용한다.

3) 상동적 행동과 고집스러운 관심

자폐성장애아동은 특정 대상과 현상에 대한 고집이나 고집스러운 행동을 보이거나 또는 상투적이며 의미 없는 반복적인 행동과 사회적으로 적절한 기준을 벗어난 부적응 행동을 보이는 경우가 있다.

비닐처럼 부스럭거리는 것을 계속 만지작거리거나 하루 종일 바퀴를 돌리는 등의 행동이 이에 속한다. 또한 계속 발끝으로 걷거나 빙글빙글 도는 등의 동작이 반복되어 나타나기도 한다. 그리고 익숙한 경로로만 가기를 고집하거나, 가구 등의 주위 환경이나 계획된 일정을 바꾸는 것을 매우 힘들어하거나, 특정 음식만을 먹거나, 특정 색깔로 된 옷만 입는 경우도 이에 속한다. 이런 상동적 행동들은 아동에 따라 그 유형이나 정도가 다르지만 보통 특정한 물건이나 행동에 집착하여 반복하여 나타나기 때문에 공공장소에서 쉽게 노출된다.

또한 특정 주제에 대한 관심이 특출할 수 있는데, 명화나 가수, 숫자나 알파벳 등에 많은 지식을 갖고 있어 영재란 착각을 일으키기도 한다. 그러나 일반아동이 다양한 호기심을 가지고 탐색하는 데 집중하는 것과는 내용이 다르고 관심의 정도도 지나치게 강하여 다른 놀이활동으로 전환하는 데 어려움이 있다.

4) 감각적 기능의 장애

자폐성장애아동은 감각자극에 대해 비정상적인 반응을 보여 소리나 빛, 특정 움직임, 맛과 냄새, 촉감 등 특정 자극에 대해 지나치게 둔감하거나 지나치게 민감한 경우가 있다. 외부에서 입력되는 감각자극을 뇌로 전달하거나 자극에 적절히 반응하는 데 곤란을 가지고 있어 아픈 자극을 주어도 반응하지 않는 등 감각에 둔감한 현상을 보이는 경우, 특정 음에 귀를 막거나 빛을 두려워하고, 특정 감촉에 소스라치는 등 특정 감각에 민감성을 보이는 경우가 있다.

또한 같은 감각일지라도 수용하는 데 불균형을 보여 과다 선택으로 인한 문제가 발생하는 경우가 있다. 자극에 대한 지나친 민감성이 자해행동으로 이어져, 손으로 바닥을 두드릴 때 나는 소리에 집착하게 되어 손에 상처를 입거나 이를 자제하게 되면 머리로 벽이나 바닥을 치는 행위로 이어지기도 한다. 이런 비정상적인 감각 반응은 아동이 감각적 정보들을 잘못 해석하여 그에 대해 불안과 공포를 느끼거나 특정 사물이나 현상에 대한 인식이 곤란하여 반응을 보이지 않는 것으로 보고 있다.

5) 인지능력 및 상상력 발달의 결함

자폐성장애아동은 인지적 장애가 핵심적인 특성으로 포함되어 있지는 않지만 다양한 인지분포를 나타내어 그들 중 약 75% 정도가 정신지체를 수반하는 인지적 결함을 지니고 있다. 비교적 기계적인 암기나 학습, 시간·공간 기술은 상대적으로 좋은 편이나 추상적이고 개념적인 사고, 사회적 인지 등에는 결함이 나타난다.

그러나 고기능자폐나 아스퍼거장애 등을 가진 아동은 평균 이상의 IQ를 보이기도 하는데, 자폐성장애와 관련된 특성으로 인해 학교생활에 어려움이 있다. 따라서 그들의 학업성취뿐만 아니라 생활에의 적응이나 또래관계 증진에 관심을 가질 필요가 있다.

자폐성장애의 약 10% 정도는 특정 영역에서의 영재적 특성인 서번트 증후군(savant syndrome)을 나타내기도 한다(Rimland & Hill, 1984). 서번트 증후군을 지닌 아동은 지능이 보통 사람보다 현저하게 떨어지는 자폐아동이나 지적장애아동 중에 음악 연주, 달력 계산, 암기, 암산 등에 특별히 뛰어난 재능을 나타내는 아동이다. 이들은 시각적인 재구성 능력이 뛰어나 한 번 본 풍경이나 대상을 매우 정확하고 섬세하게 표현하기도 하고, 음감이 뛰어나 한 번 들은 음악은 바로 연주하거나 악보로 나타내기도 한다. 물건의 순서를 잘 기억하기도 하고, 숫자나 특정 분야에 뛰어난 계산력과 기억력을 보이기도 한다. 그러나 기본적인 생활 자립과 관련된 자조기술 측면은 여전히 문제를 나타낸다.

또한 자폐성장애아동은 상상력을 발달시키는 데 제한을 가진다. 일반적으로 비장애아동은 대상영속성 개념이 습득되면서 자연스럽게 가상(as if)놀이가 나타난다. 따라서 사물이나 인물의 가작화나 상황의 가작화 등의 요소가 나타나면서 놀이가 더욱 심화되고 확장된다. 그러나 자폐성장애아동의 경우에는 장난감을 갖고 놀더라도 단순한 동작을 반복하는 등 장난감의 기능에는 관심이 없으며, 상상력을 가미시켜 나타내기가 곤란하다.

6) 조기 발생

자폐성장애는 대부분 장애의 증후가 조기에 발생되기 때문에 일찍 관찰이 가능하다. 일반적으로 영유아는 발달의 과정에서 양육자와의 애착행동이 자발적으로 형성되는데, 눈 마주치기나 미소 짓기, 옹알이하기, 요구하기, 따라잡기, 안기기 등이 이에 속한다. 그러나 자폐성장애아동은 이런 행동이 거의 일어나지 않고, 지나치게 심한 낯가림을 하거나 신체적 접촉을 회피하기도 한다. 얼굴 표정의 변화나 미소 등을 관찰하기 곤란한 경우도 있다. 또한 특정 장난감이나 활동에 강한 집착을 보이기도 하고 놀이의 발달과정에서 상징놀이를 하는 것이 곤란하다.

6. 자폐성장애아동의 교육

자폐성장애아동을 중재하고 지도하기 위한 특정한 방법은 없다. 그러나 각 분야의 전문가가 팀을 이루어 진단에서부터 중재 그리고 그 효과의 검증에 이르기까지 참여하는 것이 중요하다. 자폐성장애아동을 위한 중재 및 지도는 아동이 지니고 있는 특성을 고려하여 발달적 접근, 기능적 접근, 의학적 접근, 가족지원 등 복합적이고 총체적인 접근이 필요하다. 또한 이 모든 중재방법은 아동이 처한 상황을 고려하여 적절하게 적용되어야 한다. 자폐성장애아동을 위한 종합적이고 총체적인 조기중재를 제시하면 [그림 8-2]와 같다.

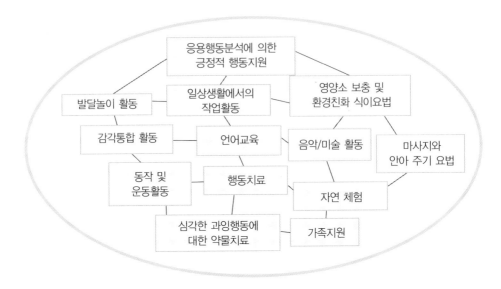

[그림 8-2] **종합적이고 총체적인 조기중재**

출처: 이상복 외(2002), p. 19.

1) 자폐성장애아동을 위한 효과적인 중재

자폐성장애아동을 위해서는 아동의 발달 특성에 근거하여 그들이 지닌 인지적 · 사회
정서적 · 의사소통적 · 감각운동적 특성들의 발달을 꾀할 수 있도록 체계적이고 구조화
된 중재방법을 활용해야 한다. 자폐성장애아동을 위해서는 다양한 중재 모델과 전략이
적용되고 있는데, 공주대학교 특수교육연구소(2010)에서 소개하고 있는 것을 중심으로
살펴보면 〈표 8-4〉와 같다.

〈표 8-4〉 **자폐성장애아동을 위한 중재**

구 분	프로그램	특 징

행동적
접근
	응용행동분석
	(applied behavior analysis:
	ABA)
		• 측정할 수 있는 행동단위에 초점을 맞춘 구조화된
		  중재
		• 바람직한 행동은 증가시키고 바람직하지 않은 행동
		  들은 감소시키기 위한 조직적인 접근

	비연속 개별시도 교수 (discrete trial teaching: DTT)	• ABA 형식을 따르고 있는 새로운 기법 • ABC 공식: 선행사건(Antecedents)–행동(Behavior)– 후속결과(Consequences) • 새로운 개념의 학습이나 부적응행동 치료에 효과적

행동적 접근	중심축 반응훈련 (pivotal response training: PRT)	• 명확한 질문이나 수업에 자발적으로 반응하도록 아동에게 기회 제공 • 아동의 최종 목표가 매일 향상되는 것에 중심 • 아동의 흥미와 동기를 일으키는 자연적인 맥락 안에서 행동을 가르치기 위한 접근방법
관계중심 모델	발달상 개인차 관계중심 모델 (the developmental, indiridnal difference, relationship–based modal: DIR)	• 아동과 돌보는 사람의 의사소통 상호작용을 증진시키고 촉구하는 기술을 개발하거나 수립하여 아동이 주도하도록 하여 성장시킴
	관계개발 중재 (relationship development intervention: RDI)	• 부모중심 프로그램 • 아동사정 후 훈련받은 부모에 의해 자녀훈련 • 집에서 부모가 피드백을 받으면서 실행
기술중심 중재	사회 이야기 (social stories)	• 마음이론에 결함이 있는 아동을 대상으로 특정 상황을 이해시키고 상황에 적절한 행동 및 사회적 기술을 가르치기 위한 방법 • 구체적이면서도 실제적인 사회적 상황을 설명하는 짧은 이야기를 제시하며, 예기치 않게 일어날 수 있는 사건 소개
	비디오 모델링 (video modeling)	• 성인이나 또래 스스로가 과제나 기술을 수행하는 짧은 비디오를 시청한 후 일상생활에서 연습할 기회를 줌 • 다른 사람의 관점을 가지도록 하는 데에 효과적
	촉진적 의사소통 (facilitated communication)	• 메시지를 타이핑하게 함으로써 의사소통 문제가 심한 사람을 지원하는 방법
	구조화된 교수 (treatment & education of autistic & related communication-handicapped children: TEACCH)	• 구조화된 환경에서 훈련된 교사와 부모들에 의해 아동의 기능과 기술을 발달시키는 데 초점 • 시각적·물리적 자료를 통해 아동의 독립적인 기능을 증가시키도록 지원 • 시각적 지원전략, 그림교환 의사소통, 감각통합 전략, 변별학습, 음악/리듬 중재전략 등 사용
	생물학적 중재 (biological interventions)	• 의학적인 중재로서 신경치료, 비타민치료, 식이요법, 면역치료 등 포함
	약물치료 (medication)	• 항정신성 약물치료 • 자폐 치료보다는 불안이나 공격성 등 장애 특성 감소 지원

2) 자폐성장애아동을 위한 지도방법

자폐성장애아동은 교육과정에 근거하여 교육이 이루어지고 있지만 그들이 지니고 있는 특성으로 인하여 교과활동이 제대로 이루어지기가 어려운 편이다. 그러나 자폐성장애아동에게 조기진단에 의거한 적절한 교육 프로그램은 매우 중요하며, 이런 프로그램에는 의사소통 기술, 사회성 기술, 학업기술, 행동관리 기술, 일상생활 기술 등이 포함된다(National Dissemination Center for Children with Disabilities, 2007).

(1) 언어 및 의사소통 지도방법

자폐성장애아동의 언어발달 특성은 일반아동과 다르다. 특히 언어발달은 인지적 기능과 연결되어 있어 학습 및 사회적 관계 형성에 영향을 미친다. 예를 들어, 자폐성장애아동은 언어의 상징적 의미를 이해하는 능력이 부족하다. 따라서 몸짓언어나 그림을 이용한 언어훈련부터 시작하여 차차 언어가 가지고 있는 상징적 의미를 활용할 수 있도록 반복지도가 필요하다.

또한 일반적으로 자폐성장애아동은 언어 사용에 있어 의사소통의 기능을 가지고 있지 않은 경우가 많다. 따라서 기본적인 언어 개념을 습득하고 말을 하려는 의욕을 훈련할 필요가 있다. 이에 의사를 표현할 수 있는 의지를 향상시키기 위해 자연적 상황에서 언어훈련을 하는 우발적 언어교육을 하거나 자연적 촉구를 통한 시간적 지연훈련을 사용하는 등 생활 장면 속에서 언어를 기능적으로 사용하도록 하여야 한다.

자폐성장애아동은 또한 말의 강도나 높낮이, 리듬의 부적절한 현상도 보인다. 따라서 이에 대한 교정과 지도가 필요하다. 특히 반향어 사용은 구조화된 장면을 구성하여 반향어가 아닌 질문에 대한 바른 반응을 보일 수 있도록 지도가 필요하다.

자폐성장애아동의 언어 및 의사소통 지도는 생활기능 언어를 중심으로 지도하는 것이 의사소통 기능의 향상은 물론 사회성 발달에도 도움이 될 수 있다(한국특수교육연구회, 2009). 그리하여 아동이 특별히 선호하는 사물이나 필요한 요구에 대한 어휘 목록을 만들고 그에 해당하는 그림이나 사진을 만들어 자신의 욕구를 전달할 필요가 있을 때 상대방에게 그림을 보여 주는 방법인 그림교환 의사소통체계법을 이용할 수 있다. 또한 자신의 의사를 전달하기 어려운 아동의 경우 보완대체 의사소통 방법(augmentative alternative communication: AAC)을 활용하여 의사소통을 도와줄 수 있다.

〈표 8-5〉는 자폐성장애아동의 의사소통 증진을 위한 중재의 기본원칙이다.

〈표 8-5〉 의사소통 증진 프로그램을 위한 기본 원칙

1. 아동의 실제 생활을 중재환경 장면으로 설정한다.
2. 기계적인 반응이 아닌 '의사소통'을 목표로 한다.
3. 아동의 흥미에 의한 동기부여와 자발성을 유도한다.
4. 모든 상황에서 의사소통할 기회를 최대한 제공하고 유도한다.
5. 의사소통의 목표는 발달적으로나 신체적으로 적절해야 한다.
6. 일관성 유지를 위해 아동 주위 환경의 협의 연계를 필요로 한다.

출처: 이상복 외(2002), p. 272.

(2) 사회성 기술 훈련

일반적으로 자폐성장애아동은 고립을 즐기는 것으로 알려져 있다. 따라서 집단놀이 활동에 포함되어도 어느새 혼자 노는 것을 당연시한다. 그러나 자폐성장애아동 또한 친구들과 어울리고 싶어 하며, 집단의 한 구성원이기를 바란다. 다만 사회적 관계를 형성하는 기술의 부족이나 사회적 단서에 대한 이해의 어려움으로 인해 사회적 상호작용의 곤란을 겪게 된다. 따라서 사회적 상호작용에 결함을 가지고 있는 자폐성장애아동은 반드시 사회 안에 포함시켜 타인과의 교류와 적절한 행동 모델을 통해 대인관계 결함을 극복하는 방법을 습득할 수 있어야 한다.

이에는 일상생활 장면에서 자연스럽게 사회적 기술을 가르치는 것뿐만 아니라 인위적으로 구조화된 장면을 설정하여 기능적으로 사회적 기술을 연습할 수 있는 기회를 부여하는 방법 등을 활용할 수 있다. 예를 들어, 시청각 매체를 활용한 예화 자료 및 이야기 나누기를 통한 설명 및 이해, 역할놀이를 통한 사회적 상황 체험 등이 있다.

훈련 내용은 집단의 형성 및 유지에 필요한 규칙에 대한 인식 및 준수(예: 지시 따르기, 순서 지키기, 의사 결정하기 등), 사회적 관계를 형성하기 위해 접근하는 방법(예: 상대방 응시하기, 미소 짓기, 대화 시작하기 등), 관계를 유지하기 위한 사회적 기술(예: 도와주기, 도움

〈표 8-6〉 사회성 증진 프로그램을 위한 기본 원칙

1. 아동이 현재 지닌 사회적 기술이 무엇인지를 구체적으로 파악한 후 지도·중재한다.
2. 구체적인 사회적 기술을 작은 단위로 가르친다.
3. 사회 상황 이해를 돕는 지원적 정보를 함께 제공하여 가르친다.
4. 정상발달 또래의 개입을 최대한 활용한다.
5. 일관성 유지를 위해 중재 관련자들과 협력한다.
6. 상호작용 촉진 기회를 최대한 활용한다.

출처: 이상복 외(2002), p. 250.

청하기, 타협하기, 피드백 제공 및 수용하기 등) 등을 포함하여야 한다.

〈표 8-6〉은 자폐성장애아동의 사회성 증진을 위한 중재의 기본 원칙이다.

(3) 행동지도

자폐성장애아동은 반복적이고 의미 없는 특이한 행동을 나타내기도 한다. 또한 그들은 공격성이나 충동성, 자해행동을 일으키기도 한다. 이처럼 자폐성장애아동이 보이는 부적응행동이나 문제행동은 자신에게뿐만 아니라 또래관계 형성에도 부정적인 영향을 미치게 된다. 따라서 아동의 행동에 대한 지도를 통해서 그들이 스스로 행동을 조절할 수 있도록 할 뿐만 아니라 대인관계 증진에도 기여할 수 있어야 한다. 또한 아동의 전 생애에 보다 긍정적으로 영향을 미칠 수 있도록 하면서 문제행동의 발생을 예방하기 위해 전반적인 환경의 재구성도 필요하다.

이를 위해서는 현재 보이고 있는 문제행동의 기능을 분석하는 것이 우선적이다. 이에 따라 바람직한 행동은 강화나 토큰경제 등을 통해서 증가시키며, 부적절한 행동은 차별강화나 반응대가법 등을 활용하여 소거시키거나 감소시켜야 한다. 수행이 필요한 대체행동은 모델링 및 촉구 등을 통해서 직접 가르치는 행동지원이 필요하다.

〈표 8-7〉은 자폐성장애아동의 부적응행동 중재의 기본 원칙이다.

〈표 8-7〉 부적응행동 중재의 기본 원칙

1. 철저한 행동기능 분석에 의한 중재
2. 내구성 있는 바람직한 대체행동 선택과 동기 유발
3. 아동의 선호도와 교육성을 고려한 최적의 보상재 선택
4. 체계적인 보상과 일관성 유지
5. 보상의 종류를 다양하게 하며, 보상에 대한 자기 선택 기회 최대화
6. 문제 중심의 시각에서 아동 특성 중심의 시각으로

출처: 이상복 외(2002), p. 296.

- 자폐성장애는 레오 캐너(Leo Kanner) 박사가 칭한 '유아자폐'에서 비롯되었으며, '자기 자신만의 세계 속에 고립된 증세'를 설명하기 위해 사용하였다. 2013년 편찬된 DSM-5에는 '자폐스펙트럼 장애(Autism Spectrumn Disorder)'로 명시되어 있으며, 신경발달장애의 한 유형으로 분류하고 있다. '신경발달장애'는 발달기에 시작되는 장애들의 집합으로, 개인적, 사회적, 학업적, 또는 직업적 기능에 손상을 야기하는 발달결함이 특징이다.

- 자폐성장애는 단일 요인에 의해서보다는 복합적인 문제들에 의해서 발생한다고 보고 있으며, 대표적인 신경생물학적인 원인에는 체내에서 분비되는 신경전달물질의 불균형과 관련된 생화학적 요인, 정보처리기제에 문제가 발생하는 신경생리적 요인, 뇌의 발달장애 요인, 유전적 영향, 식품과 관련된 요인, 환경적 요인 등이 포함된다.

- 자폐성장애의 판별은 보통 부모의 보고나 전문가의 관찰 등을 근거로 이루어진다. 자폐성장애를 진단하는 기준으로 가장 많이 활용되는 것은 미국 정신의학회(APA)에서 발행한 『정신장애의 진단 및 통계 편람(DSM)』이며, 이 외에도 국제질병분류(ICD-10), 자폐 행동 체크리스트(Autism Behavior Checklist: ABC) 등이 있다.

- 최근 5년간 자폐성장애아동들이 일반학교의 특수학급이나 일반학급 등의 통합교육 장면에 배치되는 수가 점차 증가하고 있는 추세다.

- 자폐성장애아동들이 보이는 주요 특성은 보통 다른 사람에게 관심을 보이지 않거나 다양한 상황에서의 사회적 의사소통과 사회적 상호작용의 어려움, 의사소통의 어려움, 상동적 행동과 고집스러운 관심, 감각적 기능의 장애, 인지능력 및 상상력 발달의 결함 등이 있다. 또한 놀이나 여가생활에서의 어려움을 보이며, 이런 대부분의 장애 증후가 조기에 나타난다.

- 자폐성장애아동을 중재하고 지도하기 위해서는 아동이 지닌 인지적, 사회정서적, 의사소통적, 감각운동적 특성들을 고려하여 자폐성장애아동들을 위한 중재 및 지도는 아동들이 지니고 있는 특성을 고려하여 복합적이고 총체적인 접근이 필요하다. 대표적인 중재모델에는 행동적 접근, 관계중심모델, 기술중심중재 등이 있으며, 언어 및 의사소통 기술, 사회성 기술, 학업기술, 행동관리 기술, 일상생활 기술 등을 증진시킬 수 있는 프로그램이 개발되어 있다.

학 습 문 제

1. 자폐성장애의 각종 정의에서의 공통점을 설명하시오.

2. 자폐성장애의 진단에 사용되는 도구를 설명하시오.

3. DSM-5의 진단기준에 의한 자폐성장애의 유형을 설명하시오.

4. 자폐성장애의 주요 특성을 설명하고 이에 대한 교수전략을 논하시오.

5. 자폐성장애아동의 사례를 중심으로 진단과 지도방안에 대한 계획을 세우시오.

참 · 고 · 문 · 헌

공주대학교 특수교육연구소 편(2010). 특수아동교육의 이해. 경기: 양서원.

곽승철, 김은화, 박계신, 변찬석, 임경원, 편도원(2009). 자폐 스펙트럼 장애아동 교육. 서울: 학지사.

교육과학기술부(2011). 특수교육 연차보고서. 서울: 교육과학기술부.

교육과학기술부(2012). 특수교육 연차보고서. 서울: 교육과학기술부.

교육부(2013). 특수교육 연차보고서. 서울: 교육부.

교육부(2014). 특수교육 연차보고서. 서울: 교육부.

교육부(2015). 특수교육 연차보고서. 서울: 교육부.

여문환(2008). 자폐아동의 이해와 프로그램 적용. 경기: 양서원.

이상복, Luke Y. Tsai, 김정일(2002). 자폐성 영 · 유 · 아동의 조기중재. 대구: 대구대학교출판부.

이승희(2010). 특수교육평가. 서울: 학지사.

한국특수교육연구회(2009). 최신특수아동의 이해. 경기: 양서원.

Aarons, M., & Gittens, T. (1992). *The handbook of antism: A guide for parents and professionals*. New York: Tavistock/Rontledge.

American Psychiatric Association (APA). (2000). *Diagnostic and statistical manual of mental disorders* (4th ed., text-revised.). Washington, DC: Author.

Autism Society of America (ASA). (2000). What is autism? *Advocate, 32*(6), 3.

Bauman, M., & Kemper, T. (1985). Histoanation observations of the brain in early infantile autism. *Neurology, 35*, 866-874.

National Dissemination Center for Children with Disabilities. (2007). *Autism and pervasive developmental disorder*. Retrieved October 22, 2008, from http://nichcy.org/pubs/factshe/fs1txt.htm.

Rimland, B., & Hill, A. L. (1984). Idiot savants. In J. Wortis (Ed.), *Mental Retardation and*

Developmental Disabilities, 13, 155–169. New York: Plenum Press.

Strock, M. (2004). *Autism spectrum disorders (pervasive developmental disorders).* Bethesda, MD: US Department of Health and Human Services, National Institute of Mental Health.

U.S. Department of Education. (2005). *Individuals with disabilities education act (IDEA).* Revised October 13, 2008, from http://www.ideadata.org/.

법제처 http://www.klaw.go.kr

의사소통장애아동의 교육

언어장애가 있었던 영국의 윈스턴 처칠(Winston Leonard Spencer Churchill) 수상은 명연설가로 유명하다. 처칠은 의사소통장애 때문에 말을 길게 하지 못해서 짧게 표현했는데 그것이 관중들에게 강한 인상을 심어 주었다.

제2차 세계대전으로 피폐해진 영국인을 다시 일으켜 세운 것은 바로 이 말 한마디 때문이었다. "결코, 결코, 결코 포기하지 않습니다." 결코라는 말을 반복한 것은 처칠의 의사소통장애에서 비롯된 것이지만 국민들에게는 수상의 강력한 의지를 전하는 명연설이 되었던 것이다.

윈스턴 처칠은 1874년 영국 옥스퍼드셔에서 출생하였다. 1895년 육군사관학교를 졸업하고 1899년 보어전쟁에 참가하여 포로가 되었으나 탈출에 성공하여 국민적 영웅이 되었다. 1900년 정치에 입문하여 요직을 두루 거치게 된다.

※ 출처: 방귀희(2015). 언어장애가 만든 명연설 윈스턴 처칠. 『세계장애인물사』. 서울: 도서출판 솟대.

하루 종일 말을 하지 않고 생활한다고 상상해 보자. 어떻게 다른 사람에게 생각을 전달할 수 있겠는가? 나의 생각, 의도, 감정을 다른 사람이 이해하지 못한다면 분노감이나 좌절감을 느낄 수도 있고, 하루 종일 다른 사람과 의사소통하려고 애를 쓰는 데 지칠 수도 있다. 또한 효과적으로 의사소통하지 못할 경우 매일 좌절에 직면하게 되고 사회관계, 학습 문제 등 많은 문제를 경험하게 된다.

의사소통장애의 출현율은 다른 장애영역에 비해 높은 편이며, 다른 장애 유형이 의사소통장애를 동반하는 경우가 많다. 따라서 특수교육교원은 의사소통장애에 대한 올바른 이해와 적절한 대처방안을 갖고 있어야 한다.

이 장에서는 의사소통 개념과 의사소통장애 유형 및 특성을 알아보고, 그에 따른 지도방안을 살펴보고자 한다.

1. 의사소통장애의 정의

의사소통장애를 명확하게 이해하기 위해서는 의사소통(communication), 언어(language), 말(speech)과 같은 용어들에 대한 개념 정립이 우선적으로 필요한 만큼, 이들에 대해 살펴보면 다음과 같다.

1) 용어의 구분

(1) 의사소통

의사소통은 정보, 생각, 의도 및 감정을 상호 교환하는 것이다. 즉, 메시지의 전달과 이에 대한 반응 또는 피드백을 포함한다(Beebe, Beebe, & Redmond, 1996). 『특수교육학 용어사전』(국립특수교육원, 2009a)에서는 의사소통을 다음과 같이 정의하고 있다.

사람들 간에 생각이나 감정 등을 교환하는 총체적인 행위다. 의사소통은 구어나 문어를 통한 언어적 요소는 물론 제스처나 자세, 얼굴 표정, 눈맞춤, 목소리, 억양 등과 같은 비언어적 요소를 통해서도 이루어질 수 있다.

이 정의에 나타난 바와 같이 의사소통 수단은 말이나 글뿐만 아니라, 준언어적 (paralinguistic) 행동과 비언어적(nonlinguistic) 단서도 포함된다. 준언어적 행동에는 야유하는 소리나 폭소와 같은 비언어적인 소리, 억양과 속도, 쉼과 같은 구어 수식 용법이 해당되며, 비언어적인 단서에는 신체 자세, 얼굴 표정, 눈맞춤 등이 포함된다. 인간이 가장 흔히 사용하는 의사소통 체계는 말과 언어 형식이지만, 얼굴을 마주보면서 상호작용하는 경우에 비구어적인 수단(준언어적 행동과 비언어적 단서)으로 50~90% 정도의 정보를 얻는다고 한다(Lue, 2001; Owens, 2005).

(2) 언어

전 세계적으로 6,000개 이상 존재하는 언어(McLaughlin, 1998)는 문화와 종교의 변천에 따라 변화를 거듭함으로써 의사소통 도구로서 성장하고 발전해 왔다(Ovando, 2004).

언어는 자의적 기호들과 이 기호들의 규칙 지배적인 조합을 활용하여 사고를 표현할 수 있도록 해 주는 사회적으로 공유된 기호 또는 관습적 시스템으로, 모든 언어들은 추상적인 상징-음소, 문자, 숫자, 수화-과 상징의 결합체계로 구성된다(Owens, 2005).

모든 언어의 상징과 규칙들은 자의적이다. 자의적이라는 것은 일련의 음과 사물, 개념, 혹은 음이 나타내는 행동 간의 관계가 논리적이지 않고 자연스럽다는 것을 의미한다 (예: '사과'는 특정 과일을 의미하지만, 그 단어의 음은 그 생물과 뚜렷한 관계가 없다).

언어는 형태(form), 내용(content), 사용(use)의 세 가지 구성요소로 조합되어 이루어진다(Bloom & Lahey, 1978).

① 형태: 소리를 의미가 있는 기호와 연결시키는 언어적 요소로 음운론, 형태론, 구문론의 세 가지를 포함한다.
 ● 음운론: 소리 및 이들의 조합을 규정하는 규칙
 ● 형태론: 단어의 구성을 규정하는 규칙
 ● 구문론: 다양한 유형의 문장을 만들기 위해서 단어를 배열하는 규칙

② 내용: 언어의 의미를 뜻하며, 의미론이 이에 속한다. 언어에 있어서의 의미는 단어를 사용함으로써 전달되며, 특히 사물, 사건, 사람과 이들 간의 관계를 알게 해 주는 역할을 한다.

③ 사용: 사회적 상황에서의 언어의 활용을 규정하는 규칙이다. 이러한 규칙은 화용론(pragmatics)이라고 불리며, 의사소통 시 사용할 기호의 선택과 관련된 규칙이나 의도를 규정하는 규칙들이 포함된다. 언어의 기능은 말하는 사람의 의도나 목적과 관계되는데 인사하기, 질문하기, 대답하기, 정보 요구하기, 정보 제공하기 등이 속한다. Grice(1975)는 의사소통에서의 화용규칙을 밝힌 바 있는데, 그 내용은 다음과 같다.

〈화용 규칙의 예〉
1. 오직 한 번에 한 사람만 말한다. 각 사람들은 대화에 기여해야 한다.
2. 화자의 말은 방해받지 말아야 한다.
3. 각각의 발화는 상호 관련된 것이어야 한다.
4. 각각의 화행은 새로운 정보를 제공하는 것이어야 한다.
5. 정중한 형식은 화자들 사이의 관계를 반영하는 것이어야 한다.
6. 대화의 주제가 수립되고, 유지되고, 종료되어야 한다.
7. 화자는 메시지의 성공적인 의사소통에 민감해야 하며, 모호하고 애매한 말은 삼가야 한다.

〈표 9-1〉 언어의 구성요소

구성 요소	하위 체계	정의	사용의 예	
			수용언어	표현언어
형태	음운론	말소리 및 말소리의 조합을 규정하는 규칙	말소리 식별	말소리 만들고 분명하게 발음
	형태론	단어의 구성을 규정하는 규칙	단어의 문법적인 구조 이해	단어 내에서 문법 사용
	구문론	단어의 배열, 문장의 구조, 서로 다른 종류의 문장 구성을 규정하는 규칙	문구와 문장 이해	문구와 문장 내에서 문법 사용
내용	의미론	의미(단어 및 단어의 조합)를 규정하는 규칙	단어의 의미와 단어들 간의 관계 이해	단어의 의미와 단어 간의 관계 사용
사용	화용론	사회적 상황에서의 언어의 사용과 관련된 규칙	사회적·상황적 단서 이해	다른 사람에게 영향을 미치기 위해 언어 사용

출처: 이소현, 박은혜(2011), p. 278.

지금까지 살펴본 언어의 구성요소는 〈표 9-1〉과 같이 정리될 수 있다. 이들 구성요소는 각각이 독립된 요소이면서 동시에 상호 연관된 관계로 구성된다. 예를 들어, 엄마와 길을 걷던 28개월 된 아이가 길가의 꽃을 보면서 "엄마, 꽃."이라고 말하였을 때, 이 아이는 언어의 세 가지 구성요소를 모두 성취한 것이다. 먼저 '엄마'라고 말함으로써 엄마의 주의를 끌고(화용론), '꽃'이라고 말함으로써 자신이 본 것을 설명하고(의미론, 화용론), 적절한 구문으로 단어를 발성하였다(구문론, 음운론).

(3) 말(구어)

말은 언어의 구어 산출을 의미한다. 말이 언어를 표현하는 유일한 수단은 아니지만, 가장 신속하면서도 효율적인 의사소통 수단임은 분명하다. 대부분의 사람은 구어를 쉽게 산출해 내고 있다고 생각하겠지만, Hulit와 Howard(2002)는 인간이 노력하는 것 중에서 가장 복잡하면서도 어려운 것 중의 하나가 말 산출이라고 하였다. [그림 9-1]을 통해 알 수 있듯이, 말은 호흡, 발성, 공명, 조음의 분리된 네 과정으로 이루어진다(Hulit & Howard, 2002).

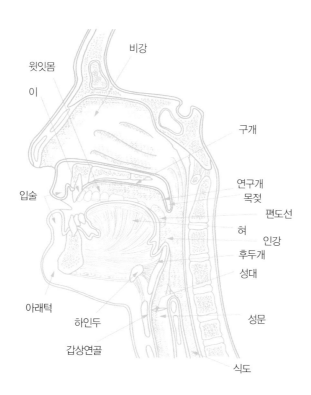

[그림 9-1] **말 산출 기관**

① 호흡: 폐에서 숨을 쉬고 내뱉는 과정으로 말 생성의 원동력이 된다.

② 발성: 성대가 수축될 때 공기가 진동하는 과정에서 소리를 만들어 낸다.

③ 공명: 공기가 목, 입 그리고 비강을 통과하면서 소리의 성질을 만들어 낸다.

④ 조음: 혀, 입술, 치아와 같은 조음기관들에 의해 구어음이 특정음으로 만들어진다.

이와 같이 사람이 말을 산출할 때는 여러 과정을 거치는데, 이를 그림으로 나타내면 [그림 9-2]와 같다.

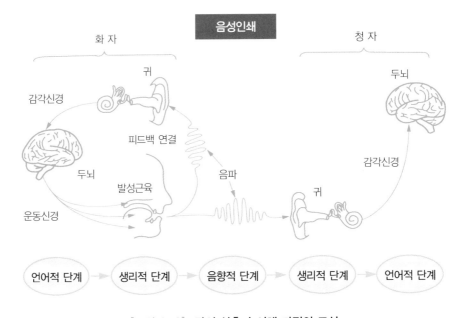

[그림 9-2] **말의 산출과 이해 과정의 도식**

출처: 심현섭 외(2010)에서 재인용.

2) 의사소통장애의 정의

「장애인 등에 대한 특수교육법」(2007)과 미국 「장애인교육진흥법(IDEA)」(2004)에 제시한 특수교육대상자로서의 의사소통장애아동의 정의는 〈표 9-2〉와 같다. 「장애인교육진흥법」에서는 말 및 언어장애라고 표기하여 국내와는 다른 명칭을 사용하고 있으나, 내용에는 큰 차이가 없다.

〈표 9-2〉 의사소통장애의 정의

구분	「장애인 등에 대한 특수교육법」(2007)	미국 「장애인교육진흥법(IDEA 2004)」
용어	의사소통장애	말/언어장애 (speech or language impairment)
정의	다음 각 목의 어느 하나에 해당하여 특별한 교육적 조치가 필요한 사람 가. 언어의 수용 및 표현능력이 인지능력에 비하여 현저하게 부족한 사람 나. 조음능력이 현저히 부족하여 의사소통이 어려운 사람 다. 말 유창성이 현저히 부족하여 의사소통이 어려운 사람 라. 기능적 음성장애가 있어 의사소통이 어려운 사람	학업적 성취에 부정적인 영향을 미치는 말더듬, 조음장애, 언어장애, 음성장애 등과 같은 의사소통장애

2. 의사소통장애의 분류 및 원인

한국특수교육학회(2008)는 의사소통장애를 ① 아동언어장애, ② 조음·음운장애, ③ 음성장애, ④ 유창성장애, ⑤ 신경말장애, ⑥ 신경언어장애로 구분하고 있다. 그리고 정신의학 분야(DSM-IV-TR)에서는 의사소통장애를 ① 표현언어장애, ② 혼재성 수용표현언어장애, ③ 음운장애, ④ 말더듬증으로 구분하고 있다.

앞에서 살펴본 의사소통장애의 정의에 포함된 하위 장애의 유형은 크게 말(구어)장애 (조음장애, 유창성장애, 음성장애)와 언어장애로 구분할 수 있는데, 이를 토대로 여기에서는 해당 장애들을 구체적으로 살펴본다.

1) 조음장애

조음장애(articulation disorders)는 유아기 및 학령기 아동의 약 10%로 가장 보편적인 유형의 말 장애(ASHA, 2002)로서, 다음과 같이 정의된다.

입술이나 혀, 치아, 입천장 등과 같은 조음기관의 구조적 및 기능적 문제로 인하여 말소리를 정확하게 조음하지 못하는 것이다(국립특수교육원, 2009a).

이러한 음운 산출에 있어서의 어려움은 말을 산출하는 데 필요한 근육이나 신경근육 상의 해부학적이거나 생리적인 문제에 의해 나타나기도 하고, 뇌성마비나 청각장애와 같은 기타 요인에 의하여 나타나기도 한다. 뿐만 아니라 구개파열과 같이 조음기관이 기질적인 문제로 발음오류가 나타나는 경우도 있고, 단순히 조음기관의 기능적인 문제로 발음오류가 나타나는 경우 등 그 원인은 다양하다.

조음장애는 일반적으로 생략, 대치, 첨가, 왜곡 등의 특성이 나타난다.

● 생략: 음소를 빠뜨리고 발음하지 않는 오류 형태('색종이'를 '새쪼니'로 발음)
● 대치: 다른 음소로 바꾸어 발음하는 오류 형태('색종이'를 '택똥이'로 발음)
● 첨가: 음소나 단어에 필요없는 음소를 첨가하는 오류 형태('색종이'를 '색종기'로 발음)
● 왜곡: 음소에 소음이 첨가되거나 조음기관을 잘못 사용하는 것으로 우리말로는 표현할 수 없는 잘 알아들을 수 없는 발음을 하는 오류 형태('색종이'를 '해뚜리'로 발음)

조음장애 평가는 오류 빈도, 유형, 일관성, 연령, 발달 특성, 언어이해 능력 등을 고려하여 이루어진다(Bernthal, Bankson, & Flipsen, 2008). 모든 의사소통장애처럼 조음장애의 정도(degree of severity) 역시 상당히 다양하다. 아동의 말을 이해할 수는 있지만 발음이 틀리거나 어린아이의 말처럼 발음되는 경우는 경도 혹은 중도의 조음장애에 해당한다고 볼 수 있으며, 여러 음의 오류로 알아듣기 힘든 경우는 고도의 조음장애가 된다. 한편, 조음의 정확도만으로 구분되지 않는 경우도 있다. 예를 들어, 명료도가 떨어지는 조음장애의 경우는 심한 고도의 조음장애로 효과적인 진단 및 치료가 쉽지 않은 경우도 있다(Haynes & Pindzola, 2004).

이전에는 조음장애아동이 보이는 발음오류는 말소리를 내는 데 필요한 근육과 기관들의 움직임과 관련한 문제로만 보고 비교적 치료가 쉽다고 생각하였다(McReynolds, 1990). 그러나 발음오류는 단순히 조음기관들의 잘못된 작동에 의한 것만이 아니라, 말소리의 구성 요소들을 인식하고 처리하는 것(음운론)과도 관련이 있다고 한다(Hall, Oyer, & Haas, 2001; Sunderland, 2004). 대표적으로 음운장애가 이에 해당한다.

음운장애란 말 기관의 뚜렷한 기관적, 기능적 이상이 없이 음운을 생략, 대치, 첨가, 왜곡하는 음운변동을 사용하는 것이다. 또래에 비해 자음 정확도가 낮거나 음운변동을 너무 자주 또는 다르게 사용하는 경우가 이에 해당된다(국립특수교육원, 2009a).

일반적으로 조음장애와 음운장애는 '조음·음운장애'라고 지칭될 만큼 포괄적인 의미로 사용되기도 하나(김수진, 신지영, 2009), 조음장애는 음을 정확하게 소리내지 못하는 반면, 음운장애는 소리에 대한 음운표상이 부족하여 나타나는 것으로 이해된다(Owens, Mets, & Farinella, 2010). 조음장애와 음운장애는 교육이나 치료전략이 달라질 수 있으므로 전문가의 정확한 진단이 선행되어야 한다(Bernthal, Bankson, & Flipsen, 2008). 음운 인식에 문제가 있는 아동은 말소리 산출과 함께 학업상의 어려움을 경험하게 될 가능성이 높아, 학령기에 읽기장애와 같은 학습장애와의 연관성도 높으므로 각별한 주의가 요구된다(김기주, 김자경, 2009; Dodd et al., 2005, Larrivee & Catts, 1999).

〈표 9-3〉 조음장애와 음운장애 구별하기

조음장애	음운장애
• 몇 개의 소리에서만 어려움을 보임 • 특정 소리에 대해 일관적인 조음 오류를 보임 • 소리를 내는 데 실수하는 것은 운동근육적인 문제 때문임 • 의사소통장애가 공존할 수도 있지만, 음운장애와는 같이 나타나지 않음	• 복합적인 조음오류를 보임 • 소리를 비일관적으로 오조음 함 • 운동근육적으로 소리를 낼 수 있지만, 적절한 위치에서 소리를 내지 못함('공' '주' 한 음절씩은 정확하게 내지만, '공주'를 단어로 발음할 때는 '곤주'로 오조음이 남) • 음운과정에서 일관적인 오류를 나타냄(종성생략, 특정 위치에서의 음소에 실수를 보임(예: '시소'에서 '시' 발음은 정확한데 '소' 발음에 오류를 보임) • 언어의 다른 부분도 지체되어 있음

출처: Hall, Oyer, & Haas (2001); Sunderland (2004).

2) 유창성장애

유창성장애는 부적절한 속도나 부적절한 리듬으로 말하는 것으로, 성급하게 말하는 속화(cluttering)와, 문장의 잘못된 곳에서 쉬거나 부적절한 형태의 강세를 사용하거나, 흐름이 부드럽지 못하여 음절이나 단어를 반복하는 말더듬을 말한다.

말더듬은 유창성장애의 가장 보편적인 형태로, 단어의 처음에서 모음이나 자음을 반복하거나, 연장, 머뭇거림, 간투사 삽입(예: "음" "어" "그게"), 전체적인 막힘 현상이 두드러지는 경우를 말한다(Ramig & Shames, 2002). 일반적으로 말더듬은 전형적인 언어발달과정에서 대부분 발생하는 것으로, 2~5세에 말을 배우는 과정에서 나타나는 유아의 말 더듬은 발달상의 특성으로 간주되기도 한다(Smith, 2004). 이러한 발달상 말더듬은 80% 이상이 자연스럽게 회복된다고 한다(Andrew et al., 1983). 하지만 말더듬 증세가 1~2년 이상 지속될 때는 심각한 장애를 초래할 수 있으므로 정확히 대처할 필요는 있다.

말더듬이 심각한 정도인지를 결정할 때 도움이 되는 질문(Smith et al., 2008)
- 아동의 말이 점점 더 유창하지 않게 되거나 말을 하기 위하여 더 많은 노력과 힘을 들이기 시작하는가?
- 아동이 말을 더듬는 특정 유형의 상황이 있는가?
- 말을 더듬는 것 때문에 사회적 문제를 경험하고 있는가?

아동은 스스로 말을 더듬는다는 사실을 인식하지 못하는 경우가 있다. 그러므로 말을 더듬는 것 자체에 관심을 보이지 않아야 한다. 또한 "다시 말해 봐." "똑바로 말하지 못해."와 같은 부정적 피드백은 주지 말아야 한다. 즉, 아동이 하는 말을 주의 깊게 들어주되, 어떻게 말해야 하는지에 대해서는 초점을 맞추지 않도록 해야 한다. 말더듬의 치료 목표는 '말을 안 더듬는 것'이 아니라, 유창성을 향상시켜 성공적인 의사소통을 할 수 있도록 하는 데 있기 때문이다.

유창성장애는 속화의 형태로 나타나기도 한다. 속화는 말의 속도가 너무 빠르고 음을 추가하거나 잘못 발음함으로써 말을 이해하기 힘든 경우, 예컨대 "바지 다려."를 "다지 바려."라고 말하는 것이 이에 해당한다. 속화는 말더듬과 비교할 때 자신의 유창성 문제를 잘 인지하지 못하나, 스스로 말을 조절하기 위한 주의를 기울이면 향상될 수 있다는 점에 차이가 있다(Hull, Howard, & Fahey, 2010).

3) 음성장애

화자의 음조, 강도, 음질, 공명과 관련한 기본 음성적 특성이 정상인의 목소리와 편차를 보이는 말(구어) 장애의 한 유형(국립특수교육원, 2009a).

음성장애는 발성장애(phonation disorder)와 공명장애(resonance disorder)로 구분한다.

- 발성장애: 성대의 종양이나 염증으로 인한 기질적인 경우와 소리 지르기 같은 성대의 남용 및 오용과 관련된 기능적인 것으로 나뉜다.
- 공명장애: 비강의 공명이 지나치게 많은 경우와 충분하지 못한 경우로 구분된다.

음성장애는 의료적 검사를 상세하게 할 필요가 있다. 기질적 원인들은 수술이나 다른 의료적 중재로 치료될 수 있으며, 환경 수정을 부가적으로 권고하기도 한다. 예를 들면, 소음이 많은 장소에서 말을 해야 하는 사람은 성대의 긴장과 고함을 줄이기 위해 마이크를 사용하면 도움이 될 수 있다.

음성 문제의 많은 부분은 고함을 지르거나, 많은 말을 하는 등의 음성 남용과 직접적으로 관련되어 있기 때문에 음성 남용 습관을 수정하는 방법이 활용된다. 음성재활은 호흡량을 늘리고, 긴장을 감소시키는 이완기법 등을 포함하며, 음성남용 습관을 수정하기 위한 행동수정이 활용되기도 한다. 최근에는 컴퓨터 공학을 활용해서 화자의 음성패턴을 스크린 화면에 시각적으로 재현해 주는 피드백 기법을 통해 음성 패턴을 수정하기도 한다(Bull & Rushakoff, 1987).

4) 언어장애

국립특수교육원(2009a)은 언어장애를 다음과 같이 정의하였다.

대뇌 생리과정의 결함으로 인하여 언어 발달의 이상이나 지체를 의미하는 의사소통장애의 한 유형

언어장애는 전형적인 언어발달과 비교함으로써 분류되기도 하는데, ① 무발화 언어장애, ② 화용론의 문제를 동반한 언어장애, ③ 언어발달지체, ④ 신경언어장애 등의 네 가지 유형으로 나눌 수 있다(Naremore, 1980).

- 무발화 언어장애: 3세 이후까지도 언어를 이해하는 징조가 나타나지 않고, 자발적인

발화가 없는 경우다.

- 화용론의 문제를 동반한 언어장애: 질적인 언어문제를 보이는 것으로, 말소리를 내거나 광범위한 어휘 발성에 있어서 전혀 문제가 없으면서도 말을 사용하는 방법이 전형적인 말의 사용과 매우 다른 경우를 의미한다.

- 언어발달지체: 전형적인 언어발달 단계를 거치지만, 그 발달 속도가 또래에 비해서 느린 경우를 말한다. 언어발달이 지연된(delay) 아동은 언어 기술의 습득이 전반적으로 느리기만 할 뿐인 경우이므로, 언어발달이 지연된 모든 아동이 언어장애를 지녔다고 말하기는 어렵다(Reed, 2005). 언어발달 지연의 기준과 관련해서는 한국특수교육학회(2008)의 발달지체 진단기준을 참고할 수 있다. 즉, 이에 따르면, 0~24개월 미만 아동은 언어발달에서 25%ile 혹은 표준편차 2 이상, 24개월 이상의 아동은 언어발달에서 20%ile 혹은 표준편차 1.5 이상의 지체를 보이는 경우가 해당한다. 따라서 언어검사 결과 1세 이상의 지체를 보이는 경우는 지연된 언어장애에 해당한다고 볼 수 있다.

- 신경언어장애: 일정시간 동안 전형적인 언어발달이 있은 후에 청각이나 두뇌 기능의 손상으로 언어장애를 보이게 되는 경우를 말한다.

언어장애를 정확히 진단내리기 위해서는 전형적인 언어발달 단계(〈표 9-4〉 참조)를 자세히 알고 있어야 한다.

〈표 9-4〉 정상적인 언어발달 단계

개월	화용론	음운론	형태론/구문론	의미론
1	응시하기, 울기, 편안한 소리내기	음높이 변화시키기		
3	놀이하며 웃기, 화자에게 가끔 소리내기	두 개 이상의 음절 소리내기		
6	화자에게 더듬거리며 말을 하고 미소 짓는다. 다른 사람이 얘기하면 그쪽을 쳐다본다.	한 번에 4개 이상 음절을 말한다. 양순음 (/p/, /b/, /m/) 소리를 낸다. 모음 소리를 낸다.		

8	까꿍놀이를 하며 성인의 말을 듣는다. 대화 시 화자를 쳐다보며 이해한다는 몸짓을 한다.	명령문이나 의문문의 억양이 나타나고 의미 없는 단어는 5개 이상의 모음이나 자음을 포함한다.	실제 단어는 아니지만, 문장이나 의문과 같은 소리를 낸다.	일부 일반적인 사물의 명칭을 인식한다.
10	음악에 맞춰 손뼉을 치거나 가리키기를 통해 의미를 전달하는 등 간단한 지시를 수행한다.	음의 높이나 리듬을 다양하게 하여 의미 없는 말을 한다.		단어를 흉내 내려고 하면서 처음으로 단어를 말한다.
12	기쁨, 화, 서두름과 같은 화자의 태도나 기분에 반응한다.	자음-모음, 자음-모음-자음 형태의 의미 없는 말을 한다.	한 단어가 나타난다.	거의 매일 새로운 단어를 배우며 둘 이상의 단어를 사용한다.
12~18	하나나 두 가지 단계 정도의 지시를 따른다.	소리나 말소리를 흉내 낸다.	두 단어로 문장을 만들기도 한다.	거의 매일 새로운 단어를 학습하며 많은 친숙한 것을 가리키고 인식한다.
18~24	의미 없는 말과 반향어를 사용하고, 주의를 끌기 위해 대화를 하려고 하며, 도움을 청한다.	/p/, /b/, /m/, /n/, /t/와 모음을 사용한다.	두세 단어, 문장을 사용하지만 관사나 수식어구를 빠뜨린다. 전보식 문장과 개인적 대명사를 사용하기 시작한다.	18개월에는 10개~20개의 단어를 말하지만, 24개월이 되면 200개의 단어를 말하고, 그 이상의 단어를 이해한다.
24~30		모음을 90% 정도 정확하게 발음하며,		500단어를 이해하고 대부분의 일반적인 대상 명칭과 그림을 이해한다.
31~36	요구하고 통제를 하려고 한다.	/t/, /k/, /d/, /g/와 같은 자음을 사용한다.	조사와 시제 사용이 나타난다.	
36~48	속삭이기, 사건 설명하기, 질문하기, 화자에 따른 역할 인식, 몸짓, 표정으로 의사소통 단서 파악이 가능하다.	/l/, /s/, /z/ 등의 자음이 정확해진다. 음의 높이나 리듬이 성인과 유사해지나, 지나치게 소리를 지르는 것을 좋아한다.	조사와 시제 사용이 확장되어 사용된다. 복합문, 접속사 사용이 늘어난다.	단어가 급격히 늘고, 단어학습에 적극적이고 실험을 즐기고 재미있는 오류도 범한다. 900~1,000개의 단어를 안다.
48~60	지속적으로 정보를 찾고, '왜' 질문을 많이 한다. 대화에 참여하는 청자의 행동을 의식하고 적절성을 이해한다.	의미에 따라 음의 높낮이를 변화시킨다. 조음오류가 있기도 하지만 거의 정확해진다.	크다, 더 크다와 같은 비교급을 사용한다. 복문 등 모든 유형의 문장을 사용한다. 문법 사용이 거의 올바르다.	경험을 통해 단어 수가 많아진다. 2,000개 이상의 단어를 안다.

출처: Prutting & Kirschner (1987).

3. 의사소통장애의 판별

1) 선별 기준

앞서 언급하였듯이, 한국특수교육학회(2008)는 학회 차원에서 의사소통장애의 유형을 여섯 가지로 구분하였다. 그리고 각 장애 유형에 따른 선별 기준을 다음과 같이 제시하였다.

(1) 아동언어장애

또래와 비교할 때

- 다른 사람의 의사소통 의도를 이해하거나 자신의 의도를 표현하는 데 문제가 있는가?
- 어휘(낱말)를 이해하거나 표현하는 데 어려움을 보이는가?
- 문장의 구문구조를 이해하거나 표현하는 데 어려움을 보이는가?
- 문법형태소를 이해하거나 표현하는 데 어려움을 보이는가?
- 대화 시 의사소통 규칙이나 기능을 이해하거나 사용하는 데 문제를 보이는가?
- 덩이글이나 말을 이해하거나 표현하는 데 어려움을 보이는가?

(2) 조음 · 음운장애

또래와 비교할 때

- 비정상적으로 발음에 오류를 보이거나 특이한 발음을 보이는가?
- 발음이 불명확하여 무슨 말을 하는지 알아듣기 어려운가?

(3) 음성장애

또래와 비교할 때

- 목소리의 크기, 높낮이, 음질에 문제가 있는가?

● 때와 장소에 따라 음성을 적절히 변화시키는 데 문제가 있는가?

(4) 유창성장애

● 의사소통에 방해가 될 정도로 말을 반복하거나 연장하거나 또는 힘들어하는가?

(5) 신경말장애

● 뇌성마비가 있거나 기타 신경계 손상으로 인하여 알아듣기 힘들게 말하는가?
● 침을 많이 흘리거나 음식을 삼키는 데 문제가 있는가?

(6) 신경언어장애

● 뇌손상이 있거나, 있다고 의심되는 상황에서 말이나 글을 이해하거나 표현하는 데 어려움을 보이는가?

2) 진단

의사소통능력을 평가하기 위해서는 앞서 살펴본 선별 기준을 토대로 인지능력과 의사소통에 결함이 있는지 선별검사를 실시하고 또한 그 결함의 성격을 밝히는 진단검사를 실시하여야 한다. 평가 내용은 음운론적·구문론적·의미론적·화용론적 영역을 포함하며, 표준화된 도구를 사용한 공식적인 검사뿐만 아니라 관찰이나 면담과 같은 비공식적인 검사를 실시하여 정확한 언어능력을 평가하도록 하여야 한다.

언어의 수용과 표현능력의 검사는 언어의 구성요소인 음운론적·구문론적·의미론적·화용론적 영역에 대한 수용언어능력과 표현언어능력을 검사한다. 또한 동작성 지능검사를 실시하여 인지능력에 따른 언어발달의 정도를 파악한다.

조음능력은 말소리의 정확한 산출과 산출 규칙의 습득 정도를 평가하며, 유창성은 말의 흐름이나 리듬이 자연스러운가를 검사하게 된다. 마지막으로 음성장애는 목소리의 음도, 강도, 음질, 유동성이 화자의 성, 연령, 체구 등에 적합한지에 대해 검사하게 된다(국립특수교육원, 2009b).

4. 의사소통장애아동의 교육적 배치

의사소통장애의 출현율은 전 인구의 5% 내외로 특수교육대상자의 70% 이상을 차지하고 있는 것으로 보고되고 있다(한국특수교육학회, 2008). 〈표 9-5〉는 2011년 이후 의사소통장애아동이 전체 특수교육대상아동 중 차지하는 비율을 나타낸 것으로 2015년 현재 2.3%로 나타나 있다. 중복장애의 형태로 의사소통장애를 수반하고 있는 경우는 제외한 것이기 때문에 한국특수교육학회(2008)가 제시한 비율과는 차이가 있다.

2015년 현재 2,045명의 의사소통장애아동들 중 4% 정도를 제외하고는 대부분 통합교육 장면에 배치되어 있다.

〈표 9-5〉 연도별 의사소통장애아동 현황 (단위: 명, %)

구분	2011년	2012년	2013년	2014년	2015년
전체 특수교육대상아동	82,665 (100)	85,012 (100)	86,633 (100)	87,278 (100)	88,067 (100)
의사소통장애아동	1,631 (2.0)	1,819 (2.1)	1,953 (2.3)	1,966 (2.3)	2,045 (2.3)

출처: 교육과학기술부(2011, 2012); 교육부(2013, 2014, 2015).

〈표 9-6〉 의사소통장애아동의 배치현황 (단위: 명, %)

구분	특수학교	일반학교		특수교육지원센터	계
		특수학급	일반학급		
2011년	86	790	749	6	1,631
2012년	79	873	865	2	1,819
2013년	113	907	925	8	1,953
2014년	76	931	958	1	1,966
2015년	85	997	961	2	2,045

출처: 교육과학기술부(2011, 2012); 교육부(2013, 2014, 2015).

5. 의사소통장애아동의 교육

1) 환경중심 언어중재

의사소통 발달을 위한 전략을 세울 때 고려해야 할 원칙이 있다.

첫째, 상호작용능력은 의사소통 기능 발달을 위한 우선적인 능력이며, 차례를 기다리고 주고받는 상호작용의 즐거움을 경험하도록 지도해야 한다.

둘째, 의사소통 기능은 고정된 질문에 기계적으로 대답하는 것이 아닌, 기능적인 것이어야 한다. 즉, 간단한 질문에 대답하는 것 이상의 목적을 가지고 언어를 사용할 수 있도록 지도해야 한다.

셋째, 언어는 반응적인 환경에서 잘 발달한다. 따라서 교사는 아동의 의사소통 의도에 민감하게 반응할 수 있어야 한다.

환경중심 언어중재(milieu teaching)는 자연적 환경에서 구체적인 의사소통 기능을 가르치기 위해 사용된 반구조화된 행동 기법으로 이와 같은 내용을 포함하는 전략이다 (Kaiser & Grim, 2006). 환경적 교수는 다음의 세 가지 기본적인 요소를 포함한다(McComick et al., 2003).

- 특별한 의사소통 행동 유형에 대한 요구를 증가시키는 방법으로 환경을 정리한다.
- 구체적인 표적 행동을 확인한다.
- 구체적인 지도 기법을 적용한다.

환경중심 언어중재는 아동이 바람직하게 반응할 기회를 많이 만들기 위해 환경을 구조화하고(예: 장난감을 들고 "뭐하고 싶니?"라고 묻는다), 아동의 의사소통을 위해 교사의 반응을 구조화한다(예: 아동이 밖을 가리키며 "나도 갈래."라고 말하면, 교사는 "그래 같이 가자."라고 말한다; 틀렸다고 지적하는 과정은 없지만, 자연스러운 모델링은 제공하는 것이다). 효과적인 중재가 되기 위해서는 가르치는 장면을 되풀이하는 것보다 좀 더 일상 대화에 가깝도록 해야 한다(Kaiser et al., 2005).

〈표 9-7〉 강화된 환경중심 언어중재

1. 환경조절 전략

아동의 언어를 촉진하기 위한 물리적 상황을 제공하는 전략으로, 아동이 선호하는 자료를 중심으로 환경조절 전략에 따라 놀이 상황을 계획한다.

전략	예시
흥미 있는 자료	좋아하는 장난감을 미리 배치해 둔다.
닿지 않는 위치	좋아하는 자동차를 보이지만 손이 닿지 않는 곳(선반 위)에 놓아둔다.
도움	좋아하는 구슬을 잘 열리지 않는 통에 담아 둔다.
불충분한 자료	좋아하는 풍선을 조금 불고, 아동이 더 불어 달라고 요구하게 한다.
중요 요소 빼기	도형/퍼즐을 끼우게 하고, 조각 하나를 뺀다.
선택	자동차와 점토를 제시하고 난 후, 아동이 선택하기를 기다린다.
우스운 상황	장갑을 발에 신거나, 교사가 아동 옷을 입는 상황을 연출한다.

2. 반응적 상호작용 전략

언어학습을 위한 대화적 기초를 제공하는 전략으로, 아동과의 놀이 상황에서 아동의 언어적, 비언어적 행동에 반응하는 방법들을 제시해 준다.

전략	예시
아동 주도에 따르기	아동의 말을 경청하고 행동을 관찰하며, 아동의 말이나 행동을 모방하고, 지시나 질문은 피한다. "코~ 자장." 하는 아동의 말에 "코~ 자장."
공동관심 형성하기	아동이 관심을 가지는 활동에 교사가 참여한다. 아동이 놀이를 바꾸면 교사도 아동의 놀이로 바꾼다. "자동차는 그만, 이젠 기차놀이 하자."
정서 일치시키기	아동의 정서에 맞춰 반응해 준다. 환호성을 지르는 아동에게 "기분 좋아?" "힘들어?"
상호적 주고받기	교대로 대화나 사물을 주고받는다. C: "공." T: "공 굴려."
시범 보이기	1) 혼잣말 기법: 아동 입장에서 보고 듣고 느끼는 것을 교사가 들려주는 것 　차를 밀면서 "차가 가네." 　물을 마시면서 "물 마셔요." 2) 평행적 발화기법: 아동이 말할 만한 언어를 말해 주는 것 　블럭을 쌓고 있으면 "블럭 쌓아요."
확장하기	아동의 발화에 적절한 의미적·구문적 정보를 추가하여 보다 완성된 형태로 들려준다. C: "차." T: "차가 가네. 빨간 차."
아동 모방하기	아동의 말/행동을 모방하여, 아동과 공동관심을 형성하거나, 아동에게 자신의 말이 전달되었다는 것을 알려 준다. C: 자동차를 밀다가 멈추면 T: 자동차를 밀다가 멈춘다 C: "공." T: "공." (아동과 눈맞춤으로 반응한다.)

아동 발화에 반응하기	아동이 한 말에 대해 고개를 끄덕이거나, 사회적 강화("그래, 맞아.")를 통해 아동의 발화를 인정해 준다.
	아동의 틀린 말에 올바른 말만 들려준다. C: 아동이 빨간 자동차를 보며 "노랑 차." T: "어, 빨간 차구나."
아동 반응 기다리기	아동이 언어적 자극에 반응할 수 있도록 적어도 5초 정도의 반응시간을 허용하여 아동의 반응을 기다려 준다.

3. 환경언어 중재전략

　기능적인 문맥에서 언어 산출을 촉진하기 위한 전략으로, 아동중심 시범, 요구 모델, 시간 지연, 우발교수의 절차를 따라 아동의 언어를 중재한다.

전략	예시
아동중심 시범	아동의 관심이 어디 있는지 관찰하고 그 물건이나 행동에 같이 참여하면서 그에 대한 적절한 언어시범을 보인다.
요구 모델	아동과 함께 활동을 하다가 아동에게 언어적인 반응을 구두로 요구해 본 후에 시범을 보이는 것이다. "뭐 가지고 싶어?" "뭐 줄까?" "○○ 주세요." "싫어." "같이 놀자." "고마워."
시간 지연	아동과 함께 활동하다가 아동의 언어적 반응을 기다려 주는 것으로, 아동이 말해야 하는 상황임을 눈치 채고 말을 하게 되면 그에 적절하게 교정 또는 시범을 보인다.
우발교수	우연히 일어나는 의사소통 기회 또는 언어학습 기회를 이용하여 언어훈련을 하는 것

　그러나 아동의 언어가 의미 있고 흥미로운 주제가 만들어지기를 기다리는 것만이 자연적인 교수는 아니다. 아동이 관심을 가지도록 언어 환경을 고안하여 교수목적에 맞는 상호작용이 증가하게 해야 한다. 〈표 9-7〉은 강화된 환경중심 언어중재(enhanced milieu teaching)의 구체적인 예다(Kiaser et al., 1995: 김기옥, 2007 재인용).

2) 중도 · 중복장애아동을 위한 지원

　중도 · 중복장애아동은 의사소통 행동을 매우 드물게 한다. 일부 아동은 기호나 그림 상징과 같은 의사소통의 어떤 형식적인 상징체계를 사용하지 못할 수도 있다. 하지만 아동은 비언어적 · 비구어적인 의사소통체계를 활용하여 의사소통할 수 있게 지도해야 한다.

(1) 아동의 행동 단서에 반응해 주기

중도 · 중복장애아동일수록 교사는 아동에 대해 더 관심을 갖고 적절한 의사소통적 반응을 보이기 위해 준비하고 있어야 한다(Klein et al., 2000). 예를 들어, 물건을 들고 가다가 떨어뜨리게 되면, 중도장애아동이 깜짝 놀라면서 옆으로 움직이게 될 것이다. 이때 교사는 "어머, 상자가 떨어졌구나, 괜찮아. 주워 보자."처럼 비구어적인 행동반응에 대해 언어적으로 의사소통적 반응을 보여 주는 것이 좋다.

(2) 기능적인 의사소통을 위한 선호 대상과 활동 확인하기

아동은 가장 흥미가 있고, 가장 원하는 사물, 활동, 사람에 대한 의사소통 행동이 먼저 발달한다. 아동이 "엄마, 우유."라고 요구하는 것은 의사소통 발달의 동기부여가 되는 것이다. 물론 중도장애아동의 경우는 원하는 사물과 활동을 발견하는 것이 어려울 수 있다. 하지만 의사소통 기술을 지도하기 위해서는 아동이 가장 의사소통하기 좋아하는 것을 알아내는 것 없이는 불가능하다. 그러므로 아동이 선호하는 물건이나 활동을 체계적으로 발견하는 데 시간을 쏟을 필요가 있다. 이를 위해서 부모와의 주의 깊은 면담도 필요하다. 〈표 9-8〉은 중도장애아동이 선호하는 활동의 예이며, 종종 음식 또한 높은 선호도를 보인다.

〈표 9-8〉 중도장애아동이 선호하는 활동의 예

활동	내용
운동감각	공 팅기기, 자동차 밀기, 탑 무너뜨리기, 그네 타기(담요)
청각, 시각	노래 부르기, 익숙한 목소리 듣기 모빌 보기, 반짝이는 불빛 보기, TV 보기 누르면 소리나는 장난감 갖고 놀기
조작	손잡이 조작하기, 도미노
장면 변화	외출하기, 불쾌한 요소 제거하기
촉각, 신체	빨기, 안기, 간질이기, 머리 빗기, 물놀이

(3) 의사소통적으로 사용될 수 있는 행동 확인하기

교사는 아동의 의사소통을 촉진하기 위해서 아동이 어떤 행동을 의도적으로 통제할 수 있는지를 알아야 한다. 중도 및 중복 장애아동일지라도 눈 응시, 머리 돌리기, 소리내기 등으로 의도적으로 조절할 수 있는 행동은 있다. 다음은 의사소통 맥락을 만드는 데

사용할 수 있는 행동이 무엇인지 결정할 때 활용할 수 있는 절차(일상적인 일 방해하기)다 (Raver, 1987; Koegel & Koegel, 2006).

① 제시(presentation): 아동에게 무언가를 제시하고 아동의 행동을 관찰해 보라.

② 저지(interruption): 아동이 매우 좋아할 것으로 추측되는 사물이나 활동을 소개한 후 활동을 멈추거나 물건을 치워 보라. 예를 들어, 자동차 밀기를 2분 정도 하다가 자동차를 멈추게 하거나, 자동차를 치워 보라. 아동이 소리를 내거나, 머리를 움직이거나 몸의 위치를 바꾸거나 손을 뻗으려고 하는 등의 행동을 하는지 관찰해 보라.

③ 예상되는 사건 보류하기(withholding an anticipated): 아동이 좋아하는 일상 중에 규칙적이고 예상할 수 있는 사건이 있고, 아동이 어떤 단서로 그 일을 예상할 수 있다면, 그 일을 보류하는 것을 두 번째 절차처럼 해 보라. 예를 들어, 한 아동이 간식시간을 좋아하는 것이 확실하다면, 그 아동만 빼고 다른 모든 아동을 간식 식탁에 앉도록 하고 아동의 행동을 관찰해 보라.

(4) 의사소통을 위한 기회와 필요성 창출하기

아동의 선호에 대한 목적이 작성되거나 의도적 행동이 발견되면, 중요한 의사소통인 '요구하기'를 사용할 기회를 아동에게 제공하기 위해 환경을 체계적으로 조정하고 계획할 수 있다.

● 더 요구하기: 원하는 사물이나 활동을 할 때 더 요구하도록 가르칠 수 있다. 그러나 모든 상황마다 요구하기를 반복할 필요는 없다. 예를 들어, 좋아하는 음식을 한 입씩 베어먹을 때마다 요구할 필요는 없다. 차라리 하루에 3~4번 정도의 기회를 제공하는 것이 낫다. 때로는 집중적인 훈련보다 분산된 훈련이 더 효과적이다.

● 선택하기: 일과 중 가능한 한 많은 상황에서 결정할 수 있는 기회를 제공해야 한다. 활동 내용, 간식, 놀잇감, 놀이장소 등 선택권을 제공하는 것이 중요하다.

● 시간 지연: 시간 지연(time delay)은 중지-대기 전략(pause-wait strategy)과 유사한 방법으로, 어떤 일이 일어날 것으로 예상할 때 그것이 일어나지 않으면 의사소통하려는 강한 욕구가 생길 수 있다. 중도장애아동은 다른 아동보다 정보를 받아들이고 반응을 조직하는 과정에 더 많은 시간이 필요하다. 조용히 기다리는 교사의 표정은 의사소통하려는 요구를 한 번에 행동으로 이끌어 내는 놀라운 효과를 보이는 전략

274

이다(Apler & Kaiser, 1992).

● 의사소통적 시작: 중도장애아동에게는 성인의 주의를 끄는 방법을 지도하는 것이 매우 중요하다. 의사소통의 시작이 다른 사람에 의해 좌우되는 아동은 기능적인 대화를 보장하기 어렵다. 의사소통을 시작할 수 있는 능력은 의사소통 전략의 성공에 중요한 요소다.

(5) 반복과 예상 가능한 계획 사용하기

중도장애아동에게는 반복성(repetition), 중복성(redundancy), 반응성(responsiveness)이 중요한 입력 전략이 될 수 있다. 어떤 중요한 단어나 문장은 반복해서 익숙해지도록 해야 한다. 그리고 언어적 단서는 행동, 사건과 항상 연관이 있어야 한다.

3) 보완대체의사소통

보완대체의사소통(Augmentative and Alternative Communication: AAC)은 표현적 의사소통의 결함을 보상하기 위하여 사용되는 다양한 중재를 의미하는 용어로 다음과 같이 정의된다.

독립적으로 말이나 글을 사용하여 의사소통할 수 없는 사람들의 문제를 감소시키고 언어능력을 촉진하기 위해 사용하는 말(구어) 이외의 여러 형태의 의사소통방법(국립특수교육원, 2009a).

여기서 '보완'이란 개인의 말을 강화하기 위해 중재로 사용되는 방법과 도구를 의미하며, '대체'란 말은 습득하지 못하거나 습득할 수 없는 사람을 위하여 말을 대신하여 사용되는 기술의 적용을 의미한다(McComick & Loeb, 2003). 따라서 보완대체의사소통이란 보조도구(예: 의사소통판, 열쇠고리, 융판, 지갑, 음성출력기, 컴퓨터)를 사용하거나 사용하지 않은(예: 몸짓, 수화, 발성) 특정 방법을 통해 아동의 의사소통 성과를 향상시키고자 하는 모든 시도를 포함한다(Mirenda, 2001). 보완대체의사소통은 지체장애나 중복장애, 자폐성장애아동 등 다양하게 활용되며, 그 실제적인 효과는 계속 입증되고 있다.

〈표 9-9〉 보완대체의사소통을 위한 보조도구 예시

Cardinal		• 8개씩 3페이지 그림 사용 • 단어나 짧은 문장 녹음 • 버튼 누르면 녹음된 음성 출력 • 판매처: www.rsmall.co.kr www.semall.co.kr
PMLS		• 휴대용 의사소통판 • 다양한 크기와 형태의 의사소통 보드 제작 가능 • 10,000개 이상의 의사소통 상징 제공 • 판매처: www.rsmall.co.kr www.aackorea.co.kr
V-PEN		• 펜 형태의 의사소통 기기 • 광학 바코드가 프린트된 상징에 제품을 터치하면 음성출력 • 판매처: www.rsmall.co.kr

〈부록〉 의사소통 상호작용 점검표

	전혀	가끔	자주	매우 자주	해당 없음
1. 부드럽게 쓰다듬기, 가볍게 두드리기, 어르기, 껴안기, 흔들어 주기 등과 같은 적절한 촉각적 · 운동신경적 자극을 제공한다.					
2. 영아와 상호작용하는 동안 즐거워한다.					

3. 아동의 칭얼거림이나 짜증에 대한 반응
  a. 말을 바꾸어 한다.
  b. 영아의 위치를 바꾸고 주의를 다른 곳으로 돌리게 한다.
  c. 쓰다듬거나 흔들어 주는 등의 긍정적인 물리적 자극을 제공한다.
  d. 부정적인 신체적 · 언어적 반응을 피한다.					

4. 얼굴을 마주하거나 영아와의 눈 맞춤이 가능한 위치인가(30~40cm)
  a. 눈 맞춤을 하려고 한다.
  b. 영아의 소리에 웃으며 반응한다.					

5. 경우에 따라 영아에게 계속 웃어 준다.
  a. 지속적으로 영아의 미소에 답한다.
  b. 영아의 목소리에 반응하며 웃어 준다.					

6. 다양한 억양적 특징
  a. 음높이를 높게 한다.
  b. 천천히 이야기한다.
  c. 억양을 과장해서 한다.					

7. 대화를 고무시킨다.
  a. 의문문에서는 억양을 올린다.
  b. 영아에게 이야기를 하고, 조금 기다리며 영아에게 말할 기회를 주고 얼굴을 바라본다.
  c. 아동의 목소리나 단어를 흉내 낸다.
  d. "여기 병이 있네, 병." 처럼 자신의 소리, 단어나 구를 반복한다.
  e. "어, 그래?" "맞니?" 등과 같이 영아의 목소리에 답한다.					

8. 영아의 행동에 경우에 따라 반응한다.
  a. 영아의 목소리에 2초 내에 만져 주거나 얼굴 표정에 반응한다.
  b. 영아가 팔과 머리 등을 움직이고 난 후 2초 내에 말을 한다.
  c. 영아가 말을 하고 난 후 2초 내에 말한다.
  d. 영아의 말소리나 동작의 변화가 있을 시 자신의 활동이나 말을 멈춘다.
  e. 먼 거리에서 영아의 목소리에 반응한다.					

9. 영아의 부정적인 단서에 대한 반응으로 상호작용을 조절한다.
  a. 활동을 바꾼다.
  b. 상호작용의 강도를 줄인다.
  c. 상호작용을 하려는 시도를 중단한다.					

10. 언어와 개념을 가르치기 위해 의사소통을 한다.
  a. "너 배고프구나, 그렇지?" 와 같이 영아의 행동을 적절하게 해석한다.
  b. "불을 켤까? 불을 켠다, 불빛이 있네." 처럼 자신의 문장을 확장한다.					

출처: Klein & Briggs (1987).

- 「장애인 등에 대한 특수교육법」에 의하면 의사소통장애를 지닌 특수교육대상자는 언어의 수용 및 표현 능력, 조음능력, 말 유창성이 현저히 부족하거나, 기능적 음성장애가 있어 의사소통이 어려운 사람으로 정의되어 있다.

- 의사소통장애의 하위 유형은 다양하지만, 한국특수교육학회(2008)는 ① 아동언어장애 ② 조음 · 음운장애 ③ 음성장애 ④ 유창성장애 ⑤ 신경말장애 ⑥ 신경언어장애로 구분하고 있으며, 정신의학분야(DSM-Ⅳ-TR)에서는 ① 표현언어장애 ② 혼재성 수용표현 언어장애 ③ 음운장애 ④ 말더듬증으로 구분하고 있다

- 조음장애는 입술이나 혀, 치아, 입천장 등과 같은 조음기관의 구조적 및 기능적 문제로 인하여 말소리를 정확하게 조음하지 못하는 것이며, 음운장애란 말 기관의 뚜렷한 기관적, 기능적 이상이 없이 음운을 생략, 대치, 첨가, 왜곡하는 음운변동을 사용하는 것으로, 또래에 비해 자음 정확도가 낮거나 음운변동을 너무 자주 또는 다르게 사용하는 경우가 이에 해당된다.

- 조음장애와 음운장애는 교육이나 치료 전략이 달라질 수 있으므로 전문가의 정확한 진단이 선행되어야 하며, 음운장애 아동은 읽기장애 위험군에 해당하므로 각별한 주의가 요구된다.

- 유창성장애는 부적절한 속도나 부적절한 리듬으로 말하는 것으로, 성급하게 말하는 속화와, 문장의 잘못된 곳에서 쉬거나 부적절한 형태의 강세를 사용하거나, 흐름이 부드럽지 못하여 음절이나 단어를 반복하는 말더듬을 말한다.

- 발성성 말더듬 아동에게는 말을 더듬는 것 자체에 지나친 관심(염려)을 보이지 않는 것이 중요하다. "다시 말해 봐.", "똑바로 말하지 못해." 등의 부정적 피드백은 주의할 필요가 있다.

- 음성장애는 화자의 음조, 강도, 음질, 공명과 관련한 기본 음성적 특성이 정상인의 목소리와 편차를 보이는 말(구어)의 장애의 유형으로 발성장애와 공명장애가 있다.

- 발성장애의 많은 경우, 고함을 지르거나 많은 말을 하는 등의 음성 남용과 직접적으로 관련되며, 호흡량을 늘리고 긴장을 감소시키는 이완기법이나 마이크의 사용 등이 도움 될 수 있다.

- 언어장애는 전형적인 언어발달과 비교함으로써 분류될 수 있는데 ① 무발화 언어장애 ② 화용론의 문제를 동반한 언어장애 ③ 언어발달지체 ④ 신경언어장애로 나눌 수 있다.

- 언어장애 아동을 위한 언어중재는 상호작용의 즐거움을 극대화하며, 아동이 능동적으로 언어를 사용할 수 있도록 언어환경을 잘 고안하여야 한다. 강화된 환경중심 언어중재는 아동이 바람직하게 반응할 기회를 많이 만들기 위해 환경과 교사반응을 잘 구조화하도록 한다.

1. 말, 언어, 의사소통의 개념을 설명하시오.
2. '타당 주태요(사탕 주세요)'와 같이 발음오류를 보이는 아동에게 필요한 구강훈련은 어떤
   것이 있는지 서술하시오.
3. 말더듬을 보이는 아동에게 교사는 어떻게 반응을 보여야 하는지 설명하시오.
4. 초기 언어발달에 있어서 양육자의 민감한 반응이 중요한 이유는 무엇인지 서술하시오.
5. 환경중심 언어중재가 언어를 배우고 의사소통기술을 획득하는 데 효과적인 이유를 설명
   하시오.

참 · 고 · 문 · 헌

국립특수교육원(2009a). 특수교육학 용어사전. 서울: 도서출판 하우.

국립특수교육원(2009b). 특수교육대상아동 선별 · 진단검사 지침. 경기: 국립특수교육원.

교육과학기술부(2011). 특수교육 연차보고서. 서울: 교육과학기술부.

교육과학기술부(2012). 특수교육 연차보고서. 서울: 교육과학기술부.

교육부(2013). 특수교육 연차보고서. 서울: 교육부.

교육부(2014). 특수교육 연차보고서. 서울: 교육부.

교육부(2015). 특수교육 연차보고서. 서울: 교육부.

김기옥(2007). 통합 상황에서 실시한 강화된 환경중심 언어중재(Enhanced Milieu Teaching)가 자
    폐 유아의 자발화에 미치는 효과. 특수교육, 6(1), 86-121.

김기주, 김자경(2009). 조음음운장애의 하위 유형과 읽기장애의 관련성 연구. 특수교육학연구,
    44(3), 213-231.

김수진, 신지영(2009). 조음음운장애. 서울: 시그마프레스.

김정미(2009). 반응성 교육과정. 서울: 학지사.

심현섭, 김영태, 김진숙, 김향희, 배소영, 신문자, 이승환, 이정학, 한재순, 윤혜련, 김정미, 권미
    선(2010). 의사소통장애의 이해. 서울: 학지사.

이소현, 박은혜(2011). 특수아동교육. 서울: 학지사.

한국특수교육학회(2008). 특수교육대상자 개념 및 선별기준. 충남: 한국특수교육학회.

Alper, C. L., & Kaiser, A. P. (1992). Training parents as milieu language teachers. *Journal of*
    Early Intervention, 16(1), 31-52.

Andree, G., Craig, A., Feyer, A. M., Hoddinott, S., Howie, P., & Neilson, M. (1983). Stuttering:

A review of research findings and theories circa 1982. *Journal of Speech and Hearing Disorders, 48,* 226–246.

Ball, G. L., & Rushakoff, G. (1987). Computers and speech and language disordered individuals. In J. D. Lindsey (Ed.), *Computers and exceptional individuals* (pp. 83–104). Columbus, OH: Chales Merrill.

Beebe, S. A., Beebe, S. J., & Redmond, M. V. (1996). *Interpersonal communication: Relating to others.* Boston: Allyn & Bacon.

Bernthal, J. E., Bankson, N. W., & Flipsen, P. (2008). *Articulation and phonological disorders* (6th ed.). Boston: Allyn & Bacon.

Bloodstein, O. (1995). *A handbook on stuttering.* SanDiego, CA: Singular Publishing Group.

Bloom, L., & Lahey, M. (1978). *Language development and language disorders.* New York: Macmillan.

Bull, G. L., & Rushakoff, G. E. (1987). Computers and speech and language disordered individuals. In J. D. Lindsey (Ed.), *Computers and exceptional individuals* (pp. 83–104). Upper Saddle River, NJ: Merrill/Prentice Hall.

Cook, R. E., Klein, M. D., & Tessier, A. (2008). *Adapting early childhood curricula for children in inclusive settings* (7th ed.). Upper Saddle River, NJ: Merrill/Prentice Hall.

Dodd, B., Holm, A., Crosbie, S., & McCormack, P. (2005). Differential diagnosis of phonological disorders. In B. Dodd (Ed), *Differential diagnosis and treatment of children with speech disorder* (2nd ed., pp. 44–70). London: Whirr Publishers.

Fazzi, D. (2002). Developing cognition, concepts and language. In R. Pogrund & D. Fazzi (Eds.), *Early focus: Working with young children who are blind or visually impaired and their families* (2nd ed., pp. 107–153). New York: AFB Press.

Grice, H. (1975). Logic and conversation. In D. Davidson & G. Harmon (Eds.), *The logic of grammar.* Encino, CA: Dickenson Press.

Hall, B. J., Oyer, H. J., & Haas, W. H. (2001). *Speech, language and hearing disorders: A guide for the teacher* (3rd ed.). Allyn & Bacon.

Haynes, W., & Pindzola, R. (2004). *Diagnosis and evaluation in speech pathology* (6th ed.). Needham Heights, MA: Allyn & Bacon.

Hulit, L. M., & Howard, M. R. (2002). *Born to talk: An introduction to speech and language development* (3rd ed.). Boston: Allyn & Bacon.

Klein, M. D., & Briggs, M. F. (1987). Facilitating mother–infant communicative interaction in mothers of high–risk infants. *Journal of Childhood Communication Disorders, 10*(2), 95–106.

Klein, M. D., Chen, D., & Haney, M. (2000). *Promoting learning through active interactions.* Baltimore: Brookes.

Kaiser, A. P., & Grim, J. C. (2006). Teaching functional communication skills. In M. E. Snell & F.

Brown (Eds.), *Instruction of students with severe disabilities* (6th ed.). Upper Saddle River, NJ: Merrill/Prentice Hall.

Kaiser, A. P., Hancock, T. B., Trent, A., Windsor, K., Hancock, L., McAtee, K., Salmon, S., & Radovich, L. (2005). *EMT* II *Milieu Teaching Project Kidtalk Milieu Teaching Project.* Vanderbilt University Materials for SPED 3600.

Koegel, R. L., & Koegel, R. K. (2006). *Pivotal response treatments for autism.* Baltimore: Brookers.

Larrivee, L. S., & Catts, H. W. (1999). Early Reading Achievement in Children with Expressive Phonological Disorders. *American Journal of Speech-Language Pathology, 8*, 118-128.

Lue, M. S. (2001). *A survey of communication disorders for the classroom teacher.* Boston: Allyn & Bacon.

Mahoney, G., & Perales, F. (2003). Using relationshipfocused intervention to enhance the social-emotional functioal of young children with autism spectrum disorder. *Topic in Early Childhood Special Education, 23*(2), 77-89.

Marquardt, P. M., & Kiran, S. (2010). Acquired neurogenic language disorder. In R. B. Gillam, T. P., & Marquardt & F. N. Martin (Eds.), *Communication sciences and disorders: From science to clinical practice* (2nd ed., pp. 271-292). Sudbury MA: Jones & Bartlett.

McComick, L., & Loeb, D. F. (2003). Characteristics of students with language and communication difficulties. In L. McComick, D. F. Lobe, & R. L. Schiefebusch (Eds.), *Supporting children with communication difficulties in inclusive settings* (2nd ed.). Boston: Allyn & Bacon.

McComick, L., Lobe, D. F, & Schiefebusch, R. L. (2003). *Supporting children with communication difficulties in inclusive settings* (2nd ed.). Boston: Allyn & Bacon.

McLaughlin, S. (1998). *Introduction to language development.* San Diego: Singular.

McReynolds, L. V. (1990). Articulation and phonological disorders. In G. H. Shames & E. H. Wiig (Eds.), *Human communication disorders* (3rd ed., pp. 30-73). Upper Saddle River, NJ: Merrill/Prentice Hall.

Naremore, R. C. (1980). Language disorders in children. In T. J. Hixon, L. D. Shciberg & Saxman, *Introduction to communication disorder* (p. 224). Englewood Cliffs, NJ: Prentice-Hall.

Ovando, C. J. (2004). Language diversity and education. In J. A. Banks & C. A. M. Banks (Eds.), *Multicultural education: Issues and perspectives* (5th ed., pp. 289-313). New York: Wiley.

Owens, R. M. (2005). *Language disorders: An introduction* (6th ed.). Boston: Allyn & Bacon.

Perkins, W. (1992). *Stuttering prevented.* SanDiego, CA: Singular Publishing Group.

Prutting, C., & Kirschner, D. (1987). A clinical appraisal of the pragmatic aspects of language. *Journal of speech and Hearing Disorders, 52*, 105-119.

Ramig, P. R., & Shames, G. H. (2002). Stuttering and other disorders of fluency. In G. H. Shames & N. H. Anderson (Eds.), *Human communication disorders: An introdution* (6th ed, pp. 258–302). Boston: Allyn & Bacon.

Raver, S. A. (1987). Practical procedures for increasing spontaneous language delayed preschools. *Journal of the Division for Early Childhood, 11,* 226–232.

Reed, V. A. (2005). *An introduction to children with language disorders* (3rd ed.). Needham Heights, MA: Allyn & Bacon.

Rogow, S. M. (2000). Communication and language: Issues and concerns. In B. P. Rosenthal, & E. Faye(Eds.), *The lighthouse handbook on vision impairment* (pp. 395–408). New York: Oxford University Press.

Shriberg, L. D. (2002). *Classification and misclassification of child speech sound disorders.* Seminar presented at the Annual Convention of the American Speech-Language-Hearing Association, Atlanta, GA.

Smith, D. D. (2004). *Introduction to Special Education: Teaching in an age of opportunity* (5th ed.). Boston: Allyn & Bacon.

Smith, T. E., Polloway, E. A., Patton, J. R., & Dowdy, C. A. (2008). *Teaching students with special needs in inclusive settings* (5th ed.). Boston: Allyn & Bacon.

Sunderland, L. C. (2004). Speech, Language and audiology services in public schools. *Intervention in School and Clinic, 39,* 209–217.

Wetherby, A. M., & Prizant, B. M. (2000). *Autism spectrum disorders.* Baltimore: Brookes.

Wingate, M. E. (1970). Effect on stuttering of changes in audition. *Journal of Speech and Hearing Research, 13,* 861–873.

Chapter 10

학습장애아동의 교육

남모를 어려움 속에서 성공을 일구어 냈다면 그 성공은 더 큰 의미가 있다. 영화 〈반지의 제왕〉에서 레골라스 역으로 강한 인상을 보여 준 영국 배우 올랜도 블룸 (Orlando Jonathan Blanchard Bloom)은 자신이 난독증장애를 갖고 있다고 고백했다. 장애어린이재단 행사에 참여해서 이런 깜짝 고백을 한 것인데, 블룸은 난독증 때문에 학업에 큰 어려움이 있었고, 영화배우가 된 후에도 대본을 읽고 외우는 데 남들보다 몇 배의 노력이 필요했다. 그가 이렇게 많은 노력을 했기 때문에 영화에서 그 진가가 나타난 것이다. 그러니까 난독증이 블룸을 허리우드 최고의 배우로 만들었다.

블룸은 영화 〈반지의 제왕〉 시리즈에서 스타덤에 오른 후 영화 〈캐리비안의 해적〉 시리즈, 〈블랙호크 다운〉, 〈트로이〉, 〈킹덤 오브 헤븐〉 등의 역사, 판타지, 모험 영화에 출연하여 명성을 더했다.

※ 출처: 방귀희(2015). 단점을 장점으로 만든 배우. 『세계장애인물사』. 서울: 도서출판 솟대.

284   **Chapter** 10 학습장애아동의 교육

혼히 '공부를 못한다' '학습부진' '학습지진' '학습장애' 라는 표현은 우리 일상에서 똑같지는 않지만 거의 유사한 의미로 사용되고 있다. 또한 "국어는 잘하는데 수학을 못한다."거나 그 반대, 그리고 더 심하게는 "공부를 못하니 품행도 좋지 않다."고 이야기하는 경우를 적지 않게 들을 수 있다. 과연 각각의 용어들은 적절하게 사용되고 있는 것일까? 그리고 학습장애와 관련지어 묘사된 개인의 특성은 분명한 관계가 있는 것일까? 이 장에서는 학습장애의 개념 및 특성을 살펴봄으로써 이와 같은 질문들에 대한 답변을 찾고자 한다. 그리고 학습장애의 특성을 토대로 학습장애아동을 적절히 지도할 수 있는 방법에 대해 알아보고자 한다.

1. 학습장애의 정의

1962년 커크(Kirk)가 그의 저서 『특수아동교육(Educating Exceptional Children)』에서 학습장애(learning disability)를 정의 내린 후, 1963년 시카고에서 개최된 부모와 전문가 등의 모임에서 학습장애라는 용어를 채택하도록 권고하면서 사용되기 시작하였다. 이후 현재까지 많은 국가 및 학자 사이에서 다양한 정의가 제시되어 왔는데, 여기에서는 우리나라 「장애인 등에 대한 특수교육법」과 미국 「장애인교육진흥법(IDEA 2004)」 그리고 전국학습장애공동협의회(National Joint Committee on Learning Disabilities: NJCLD)의 정의를 중심으로 살펴보고자 한다.

1) 「장애인 등에 대한 특수교육법」의 정의

우리나라의 「특수교육진흥법」은 1977년 제정되었으나, 학습장애는 1994년 「특수교육진흥법」 개정 법률안에 처음으로 '셈하기, 읽기, 쓰기 등 특정 분야에서 학습상 장애를 지니는 자'로 명시되어 지금에 이르고 있다. 초기의 단순한 정의에서 벗어나 2007년 제정된 「장애인 등에 대한 특수교육법」에서 특수교육대상자로서의 학습장애는 다음과 같이 정의된다.

> 개인의 내적 요인으로 인하여 듣기, 말하기, 주의집중, 지각, 기억, 문제 해결 등의 학습기능이나 읽기, 쓰기, 수학 등 학업성취 영역에서 현저하게 어려움이 있는 사람

2) 미국 「장애인교육진흥법(IDEA 2004)」의 정의

미국 「장애인교육진흥법(IDEA 2004)」은 1975년 「전장애아교육법」(PL 94-142)의 제정, 1990년 「장애인교육법」(PL 101-476)으로의 통합, 1997년 PL 105-17로 개정되는 과정을 거쳐 2004년에 재인준된 법률이다. 이 법에서 학습장애는 다음과 같이 정의되고 있다.

- 일반적으로 특정학습장애란 용어는 "언어, 즉 구어와 문어의 이해와 사용에 포함된 기본적인 심리과정 중 한 가지 또는 그 이상의 장애를 의미하는 것으로 듣기, 생각하기, 말하기, 읽기, 쓰기, 철자쓰기 혹은 수학계산에서의 불완전한 능력"을 의미한다.
- 포함 장애: 특정학습장애는 지각장애, 뇌손상, 미세뇌기능장애, 난독증, 발달적 실어증 등의 조건을 포함한다.
- 비포함 장애: 특정학습장애는 주로 시각장애, 청각장애 또는 운동장애, 지적장애, 정서장애, 또는 환경적, 문화적 및 경제적 실조에 의해 일차적으로 일어나는 학습 문제는 포함하지 않는다.

미국 「장애인교육진흥법」은 '특정학습장애(specific learning disability)'란 용어를 사용함으로써 학업 관련 능력의 결함이 학업 전반에 걸쳐 나타나는 것이 아니라 특정 영역에 한해 나타나는 특성임을 강조하였다. 또한 학습장애의 조건을 포함 장애와 비포함 장애로 구분하여 명확히 제시하고 있다.

3) 전국학습장애공동협의회(NJCLD)의 정의

미국 내 학습장애와 관련된 다수의 전문적인 조직과 학계 대표자들로 조직된 전국학습장애공동협의회의 정의는 다년간의 연구결과들을 토대로 1981년에 제안되었으며, 1988년에 다음과 같이 수정·발표되었다.

학습장애란 듣기, 말하기, 읽기, 쓰기, 추론하기 또는 수학적 능력을 획득하고 사용하는 데 심한 어려움을 나타내는 이질적인 장애집단을 의미하는 포괄적인 용어다. 이 장애는 개인내적인 것으로서 중추신경계 기능장애에 의한 것으로 생애 전반에 걸쳐 나타날 수 있다. 자기조절 행동의 문제, 사회적 지각과 사회적 상호작용의 문제가 학습장애와 함께 나타나지만 이러한 문제들만으로 학습장애를 구성하지는 않는다. 학습장애가 다른 장애조건(예: 감각장애, 정신지체, 사회적 불안과 같은 정서장애)이나 외적인 영향(예: 문화적 차이, 불충분한 혹은 부적절한 교육, 심인성 요인들)과 함께 나타날 수 있다고 하더라도 이러한 조건과 영향의 직접적인 결과는 아니다.

4) 학습장애 정의의 공통 요소

앞서 살펴본 정의들 외에도 다양한 집단과 전문가들이 학습장애를 정의했으며, 지금도 많은 시도가 계속되고 있다. 다양한 정의가 존재함에도 불구하고 학습장애의 정의에는 몇 가지 공통되는 구성요소가 있다. 우선, 수많은 정의에서 표면적으로 제시되지는 않지만 최소한 평균의 지적 능력을 보여야 함을 전제로 한다. 그리고 표면적으로는 평균 이하의 학업성취도, 개인 내 차이, 중추신경계의 이상, 심리적 과정의 문제, 다른 장애의 배제 등을 공통적으로 제시하고 있다.

〈표 10-1〉 학습장애 정의 간 유사점과 차이점

구분	원인		개인 내 차이	이질성 및 문제 영역		배제조항		일생을 통한 장애	진단준거	
	중추 신경계의 이상	심리적 과정의 문제		기초 학습영역	인지 처리영역	다른 장애나 외적 요인 배제	다른 장애 및 외적 요인과 중복 가능성을 명시적으로 언급		능력과 수행 간의 불일치 준거	RTI 준거
미국 「장애인교육진흥법」 (IDEA 2004)		○		○		○				
미국 학습장애공동협회 (NJCLD)	○		○	○		○	○	○		
일본 문부성	○			○		○			○	
대만 교육부	○	○		○		○				
캐나다 학습장애학회 (LDAC)	○	○		○			○	○	○	
「장애인 등에 대한 특수교육법」		○		○	○					
한국 특수교육학회		○		○	○	○	○	○		

출처: 김애화, 김의정, 김자경, 최승숙(2012), p. 30에서 수정.

(1) 평균 이하의 학업성취도

읽기와 쓰기 그리고 셈하기에서 평균 이하의 학업성취도를 보이는 아동이 모두 학습장애를 갖고 있다고는 할 수 없으나, 반대로 평균 이상의 학업성취도를 보이는 아동이 학습장애로 판별될 가능성은 없다.

(2) 개인 내 차이

평균 이하의 학업성취도가 학업과 관련된 전 영역에 걸쳐 나타나는 것은 아니다. 이는 곧 많은 영역에서 평균 이상의 성취도를 보이지만 특정 영역에 대해서는 평균 이하의 성취를 보임을 의미한다.

(3) 중추신경계의 이상

지능이 정상임에도 불구하고 특정 영역에서만 평균 이하의 성취도를 보이는 이유, 다시 말해 학습장애의 이유를 여러 측면에서 측정하고 확인하려 했으나 여전히 그 이유는 명확하지 않다. 그럼에도 불구하고 여러 가지 상황들을 고려했을 때 학습장애가 나타내는 특성들은 중추신경계의 이상에 의한 것으로 유추되고 있으며, 점차 실제적으로도 밝혀지고 있다. 흔히 학습장애와 관련된 중추신경계의 이상은 그 위치와 범위를 명확히 파악할 수 없을 만큼 너무나 미약하다는 의미에서 '미세뇌기능장애(minimal brain dysfunction: MBD)'라고도 불린다.

(4) 심리적 과정의 문제

'심리적 과정'이란 우리가 정보를 받아들이고 장기기억에 저장하기까지, 그리고 장기기억에 저장된 정보를 인출하고 표현하기까지의 일련의 과정을 의미한다. 심리적 과정의 문제를 의심하는 이유는 정보의 습득 및 처리에 있어 중추적인 역할을 담당하는 중추신경계의 이상은 인간이 정보를 습득하고 처리하는 과정에 이상을 유발하고 그로 인해 성취에 어려움을 보인다고 생각하기 때문이다.

(5) 다른 장애의 배제

지능이 평균 이상임에도 낮은 학업성취도를 보인다고 해서 모두 학습장애로 판별해서는 안 된다. 감각장애로 인해 낮은 학업성취도를 보이는 경우도 있기 때문이다. 또한 환경적·문화적·경제적 실조에 의해 학습 문제가 유발되었을 때도 그 아동을 학습장애로 판별할 수 없다.

이와 관련하여 앞서 언급한 학습장애 유사 용어들을 간략히 설명하면 다음과 같다. 경우에 따라서 아동 중에는 환경적인 이유, 경제적인 이유로 인해 공부할 수 있는 여건이 갖춰지지 않은 환경에 배치될 수도 있다. 예를 들면, 가정의 경제적 어려움으로 인한 학업 중단, 가정 결손으로 보호자의 무관심, 시설에서의 방치, 건강상의 이유로 인한 잦은 결석 등은 아동이 지능은 정상임에도 학업상의 결손을 가져올 수 있는 조건들이다. 따라서 이러한 아동은 '학습부진아(under achiever)'라고 부른다. 반면 경계선급의 지적장애는 '학습지진아(slow learner)'라고 한다. 그들은 지능이 지적장애와 정상의 경계(대략 IQ 70 전후)에 걸쳐 있으면서 동시에 학업 전반에 걸쳐 낮은 학업성취도를 보이는 것이 특징이다.

2. 학습장애의 분류

한국특수교육학회(2008)는 학습장애 발현 시점을 기준으로 발달적 학습장애(developmental learning disabilities)와 학업적 학습장애(academic learning disabilities)의 두 가지 유형으로 분류하고 있다. 이와 달리 관련 연구 및 미국의 법률을 통해 제안되는 학습장애 하위 유형으로는 읽기장애, 쓰기장애, 수학장애, 구어장애(듣기장애, 말하기장애), 사고장애의 다섯 가지 유형으로 구분하고 있다. 여기서 사고장애라 함은 실행적 기능의 결함, 인지전략 사용능력의 부족, 자기조절 능력의 결함 등을 포함한다. 미국에서는 발달적 학습장애라는 개념을 1980년대 이후부터는 사용하고 있지 않으며, 언어성 학습장애(Verbal Learning Disabilities: VLD)의 상대적 개념이라고 할 수 있는 비언어성 학습장애(Nonverbal Learning Disabilities: NLD)는 아직 학습장애 학계의 전반적인 지지를 받지 못하여 학습장애 하위 유형으로 분류되지 않고 있는 상황이다(박원희 외, 2009).

그 밖에 학습장애의 하위 유형에 대한 분류체계는 다양하다. 발현 시점 및 대뇌반구의 기능장애를 기준으로 하는 하위유형 분류체계를 살펴보면 다음과 같다.

1) 발현 시점에 의한 분류

(1) 발달적 학습장애

학령 이전 학습과 관련된 기본적 심리과정에 현저한 어려움을 보이는 경우로 주의집 중장애, 지각장애, 기억장애, 사고장애, 구어장애로 나뉜다. 발달적 학습장애에 대한 조기중재의 부재는 학령기 이후의 학업적 학습장애의 판별로 이어지게 될 가능성이 크다.

(2) 학업적 학습장애

학령기 이후 학업과 관련된 영역에서 현저한 어려움을 보이는 경우, 즉 지능을 통해 가늠되는 학습 잠재력에 비해 학업성취 수준이 현저하게 뒤떨어지는 경우로 읽기장애, 쓰기장애, 수학장애로 나뉜다.

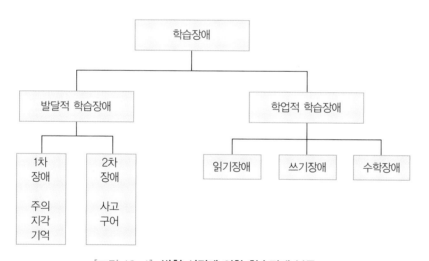

[그림 10-1] **발현 시점에 의한 학습장애 분류**

2) 대뇌반구의 기능 장애에 의한 분류

(1) 언어성 학습장애

말하기, 듣기, 읽기 및 쓰기 등의 네 가지 언어 양식은 상호 연관적인 특성을 가진다. 따라서 이 중 한 가지 언어 양식에서라도 문제가 생기면 다른 언어 양식의 습득을 방해할 수 있는 관련성이 있다. 언어성 학습장애는 좌반구의 기능장애로 인해 이와 같은 언어 능력에 심각한 문제를 갖는 상태로, 대부분의 학습장애 정의는 언어성 학습장애, 즉 구어(말하기, 듣기)와 읽기, 쓰기를 학습장애의 주요 장애 영역으로 명시하고 있다(김애화, 김의정, 김자경, 최승숙, 2012).

(2) 비언어성 학습장애

1960년대 후반부터 학습장애 연구자들은 사회정서적인 영역의 결함과 함께 수학 문제 해결능력이 부족한 아동에 대해 관심을 기울이기 시작하였다. 전통적인 학습장애아동과 달리 이들은 언어적인 측면에서는 큰 어려움이 없거나 언어적 재능을 보이기도 하지만, 사회적응 및 수학, 시공간적 정보처리 측면에서는 많은 어려움을 나타냈다.

이에 루크(Rourke, 1989)는 지속적인 연구결과를 바탕으로 일련의 비언어적이고 신경심리적인 증상들을 하나의 증후군으로 묶어 '비언어성 학습장애'라 명명하고, 이 장애의 신경학적 기초와 발달적 단계에 대한 모형을 제시하였다. 그리고 대인관계에서의 장애, 타인의 정서적 표현에 대한 이해 부족, 좌우 방향감각의 결손, 시간, 크기, 속도, 거리, 높이 등 추상적 개념에 대한 이해 부족을 비언어성 학습장애의 특성으로 제시하였다.

요약하면, 비언어성 학습장애란 학습장애의 진단기준을 모두 만족시키면서 언어능력에는 강점을 보이나 공간지각 능력, 운동능력, 사회성 기술과 같은 비언어적 능력에서 결함을 보이는(한국특수교육학회, 2008) 장애를 말한다. 뇌 우반구의 지속적인 발달적 장애가 그 원인으로 추정되기 때문에 신경심리학적 분야에서는 '발달적 우반구 증후군(Developmental Right-Hemisphere Syndrome: DRHS)'이라는 용어도 함께 쓰인다(김소희, 2006).

3. 학습장애의 원인

학습장애의 원인에 대한 연구가 지속적으로 이루어지고 있음에도 불구하고 여전히 합의된 결론은 제시하지 못하고 있다. 지금까지의 연구를 통해 밝혀진 학습장애의 주된 원인은 신경학적 기능장애다. 이러한 신경학적 기능장애를 일으키는 원인으로는 신경학적, 유전적, 의학적, 환경적 요인 등이 있다.

1) 신경학적 요인

학습장애의 원인에 대한 역사적 맥락을 살펴봤을 때, 학습 실패에 대한 합리적 설명이 없다는 이유로 인해 학습장애가 신경학적 문제에서 비롯된다는 생각이 오턴(Orton)에 의해 제기되었다. 그러나 초기 신경학적 측정의 정확도에 대한 의문과 행동주의, 환경주의의 대두로 인해 신경학적 원인은 수용되지 못하였다. 이후 1980년대 후반을 기점으로 컴퓨터화된 신경학적 측정방법인 자기공명영상(MRI), 양전자방사 단층촬영(PET scan), 뇌전기활동도(BEAM), 기능적 자기공명영상(fMRI) 등의 발전을 토대로 신경학적 원인론은 설득력을 얻게 되었다. 컴퓨터화된 측정방법을 이용한 연구결과들은 연구마다 조금의 차이가 있기는 하지만 다음과 같은 공통적인 현상을 보고하였다(박원희 외, 2009).

첫째, 읽기과제 수행 시 읽기장애를 가진 사람은 베르니케 영역(Wernike's area)과 각회를 포함한 측두-두정엽 영역이 제대로 활성화되지 않는 반면, 일반인은 이 영역이 잘 활성화되는 것으로 나타났다. 베르니케 영역과 각 회를 포함한 측두-두정엽 영역은 낱자-소리 대응관계를 포함하여 음운처리에 중요한 역할을 하는 영역이다.

둘째, 읽기과제 수행 시 읽기장애를 가진 사람은 후두-측두엽이 제대로 활성화되지 않는 것으로 나타났다. 후두-측두엽은 음운정보와 문자의 시각정보를 통합하고 글자의 빠른 처리를 담당하는 영역이다.

셋째, 읽기 과제 수행 시 읽기장애를 가진 사람은 우반구의 측두-두정엽이 과도하게

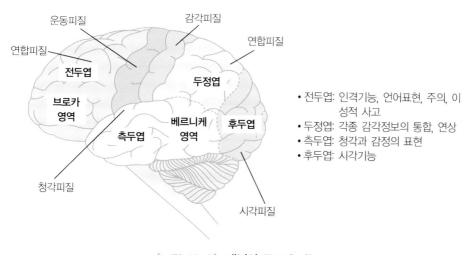

[그림 10-2] **대뇌의 구조와 기능**

활성화되는 것으로 나타났다. 이는 읽기과제 수행 시 활성화되어야 하는 부분이 제대로 활성화되지 못하는 것에 대한 보상과정으로 나타나는 것으로 해석할 수 있을 것이다.

2) 유전적 요인

학습장애의 유전 가능성에 대한 연구는 가계 연구와 쌍둥이 연구를 통해 진행되어 왔다. 학습장애아동의 가계를 조사한 결과, 부모가 읽기장애를 가지고 있을 경우 아동이 읽기장애를 가질 확률은 30~50%인 것으로 나타났다(Smith, 2004). 그러나 이와 같은 가계적 특성이 반드시 유전에 의한 것이라고 단정지을 수는 없다. 왜냐하면 환경적 이유로 인해 학습장애가 나타났을 수도 있기 때문이다. 예를 들면, 학습장애를 지닌 부모가 그들의 자녀를 양육하는 방법에 따라 자녀에게 학습장애를 일으킬 가능성을 배제할 수 없다. 마찬가지로, 형제들은 비교적 유사한 환경을 공유하고 있기 때문에 학습장애를 지닐 가능성이 더 많을 것이다(Hallahan et al., 2005).

유전적 요인을 밝히기 위한 또 다른 방법으로 일란성 쌍둥이와 이란성 쌍둥이 간의 일치율이 어떻게 차이가 나는지를 알아보는 쌍둥이 연구가 있다. 이 연구에서는 일란성 쌍둥이가 이란성 쌍둥이보다 학습장애일 가능성이 더 높은 것으로 나타났다(Thompson & Raskind, 2003). 이는 곧 학습장애의 유전 가능성을 의미한다.

3) 의학적 요인

학습장애를 일으킬 수 있는 의학적 요인으로는 조산, 당뇨, 뇌막염, 심장박동 정지 등이 있다(Hallahan et al., 2005).

- 조산: 조산은 아동을 신경학적 손상, 학습장애 및 다른 장애의 위험에 처하게 한다. 한 연구에 따르면, 저체중 조산아동의 19%는 학습장애를 지니고 있었다.
- 당뇨병: 당뇨병은 신경정신성 문제와 학습장애를 일으킬 수 있다. 연구에 따르면, 5세 이전의 조기 당뇨병 발병 아동은 학습장애가 될 가능성이 있다.
- 뇌막염: 뇌에 대한 다양한 바이러스와 박테리아균에 의한 감염인 뇌막염은 뇌손상을 일으킬 수 있다.
- 심장박동 정지: 아동에게는 거의 발생하지 않지만, 심장박동 정지는 뇌로 유입되는

산소와 혈액의 손상을 가져올 수 있으며, 이것이 뇌손상을 일으킨다. 심장박동 정지를 겪는 아동은 신경정신학, 성취 및 적응행동 척도에서 다양한 결함을 가진 것으로 나타났다.

4) 환경적 요인

환경적 요인이라 함은 생애주기별로 뇌기능 장애의 가능성을 높여 학습장애아동의 출산에 직간접적인 영향을 줄 수 있는 요인으로, 배제조건에 해당하는 환경(문화적 및 경제적 실조, 불충분한 혹은 부적절한 교육 등)과는 구별되어야 한다. 생후 초기의 심한 영양실조, 나쁜 양육태도와 출생 후의 건강 관리, 십대의 임신, 약물중독 등은 대표적인 환경적 요인에 속한다.

4. 학습장애의 판별

장애아동의 판별은 해당 장애에 대한 정의를 바탕으로 이루어져야 한다. 그러나 학습장애아동의 판별은 타당한 정의의 부재로 인해 합의된 절차와 방법이 결정되지 못한 것이 현실이며, 따라서 논쟁의 중심이 되어 왔다. 학습장애의 판별준거로 가장 많이 거론되고 있는 것은 능력-성취 불일치 모형(혹은 격차모형)과 중재반응모형이다. 여기에서는 이들 두 모형과 우리나라의 학습장애아동 선정 조건 및 절차에 대해 살펴본다.

1) 능력-성취 불일치 모형

능력-성취 불일치 모형(aptitude-achievement discrepancy)은 아동의 잠재적 능력과 성취수준(학업성취도)의 차이를 비교하고, 그 차이의 정도를 학습장애 판별준거에 적용하는 것이다. 즉, IQ로 대변되는 지능이 정상 범주에 포함된다면 아동의 학업성취도 역시 또래 아동의 평균 범주에 포함되어야 한다는 것이다. 대표적으로는 학년점수, 표준점수 그리고 회귀분석을 통해 학습장애를 판별한다.

첫째, 학년점수에 의한 판별은 또래들로부터의 지체 정도를 학년수준으로 나타내는 것이다. 초등학교 저학년은 1년, 고학년은 1.5학년, 중학교 이상은 2.0학년 정도 실제 학년보다 뒤처질 경우 학습장애로 판별된다.

둘째, 표준점수에 의한 판별에서는 보통 표준편차가 -1~-2 이하이면 학습장애로 간주한다.

셋째, 회귀분석을 통한 판별에서는 IQ 점수에 대해 회귀방정식을 사용하여 기대되는 성취도를 계산한 후 실제 성취도와의 차이를 비교한다.

그런데 이러한 능력-성취 불일치 모형은 그 타당성 면에서 오랫동안 논쟁거리가 되어 왔는데(Catts et al., 2003; Schrag, 2000), 구체적으로 제시되고 있는 문제점은 다음과 같다.

● 지능은 아동의 잠재능력의 척도가 아니다. 즉, 현존하는 지능검사를 통해 얻어진 아동의 IQ를 진정한 아동의 잠재력이라고 할 수 있는가 하는 것이다.

● 불일치 점수의 신뢰성 문제와 불일치 공식 및 판단기준에 따라 학습장애 적격성 여부가 다르게 나타난다. 학습장애 관련법이나 DSM-IV와 같은 진단 분류체계에서도 불일치 여부를 결정하기 위한 구체적인 공식이나 수치를 정해 놓고 있지 않다. 따라서 어떤 공식을 이용하여 불일치를 산출하는가에 따라 학습장애로 판별되는 아동의 수 역시 달라진다.

● 불일치 공식은 단지 일관성을 얻기 위해 고안된 통계적인 방법이며, 아동의 요구를 이해하거나 결정할 수 있는 가치를 지니지는 못한다. 왜냐하면 심각한 불일치를 결정하기 위하여 표준화된 지능검사와 인지 측정을 이용하는 것은 일반적으로 아동의 교육과정과 교수-학습을 개선하는 것과는 상관이 없기 때문이다.

● IQ가 낮은 아동은 학업성취 수준이 매우 떨어짐에도 불구하고 낮은 IQ로 인해 불일치를 증명하지 못하는 경우가 있다. 반면에 IQ가 높은 아동은 그 반대의 경우가 나타난다.

이 외에도 아동 간 발달의 개인차, 지능검사와 학업성취도 간 상관관계, 마태효과(Mathew effect)로 인한 지능검사의 점수 차이 등이 문제점으로 제시되고 있다.

2) 중재반응모형

학습장애 진단 패러다임은 2004년 미국 「장애인교육진흥법」에서 중재반응모형 (responsiveness to intervention: RTI)을 특정학습장애 판별 조항으로 제안하면서 큰 변화를 겪고 있다. 이러한 판별 조항의 변화 기저에는 학습장애로 진단된 학생은 학교에서 기대되는 능력만큼 성취하지 못한다는 능력-성취 불일치 모형이 지닌 문제점들을 보완하기 위한 노력이 반영되었다고 할 수 있다(Fuch, 2003: 김용욱 외, 2011 재인용). 즉, 과도한 학습장애 진단으로 학습장애아동의 수가 급격하게 늘어났을 뿐더러(정광조, 이효자, 2009), 능력-성취 불일치 모형에 따르면 학습장애아동은 적어도 초등학교 2학년 내지는 3학년이 되어야 해당 장애를 분명하게 판별할 수 있기 때문에 조기중재를 통한 학습장애 예방에 문제가 발생하게 된다. 따라서 학습장애를 정확하게 진단하면서 보다 일찍 조기중재를 제공할 수 있는 방법으로 중재반응모형이 제기된 것이다. 중재반응모형은 교육과정중심 평가를 통해 조기에 읽기 문제를 진단하고 그것을 사전에 예방할 수 있도록 효과적인 읽기 교수 프로그램을 제공할 수 있는 모형이다(Haager et al., 2007). 구체적인 목적은 다음과 같다(Mellard & Johnson, 2008).

- 선별과 예방: 위기에 처한 아동들을 판별하고, 조기중재를 하도록 하는 것이다.
- 조기 중재: 모든 아동을 위한 일반교육 교육과정이 가능하도록 하고 효과적인 중재를 제공함으로써 조기중재가 가능하도록 하는 것이다.
- 장애의 결정: 효과적인 중재에 대한 아동의 반응을 통해 학습장애를 결정하는 것이다.

더불어 이와 같은 목적을 구체적으로 실현하기 위한 방법으로 3단계 예방모델(three-tiered prevention model)이 적용된다([그림 10-3] 참조). 2004년 미국 학습장애 원탁회의 (LD Roundtable)에서 14개 학습장애 관련 단체가 합의한 3단계 예방 모델의 내용을 간략히 정리하면 다음과 같다(김윤옥, 2006).

- 단계 1(Tier 1): 읽기 표준화 검사를 실시하여 유치원 입학 시 유치원 수준에 있는가를 결정한다. 만약에 또래들 수준보다 낮으면 일반교육교사가 과학적으로 검증된(혹은 연구에 기반한) 교수-학습 방법으로 일정 기간 가르치는 단계다.

[그림 10-3] **3단계 예방 모델**

- 단계 2(Tier 2): 단계 1에서 과학적으로 검증된 교수-학습 방법에 대해 아동이 반응을 보이지 않으면 일반교육교사가 다시 과학적으로 검증된 읽기 중재 프로그램을 집중적으로 실시하고 진전도를 관찰한다.
- 단계 3(Tier 3): 아동이 단계 2에서도 중재-저항(혹은 미반응)을 보이면 특수교육교사가 과학적으로 검증된 읽기 중재를 일정 기간 하면서 과학적으로 아동의 향상을 관찰하며, 만약에 아동이 중재에 반응하지 않으면 학습장애가 있는 것으로 평가한다.

중재반응모형의 잠재적 이점을 정리하면 다음과 같다(김동일 외, 2009; 김윤옥, 2006).

- 아동이 결과적으로 특수교육과 관련서비스에 의뢰되는 것과는 무관하게 모든 아동에 대한 일반교육의 책무성을 높인다.
- 일반교육교사, 특수교육교사 등 관련 구성원들 간의 협업과 책임 공유를 촉진한다.
- 능력-성취 불일치 모형이 아니라 문제해결 과정으로서 아동의 조기발견을 통하여 '실패대기(wait-to-fail)' 상황을 제거할 수 있다.
- 위기에 처한 아동과 학습장애아동을 조기에 중재함으로써 특수교육 및 관련서비스에 의뢰되는 아동의 수를 줄일 수 있다.
- 문화적으로나 언어적으로 다른 소수민족 아동에 대한 장애아동으로의 과잉판별을 줄일 수 있다.
- 교육과정중심 평가와 아동의 진전에 대한 지속적인 모니터링을 통하여 아동 판별

의 전통적인 방법보다 더 수업에 관련된 자료를 제공한다.

- 서비스를 받기 전에 기다리는 시간을 절약할 수 있으며, 불필요한 검사를 제한할 수 있다.
- 아동의 결함에 초점을 맞추는 것이 아니라 아동을 더 성공하도록 이끄는 방법을 찾는 데 초점을 맞춘다.

이와 같은 이점에도 불구하고 중재반응모형은 다음과 같은 문제점이 여전히 지적되고 있다(김용욱 외, 2011; 김윤옥, 2006).

- 주로 읽기 문제에 치우치고 있기 때문에 비언어적 학습장애에는 적용하기가 어렵다.
- 읽기 기초 능력을 강화하기 위해 음운인식 접근을 강조하고 있기 때문에 독해에 어려움을 보이는 이들에게는 효과를 장담할 수 없다.
- '과학적으로 증명된' 중재 혹은 '연구에 기반한' 중재의 기준(혹은 의미)이 불분명하다. 그리고 '성공적인' 반응의 의미 역시 모호하다.
- 실제는 학습장애가 아님에도 불구하고 학습장애로 분류되는 거짓-긍정의 수를 줄이고자 했으나 결국은 이 모형 역시 거짓-긍정으로 학습장애아동의 수를 증가시킬 수 있다. 왜냐하면 언어발달이 미성숙한 유아까지도 대상에 포함시키는 포괄적 접근 방식에 의한 중재를 제공하기 때문이다.

3) 우리나라의 학습장애아동 판별 조건 및 절차

우리나라에서의 학습장애아동 판별 역시 학문적 동향에 맞춰 능력-성취 불일치 모형 및 중재반응모형을 적용하는 과정을 거쳐왔다. 그리고 현재는 2014년 한국학습장애학회가 제안한 학습장애아동 판별 조건 및 절차를 적용하고 있는데, 이에 따르면 학습장애로 판별하기 위해서는 다음의 조건을 만족시켜야 한다.

- 1조건(선별 및 의뢰): 각급학교의 장 또는 보호자는 다음의 1) 또는 2) 중 하나의 경로로 교육장 또는 교육감에게 진단·평가를 의뢰해야 한다. 단, 보호자가 진단·평가를 의뢰할 경우, 진단·평가 의뢰서를 작성하여 교육장 또는 교육감에서 직접 의뢰

할 수 있다. 각급학교의 장이 의뢰하는 경우는 보호자의 사전 동의를 받아야 한다.

1) 다음 중 하나를 제출해야 한다.

　① 기초학력 진단평가, 교과학습 진단평가, 또는 국가수준 학업성취도 평가에서 부진학생으로 선별된 결과

　② 학습장애 선별 검사에서 학습장애 위험군으로 선별된 결과

　③ 학생의 학업 수행이 또래에 비해 낮다는 것을 증명할 수 있는 교사의 관찰 결과

2) 외부 전문기관(의료기관, 상담실, 아동센터, 클리닉 등)의 학습장애 관련 검사 결과

● 2조건(지능): 표준화된 개인별 지능검사 결과에서 전체 지능지수가 70 이상이어야 한다.

● 3조건(학력): 표준화된 개인별 학업성취도 검사 결과에서 하위 16%ile(백분위 16) 혹은 −1 표준편차에 해당하는 학력수준을 보여야 한다.

● 4조건(배제요인): 다른 장애(예: 감각장애, 정서·행동장애)나 외적 요인(예: 가정환경, 문화적 기회 결핍)이 학습 문제의 직접적인 원인이 되는 경우는 제외한다(단, 학습의 문제가 다른 장애나 외적 요인의 직접적인 결과인 것으로 명확하게 밝혀지지 않은 경우, 앞

〈표 10-2〉 학습장애아동 판별 절차

단계	관련 대상 및 기관	내용
1단계 선별 및 의뢰	각급학교의 장 및 보호자	• ①, ②, ③, ④, ⑤, ⑥, ⑦ 중 하나를 제출함 ① 기초학력 진단평가에서 부진학생으로 선별된 결과 ② 교과학습 진단평가에서 부진학생으로 선별된 결과 ③ 국가수준학업성취도 평가에서 부진학생으로 선별된 결과 ④ 학습장애 선별 검사에서 학습장애 위험군으로 선별된 결과 ⑤ 학생의 학업 수행이 또래에 비해 낮다는 것을 증명할 수 있는 교사의 관찰 결과 ⑥ 외부 전문기관의 학습장애 관련 검사 결과 ⑦ 부모가 직접 의뢰할 경우, 진단평가 의뢰서를 작성하여 제출
2단계 진단·평가 실시 및 결과 보고	특수교육지원센터	• ①+②+③을 모두 제출함 ① 지능검사 결과 ② 학력진단검사 결과 ③ 배제요인 검토 결과
3단계 특수교육대상학생 선정	교육장 또는 교육감	교육장 또는 교육감은 해당 특수교육운영위원회의 심사(검사결과 및 제출 자료 등 검토)를 거쳐 학습장애를 지닌 특수교육대상자로 최종 선정

의 1~3조건을 만족시키면 학습장애로 진단하여야 함).

이와 같은 조건을 반영한 학습장애아동의 구체적인 선정 절차는 〈표 10-2〉와 같이 선별 및 의뢰, 진단 · 평가 실시 및 결과 보고, 특수교육대상학생 선정의 3단계를 따르도록 되어 있다.

5. 학습장애아동의 교육적 배치

최근 5년간 학습장애아동의 변화 추이를 살펴보면(〈표 10-3〉 참조) 점차 그 수가 감소하고 있음을 알 수 있다. 그리고 2015년 현재 학습장애아동의 68.3%는 일반학교의 특수학급에 배치되어 있는 것으로 나타났다(〈표 10-4〉 참조).

〈표 10-3〉 연도별 학습장애아동 현황

(단위: 명, %)

구분	2011년	2012년	2013년	2014년	2015년
전체 특수교육대상아동	82,665 (100)	85,012 (100)	86,633 (100)	87,278 (100)	88,067 (100)
학습장애아동	5,606 (6.8)	4,724 (5.6)	4,060 (4.7)	3,362 (3.9)	2,770 (3.1)

출처: 교육과학기술부(2011, 2012); 교육부(2013, 2014, 2015).

〈표 10-4〉 학습장애아동의 배치 현황

(단위: 명)

구분	특수학교	일반학교		계
		특수학급	일반학급	
2011년	20	4,188	1,398	5,606
2012년	12	3,418	1,294	4,724
2013년	38	2,831	1,191	4,060
2014년	23	2,321	1,018	3,362
2015년	13	1,891	866	2,770

출처: 교육과학기술부(2011, 2012); 교육부(2013, 2014, 2015).

6. 학습장애아동의 특성

학습장애아동은 개인 내 차이와 개인 간 차이가 공존하기 때문에 아동마다 행동 유형과 학습장애의 정도가 매우 다양하다. 예를 들면, 어떤 아동은 읽기에 상당한 실력을 보이지만 수학은 심각할 정도로 문제를 나타내고, 어떤 아동은 그 반대의 상태를 보인다. 그리고 다른 사람과의 대화에서 상대방이 사용한 언어의 의미를 명확히 파악하지 못하여 사회적 상호작용 및 관계가 원만하지 못한 아동도 있다. 걸으면서 자기 앞에 무엇이 있는지 보지 않아 물체에 잘 부딪치고, 잘 걸려 넘어지거나 말하고 있는 사람을 보지 않는 경우도 있다. 여기에서는 학습장애아동이 보이는 주된 특징을 중심으로 살펴본다.

1) 지각·운동협응 문제

학습장애아동은 주로 안구 협응과 공간관계, 전경과 배경에 대한 지각 차이를 구별할 수 있는 능력 및 유사성을 인지하는 능력인 시지각에 문제가 있기 때문에 과제를 성공적으로 수행하는 데 어려움을 겪는다. 또한 학습장애아동은 청지각에도 이상이 있어 교실에서 발음과 낱말을 통합하고, 낱말을 분석하고, 발음과 상징을 연합하는 데 있어 곤란을 경험한다. 읽기에 대한 지각 연구들을 조사해 보면, 읽기는 주로 시각적 과제라는 전제하에 청각기능보다 시각기능을 더 중시한다. 그러나 낱말을 필기하는 것이 단지 시각적 과정만은 아니기 때문에 오늘날 읽기가 주로 시각적 과제라는 전제는 바뀌고 있다.

또한 지각·운동장애가 있는 아동은 감각을 통해 받아들인 정보를 인식하고 재생하는 데 문제가 있다. 이들은 상징 변별이 곤란하여 글을 쓰고 그림을 그릴 때 문자와 모양을 거꾸로 보게 된다. 따라서 시각과 청각을 통해 받아들인 정보를 정확하게 재생하거나 묘사하는 데 어려움이 있다. 그 예로, 지각·운동장애는 자음과 모음의 문자를 식별하지 못하며 왼쪽에서 오른쪽으로 글자 읽기, 모양을 그리고 선 따라 긋기 등이 곤란하다. 지각·운동장애는 나이가 들어도 계속 영향을 미친다. 화이트(Whyte)에 따르면, 아동기의 대근육과 소근육 협응 문제, 판독 곤란 문제, 필기할 때 행간을 띄우는 문제, 읽기장애 등은 여전히 청년기까지 영향을 미친다(김종현 외, 2007).

2) 기억력 문제

학습장애아동은 일반아동에 비해서 암기과제에 훨씬 큰 어려움을 보이는데, 이것은 학습장애아동은 일반아동이 사용하는 암기전략을 사용하지 않기 때문인 것으로 나타났다(Hallahan et al., 1985). 따라서 이들은 학습된 정보를 유지하며 읽고 들었던 내용을 되풀이하거나 복잡한 지시를 따르고 올바른 순서대로 과제를 이행하는 데 어려움을 갖는다(Smith et al., 2004).

3) 사회정서적 특성

학습장애아동은 사회정서적인 면에서도 문제를 보이곤 한다. 학습장애아동이 보이는 사회정서적 문제들로는 부정적 자아개념, 낮은 좌절 극복의지, 불안, 사회적 위축, 사회적 거부, 과제의 회피, 자기관리 능력의 결함, 수행력 지체 등이 있다. 물론 앞서 언급하였듯이, 모든 학습장애아동이 심각한 사회정서적 문제를 보이는 것은 아니다. 이들 중에는 사회적으로 잘 적응하고 또래에게 인기 있는 아동도 있다. 그러나 학습장애아동 중에는 또래로부터 거부당하는 경우가 있으며, 이로 인해서 비장애아동에 비해 빈약한 자아개념을 형성하고 사회정서적인 문제를 보일 가능성이 큰 것이 사실이다. 학자에 따라 다르기는 하지만 일반적으로 25~75%의 학습장애아동이 심각한 사회정서적 문제를 보이는 것으로 나타난다(Heward, 2009).

4) 학업적 특성

학습장애아동은 초등학교 시절에 능력과 성취도의 불일치를 보이기 시작하는데, 어떤 영역은 또래와 비슷하지만 특정 영역에서 기대에 맞지 않게 낮은 성취도를 보이기도 한다(Smith et al., 2004). 즉, 읽기, 쓰기, 구어, 셈하기, 추론하기 등의 영역에서 한 가지 혹은 그 이상의 문제를 보인다. 읽기 영역의 경우 생략, 첨가, 대치 등의 단어 재인의 오류를 보인다(Lerner, 2006). 또한 단어를 읽는 속도와 정확성이 또래에 비해 현저히 떨어지고 낮은 독해력을 보인다.

쓰기 영역에서는 전반적으로 글자의 크기, 간격, 글자 간 조화의 불균형을 보이고, 철자쓰기 영역에서는 불필요한 글자를 삽입하거나 생략하거나 다른 문자로 대체하거나 소리나는 대로 적는다. 유사하게 작문의 구두점, 맞춤법, 철자법의 문제를 보이며, 작문의 내용에서는 일관된 글쓰기에 문제를 보이며, 어휘 구사에 문제가 있다.

수학적 특성으로는 취학 전 기본 수학개념의 습득 정도가 불충분하며 공간지각 능력이 미흡하다. 동시에 읽기의 어려움으로 인해 수학 문장제 문제 혹은 지시문을 이해하는 데 어려움을 보인다(김동일 외, 2010). 이와 같은 학업상의 문제는 대학을 포함한 정규 학교교육이 끝날 때까지 지속된다(Bradshaw, 2001).

5) 주의집중 특성

학습장애아동의 41~80%는 주의력의 문제를 갖고 있는 것으로 추정된다. 또한 부주의, 과잉행동 및 충동성을 주요 특징으로 하는 주의력결핍 과잉행동장애(ADHD)와 학습장애의 공존성은 약 25%에 이르는 것으로 밝혀지고 있다. 이와 같은 주의집중의 결함으로 인해 학습장애아동은 의식적으로 주의를 집중해야 하고, 이로 인해 과제 수행에 더 많은 어려움을 보이게 된다(한국특수교육연구회, 2009).

7. 학습장애아동의 교육

학습장애아동의 교육은 앞서 살펴본 학습장애아동의 특성을 토대로 이루어져야 한다. 학습장애아동을 대상으로 한 연구들의 결과를 종합적으로 검토하고 그 효과의 크기를 조사해 본 결과, 최근 학습장애아동을 위한 가장 효과적인 교수법들의 특징과 교수원칙은 다음과 같다(Vaughn & Linan-Thomson, 2003: 김동일 외, 2010 재인용).

- 과제의 난이도를 조절한다. 아동에게 너무 어려운 과제를 줘서 잦은 좌절을 경험할 수밖에 없게 만들거나 반대로 너무 쉬운 과제로 지루해하거나 도전감을 잃지 않게 한다.
- 소집단으로 상호작용할 수 있도록 집단을 구성한다. 소집단에서 학습장애아동은 다른 친구들과 상호작용을 하면서 수업에 참여할 수 있을 것이다. 대집단이나 전체 집단 속에서 학습장애아동은 주눅이 들거나 자신이 할 수 있는 일을 찾기 어려울 것이다.

- 기본적인 기술을 가르친다. 음운 인식과 쓰기 속도와 같은 기본 기술을 향상시키는 것은 다른 학업 수행을 향상시키는 데 기초가 되므로 매우 중요하다.
- 고차원적인 사고를 통해 해결할 수 있는 문제해결 기술을 가르쳐야 한다. 교사는 학습장애아동이 기본 기술만을 습득하게 하고 그것을 복잡한 문제나 상황에 적용하도록 가르치는 데 소홀하지 않도록 주의해야 한다.
- 초인지 전략을 사용해서 학습하는 과정을 모델로 보여 주고 명시적으로 가르친다. 학습장애아동은 문제를 해결하기 위한 초인지 전략을 잘 알지 못할 뿐더러 그것을 언제, 어떤 상황에서, 어떻게 사용해야 하는지 잘 알지 못한다.

1) 읽기

읽기 영역에서의 문제는 80% 이상의 학습장애아동이 보이는 가장 보편적인 문제일 뿐만 아니라 여타의 많은 장애아동에게도 흔히 나타나는 문제다. 그러나 읽기는 단일 요소로 구성되어 있지 않고 크게는 해독과 독해의 두 가지 요소로 구성되어 있다. 그리고 이는 다시 해독, 읽기 유창성, 읽기 이해의 세 가지 요소로 세분화할 수 있다. 따라서 읽

〈표 10-4〉 읽기기술을 향상시키기 위한 일반적인 방법

방법	내용
단서 사용	해독하기 어려운 단어 해독을 돕기 위해서 단서를 사용한다.
줄 따라가기	읽기 도중 줄을 놓치는 아동을 위하여 손가락으로 따라갈 수 있는 선을 문장 밑에 그어 준다. 또는 화살표나 읽기 창이 있는 카드를 사용해서 읽을 몇 단어만 보면서 읽게 한다.
내용 미리 알기	읽기의 목적과 읽은 후에 무엇을 할 것인지를 미리 알도록 한다.
또래교수	일견단어 연습을 위해서 또래교수나 자원봉사자를 활용한다.
교재의 난이도 조절	내용은 흥미롭지만 어휘는 쉬운 읽기 교재를 사용하면 특히 묵독연습에 도움이 된다.
녹음 교재 사용	녹음 교재를 이용하여 단어의 정확한 발음과 문장의 흐름을 들으면서 읽게 한다.
컴퓨터 활용	기초 읽기기술의 교수를 위해서 컴퓨터를 사용한다.
반복 읽기	유창하게 읽게 하기 위해서 문단을 여러 번 반복해서 읽게 한다. 반복 읽기는 읽는 속도와 정확도를 증진시키기 때문에 좀 더 어려운 문단으로 넘어가는 데 도움을 준다.
이해력 증진을 위한 전략	읽기 이해력 증진을 위한 전략(문맥을 이용한 교수전략, 범주를 이용한 교수전략)과 독해력 증진을 위한 전략(관련 지식 자극하기, 질문하기, 심상 만들기)을 사용한다.
SQ3R 방법	내용중심 교과의 설명문으로 구성된 교재를 읽을 때 도움이 되는 방법이다.

출처: 이소현, 박은혜(2011), pp. 97-98에서 수정.

〈표 10-5〉 읽기 학습장애아동을 위한 교수방법

구 분	구체적인 교수방법		
전통적 읽기 교수법	• 신경학적 각인 교수법 • 퍼널드(Fernald) 교수법 • 호혜적 교수법 • 직접교수법		
단어인식 능력 향상을 위한 교수법	의미중심 접근법	• 통언어적(일견단어) 접근법 • 언어경험 접근법	
	해독중심 접근법	• 음운분석적 접근법 • 언어학적 접근법	
읽기 이해력 증진을 위한 교수법	어휘력 증진을 위한 교수전략	• 문맥을 이용한 교수전략 • 범주를 이용한 교수전략	
	독해력 증진을 위한 교수전략	• 관련 지식 자극하기 • 질문하기 • 심상 만들기	

기기술을 가르치기 위해서는 이들 요소 중 어떤 요소에 결함이 있는지를 파악하는 것이 우선시되어야 한다. 아울러 학습양식의 다양성을 고려하여 시각적인 접근이 효과적인지 혹은 청각적/언어적 접근이 효과적인지에 대해서도 숙고해야 한다.

　장애의 유형과 관계없이 읽기 문제를 보이는 아동의 읽기기술을 향상시키기 위해서 효과적으로 사용될 수 있는 구체적인 방법들은 〈표 10-4〉와 같다. 그 밖에 읽기 학습장애학생의 읽기능력을 향상시키기 위한 방법으로는 전통적인 읽기 교수법, 단어인식 능력 향상을 위한 교수법, 읽기 이해력 증진을 위한 교수방법 등이 있다(〈표 10-5〉 참조).

2) 쓰기

　쓰기교수의 기본적인 목적은 아동으로 하여금 적절한 속도로 다른 사람이 읽을 수 있는 글을 쓰게 하는 것이다. 특히 자신의 생각을 문장이나 단원으로 표현하기 위해서는 직접 글자를 쓰는 기술 외에도 맞춤법, 띄어쓰기, 쉼표나 물음표 등의 문장부호 사용하기, 단어의 의미나 문법을 아는 언어기술, 자신의 생각을 논리적으로 정리하고 순서화할 수 있는 사고력 등을 필요로 한다.

　쓰기기술은 읽기기술을 기본으로 해서 형성된다. 쓰기기술은 넓은 의미에서 손으로 직접 글자나 단어를 쓰는 기술과 단어를 쓸 때 맞춤법에 맞게 쓰는 것, 쓰기를 통해 자신의 생각을 표현하는 것 모두를 포함한다. 과거에는 쓰기기술을 가르칠 때 쓰기를 통한 자신의 생각을 표현하는 기술이 무시되는 경향이 있었으나, 총체적 언어교수법이 보급되면서 쓰기도 언어 교육과정의 한 부분으로 인식되기 시작하였다(이소현, 박은혜, 2011).

(1) 필기

학습장애아동은 자주 필기에 어려움을 가진다. 이들은 연필이나 펜을 정확하게 잡는 능력을 방해하는 소근육운동의 문제들을 가질 수 있다. 또한 학습장애아동은 자신이 표현하고자 하는 것을 쓰기 위해 베끼거나 연합하는 것을 방해하는 시지각운동에 어려움을 가질 수 있다. 제한된 주의집중과 기억력 역시 알기 쉽게 쓰는 능력과 청소년 또는 성인이 취업이력서와 다른 양식들을 알기 쉽게 쓰는 능력을 방해할 수 있다(McNamara, 2009). 따라서 이와 같은 문제를 해결하기 위한 교수전략으로는 원이나 직선, 기하학적인 도형, 문자, 숫자 등을 어깨나 팔, 손 그리고 손가락의 근육을 이용해서 크게 자유로운 운동으로 그릴 수 있게 하는 칠판활동, 점토판이나 모래판에 손가락 그림이나 글씨쓰기 활동 등을 이용할 수 있다.

그 밖에 추적하기, 줄 사이에 긋기, 점 잇기, 칸과 줄이 그어진 종이 이용하기, 단서를 줄이며 추적하기, 언어 단서 이용하기 등도 학습장애아동의 필기지도에 효과적이다.

(2) 철자

단어 쓰기는 재인(recognition) 전략이 아닌 회상(recall) 전략을 이용하는 만큼 단어를 읽는 것보다 더 어렵다. 읽기에서는 몇 가지 단서를 통해 독자가 인쇄된 단어를 인지하도록 도울 수 있으나 철자법은 주변 단서를 찾아낼 기회를 제공하지 않기 때문이다. 뿐만 아니라 단어를 정확하게 쓰기 위해서 개인은 해당 단어를 기억 속에 저장해야 하며, 시각적 단서의 도움 없이 기억으로부터 그것을 완전하게 인출할 수도 있어야 한다.

문자와 단어에서 문자의 순서를 기억하거나 시각화할 수 없는 아동은 단어 철자를 시각적으로 강화하는 데 도움을 주는 활동이 효과적이다. 예를 들어, 퍼널드(Fernald)는 촉각과 근육 감각요법에 의해 단어를 시각적인 영상으로 강화시켜 주는 다감각적 방법을 개발했다. 이 외에도 자기질문 전략과 자기점검 전략과 같은 인지적 학습전략을 이용하는 것도 효과적이다.

(3) 작문

초등학교 고학년이나 중학교에 재학 중인 많은 학습장애아동은 글쓰기로 표현하는 기회가 적고 작문을 해 본 경험이 거의 없다. 작문을 학습하는 것이 많은 시간과 다양한 쓰기를 위한 기회를 필요로 하는데도 열등한 읽기능력을 향상시키기 위한 쓰기지도를 등한시하는 것도 한 가지 이유다.

학습장애아동의 작문 문제를 최소화하기 위한 방법들로는 계속적인 쓰기 기회 제공, 쓰기 공동체의 확립, 아동 자신이 주제 선택하기, 쓰기과정과 전략적인 사고의 모델링, 독자의 생각과 감각 계발하기, 아동에게 쓰기의 주인의식과 통제 이전하기, 현재 아동의 관심사 이용하기, 풍부한 글감 제공하기, 워드프로세서의 교정 프로그램 활용하기 등이 있다.

3) 수학

학습장애아동의 대부분이 읽기에 문제를 보인다는 현실적인 이유로 인해 수학학습장애에 대한 연구는 크게 주목받지 못해 왔다. 그럼에도 불구하고 학습장애아동 중 2/3는 수학에 문제를 보이고 있다. 우리나라 초등학교 수학과정은 수와 연산, 도형, 측정, 확률과 통계, 규칙성과 문제 해결, 그리고 중·고등학교 교육과정은 수와 연산, 문자와 식, 함수, 확률과 통계, 기하의 영역으로 구성되어 있다. 수학에 어려움을 보이는 아동은 특정 영역이 아닌 모든 영역에 어려움을 보인다. 이는 기본적으로 수학학습을 위한 사전교육의 부재에서부터 아동의 특성을 고려하지 않은 수학교육 등 다양한 부분에서 그 원인을 찾을 수 있을 것이다.

(1) 수학학습을 위한 사전교육

아동이 학습하는 데 필요한 준비도를 알아보기 위해 이전에 획득한 수관련 학습 정도를 확인하는 것이 중요하다. 기초를 다지는 시간과 노력은 아동이 더 향상되고 더 추상적인 수학과정으로 이동하려고 할 때 겪을 많은 어려움을 사전에 방지할 수 있다. 따라서 짝짓기, 대상의 집합 인식, 헤아리기, 주어진 수 다음에 오는 수 말하기, 0에서 10까지의 숫자 쓰기, 측정하고 대응하기, 계열적인 값, 각각의 전체와 부분의 관계, 조작하기, 십진법 체계 등과 같은 기본적인 수 이전의 학습은 필수적이다.

⑵ 구체적인 것에서 추상적인 것으로의 지도

구체적인 것에서 추상적인 것으로 지도가 이루어질 때 아동은 수학개념을 가장 잘 이해할 수 있다. 따라서 교사는 교육단계를 구체적, 반구체적, 추상적 단계로 구분하여 계획해야 한다.

⑶ 연습과 검토를 위한 기회 제공

아동은 수학의 개념을 거의 자동적으로 사용할 수 있어야 하기 때문에 수학의 개념을 과잉학습(overlearning)할 수 있도록 많은 훈련과 연습 기회가 주어져야 한다. 연습을 제시하는 많은 방법이 있어야 하고, 교사는 가능한 한 다양한 방법을 제시해 주어야 한다. 이와 같은 다양한 연습과 검토를 위한 기회의 제공을 통해 교사는 수학 학습장애아동의 계산전략 습득 여부를 파악하여, 습득하지 못한 전략을 교수하고 아동이 전략 사용을 숙달하도록 훈련시켜야 한다.

⑷ 새로운 상황에서 일반화하도록 지도하기

아동은 기능을 많은 상황에 일반화할 수 있도록 배워야 한다. 예를 들면, 교사나 아동은 많은 문장제 문제를 만들어 내고 다시 변형된 문장제 문제를 만들어 실제 계산연습을 할 수 있다. 그 목적은 계산적 조작을 이해하고 이를 새롭고 다양한 장면에 적용하는 기술을 학습하는 데 있다.

⑸ 수학 용어 지도

새로운 수학 용어와 개념은 반드시 학습되어야 한다. 아동은 계산에 사용된 정확한 용어를 알면 계산을 할 수 있을 것이다.

⑹ 계산능력 결손 보완하기

텔즈로우와 보나(Telzrow & Bonar, 2003)는 계산능력의 결손을 보완하기 위한 교육적 중재 방안으로 ① 직접교수법 형식에 따른 수업을 진행할 것, ② 계산기와 구구단표를 적절히 활용할 것, ③ 자릿값 훈련을 위해 칸과 줄이 있는 공책을 사용하게 할 것, ④ 수학적 개념의 내재화를 위해 수학 노래 등 기억전략을 활용할 것, ⑤ 학습한 부분과 전체 단원 간의 관계를 수시로 설명할 것, ⑥ 수학적 개념들 간의 관계와 차이점을 반복해서 가르칠 것, ⑦ 방향성에 대한 혼동을 교정하기 위해 연산기호나 등식을 다른 색으로 강조한 자료를 사용할 것을 제안하였다(김소희, 2006 재인용).

- 「장애인 등에 대한 특수교육법」에 의하면 학습장애를 지닌 특수교육대상자는 개인의 내적 요인으로 인하여 듣기, 말하기, 주의집중, 지각, 기억, 문제 해결 등의 학습기능이나 읽기, 쓰기, 수학 등 학업성취 영역에서 현저하게 어려움이 있는 사람으로 정의되어 있다.
- 학습장애의 정의는 다양하지만 평균 이상의 지능을 전제로 평균 이하의 학업성취도, 개인 내 차이, 중추신경계의 이상, 심리적 과정의 문제, 다른 장애의 배제 등을 공통적으로 제시하고 있다.
- 일반적으로 학습장애는 발현 시점을 기준으로 발달적 학습장애와 학업적 학습장애로 구분하기도 하며, 대뇌반구의 기능 장애를 기준으로 언어성 학습장애와 비언어성 학습장애로 구분하기도 한다. 그리고 미국의 경우는 읽기장애, 쓰기장애, 수학장애, 구어장애, 사고장애의 유형으로 구분한다.
- 지금까지의 연구를 통해 밝혀진 학습장애의 주된 원인은 신경학적·유전적·의학적·환경적 요인에 의한 신경학적 기능장애이다.
- 학습장애의 판별 준거로는 아동의 잠재적 능력과 성취수준의 차이를 비교하는 능력−성취 불일치 모형, 근거에 기반한 중재반응모형 등이 대표적이다. 특히 중재반응모형은 미국의 「장애인교육진흥법」을 통해 제안된 준거로 일반교육의 책무성, 실패대기 상황의 제거, 조기중재 제공을 통한 학습장애아동 수 감소 등의 이점을 갖고 있으나 비언어성 학습장애에 적용하는 데 따른 어려움, 음운인식 접근의 강조, 연구기반 중재의 준거 부족 등을 이유로 비판을 받고 있다. 우리나라는 능력−성취 불일치 모형, 중재반응 모형의 적용 과정을 거쳐 현재는 과거 능력−성취 불일치 모형과 유사한 방법으로 학습장애를 판별하고 있다.
- 학습장애아동은 지각과 운동의 협응이 어려우며 기억력에도 문제를 보인다. 부정적 자아개념 및 사회적 위축 등과 사회·정서적 특성을 보이며 인과관계가 명확하지는 않지만 주의집중력의 부족으로 학업적으로는 읽기, 쓰기, 구어, 셈하기, 추론 등의 영역에서 한 가지 혹은 그 이상의 문제를 보인다.
- 학습장애아동을 위한 가장 효과적인 교수법들은 과제의 난이도 조절, 소집단 구성 및 활동, 기본적 기술 교수, 문제해결 기술 교수, 명시적 교수 등을 공통적으로 활용하고 있다. 읽기기술을 가르치기 위해서는 읽기를 구성하고 있는 해독, 읽기 유창성, 읽기 이해의 세 가지 요소 중 결함을 보이는 부분을 명확히 파악해야 할 뿐만 아니라 학습자가 선호하는 학습양식도 고려해야 한다. 쓰기는 원이나 직선 그리기 등의 활동을 통한 필기지도, 퍼널드 교수법 등을 이용한 철자지도, 계속적인 쓰기 기회 제공 등을 통한 작문지도를 통해 결함을 보완할 수 있다. 수학지도를 위해서는 기본적인 수 이전이 학습을 필수로 하며 구체적인 것에서 추상적인 것으로 지도하고, 연습과 검토를 위한 기회의 제공, 많은 상황을 이용한 일반화, 수학 용어 지도, 계산기 및 구구단표를 이용하여 계산능력의 결손을 보완해줘야 한다.

1. 학습장애를 분류하고 각각의 특성을 열거해 보시오.
2. 학습장애에 관한 다양한 정의들이 공통적으로 내포하고 있는 요소들에 대해 설명하시오.
3. 비언어적 학습장애의 신경생리학적, 의사소통 및 인지적 특성, 사회·정서적 특성을 파악하고 이를 토대로 이루어지는 교육적 중재방안에 대해 논하시오.
4. 능력-성취 불일치 모형과 중재반응모형을 상호 비교하시오.

참·고·문·헌

교육과학기술부(2011). 특수교육 연차보고서. 서울: 교육과학기술부.

교육과학기술부(2012). 특수교육 연차보고서. 서울: 교육과학기술부.

교육부(2013). 특수교육 연차보고서. 서울: 교육부.

교육부(2014). 특수교육 연차보고서. 서울: 교육부.

교육부(2015). 특수교육 연차보고서. 서울: 교육부.

김동일, 손승현, 전병운, 한경근(2010). 특수교육학개론. 서울: 학지사.

김동일, 이대식, 신종호(2009). 학습장애아동의 이해와 교육(2판). 서울: 학지사.

김동일, 홍성두(2005). 학습장애의 진단을 위한 불일치 판별모델: 개관과 전망. 아시아교육연구, 6(3), 209-237.

김소희(2006). 학습장애 하위유형으로서 비언어적 학습장애에 관한 고찰. 특수교육학연구, 41(1), 59-78.

김용욱, 이성환, 안정애, 김영걸(2011). 수학 학습곤란 아동의 연산능력 향상과 학습장애 위험학생의 선별을 위한 학교기반 중재반응모델 개발에 대한 연구. 특수교육저널: 이론과 실천, 12(1), 229-260.

김종현, 윤치연, 이성현, 이은림(2007). 특수아동의 이해와 지도. 경기: 공동체.

김윤옥(2006). 학습장애 판별을 위한 중재반응모형의 이상과 함정. 특수교육학연구, 41(3), 141-161.

김자경(2010). 학습장애. 강영심, 김자경, 김정은, 박재국, 안성우, 이경림, 황순영, 강승희, 예비교사를 위한 특수교육학개론(pp. 219-247). 경기: 서현사.

박원희, 김기창, 김영일, 김영욱, 이은주, 신현기, 한경근, 이숙정, 김애화, 윤미선, 김은경, 송병호, 이병인, 김송석, 양경희(2009). 함께하는 사회를 지향하는 특수교육학. 경기: 과학교육사.

이소현, 박은혜(2011). 특수아동교육(3판). 서울: 학지사.

정광조, 이효자(2009). 중재반응모형의 적용 가능성 탐색 연구. 특수교육학연구, 44(2), 313-339.

한국특수교육연구회(2009). 최신 특수아동의 이해. 경기: 양서원.

Bradshaw, J. (2001). *Developmental disorders of the fronto-striatal system*. Philadelphia: Psychiatric Press.

Catts, H. W., Hogan, T. P., & Fey, M. E. (2003). Subgrouping poor readers on the basis of individual differences in reading-related abilities. *Journal of Learning Disabilities, 36,* 151-164.

Haager, D., Klinger, J., & Vaughn, S. (2007). *Evidence-Based Reading Practices for Response to Intervention*. Paul H. Brookes Publishing co.

Hallahan, D. P., Lloyd, J. W., Kauffman, J. M., Weiss, M. P., & Martinez, E. A. (2005). *Learning disability: Foundation, characteristics, and effective teaching* (3rd ed.). New York: Pearson Education.

Hallahan, D. P., Kauffman, J. M., & Lloyd, J. W. (1985). *Introduction to learning disabilities* (2nd ed.). New York: Prentice-Hall.

Heward, W. L. (2009). *Exceptional children: An introduction to special education* (9th ed.). New York: Pearson.

Gargiulo, R. (2004). *Special education in contemporary society: An introduction exceptionality.* California: Thompson.

Lerner, J. (2006). *Learning disabilities and related disorders: Characteristics and teaching strategies* (10th ed.). Boston: Houghton Miffilin Co.

Mellard, D. F., & Johnson, E. (2008). *RTI: A practitioner's guide to implementing response to intervention.* Corwin press & NAESP.

Mellard, D. F., Byrd, S. E., Johnson, E., Tollefson, J. M., & Boesche, L. (2004). Foundations and research on identifying model responsiveness-to-intervention sites. *Learning Disability Quartery, 27*(Fall), 243-256.

McNamara, B. E.(2009). 현장 중심의 학습장애아동 교육(김용욱, 변찬석, 우정한, 김남진, 이창섭, 이근용, 박정식 공역). 서울: 시그마프레스. (원저는 2007년 출간)

Schrag, J. A. (2000). *Discrepancy approaches for identifying learning disabilities.* Alexandria, VA: National Association of State Directors of Special Education, Project Forum, Quick Turn Around.

Smith, C. R. (2004). *Learning disabilities: The interaction of students and their environment* (5th ed.). Boston: Pearson Education.

Smith, T. E., Pollaway, E., Patton, J. R., & Dowdy, C. A. (2004). *Teaching students with special needs in inclusive settings.* Boston: Allyn & Bacon.

Thompson, J. B., & Raskind, W. H. (2003). Genetic influences on reading and writing disabilities. In H. L. Swanson, K. R. Harris, & S. Graham (Eds.), *Handbook of learning disabilities* (pp. 256-272). New York: Guilford Press.

건강장애아동의 교육

유연당(悠然堂) 권균(權鈞, 1464~1526)은 조선 전기 연산군 중종 때의 문신으로, 성종 22년(1491), 문과에 급제하여 예문관검열(藝文館檢閱)과 충익부도사(忠翊府都事)를 지냈으며 『성종실록』 편찬에 참여한 인물이다. 또한 그는 연산군 시절 장령(掌令), 사간(司諫), 도승지(都承旨)를 역임한 것은 물론이거니와 연산군이 직접 금대(金帶)까지 하사할 만큼 왕의 두터운 신임을 받던 신하였다….

세 명의 임금을 모시며 아무런 걱정 없이 살았을 것 같은 권균에게는 고질병이 하나 있었다. 그것은 바로 뇌의 한 부분 또는 전반에 걸쳐 경련이 일어나는 뇌전증*이었다. …조선 시대에는 뇌전증에 걸리면 이를 치료하기 위해서 머리에 침이나 뜸을 놓거나, 심할 경우에는 인육, 그중에서도 손가락 살을 잘라 약으로 쓰기도 했다. …권균이 머리를 다쳤다는 기록을 찾을 수 없는 것으로 보아 선천성이거나 특발성으로 예상된다….

어떤 일을 하든지 간에 불시에 발작이 시작되는 뇌전증을 앓고 있는 것은 스스로에게 무척이나 힘든 일이다. 그렇기 때문에 권균은 병을 이유로 사직을 청했으나 중종은 그를 귀히 여겨 이를 허락하지 않았다. 이는 권균이 살아 있는 동안 성품이 엄격하고 재주가 뛰어나다는 평을 받았기 때문일 것이다.

권균은 관직생활을 하는 동안 탄핵을 받고, 위훈을 삭제당하는 등 다사다난한 삶을 살았다. 하지만 이것은 그가 앓던 병 때문이 아니라 정치적인 이유에서였다. 현대 사회에서 뇌전증 환자들이 편견과 선입관 때문에 사람들에게 차별을 받는 일이 왕왕 있다. 하지만 조선 전기를 살았던 권균은 자신이 뇌전증을 앓고 있음에도 불구하고 병으로 인해 자신의 능력을 인정받지 못하는 부당함을 겪지 않았다. 오히려 왕은 권균에게 편의를 봐주며 그가 계속해서 일을 할 수 있도록 배려했다. 그렇기 때문에 철저하게 능력만으로 관리를 평가했던 조선 사회에서 권균은 자신의 역량을 마음껏 펼칠 수 있었던 것이다.

 * 원문에는 간질로 표기되어 있으나 용어의 변화에 맞춰 뇌전증으로 표기한 것임

※ 출처: 정창권, 윤종선, 방귀희, 김언지(2014). 중종반정의 일등공신 권균. 『한국장애인사: 역사 속의 장애 인물』. 서울: 도서출판 솟대.

　　우리는 주변에서 재능이 뛰어남에도 불구하고 건강상의 이유로 병원을 자주 출입해야 하고, 이로 인해 자존감을 상실하게 되는 경우를 자주 볼 수 있다. 그렇기에 흔히 "건강한 신체에 건강한 정신이 나온다."고 한다. 아동의 경우 건강상의 이유로 인한 잦은 학교결석 그리고 이로 인한 학업 결손 및 또래관계의 상호작용 부재는 향후 학업적·정서적·정의적 측면에서 많은 문제를 초래할 수밖에 없다. 이 장에서는 2005년부터 특수교육대상자로 분류된 건강장애의 원인 및 특성 그리고 적절한 교육적 지원방법에 대해 살펴보고자 한다.

1. 건강장애의 정의

　　2005년 3월에 「특수교육진흥법」이 일부 개정되면서 만성질환으로 인한 '건강장애'가 특수교육대상자로 새롭게 추가되었다. 「장애인 등에 대한 특수교육법」에서는 건강장애아동을 다음과 같이 규정하고 있다.

> 심장장애, 신장장애, 간장애 등 만성질환으로 인하여 3개월 이상의 장기입원 또는 통원치료 등 계속적인 의료적 지원이 필요하여 학교생활, 학업 수행 등에 있어서 교육적 지원을 지속적으로 받아야 하는 자

　　미국 「장애인교육진흥법(IDEA)」(2004)의 정의는 "심장질환, 결핵, 신장염, 천식, 겸상적혈구 빈혈, 혈우병, 간질, 납중독, 백혈병 또는 아동의 교육에 악영향을 미치는 당뇨병과 같은 만성 또는 급성 건강 문제에 의한 제한된 근력, 지구력 등의 장애"를 포함하고 있다. 또한 전염성 질병으로 B형 간염, HIV, AIDS를 포함하고 있다(Bigge et al., 2001).

　　교육부 자료에 따르면, 우리나라의 경우 매년 질병 등으로 인해 약 8천여 명의 학생이 중퇴 또는 휴학을 하고 있다(김은주, 2006). 그중 다수가 소아암, 신장장애, 소아당뇨 등과 같은 만성질환으로 인해 장기간 입원 및 통원치료를 받는 경우다. 학교를 여러 날 결석하게 됨에 따라 유급이 되기도 하고, 학년이 올라가더라도 학업의 지체로 인해 학교생활에 어려움을 겪어 결국 검정고시를 택하는 경우도 많다고 한다.

2. 건강장애의 분류

페린 등(Perrin et al., 1993)은 건강상태, 연령에 적합한 활동, 기능성, 인지 기능, 사회 정서적 발달, 감각 기능, 의사소통 기능에 관한 13개의 비범주화된 체계를 〈표 11-1〉과 같이 나타내었다(한국특수교육학회, 2008).

〈표 11-1〉 만성적 질병을 지닌 아동의 경험에 대한 상태 영역

영역	연속상에서의 영향	
지속 시간	단시간 ◀━━━━━━▶	장기성
발병 연령	선천적 ◀━━━━━━▶	후천적
연령에 적합한 활동에서의 제한	없음 ◀━━━━━━▶	수행할 수 없음
가시성	관찰할 수 있음 ◀━━━━━━▶	관찰할 수 없음
생존가능성	일반적으로 장수 ◀━━━━━━▶	생명에 위험이 있음
운동성	손상되지 않음 ◀━━━━━━▶	심각하게 손상됨
생리적 기능	손상되지 않음 ◀━━━━━━▶	심각하게 손상됨
인지	정상 ◀━━━━━━▶	심각하게 손상됨
정서-사회성	정상 ◀━━━━━━▶	심각하게 손상됨
감각 기능	손상되지 않음 ◀━━━━━━▶	심각하게 손상됨
의사소통	손상되지 않음 ◀━━━━━━▶	심각하게 손상됨
경과	안정적 ◀━━━━━━▶	진행됨
불확실성	예상하기 어려움 ◀━━━━━━▶	예상됨

출처: 한국특수교육학회(2008), p. 39.

〈표 11-1〉은 건강장애의 유형은 명확히 제시하지 않고 아동의 건강상태를 다양한 영역에서의 특성을 기준으로 구분한 것이라고 할 수 있다.

이와는 다른 분류 방법으로 박화문 등(2012)은 건강장애를 의학적인 측면과 교육적인 측면으로 분류하여 제시하였는데 의학적 측면을 다시 병약과 허약의 두 가지 유형으로 구분하였다. 즉 의학에서 병약의 유형에는 결핵 관련, 기질 관련, 기능장애 관련, 영양 관련, 신경 불안 경향 등이 있으며, 의학에서 허약의 유형이란 의학적 관리에 따라 생활하면 건강을 회복할 수 있는 정도의 직접적 의료 대상이 되지 않는 건강하지 않은 상태의 아동을 의미한다. 이에 반해 교육에서 병약·허약의 유형은 총체적인 건강 상태에서 학교교육이 어느 정도 가능한가하는 관점을 기준으로 교육대상 제외, 병원학교 대상아

동, 병원학교 또는 독립 특수학교 대상 아동, 특수학교 · 특수학급 또는 일반학교 대상
아동으로 구분된다.

3. 건강장애의 판별

1) 선별기준

손상, 학습상의 문제, 일상생활상의 문제 등의 3개 영역으로 구분하여 선별한다.

(1) 손상
① 심장병으로 3개월 이상의 장기입원 또는 통원치료 등 계속적인 의료적 지원이 필
   요하여 학교생활 · 학업수행 등에 있어서 교육적 지원을 지속적으로 받아야 한다.
② 신장병(염)으로 3개월 이상의 장기입원 또는 통원치료 등 계속적인 의료적 지원이
   필요하여 학교생활 · 학업수행 등에 있어서 교육적 지원을 지속적으로 받아야 한다.
③ 간질환으로 3개월 이상의 장기입원 또는 통원치료 등 계속적인 의료적 지원이 필
   요하여 학교생활 · 학업수행 등에 있어서 교육적 지원을 지속적으로 받아야 한다.
④ 기타 소아암, AIDS 등 만성 질환으로 장기입원 또는 통원치료 등 계속적인 의료적
   지원이 필요하여 학교생활 · 학업수행 등에 있어서 교육적 지원을 지속적으로 받
   아야 한다.

(2) 학습상의 문제
⑤ 감기 등 잔병이 많고 회복이 느려 학습 결손이 많다.
⑥ 건강상의 문제(허약 체질 등)로 체육시간이나 야외학습활동 등에 참여가 제한적이다.
⑦ 건강상의 문제로 결석이 잦다.
⑧ 의사로부터 운동 시간 또는 양 등에 대한 제약 소견을 받고 있다.

(3) 일상생활상의 문제
⑨ 질병으로 인하여 장기간에 걸쳐 약물을 복용하고 있다.
⑩ 장기간에 걸쳐 입원하고 있거나 요양 중이다.

⑪ 오래 걸을 수 없으며 활동 후 쉽게 피로를 느낀다.

⑫ 산소호흡기 또는 음식물 주입 튜브 등에 의존하여 일상생활을 영위하고 있다.

4. 건강장애아동의 교육적 배치

예방의학을 포함한 의학의 발전 그리고 학령기 아동의 감소 등과 같은 복합적 요인으로 인해 전체적으로 건강장애아동의 수는 점차적으로 감소하고 있다(〈표 11-2〉 참조). 2015년 현재 건강장애아동은 전체 특수교육대상 아동의 2.2%에 해당하는 1,935명이며, 많은 아동들이 일반학급에 배치되어 해당 학교의 교육과정 및 특수교육 관련서비스를 제공받고 있는 것으로 나타났다(〈표 11-3〉 참조). 그리고 건강장애아동들은 건강상의 이유로 인해 장기 입원 혹은 병원 방문 치료가 이루어져야 하기 때문에 불가피하게 결석 및 조퇴 등이 빈번하며 이로 인해 학교생활을 지속하기 힘들다. 따라서 병원학교 혹은 순회교육, 화상강의 시스템을 이용해 유급 방지 및 학습권 보장을 위한 추가적인 교육적 지원을 실시하고 있다.

〈표 11-2〉 연도별 건강장애아동 현황 (단위: 명, %)

구분	2011년	2012년	2013년	2014년	2015년
전체 특수교육대상아동	82,665 (100)	85,012 (100)	86,633 (100)	87,278 (100)	88,067 (100)
건강장애아동	2,229 (2.7)	2,195 (2.6)	2,157 (2.5)	2,029 (2.3)	1,935 (2.2)

출처: 교육과학기술부(2011, 2012); 교육부(2013, 2014, 2015).

〈표 11-3〉 건강장애아동의 배치 현황 (단위: 명)

구분	특수학교	일반학교		특수교육 지원센터	계
		특수학급	일반학급		
2011년	35	472	1,722	-	2,229
2012년	19	408	1,767	1	2,195
2013년	33	335	1,788	1	2,157
2014년	29	280	1,719	1	2,029
2015년	48	238	1,649	-	1,935

출처: 교육과학기술부(2011, 2012); 교육부(2013, 2014, 2015).

5. 건강장애의 원인 및 특성

건강장애의 유형은 매우 다양한데, 여기에서는 질병 유형에 따른 범주와 그에 따른 특성을 살펴본다.

1) 심장장애

심장장애는 관상동맥 질환인 협심증, 심근경색, 심부전, 선천성 심장기형, 심장판막증, 부정맥 등으로 심장이 더 이상 정상적인 기능을 하지 못하는 상태를 말한다. 「장애인복지법 시행령」 제2조 제1항에서는 심장장애를 다음과 같이 정의한다.

심장의 기능부전으로 인하여 일상생활 정도의 활동에도 호흡곤란 등의 장애가 있어 일상생활활동에 현저한 제한을 받는 사람

심폐기능 체계에는 심장, 혈액 그리고 폐가 포함된다. 심장에 문제가 있을 때, 즉 아동이 호흡이나 심장에서 혈액이 순환하지 않는 문제를 가질 때, 심폐기능 체계는 영향을 받는다. 이러한 상태의 아동은 달리기, 계단 오르기 등의 운동을 하기 힘들다. 비록 가능하다 하더라도 그들에게는 격렬한 운동이 제한적이다. 어린 아동에게 있어 사회적인 문제를 만들어 낼 수 있는 무력함은 또래 아동과 함께 정상적인 활동을 할 수 없기 때문에 중요한 부분을 차지한다. 이러한 문제들에 덧붙여 병에 걸린 아동은 감염의 위험이 매우 높다고 할 수 있다(Kirk et al., 2006).

심장장애아동은 호흡이 짧기 때문에 신체적인 활동에서 다른 학령전기 아동보다 피로를 더 느낀다. 치아노제(산소결핍으로 혈액이 검푸르게 되는 상태) 경험이 있는 아동은 혈액의 산소결핍으로 피부가 푸르게 되며 특히 입술과 손톱에 가장 두드러지게 나타난다.

그러나 영구적인 심장 문제를 가진 아동이 지나친 피로를 초래하는 활동에 참여하는 것은 고통을 주는 것이 아닐 수도 있다. 왜냐하면 대부분 심장 문제를 가진 아동은 격렬한 활동을 함에 있어서 자신의 한계를 알기 때문이다. 그렇지만 교사, 부모, 건강보호 관리자는 아동의 기초 정보를 계속해서 주고받는 것이 중요하다. 모두가 현재 상황이 기초

가 되어서 아동의 건강상태에 따라 가정과 학교에서 할 수 있는 활동수준을 계획할 수 있다(Allen & Cowdery, 2005).

따라서 건강장애아동은 태어날 때부터 병으로 인해 취약한 건강상태에 놓이게 되므로 정상적이고 활발한 학교생활을 하는 데 많은 어려움이 따른다. 그러나 건강상의 문제들로 인하여 학업 수행에는 어려움이 있지만 학습에 대한 열의와 욕구는 강하다고 할 수 있다.

2) 천식

천식(asthma): 기관지 천식이라고도 하며, 기관지 평활근이 과민성으로 수축(경련)하여 기관지가 좁아지고 이로 인해 호흡곤란이 오는 상태

천식은 개인의 호흡에 영향을 미치는 질병으로 다음과 같은 세 가지 특징을 가지며, 이것이 기관지의 급성 협색증의 원인이 될 수도 있다(Batshaw & Perret, 1992).

- 폐가 팽창한다.
- 호흡이 힘들다.
- 기도는 다양한 환경조건(먼지, 찬 공기, 운동 등)에서 항상 부정적으로 반응한다.

천식아동은 경도에서 중도까지 다양한 조건을 가진다. 천식은 일시적으로 경미한 기침을 보이기도 하고, 응급처치가 필요할 만큼 극도의 호흡곤란을 보이기도 한다(김진호 외, 2002).

천식아동을 담당하고 있는 교사들이 가지는 주요 문제는 아동이 천식을 일상적으로 내포하지 않는다는 것이다. 그럼에도 모든 교사들은 아동이 심한 발작을 하는 것의 징후가 무엇인지, 그리고 심한 천식아동들의 빈번한 결석을 처리하는 요령을 요구한다. 어떤 교사들은 의사가 제안한 투약계획, 매일의 징후를 표시한 목록, 비상시 의료적 주의사항, 위험한 운동과 교실활동에 참여하는 아동의 징후 정도 등을 요구하기도 한다.

천식으로 인해 학교에 결석하거나 약물 복용의 부작용으로 우울하거나 두려운 느낌 등으로 집중이 되지 않아 정보 습득에 어려움은 있지만, 천식 자체는 학습에 문제를 나타내지는 않는다.

3) 낭포성 섬유증

낭포성 섬유증(cystic fibrosis): 체내에서 점액의 과생산으로 인해 폐의 이상과 췌장의 이상을
유발하여 소화효소가 소장에 도달할 수 없게 만드는 것

낭포성 섬유증은 주로 백인에게서 나타나는 유전성 질환으로 보고되고 있는데, 백인
종인 카프카스 아동에게 낭포성 섬유증은 종종 장소에 따라 보다 적게 발생하지만 다른
민족과는 대조를 이루는 만성질환으로 유전되는 공통점이 있다. 낭포성 섬유증은 현재
에는 불치병이지만 30~40년 안에는 현대 의학의 보호를 받을 것이라는 보고가 있다
(Allen & Cowdery, 2005).

일반적으로 교사들은 아동이 알맞게 할 수 있는 신체활동으로 발달을 촉진해야 한다.
아동과 가족 모두는 분비물을 완화하기 위한 에어졸 치료와 호흡훈련으로 아동을 돕는
것을 포함하는 정서적 지원을 결정하는 것이 필요하다.

4) 소아당뇨

당뇨병(diabetes mellitus): 췌장에서 인슐린을 합성하여 분비시키는 능력이 감소되어 발생하
는 질병으로, 식사 후 높아진 영양소들의 처리가 불가능해져 혈액 내에 높은 농도의 당, 지방
등의 영양소가 있어도 세포들이 이용할 수 없는 상태

인슐린은 위 근처의 분비기관인 췌장(이자)에서 만들어지는 호르몬으로, 녹말과 당이
소화될 때 만들어지는 당 형태인 포도당이 연소하여 몸에서 여러 부분에 사용된다. 인슐
린이 부족하면 당을 연소할 수 없어서 신체기능의 이상이 초래된다. 몸에서 인슐린의 수
준이 높거나 낮은 결과는 당뇨병이 많은 다른 조직이나 신체기능에 영향을 미칠 수 있기
때문이다.

당뇨병에는 두 가지 유형이 있는데, 1유형 당뇨병인 인슐린 의존성 당뇨병(insulin
dependent diabetes mellitus: IDDM)은 신체에서 인슐린 생산이 정지되는 당뇨병으로서 초
기 혹은 아동에게 발병하는 것으로 알려져 있다. 의존성 당뇨란 인슐린의 양이 절대적으

로 부족하여 발생하는 것이므로 반드시 인슐린 투여로 치료해야 하며, 흔히 소아 연령기에 많이 발생되기 때문에 소아당뇨(juvenile diabetes mullitus)라고 불린다. 이것은 아직 확실한 완치법이 없을 뿐 아니라 적극적으로 관리하지 않으면 망막증, 신경병변 등의 합병증을 가져올 수도 있는 만성질환이다. 1유형 당뇨병인 사람은 매일 인슐린을 주사해야 하며, 인슐린이 사용되기 전에 파괴되어 위 속에서 산성이 되기 때문에 알약이나 유동체 형식의 인슐린을 투여할 수 없다(Bowe, 2000).

2유형 당뇨병인 인슐린 비의존성 당뇨병(non-insulin dependent diabetes mellitus: NIDDM)은 어른이 되어서 발병하는 것으로 잘 알려져 있다. 신체에 인슐린이 계속해서 만들어지지만 인슐린이 적당히 사용되지 않는다. 대부분 40세 이후에 나타나고, 일반적으로 과체중이나 육체적으로 활동하지 않는 사람에게서 나타난다. 두 번 나누어서 진단했을 때 두 번째 진단에서 첫 번째 진단보다 혈당이 126 더 높게 나타나면 2유형 당뇨로 진단할 수 있다.

당뇨를 가진 아동은 질병 자체 때문이 아니라 당뇨에 따른 사회정서적 문제 때문에 학교생활이 불충분할 수 있다(Gallico & Lewis, 1992). 즉, 소아당뇨를 가진 아동은 또래와의 관계가 소원해질 수 있고, 사춘기나 정서적으로 민감한 시기에는 수치심이나 낮은 자존감이 생길 수 있으며, 학교의 모든 활동에 소극적이 될 가능성도 있다. 또한 당뇨를 가진 아동이 학교에서 당뇨 조절을 원활하게 하지 못했을 경우 여러 가지 문제를 일으킬 수 있다. 충분한 인슐린 공급을 받지 못했을 경우 고혈당이 발생할 수 있고, 인슐린이 과다 분비되어 혈당치를 위험한 수준까지 떨어뜨릴 경우 저혈당이 발생할 수 있다.

따라서 자신의 당뇨 증상을 교사나 친구들에게 말할 수 있도록 유도하는 것이 중요하고, 무엇보다도 당뇨를 가진 아동을 최대한 안전하게 보호하기 위해 교사와 부모 그리고 건강보호 관리자가 규칙적으로 의사소통하는 것이 중요하다.

5) 백혈병

백혈병(leukemia): 미성숙한 림프세포의 성장과 증식으로 인해 적혈구 수가 감소하고 백혈구 수가 증가하는 혈액 형성조직의 질병

백혈병은 진단기법이나 화학요법 등 의학의 발달로 완치될 수 있는 가능성이 높은 만

성질환으로 인식되고 있다. 그럼에도 불구하고 백혈병을 앓고 있는 아동은 화학요법과 방사능요법 같은 적극적 치료로 인해 대부분 괴로워하는 것이 사실이다. 임상보고에 따르면, 백혈병을 가진 아동들은 병원에 반복해서 입원하여 고통을 참는 것보다 집에서 화학요법인 정맥주사를 맞는 것이 더 낫다(Allen & Cowdery, 2005).

장애와 치료에 대한 스트레스 모두 당연히 치러야 하지만, 이들 아동은 정신적으로 불안과 함께 여러 가지 문제를 나타낼 것이기 때문에 교사는 그들의 부모와 자주 접촉하여 질병의 진행 상황을 알아두어야 한다. 또 수업 프로그램에 가능한 한 그들을 참여시켜 지지하고 격려해야 한다.

6) 뇌전증

뇌전증(epilepsy): 뇌의 전기활동에 기인하는 운동, 감각, 행동, 의식 장애를 나타내는 발작 증세로 신경세포 중 일부가 짧은 시간 동안 발작적으로 과도한 전기를 발생시킴으로써 일어나는 신경계 증상

뇌전증은 질병이 아니라 단지 발작이 실제적으로 진행되는 동안만 나타나는 하나의 증상이다. 대부분의 뇌전증학생은 정상적인 지능을 가지고 있다.

뇌전증의 원인은 약 30%가 발작 증세를 야기하는 것으로 최소한 50여 가지가 발견되고 있다. 예를 들어, 대뇌기형, 뇌성마비, 뇌 혹은 뇌신경 체제의 감염, 저혈당증과 같은 신진대사장애, 알코올이나 납 중독, 고열, 뇌의 혈액공급 장애 등에 의해 뇌전증이 발생할 수 있다. 발작 증세의 약 70%는 그 근본적인 원인을 추정할 수 없고, 종종 뇌전증의 원인이 밝혀지지 않을 수도 있다.

보편적인 발작의 일반적인 형태는 대발작과 소발작으로 나눌 수 있다. 많은 뇌전증 환자가 이 두 발작의 형태를 모두 경험한다. 대발작은 비교적 뚜렷한 단계를 거친다. 몇몇 뇌전증 환자는 발작이 시작되기 전에 항상 전조를 경험한다. 이 전조는 평소에는 나타나지 않는 낌새와 같은 주관적인 지각일 수도 있고 어떤 기억일 수도 있다(Krupp & Chatton, 1983). 전조가 나타난 후 곧 의식을 잃고 쓰러지고 몸의 경화현상이 나타난다. 이런 긴장단계 동안에 보통 팔이 굽어지고, 다리가 뻗어지며, 등 근육이 경련을 일으키고, 호흡이 불규칙해진다. 짧은 긴장성 행동 이후 급격한 경련의 단계가 찾아오는데, 이

때 골격과 근육 운동이 크게 이완과 수축을 교대로 반복하게 된다. 방광과 내장의 기능이 상실되면서 혀를 깨물거나 입에 거품을 무는 경우도 있다. 2~5분이 경과하면 경련이 사라지고 서서히 의식이 회복된다. 이 시기에 환자는 당황스러움, 두통 혹은 다른 징후들을 경험하게 되며, 깊은 잠에 빠지게 되는 경우가 많다. 이러한 대발작이 연속적으로 나타나는 것을 뇌전증 지속상태라 하는데, 간혹 생명의 위험이 있을 수도 있으니 즉시 의학적 도움이 필요하다.

소발작은 대발작에 비해 훨씬 덜 극적이다. 보통 10~30초 동안만 나타나는 경우가 많다. 너무 짧은 동안만 나타나서 무시되거나 오인되는 경우도 있다. 소발작이 나타나는 아동은 행동을 중단하고 허공을 응시하는 것처럼 보일 때도 있고, 꿈꾸는 것처럼 의식을 잃은 듯 보인다.

7) 신장장애

신장장애: 신장의 기능이상으로 우리 몸속의 노폐물 제거와 수분 조절에 문제가 생기게 되는 상태

신장은 신체의 항상성을 유지하는 기관으로 필수 물질들과 수분을 보유하고 체액의 성분과 양을 조절하는 기관이다. 또한 해독을 하고 독성물질, 불필요한 물질들을 소변 형성과정을 통해 배출하는 기능을 한다.

신장장애를 가지고 있는 아동에게는 영양공급 부족, 빈혈, 내분비장애 등으로 성장기 장애가 나타날 수 있으며, 연령이 높은 아동에게는 호르몬 조절의 이상으로 사춘기의 성적인 성숙이 지연되어 신체 미성숙이 나타날 수 있다. 이러한 다양한 문제들은 우울, 자살, 불안, 공포, 강박적 사고 등의 각종 정서·행동 문제로 나타날 수 있으므로 각별한 주의가 필요하다.

건강장애아동이 겪는 어려움에는 장기간의 결석이 큰 부분을 차지하고 있다. 그리고 병원생활로 인한 학업결손 문제와 학교로 돌아가서 친구들과 겪는 어려움, 교사와의 관계에서의 문제와 같은 학교 복귀와 관련된 적응 문제 등이 있다(박은혜, 2006a).

6. 건강장애아동의 교육

2015년 건강장애아동 교육지원을 위해 설치·운영하는 병원학교는 33개교로 이 중 서울지역의 10개 병원은 교육청과 협약을 토대로 하여 교육청에서 행정적·재정적 지원을 제공하는 병원 자체 운영 체제이며, 23개 병원학교는 교육청 소속 특수학교 또는 일반학교의 파견학급으로 운영되고 있다. 2015년 현재 병원학교에는 43명의 담당교사가 배치되어 있으며, 전체 1,083명의 학생 중 건강장애아동은 659명, 월 평균 680명의 학생이 이용하고 있다. 이들 병원학교에 배치된 아동에게는 교과교육, 체험활동, 방과후활동 등을 제공함으로써 지속적인 학교교육을 지원하고 있다. 구체적인 현황은 〈표 11-4〉와 같다.

〈표 11-4〉 병원학교 현황(2014년 9월 기준) (단위: 교, 명)

학교 수	월평균 학생 수	교사 및 담당자 수	병원명	
			교육청 소속 병원학교(23개)	교육청과 병원 간 협약 및 병원 자체 운영 병원학교(10개)
33	680	4.3	부산대병원, 동아대병원, 인제대부산백병원, 인제대학교 해운대백병원, 영남대의료원병원, 대동병원, 경북대학교병원, 인하대학교병원, 충남대학교병원, 울산대학교병원, 국립암센터, 강원대학교병원, 강릉아산병원, 충북대학교병원, 국립공주병원, 단국대학교병원, 전북대학교병원, 국립나주병원, 화순전남대병원, 경상대학교병원, 국립부곡병원, 양산부산대학교병원, 제주대학교병원	서울대병원, 세브란스병원, 한양대병원, 서울아산병원, 삼성서울병원, 국립서울병원, 한국원자력병원, 서울성모병원, 서울시립어린이병원, 서울고대구로병원

출처: 교육부(2015), p. 13.

1) 학습지원

건강장애아동의 학습지원은 개별화교육계획(IEP)을 작성하여 순회교육, 사이버가정학습, 화상강의 시스템 등 다양한 방법을 활용하여 이루어지도록 해야 한다. 또한 연간 수업일수 확보를 위하여 다양한 교육과정을 계획하고 운영하여 질 높은 학습지원이 이루어지도록 해야 한다. 특히 병원학교의 건강장애아동은 다양한 장애를 지닌 다양한 학교의 학생들이기에, 그들의 요구에 맞는 학습지원이 이루어지기 위해서는 학생의 소속 학교와 지역 교육청, 담당 특수교사, 담임교사들과의 지속적인 연대가 필요하다고 하겠다.

　　병원학교에 소속되어 있지 않고 가정이나 시설에 있는 건강장애아동은 순회교육을 통해서 학습지원을 받을 수 있다. 순회교육 실시에 관한 결정은 특수교육운영위원회에서 하며, 반드시 부모의 동의를 얻어서 실시하여야 한다. 대부분 특수교사가 순회교육을 담당하고 있지만, 건강장애아동의 소속 학교 일반교사도 담당 가능하다. 또한 지역 교육청이나 특수교육지원센터 등에서 순회교육 담당교사를 지정하여 운영할 수도 있다(〈표 11-5〉 참조).

> 순회교육이란 특수교육교원 및 특수교육 관련서비스 담당 인력이 각급학교나 의료기관, 가정 또는 복지시설(장애인복지시설, 아동복지시설 등을 말한다.) 등에 있는 특수교육대상자를 직접 방문하여 실시하는 교육(「장애인 등에 대한 특수교육법」 제2조 제8호)

〈표 11-5〉 순회교육 현황(2014년 9월 기준)　　　　　　　　　　　　　　　(단위: 명, 급)

| 구분 | 학생 수 | | | | | | | | | | 학급 수 | 교사 수 |
| | 기관 | | | | | 학교과정 | | | | | | |
	가정	시설	병원	일반 학교	계	유치원	초등 학교	중학 교	고등 학교	계		
특수학교에서 순회·파견	484	400	13	–	897	80	279	227	311	897	241	243
특수학교에서 순회·파견·겸임	479	817	20	191	1507	37	698	407	365	1,507	315	457
특수교육 지원센터	380	104	55	2,298	2,837	767	964	604	502	2,837	–	670*
계	1,343	1,321	88	2,489	5,241	884	1,941	1,238	1,178	5,241	556	1,370

* 특수교육지원센터 순회 강사 348명 포함
* 학교과정 중 유치원은 장애영아 포함
출처: 교육부(2015), p. 14.

　　사이버가정학습은 학생 개개인의 학년별·과목별 진도에 맞게 계획하여 활용할 수 있다. 담임교사, 학부모도우미 등이 상담 및 학습 지도를 하면서 학습 참여를 독려하고 학습에 대해 지속적으로 관리함으로써 학습결손을 감소시킬 수 있는 지원방법이다(김은주, 2006). 이와 같은 사이버가정학습의 장점을 활용하고자 운영되는 화상강의 시스템은

전국 4개 교육청(서울, 부산, 인천, 충남)에서 각각의 지역을 분담하여 1,463명의 건강장애
아동들에게 학습적 측면에서의 원활한 지원이 이루어지도록 하고 있다(〈표 11-6〉 참조).

〈표 11-6〉 화상강의 기관 현황(2014년 9월 기준)

시·도	기관명	사이버 학급 수	강사 수	전체 학생 수			월 평균 이용 학생수	개별학생 평균 이용일
				건강 장애	기타	계		
서울	꿀맛무지개학교	53	35	612	157	769	699	18.3
부산	(사)꿈사랑학교	47	24	611	305	916	801	109
인천	인천사이버학교	12	13	179	0	179	179	20
충남	꿈빛나래학교	12	63	61	7	68	58	20
	계	124	135	1,463	469	1,932	1,737	51.3

출처: 교육부(2015). p. 39.

건강장애아동에게 이러한 학습지원을 하는 목적은 우선 질 높은 학습지원을 위한 것
이다. 두 번째로는 건강상의 이유로 장기간 결석하게 된 아동이 연간 수업일수를 해결하
여 유급이 생기지 않고 다음 학년에 진학하도록 하는 것이다. 마지막으로, 교육의 가장
큰 틀이라고 할 수 있는 모든 아동에게 교육의 기회를 제공하기 위한 것이다.

2) 교실 상황

특수학교나 일반학교의 모든 교사는 건강장애아동과 관련해서 학교에서 일어나는 모
든 일들에 관심을 가지고 기록을 통해 관리해야 한다. 교사는 건강장애아동의 병력, 가
족관계, 자주 이용하는 병원, 어떤 약물을 투약하는지에 대한 상세한 정보를 가지고 있
어야 한다. 응급 상황이 발생하였을 경우 당황하지 않고 1차 처치를 할 수 있으려면 아동
의 질병에 관한 최소한의 정보를 알고 있어야 한다.

교사는 심각한 건강장애아동이 교실에 포함되어 있어서 아동이 질문을 하면 걱정이
먼저 앞서고 위험이 임박할 것 같은 감정을 가진다. 그러나 시간이 흐르면서 특별한 요
구를 가진 아동이 더 자연스럽게 보인다는 것을 발견할 수 있을 것이다.

부모와 다학문팀은 건강장애아동을 처음 접해 본 교사가 유용한 정보를 얻도록 하기
위해 아동의 중재 프로그램에 참가할 수 있도록 한다. 가장 중요한 것은 교사가 아동의
투약 프로그램에 관한 완전한 지식을 가지고 있어서 각 아동의 건강 기록을 매일 갱신하

여야 한다는 것이다. 따라서 교사는 교실에서 특별한 건강문제와 관련된 일상적이고 긴급한 상황 모두를 잘 알고 있어야 한다. 교사는 아동의 부모와 건강보호 전문가에게서 건강장애아동의 모든 시간을 기록한 간단한 보고서를 요청받을 수 있다.

교사는 모든 아동의 건강 기록을 자주 갱신하고 완성된 것을 보존하는 것이 필요하다. 이런 필수적인 자료에는 다음과 같은 것이 포함될 수 있다.

- 부모의 전화번호를 어디에 적어 놓았는지, 그리고 어떠한 시간에도 연락할 수 있는 긴급 연락처
- 아동의 건강보호 관리자의 이름 혹은 주소와 전화번호
- 응급 상황과 수송 그리고 규정된 투약의 관리를 위임하는 동의서
- 아동과 가족의 건강 병력
- 예방주사 날짜 안내
- 의료사정의 결과 혹은 신체검사 및 치과검사의 치료결과
- 시력검사나 청력검사와 같은 특별한 검사의 결과
- 교실 혹은 운동장에서와 같이 학교에서 일어나는 모든 상처나 질병에 주치의의 서명이 기록된 보고서
- 알레르기에 관한 표시법, 식이요법, 치료경과, 투약, 인공보철 장치, 기타 건강과 관련된 것
- 부모와 건강보호 관리자들이 하는 의사소통과 관련된 표시법
- 학교에 있는 동안 아동에게 한 투약의 기록 상황 등

응급 시 고려해야 할 사항을 살펴보면, 건강장애아동을 돕는 모든 프로그램은 일반적으로 응급 상황을 위해서 세부적인 계획을 세우는 것이 필수적이다. 건강장애아동에 관한 기록을 할 때 각 아동을 위한 조직적인 계획을 세우기 위해서는 다음과 같은 내용이 포함될 수 있다.

- 건강상 위험한 고비에 관한 계획을 부모나 의사와 협의하기
- 출혈 빈도와 위험한 고비의 이유를 이해하기
- 위험한 고비 전후에 아동이 행동하는 방법 배우기
- 부가적인 도움을 위해 교사를 찾을 때 위험한 고비 후에 어떻게 하는지 알기

일반적으로 약을 조제하고 투약하는 것은 면허를 가진 사람에 의해 이루어져야 한다. 그러나 투약에 관한 상세한 정보 등이 표기되어 있는 약의 경우나 건강장애아동에게 위급한 상황일 경우에는 도움을 줄 수 있다. 만약 약 상자나 병에 다음과 같은 라벨을 붙이도록 한다면 더 유용하게 사용될 것이다.

- 아동의 이름
- 의사의 이름과 전화번호
- 아동에게 투약하는 방법
- 투약 관리를 위한 스케줄

교사가 건강장애아동에게 투약하는 것은 필수사항이 아니다. 그렇지만 교실에서 일어나는 상황에 대해 교사가 모르는 체하기 힘들 뿐더러, 미처 보건교사나 의료진을 부를 수 없을 만큼 위급한 상황이라면 별 도리가 없다. 건강장애아동은 다양한 질병을 가지고 있으며 그 원인을 알 수 없는 질병도 많다. 그러므로 그들의 1차 장애에 대한 관심뿐만 아니라 교사나 또래 친구들이 학교에서 일어나는 모든 활동에 관심과 배려를 가지는 것이 매우 중요하다고 하겠다.

이에 건강장애아동에 대한 교육지원 방향을 제안하면 다음과 같다(박은혜, 2006b).

첫째, 건강장애아동의 개별적 특성에 따라 교육지원이 이루어져야 하고, 이러한 지원이 거주 지역이나 경제 사정 등에 따라 차등적으로 제공되는 일이 없어야 한다.

둘째, 건강장애아동을 대하는 교사와 또래 친구들의 태도는 긍정적이어야 한다.

셋째, 일반학교로 복귀한 건강장애아동을 위한 일반교사, 특수교사, 보건교사의 역할과 협력방법, 병원학교와의 연계방법 등이 체계화되어서 교육지원이 병원에서 학교로 잘 연결될 수 있어야 한다.

만성적인 질병으로 심신이 지쳐 있는 건강장애아동은 특수교육대상자로 포함되면서 더 나은 교육의 지원을 받게 되었다. 앞으로 더 다양한 프로그램 개발과 다양한 지원이 이루어져서 건강장애아동이 어디에서나 학업에 충실할 수 있는 환경이 만들어져야겠다.

- 건강장애아동은 심장장애, 신장장애, 간장애 등 만성질환으로 인하여 3개월 이상의 장기입원 또는 통원치료 등 계속적인 의료적 지원이 필요하여 학교생활, 학업 수행 등에 있어서 교육적 지원을 지속적으로 받아야 하는 아동을 의미한다.
- 건강장애는 건강상태 및 연령에 적합한 활동, 기능성 등과 같은 비범주화된 체계를 중심으로 분류하기도 하며, 의학적, 교육적 측면을 기준으로 분류하기도 한다.
- 건강장애아동의 수는 점차 줄어드는 추세이며 일반학교의 일반학급에 많이 배치되어 있다. 그러나 건강장애아동들의 건강상 이유로 인해 생길 수 있는 학업중단 및 학업결손의 문제를 해결하기 위해서는 순회교육 및 화상강의 시스템을 이용한 추가적인 지원이 필요하다.
- 특수학교나 일반학교의 교사들은 아동의 학교 생활 전반에 대해 관심을 갖고 기록을 통해 관리해야 한다. 그리고 부모와의 협력적 관계, 다학문적 팀 접근을 통해 아동의 건강관련 정보를 수집하고 학교생활을 전달하여야 한다.
- 건강장애아동의 교육을 위해 건강장애아동의 개별적 특성에 따른 맞춤식 지원이 이루어져야 하며 교사와 또래들의 긍정적인 인식이 있어야 한다. 그리고 학교로 복귀한 건강장애아동들의 학교적응 및 지역사회로의 전환을 위해 학교, 병원, 교사 간의 협력체계가 구축되어야 한다.

1. 건강장애아동의 교육지원 형태인 병원학교의 책임자는 누가 되어야 하는가에 대해 논하시오.
2. 순회교육이 건강장애아동의 교육에 미치는 함의를 설명하시오.
3. 건강장애아동이 특수교육대상자에 포함된 것은 당사자들에게 어떠한 의미가 있는지에 대해 논하시오.

참 · 고 · 문 · 헌

교육과학기술부(2011). 특수교육 연차보고서. 서울: 교육과학기술부.

교육과학기술부(2012). 특수교육 연차보고서. 서울: 교육과학기술부.

교육부(2013). 특수교육 연차보고서. 서울: 교육부.

교육부(2014). 특수교육 연차보고서. 서울: 교육부.

교육부(2015). 특수교육 연차보고서. 서울: 교육부.

김은주(2006). 건강장애학생의 교육지원 방안 및 병원학교 설치운영사업 소개. 2006 건강장애학생의 학습권 보장을 위한 병원학교 운영 관련 워크숍 자료집.

김진호, 박재국, 방명애, 안성우, 유은정, 윤치연, 이효신 역(2002). 특수교육학개론. 서울: 시그마프레스.

박은혜(2006a). 건강장애에 대해서. 아이소리 장애아동과 테크놀로지. www.isori.net.

박화문, 김영한, 김창평, 김하경, 박미화, 사은경, 장희대(2012). 건강장애아동 교육. 서울: 학지사.

Allen, K. E., & Cowdery, G. E. (2005). *The Exceptional Child* (5th ed.). Thomson.

Batshaw, M., & Perret, Y. (1992). *Children with handicaps: A medical primer* (3rd ed.). Baltimore: Paul H. Bookes.

Bigge, J., Best, S., & Heller, K. (2001). *Teaching individuals with physical, health, or multiple disabilities* (4th ed.). Upper Saddle River, NJ: Merrill/Prentice-Hall.

Bowe, F. G. (2000). *Physical, Sensory and Health Disabilities*. Merrill.

Gallico, R., & Lewis, M. E. B. (1992). Learning disabilities. In M. L. Batshaw & Y. M. Perret (Eds.), *Children with disabilities: A medical primer* (3rd ed., pp. 471-498). Baltmore, MD: Bookes.

Kirk, S. A., Gallagher, J. J., Anastasiow, N. J., & Coleman, M. R. (2006). *Educating Exceptional Children*. New York: Houghton Mifflin Company.

Chapter 12

영재아동의 교육

'천재의 90%는 노력의 결과' 라고 생각한다. 전형적 천재인 아인슈타인이나 피카소도 열심히 그리고 꾸준히 노력하는 사람들이었다. 그러나 '천재는 태어나는 것이지 만들어지는 것이 아니다.' 라는 생각이 18세기까지 지배적이었다. 19세기 말이 되면서 이러한 생각이 도전받기 시작하고 천재가 탄생할 수 있는 조건에 대한 탐구가 시작된다. 또한 천재와 어원이 같은 유전자(genes) 간에 연관성이 있다는 사고가 싹튼다.

천재를 유전이 결정할 가능성에 대해 연구하기 시작한 것이다. 천재에 대해 연구한 최초의 '과학자' 중 한 명이었던 프랜시스 골턴(찰스 다윈의 사촌)이 우생학 운동의 창시자였다는 사실은 의미심장하다. 그가 저술한 최초의 책은 『유전하는 천재』였다. 이후 미국과 유럽 전역의 '과학자들' 이 유전자 조작으로 천재를 탄생시킬 수 있는 방법을 연구했다. 그들의 이론은 많은 경우 노골적으로 인종주의적이었다.

유전 조작 외에 천재를 만드는 다른 방법은 물론 교육이다. 교육의 힘을 믿는다면 천재 또한 타고나는 것만이 아니며 재능을 계발할 수 있다고 믿을 것이다. 질적·양적인 면의 천재교육이 다른 나라를 압도하는 나라들이 국제사회에서 성공할 것이다.

※ 출처: 중앙SUNDAY(2008. 11. 8.). 천재 교육에서 성공하는 나라가 세계 강국 될 것. http://sunday.joins.com/archives/17612

아인슈타인(Albert Einstein), 모차르트(Wolfgang Amadeus Mozart), 레오나르도 다 빈치 (Leonardo da Vinci) 등과 같은 인물들을 칭할 때 그들의 뛰어난 재능을 나타내기 위해 흔히 천재, 영재란 수식어가 사용된다. 뿐만 아니라 주변에서 어린 나이임에도 불구하고 또래에게서 보기 힘든 재능을 나타낼 때도 신동(神童)이란 표현을 자주 한다. 천재, 신동, 영재 등의 용어를 통해 나타내고자 하는 의미는 그 사람이 갖고 있는 재능이 '우수'한 정도를 뛰어넘어 '매우 우수'하다는 것일 것이다. 한편으로는 장애를 갖고 있음에도 불구하고 특정 영역에서 그 장애와 대조되는 천재성이나 뛰어난 재능을 보이는 이들도 볼 수 있다. 그러나 이 모두의 경우에서 궁금한 것은 영재, 천재의 기준은 무엇이며, 그들은 어떻게 교육시켜야 하는가와 관련된 것들이다. 이 장에서는 영재의 정의, 판별, 특성, 교육적 중재방법 등에 대해 살펴보고자 한다.

1. 영재의 정의

흔히 머리가 비상하다고 불리는 영재의 정의를 학문적으로 다루기 시작한 학자는 터만(Terman)으로, 그는 지능검사 지수가 140 이상인 자를 영재로 보고 그들에 대한 연구를 시작하였다. 그러나 장애의 정의와 마찬가지로 영재의 정의 역시 사회문화적으로 그리고 시대적 흐름에 따라 변화해 왔다. 우리나라의 「영재교육진흥법」과 미국 교육부의 정의를 통해 그 차이를 살펴보면 다음과 같다.

1) 「영재교육진흥법」의 정의

2000년에 국회 통과를 거쳐 2003년부터 적용되고 있는 「영재교육진흥법」에서 영재의 정의와 선정은 다음과 같이 규정하고 있다.

제2조(정의) 이 법에서 사용되는 용어의 정의는 다음과 같다.

1. '영재'란 재능이 뛰어난 사람으로서 타고난 잠재력을 계발하기 위하여 특별한 교육을 필요로 하는 자를 말한다.

2. '영재교육'이란 영재를 대상으로 각 개인의 능력과 소질에 맞는 내용과 방법으로 실시하는 교육을 말한다.

제5조 (영재교육대상자의 선정)

① 영재교육기관의 장은 다음 각 호의 어느 하나의 사항에 대하여 뛰어나거나 잠재력이 우수한 사람 중 해당 교육기관의 교육 영역 및 목적 등에 적합하다고 인정하는 사람을 영재교육대상자로 선발한다.

1. 일반 지능
2. 특수 학문 적성
3. 창의적 사고 능력
4. 예술적 재능
5. 신체적 재능
6. 그 밖의 특별한 재능

「영재교육진흥법」을 토대로 우리나라에서 사용하는 영재성의 법적 정의가 내포하고 있는 의미를 살펴보면 다음과 같다(김원경 외, 2009).

● 그동안 영재, 신동, 천재 등의 다양한 용어로 불렸던 사람을 영재라는 용어로 통일하였다.
● 영재성은 외부의 압력에 의해 만들어지는 것이 아니라 타고난 잠재력, 즉 천부적으로 타고난 사람만을 의미한다.
● 영재란 잠재력을 계발하기 위해 특별한 교육을 필요로 한다.

2) 미국 교육부의 정의

1972년 미국 교육부가 수용·발표한 말랜드(Marland, 1971)의 영재에 대한 정의는 다음과 같다.

영재는 뛰어난 능력으로 인하여 훌륭한 성취를 할 것으로 전문가에 의하여 판단된 아동이다. 영재들은 자신과 사회에 기여할 수 있도록 정규학교 프로그램 이상의 변별적인 교육 프로그램과 서비스를 필요로 하는 아동이다.

말랜드의 정의는 현재까지도 미국 영재교육의 지침이 되고 있는데, 당시 그는 영재성의 영역을 다음의 여섯 가지로 구분하였다.

- 지적 능력
- 특수한 학업적성
- 창의적, 생산적 사고능력
- 리더십
- 시각공연예술 능력
- 심리운동 능력

미국 교육부의 정의는 1978년 의회의 수정을 거친 후 1988년에 다음과 같이 새롭게 발표되었다.

> 탁월한 재능을 가진 아동이나 청소년은 동일 연령, 경험, 환경을 가진 또래와 비교해 볼 때 높은 수준의 성취를 할 잠재력을 보인다. 이런 아동이나 청소년은 지적 능력, 창의적 능력, 예술적 능력, 리더십, 특정 학문능력 등에서 높은 수행능력을 보인다. 그들은 일반학교에서 제공되는 일반교육이 아니라 특별한 교육적 서비스를 필요로 한다. 이러한 탁월한 재능은 모든 문화적 집단이나 모든 사회경제적 계층에서 나타날 수 있다.

1972년의 정의와 1988년의 정의를 비교해 보면, 1972년의 정의에 포함되었던 심리운동 능력이 1988년의 정의에서는 제외되었고, 청소년과 유치원 아동을 영재교육대상에 포함시켰다는 점에서 차이가 있다. 이는 예술적인 심리운동 능력은 공연예술 능력에 포함될 수 있고, 신체적으로 재능이 있는 아동은 영재교육 프로그램 이외의 특별교육에서 그 재능을 계발할 수 있다고 판단한 것으로 보인다(김원경 외, 2009).

2. 영재의 판별

표면적으로 보이는 특성만을 갖고 영재아동이라고는 하지 않는다. 즉, 영재라고 생각되었던 아동이 관련 검사를 통해 영재가 아니라는 사실이 밝혀지기도 한다. 그렇다고 지적 능력만이 영재 판별의 유일한 준거가 되는 것은 아니다. 영재의 정의 그리고 다양한 영역에서의 특성은 판별방법에 있어서도 다양함을 요구할 수밖에 없다.

영재 판별의 절차에는 두 가지 유형이 있다. 하나는 단계적인 절차를 따르는 것이고, 다른 하나는 여러 가지 검사를 실시한 다음 이를 종합하여 각 검사 간의 비중을 고려하여 일회적으로 판정하는 것이다. 일반적으로 단계적인 절차에 따라 판별하는 방법이 사용된다(홍종관, 2009).

그러나 다양한 자료로부터 나온 정보를 사용하는 다요인적 사정절차가 더 정확하고 더 공정한데, 가장 일반적으로 활용되는 판별방법은 다음과 같은 자료들을 활용하는 것이다(김동일, 2010; Heward, 2007).

- 집단과 개인 지능검사
- 성취도 검사
- 아동의 작품 포트폴리오
- 교실에서 아동의 행동에 대한 보고에 기초한 교사의 추천
- 부모 추천
- 자기 추천
- 또래 추천
- 비형식적 교육과정 또는 여가활동

이러한 자료를 통해 영재를 판별함에 있어 중요한 점은 영재를 제대로 판별하기 위해서는 영재성을 잘 정의하여야 하며, 그 과정에서 반드시 교육과 관련지어 판별의 측면, 절차, 도구, 방법 등을 고려하여야 한다는 것이다. 그리고 다양한 자료를 바탕으로 개개인의 특성에 대해 충분히 토론하여 결정하도록 하고, 각 자료에 각기 다른 비중을 두어야 하는데 그 근거가 분명하여야 한다. 마지막으로, 영재성 판별을 위한 검사의 내용과 목표는 영재교육 프로그램이 제공할 학습 내용과 목표를 반영하여야 한다는 것이다(강승희, 2010). 김홍원(2003), 조석희 등(1996)은 다음과 같은 영재 판별 원칙을 제시하고 있다(김동일, 2010 재인용).

- 영재의 정의와 판별은 일관성이 있어야 한다. 영재교육이나 판별, 지도, 평가에 앞서 가장 중요한 것은 영재성을 잘 정의하는 것이다. 판별은 정의된 영재성을 최대

한 타당하고 정확하게 측정하는 것이어야 한다.

● 여러 가지 자료를 수집한다. 영재성은 다양한 영역과 상황에서 나타나기 때문에 여러 가지 검사 방법 및 도구를 활용하여 다양한 정보를 수집하는 것이 필요하다.

● 여러 단계에 걸쳐 판별한다. 다단계 판별법은 체계적이고 집중적으로 아동의 영재성을 판별한다는 입장에서 효과적이며, 각 단계마다 적절한 여러 분야의 인사가 함께 참여하는 것이 필요하다.

● 지속적으로 수행되어야 한다. 다단계로 영재를 판별한다고 할지라도 어떠한 이유에서든 판별되지 않은 영재가 있을 수 있다. 그러므로 지속적으로 판별과정이 실시되어야 한다. 이는 영재 판별절차의 타당성 확보에도 도움이 되며, 진행되는 영재교육 프로그램의 효과성 평가에도 도움이 된다.

● 판별대상에 따라 적합한 방법을 사용한다. 아동의 연령, 신체적 · 정신적 특성에 따라 적합한 방법과 검사도구를 활용해야 한다. 특히 학습장애영재의 경우, 읽기능력에 결함이 있으면서 수학에만 뛰어난 능력을 보인다면 언어적 설명이 많은 검사도구는 아동의 능력평가에 적합하지 않다.

● 가급적 조기부터 실시한다. 영재성은 조기에 나타나는 경우가 많기 때문에 조기에 평가하는 것이 필요하다. 그러나 유아기나 영아기의 영재성은 안정된 특성이 아닐 수 있다. 이러한 조기판별의 목적은 영재와 비영재를 나누어 교육하기 위함이 아니라 뛰어난 재능을 일찍 발굴하여 키워 주는 데 있다.

● 충분히 수준 높은 검사를 활용한다. 일반아동을 대상으로 개발된 검사도구를 영재아동에게 실시할 경우, 검사에 응한 모든 대상자가 매우 높은 점수를 얻는 천장효과(ceiling effect)가 생겨(국립특수교육원, 2009) 아동의 능력 차이를 정확하게 변별하기 어려울 수 있다.

● 나이에 따라 판별의 초점이 달라져야 한다. 대상의 나이가 어릴수록 영재의 판별은 타고난 능력의 판별에 초점을 맞추어야 하며, 연령이 높아질수록 좀 더 분야별 특수재능의 우수한 정도에 초점을 맞추어야 한다.

● 배타성의 철학보다는 포괄성의 철학에 입각하여 판별을 실시한다. 일반적으로 일반아동이 영재교육에 포함되는 것을 방지하기 위하여 매우 정확한 잣대로 영재를 판별하는 것을 영재 판별에서의 '배타성의 철학'이라고 한다. 반면 잠재적인 영재성을 가진 아동이 영재교육을 받지 못하는 것을 막기 위하여 가급적이면 영재 특성을 가진 아동을 포함시키려고 하는 것을 '포괄성의 철학'이라고 한다. 포괄성의 철

학을 기반으로 영재를 판별할 때는 각 아동의 관심수준과 적성에 적절한 교육 프로 그램을 제공할 수 있을 것이다.

● 영재 판별검사에서 얻은 자료 및 정보는 지속적으로 활용되어야 한다. 판별과정에서 수집된 다양한 자료와 정보는 아동의 교육과 상담, 교육 프로그램의 개선, 이후 수행되는 판별검사의 개선 등을 위하여 지속적으로 활용되어야 한다.

렌줄리(Renzulli, 1986) 역시 각종 표준화 검사로 영재를 모두 판별할 수 없다고 보고, 일부의 영재는 표준화된 검사 점수를 기준으로 선발하고, 일부는 교사의 지명과 심화학습 과정 및 결과를 기준으로 판별해야 함을 주장하였다. 그 판별절차는 다음과 같다.

① 제1차 판별에서 전체 아동 중 15~20%를 선정하는데, 그중 1/2은 표준화 검사에서 92% 이상의 성취를 보인 아동을, 그리고 나머지 1/2은 교사의 추천과 자신이 영재라고 추천한 아동 그리고 지난해 담당교사가 추천한 아동 중 판별위원회의 심의를 거친 아동으로 선정한다.

② 제2차 판별에서는 1단계 심화학습 활동과 2단계 심화학습 활동에 참여한 후, 아동 스스로 자신의 영재성을 판정한다. 2단계 심화학습 활동을 마친 후, 3단계 심화학습에 더 참여하기를 원하는 아동은 더 높은 수준의 심화학습 활동에 참여할 수 있다. 대체로 전체 아동의 5% 정도가 3단계 심화학습까지 참여한다.

우리나라의 교육청 부설 영재교육원은 1차 영재성 검사, 2차 학문적성검사, 3차 면접의 절차를 거쳐 다단계로 영재아동을 선발하고 있다. 미국의 경우는 주에 따라서 지적 능력 상위 3% 이상의 아동을 영재아동으로 정의하기도 하고, 정상분포의 2표준편차 이상에 해당하는 아동을 영재로 판별하기도 한다. 또한 예술적 재능이나 다른 형태의 재능을 영재성에 포함시키는 지역도 있고, IQ 130 이상을 영재아동으로 판별하는 지역도 있다(김원경 외, 2009). 그러나 영재아동을 판별하는 데 있어 현재 우수한 능력을 보이는 학생을 명확히 판별하는 것도 중요하지만 이와 함께 향후 영재수준의 수행을 보일 수 있는 가능성을 갖춘 아동을 포함할 수 있도록 모두 균형 있게 고려해야 할 것이다.

3. 영재아동의 교육적 배치

영재교육대상자로 선정된 아동들은 「영재교육진흥법」에 명시되어 있는 영재교육기관 즉 영재학교, 영재학급, 영재교육원에 배치되는데, 2015년 현재 전국 초·중등학생 대비 1.81%에 해당하는 110,053명이 영재교육대상자로 선정되어 2,538개 영재교육기관에서 교육을 받고 있다. 〈표 12-1〉에 의하면 2003년 영재교육이 본격적으로 시작된 이래 그 수는 지속적으로 증가하였으나 초·중등학생 수의 감소로 인해 2014년에 처음으로 감소세를 보였다.

〈표 12-1〉 영재교육대상자 및 기관 수 현황 (단위: 명, %, 개)

구 분	2011년	2012년	2013년	2014년	2015년
영재교육대상자 수	111,818	118,377	121,421	117,949	110,053
전국 초·중등학생 수 대비 영재교육대상자 비율	1.59	1.76	1.87	1.88	1.81
전국 영재교육기관 수	2,586	2,868	3,011	2,920	2,538

출처: 영재교육종합데이터베이스(https://ged.kedi.re.kr)

영재교육에 있어 영재학급이 차지하는 비중은 절대적이어서 전체 기관수의 85.4%, 영재교육대상자의 55.9%가 해당 기관에서 교육을 받고 있다(〈표 12-2〉 참조). 그리고 수·과학, 과학, 수학 영역이 89,372명으로 81.2%를 차지한다.

〈표 12-2〉 영재교육 기관 유형별 현황(2015년 현재) (단위: 개, 명, %)

영재교육 기관 유형	영재학교, 과학고	영재교육원		영재학급	계
		교육청	대학부설		
기관 수	27(1.1)	261(10.3)	82(3.2)	2,168(85.4)	2,538(100)
학생 수	6,023(5.5)	32,681(29.7)	9,821(8.9)	61,528(55.9)	110,053(100)

출처: 영재교육종합데이터베이스(https://ged.kedi.re.kr)

〈표 12-3〉 영재교육 분야(2015년 현재) (단위: 명, %)

구 분	수학	과학	수·과학	정보과학	인문사회	외국어	발명	음악	미술	체육	기타	계
학생 수	15,392	18,836	55,144	3,181	3,883	2,454	4,433	1,699	1,770	1,178	2,053	110,053
비 율	14	17.1	50.1	2.9	3.5	2.3	4	1.5	1.6	1.1	1.9	100
	81.2			18.8								

출처: 영재교육종합데이터베이스(https://ged.kedi.re.kr)

4. 영재아동의 특성

영재의 정의가 다양한 것처럼 영재아동의 특성도 다양하게 나타나는데, 일부 아동은 특별한 재능을 가지고 있지만 대다수의 사람이 가진 재능의 정형성과 일치되는 경우는 거의 드물다. 이러한 아동은 학업적인 면에서 두각을 나타내지 않을 수도 있고, 음악, 무용, 미술 또는 리더십과 같은 분야에서 특별한 재능을 갖고 있을 수도 있다. 영재아동은 성별이나 언어, 문화가 다른 집단에서도 발견되며, 심지어 장애아동 집단에서도 발견된다(Heward, 2007).

1) 인지적 특성

학자들의 연구에 의해 보고된 영재아동의 인지적 특성은 〈표 12-4〉와 같다.

〈표 12-4〉 영재아동의 인지적 특성

Terman & Oden(1947)	Branwein(1986)	Rennell, Hartman & Callaha(1987)
• 날카로운 관찰력 • 끊임없는 질문 • 다양한 것에 대한 흥미 • 유창한 언어 사용 • 뛰어난 읽기능력 • 독립적인 판단 • 독창적인 생각 • 뛰어난 요점 파악 능력	• 풍부한 어휘의 정확한 사용 • 수개념의 조기 발달 • 장기간 주의집중 가능 • 독서력의 조기 발달	• 높은 어휘수준 • 풍부하고 유창한 어휘표현 • 동년배의 일반적인 관심수준을 넘는 다양한 정보 습득 • 사실적 정보의 빠른 습득 및 기억 • 날카로운 관찰력 • 풍부한 독서량 • 복잡한 문제를 의미 있게 분할하여 이해 • 논리적으로 명백한 해답을 얻기 위한 노력

출처: 김명환(2011a), p. 252에서 수정.

〈표 12-4〉의 내용을 기초로 다양한 학자들에 의해 제시된 영재아동의 인지적 특성은 결국 높은 지적 호기심, 발달된 언어능력, 높은 창의력, 우수한 사고능력, 높은 주의집중력 등으로 정리할 수 있다. 그러나 이와 같은 인지적 특성이 항상 긍정적으로 작용하는 것만은 아니다. 즉, 영재가 보이는 인지적 특성은 장점으로 작용할 수도 있지만 다음과 같은 부정적인 행동으로 표출될 수도 있다(김동일 외, 2010).

- 높은 지적 호기심 → 과다한 질문, 의욕이 넘쳐서 지시 따르기를 거부함, 인내심 부족, 일상적인 학교생활을 지루해함
- 발달된 언어능력 → 학교나 또래에 적절하지 않은 정교한 언어 사용으로 의사소통이나 대인관계의 어려움, 잘난 체함, 따지거나 논쟁함, 장황한 핑계
- 높은 창의력 → 복잡하거나 규칙 설정으로 친구들 기피, 파괴적이거나 보조를 깨뜨리는 것으로 보임, 반복학습과 연습 기피
- 우수한 사고능력 → 단순 연습 기피, 전통적 교수-학습 방법 거부, 자세하거나 세부적인 것을 놓침, 지나치게 복잡하게 생각하는 경향, 불분명하거나 비논리적인 것을 따짐, 논쟁적임
- 높은 주의집중력 → 하던 일을 멈추지 못함, 타인에 대한 관심 부족, 일상생활의 일들에 무관심, 제한된 시간을 넘김, 자기 일에만 몰입

2) 정의적 특성

영재아동은 종종 일반아동에 비해 정서적으로 열정적이다. 그들은 다른 사람의 기분이나 환경에 보다 민감하며, 자신의 또래가 아무렇지도 않게 생각하는 상황에 대해서도 많은 관심을 보인다. 영재아동에게서 볼 수 있는 일반적인 정의적 특성을 정리하면 다음과 같다.

- 정서적 민감함과 열정
- 완벽주의와 자기비판
- 자아개념과 자기통제력
- 뛰어난 유머감각
- 내향성과 독립성
- 도덕발달과 정의감
- 도전성과 회피성
- 다재다능함

영재아동의 정의적 특성과 관련하여 영재아동은 재능이 많기 때문에 정신적으로 또는 행동적으로 문제가 많다고 단정짓는 것은 매우 위험한 생각이다. 영재아동도 발달과

〈표 12-5〉 영재아동의 정의적 특성

영재의 정의적 특성	긍정적인 행동 특성	발생 가능한 부정적인 행동 특성
정서적 민감함과 열정	• 정서적 예민함 • 타인으로부터 사랑과 수용받기를 열망 • 타인의 기대에 부응하려함	• 과잉 욕심, 과잉행동, 과민반응 • 현실적인 목표를 맞추기 어려워함
완벽주의와 자기비판	• 자신에 대한 높은 기대, 최선을 다함 • 성공과 인정에 대한 강한 욕구 • 목표 지향적 행동	• 우울, 자기비판과 자기비하로 무기력해지거나 용기를 잃음 • 타인의 평가나 비판에 예민해짐
자아개념과 자기통제력	• 남과 다르다는 자의식과 자신감 • 자신의 것을 명확히 주장하며, 자기 일에 책임감을 갖고 처리	• 타인에 대한 배려 부족 • 비판이나 또래 거부에 예민 • 목표를 달성하지 못했을 때에는 좌절
뛰어난 유머감각	• 뛰어난 유머감각을 지님 • 자기 유머로 타인에게 영향력을 행사하려함	• 또래의 유머 이해 부족으로 '웃기는 아이'로 인식됨 • 적대적인 유머로 공격하기도 함
내향성과 독립성	• 독립적으로 혼자서 일하기를 좋아함	• 타인에게 무관심 • 부모나 교사에게 동조 안 함 • 스스로 고립하여 외톨이가 됨
도덕발달과 정의감	• 진실, 평등, 공평의 추구 • 자기 가치를 실현하고자 함	• 비현실적 목표를 설정하여 개혁을 시도하다가 좌절에 빠짐
도전성과 회피성	• 일상생활의 틀을 싫어함 • 평범한 것보다는 새로운 것, 도전적인 일을 선호함	• 전통과 권위에 도전하는 것으로 비춰짐 • 실패 가능한 일은 시도조차 안 하려 함
다재다능함	• 다방면에 흥미, 의욕이 넘침	• 과잉 욕심 • 일을 벌임, 시간 부족에 따른 좌절로 신체적·정신적 피곤함

출처: 김명환(2011a), p. 253에서 수정.

정에서 일반아동과 마찬가지로 여러 가지 어려움을 겪을 수 있으며, 일반인과 함께 살아가기 때문에 사회 속에서 경험하는 독특한 심리사회적 문제와 갈등이 있을 수 있다. 지적 특성과 마찬가지로, 영재아동의 정의적 특성 역시 〈표 12-5〉와 같이 긍정적 측면과 부정적 측면 모두에 영향을 줄 수 있다.

한편 조지(George)는 똑똑한 아동과 영재아동의 행동에 어떤 차이가 있는지 구분하여 〈표 12-6〉과 같이 정리하였다(김명환, 2011a 재인용).

그 밖에 영재아동이 나타내는 사회적 특성으로는 비사교적일 것이라는 편견을 벗어나 사회생활을 즐기며, 말을 잘하고, 여러 가지 주제에 관해서 많이 알고 있으며 학교 내

〈표 12-6〉 영재아동의 행동 특성

똑똑한 아동(bright child)	영재아동(gifted child)
• 흥미를 느낀다.	• 호기심이 많다.
• 질문에 답을 잘한다.	• 세밀하게 토론한다.
• 답을 알고 있다.	• 질문을 잘한다.
• 가장 우수한 집단이다.	• 특정한 집단의 범위를 벗어난다.
• 의미를 잘 잡아낸다.	• 추리하고 추정한다.
• 기민하고 빈틈이 없다.	• 관찰력이 예민하다.
• 과제를 완수한다.	• 과제를 주도한다.
• 좋은 아이디어를 가지고 있다.	• 엉뚱하고 우스꽝스러운 아이디어를 가지고 있다.
• 학교생활을 즐긴다.	• 학교생활에 대해 매우 비판적인 경우도 있다.
• 배운 것에 대한 기억력이 뛰어나다.	• 추리력이 뛰어나다.
• 누군가 가르쳐 주는 것을 즐거워한다.	• 스스로 배우는 것을 즐긴다.
• 정보를 잘 받아들인다.	• 정보를 조작하며 알고자 하는 일에 열정적이다.
• 쉽게 배운다.	• 복잡하고 꼬인 것에 도전한다.
• 동료들을 좋아한다.	• 어른이나 자기보다 나이 많은 아이들을 좋아한다.

출처: 김명환(2011a), p. 254.

외의 활동에서 훌륭한 지도성을 발휘한다는 것이다. 그러나 지나치게 집단에서 중심적인 역할을 하고자 하는 의욕이 강해 동료로부터 소외당하거나 성인의 행동 및 생활양식, 가치문제와 갈등을 느끼기도 한다.

5. 영재아동의 교육

영재아동은 분명히 일반아동과는 다르다. 따라서 그들에게 적용되는 교육과정 역시 특수성을 가질 수밖에 없다. 그렇다면 영재라고 판별된 아동은 무엇을 배우며, 그들을 가르치는 교사는 어떤 방법으로 그들을 가르쳐야 하는가? 여기에서는 지금까지의 연구 결과를 토대로 영재교육과정 개발의 원칙과 교수-학습 모형에 대해 알아본다.

1) 교육과정 개발의 원칙

영재교육과정의 특성은 영재의 특성과 밀접한 관계가 있다. 즉, 영재의 특성을 충분히 이해한 후 이를 영재교육과정에 반영함으로써 그 특성들을 더욱 신장시켜 줄 수 있도록 해야 한다. 이를 위해 영재아동을 교육하는 교사는 유능성을 발휘하기 위해 다음과 같은 특정 능력을 개발하여야만 한다(김정휘 외, 2004).

첫째, 교사는 영재아동의 비전형적인 정신발달의 결과로서 그들에게서 발견할 수 있는 인지적·사회적·정의적 특성, 요구, 문제를 이해하고 그에 정통해야 한다.

둘째, 교사는 영재아동의 개인적 욕구에 부응하고 집단 상호작용을 풍요롭게 하는 데 적합한 융통성 있고 개별화된 차별적 교육과정을 개발할 수 있는 능력이 있어야 한다.

셋째, 교사는 영재아동에게 고차원적인 인지사고, 심신의 통합, 자아실현, 직관력의 계발 그리고 자아계발, 경력계발 기법을 가르칠 수 있는 능력이 있어야 한다.

넷째, 교사는 사고, 감정, 직관력 그리고 결과를 통한 재능의 표현과 관련된 모든 측면에서의 창의성을 풍요롭게 하는 방법을 알아야만 한다.

다섯째, 교사는 영재아동의 사회적 지각, 인간미와 환경에 대한 기여 그리고 타인의 가치와 존엄성을 존중하도록 격려하는 능력이 있어야 한다.

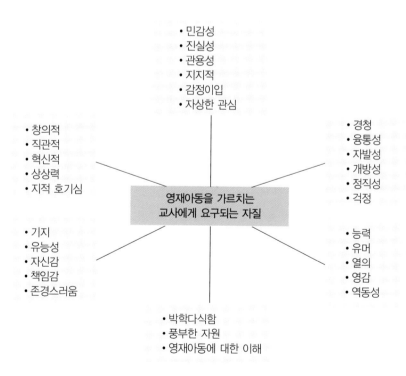

[그림 12-1] **영재교사에게 요구되는 자질 특성**

출처: 김정휘 외(2004), p. 658에서 수정.

영재아동은 일반적으로 일반아동보다 성취수준이 대단히 높고, 흥미가 다양하고 전문적이며 독특하다. 관심 있는 주제나 주어진 문제에 대해서 오랫동안 집중하는 경향이 있다. 그리고 이미 학습한 개념들 간의 관계를 개념화하고, 더욱 발전시키거나 새로운 문제 해결에 적용하는 것을 즐긴다. 영재의 이러한 심리적 특성을 반영하여 그것을 신장시켜 주는 교육과정을 개발하고자 할 때는 다음의 원칙을 고려하여야 한다(김명환, 2011c).

- 광범위한 이슈, 문제 주제와 관련된 내용을 제시한다.
- 다양한 학문 분야를 통합한다.
- 하나의 학습 영역에 종합적이며 상호 관련되며 강화하는 경험을 제시한다.
- 스스로 선택한 주제를 깊이 있게 학습하도록 허용한다.
- 연구 기능과 방법을 숙달하여 연구능력을 계발시킨다.
- 개방적인 과제에 초점을 맞춘다.
- 생산적이고 복잡하며 추상적인 고급 사고기능을 계발시킨다.
- 교육과정 속에 기초 사고기능과 고급 사고기능을 통합시킨다.
- 자기 자신에 대한 이해를 증진시켜 자신의 능력을 인식하고 사용하며, 스스로 결정하며, 자기 자신과 다른 사람 간의 공통점과 차이점을 인식하도록 격려한다.
- 기존의 아이디어에 도전하는 새로운 아이디어로 산출물을 만들어 내도록 격려한다.
- 새로운 기법, 자료, 형태를 활용한 산출물을 만들어 내도록 격려한다.
- 자기평가, 준거평가, 표준화 검사도구 등을 통하여 적절하고 구체적인 준거를 적용하여 아동의 산출물을 평가한다.

이러한 특징은 연관성 있는 주제중심, 과정중심, 활동중심, 개방성, 학습자 선택 중시 등으로 요약할 수 있다. 이에 대해 좀 더 구체적으로 살펴보면 다음과 같다.

(1) 주제중심 학습

사고과정을 중시하긴 하지만 반드시 어떤 주제를 중심으로 교육과정을 구성함으로써 특정 사고과정을 직접 적용할 수 있는 기회를 제공해 주어야 한다. 단편적 지식의 습득을 위한 공부가 아니라, 한 가지 주제를 중심으로 다양한 활동을 함으로써 그 주제에 관하여 깊이 있게 이해하고 문제 해결에 적용할 수 있는 수준까지 학습하도록 한다.

(2) 과정중심 교육과정

정보의 습득보다는 사고 기술 및 과정의 발달을 강조하는 학습활동을 전개한다. 학습의 초점은 주로 질문과 문제에 두고, 이미 학습한 것을 토대로 사회적인 문제나 논쟁점에 관하여 분석하고 비판하도록 한다. 이때 교사의 역할은 직접적인 감독보다는 보조자로서 학습에의 자극(도전)을 주는 것이다. 또한 아동이 진리 탐구에 대하여 흥미를 갖도록 하는 것이다.

(3) 활동중심 교육과정

학습자를 적극적으로 참여할 수 있게 하는 과제를 초점으로 삼아 학습활동을 전개한다. 영재는 구체물 없이 사고만으로도 충분히 흥미를 느낄 수 있다고 생각하는 경향이 있으나 구체물을 가지고 학습하고 활동 중심으로 수업할 때 그 효과가 훨씬 큰 것으로 나타났다. 따라서 가능한 한 교사의 일방적인 지시나 강의로 수업하기보다 학습자가 적극적으로 참여할 수 있는 활동을 많이 포함하도록 한다.

(4) 개방적 교육과정

아동이 학년, 연령과 상관없이 높은 수준의 학습내용도 접할 수 있도록 기회를 제공하고 학습자가 형식에 얽매이지 않고, 다양하며 개인적인 반응을 할 수 있도록 허용하고, 그러한 반응을 인정해 주어야 한다. 이미 정해진 계획일지라도 아동의 필요에 맞게 변경시킬 수 있을 만큼 융통성이 있어야 한다. 학습내용의 수준이나 소재를 제한하지 않음으로써 충분한 도전감을 제공하고 창의적으로 문제를 해결하는 경험을 갖도록 한다.

(5) 학습자의 자율적인 선택 중시

학습자는 그들의 기호, 욕구, 능력 등에서 개인차가 크므로 다양한 대안들을 제공해 주어 흥미를 추구할 수 있도록 해야 한다. 왜냐하면 이런 흥미 추구과정에서 주어진 정규교육과정의 학습을 더욱 적극적으로 해 나갈 수 있기 때문이다. 아동이 스스로 선택한 주제나 소재가 교과와는 무관한 것처럼 보이는 경우라도 인정해 주어야 하고, 여러 사람의 합의에 의한 과제보다는 개인적으로 결정한 과제를 수행하도록 함으로써 더 큰 만족을 얻을 수 있게 한다.

이와 같은 원리들을 실제 학습활동의 조직 및 제공에 적용함으로써 영재아동이 인지적, 정의적 측면에서 만족할 정도로 성장해 나가도록 도와줄 수 있다.

학습활동을 조직하는 과정에서 고려해야 할 또 다른 측면은 학습결과로서 기대되는 영재아동의 성취수준이다. 교사는 다음과 같은 수준의 성취를 도와줄 수 있도록 학습활동을 조직하고 제공하여야 한다.

- 자기조절 기능을 발휘할 수 있어야 한다.
- 학습에 필요한 시간을 스스로 알고 조절할 수 있어야 한다.
- 새로운 것을 생각하고 참고하여 필요한 정보를 스스로 수집할 수 있어야 한다.
- 이미 학습한 것을 다른 학습 영역에 전이시킬 수 있고, 나아가 새로운 일반화를 정립시킬 수 있어야 한다.
- 고급 인지과정을 발달시키고, 학습태도나 느낌 등에서도 성장한 증거를 보여야 하며, 궁극적으로는 연구계획을 독자적으로 고안하여 수행할 수 있어야 한다.

이는 곧 자율적 탐구태도와 창의적 문제 해결력을 신장시켜 주고자 하는 영재교육 프로그램은 서로 관계가 있는 소재 또는 지식을 근간으로 고급 인지과정을 활용하도록 요구하는 것이어야 함을 의미한다.

2) 교수-학습 모형

전통적으로 영재아동을 위한 교육 프로그램은 속진(acceleration)과 심화(enrichment)를 강조해 왔다.

- 속진: 아동이 교과과정이 나아가는 속도를 수정한다는 일반적인 용어로, 이후에 배우게 될 학년에서의 교과내용을 앞의 학년수준으로 앞당겨 도입하는 것을 뜻한다.
- 심화: 한 주제에 대하여 일반교육과정보다 더 깊이 학습하는 것으로, 정규교육 프로그램에서 다루는 기본적인 개념들을 보다 강화하기 위하여 여러 가지 경험과 활동을 첨가한다. 보충되는 내용은 여러 가지 목적을 추구하기보다 아동의 연령에 맞는 기존의 교육과정 목적에 기반을 둔다(김정휘 외, 2004; Heward, 2007).

속진이나 심화 교육과정, 능력별 집단 편성이 긍정적인 장점이 있다는 것을 전제로 시행되지만 부정적인 효과 때문에 반대되는 의견도 제시되었다. 학교에서의 신체적 · 정신적인 건강에 유해하다는 지적이 그것인데, 터만(Terman)은 이를 뒷받침하는 근거가 없다고 재반박하였다(김정휘 외, 2004).

영재아동에게 특별한 교육적 서비스를 제공해 주는 교수-학습 모형으로는 학교전체 심화학습모형, 다중메뉴 모형, 피라미드 프로젝트 모형, 퍼듀 3단계 심화모형(Purdue Thress-stage Enrichment Model), 펠더슨(Feldhusen)의 3단계 심화모형, 윌리엄스(Williams)의 지적 사고과정-정서적 감각과정의 개발모형, 테일러(Taylor)의 다중재능 접근모형, 속진-심화 병행 교육과정모형, 차별적 교육과정모형, 길포드(Guilford)와 미커(Meeker)의 지능구조모형 등 매우 다양하다. 여기에서는 가장 대표적이라고 할 수 있는 모형들을 중심으로 살펴본다(김명환, 2011b).

(1) 렌줄리의 심화학습 3단계모형

렌줄리(Renzulli)의 심화학습 3단계모형(Enrichment Triad Model: ETM)은 심화학습모형 중에서 가장 대표적인 것으로 초 · 중 · 고등학교 학생 수준의 영재아동 교육에 효과적으로 사용될 수 있다. 심화학습 3단계모형은 세 단계의 심화과정을 통해서 학습이 이루어지도록 하는 것으로 '1단계 심화: 일반적인 탐색활동' '2단계 심화: 집단훈련 활동' 그리고 '3단계 심화: 개인 또는 소집단의 실제 문제 해결 및 연구 활동'으로 구성된다.

① 1단계 심화과정에서는 아동이 장차 하게 될 3단계 심화과정에서 독자적인 탐구과제를 수행할 수 있도록 아동에게 광범위하고 다양한 주제에 접하게 함으로써 그 주제에 대한 흥미와 관심을 불러일으키는 데 목적이 있다. 이 단계에서는 특정 주제와 관련된 현장견학, 비디오 시청, 강연, 강의, 조사, 토론 등의 활동으로 진행된다. 이러한 다양한 1단계 심화과정 활동을 통해서 관심 있는 주제를 선택한 후, 아동은 2단계 심화과정에 들어가게 된다.
② 2단계 심화과정에서는 사고하고 느끼는 기능을 강화한다. 이 단계에서는 아동이 실제 생활의 분야에서 발생하는 다양한 문제를 효과적으로 처리할 수 있도록 하는 기술, 능력, 태도, 방법 등을 익힌다. 이는 다음의 3단계 심화과정에서 이루어지는 개별적 탐구학습을 수행하는 데 중요한 요소가 된다.
③ 3단계 심화과정에서는 아동이 개인적으로 또는 소집단으로 자신이 스스로 선택한 실제적인 문제를 중심으로 실제로 문제를 해결해 간다. 이 단계에서 아동은 실제

과학자나 연구자처럼 자신의 주제에 대한 탐구를 수행하며, 반드시 산출물을 만들어 낼 수 있도록 지도된다.

(2) 문제중심학습 모형

문제중심학습(Problem-Based Learning: PBL) 수업에서 문제 개발부터 수행까지의 전반적인 과정을 다섯 단계로 나누어 살펴보면 다음과 같다.

첫째, 문제 상황에서 아동은 책임자의 역할에 해당한다고 가정한다. 문제중심학습에서는 아동이 문제 상황 속으로 들어가 그것을 자신의 문제로 느낄 것을 기대한다. 그리고 아동에게 기대되는 역할의 특성상 문제 해결 과정을 통하여 아동은 결과나 해결책에 대해서 무언가 의견을 개진해야 한다.

둘째, 아동은 비구조화된 문제 상황에 빠져든다. 제시된 문제 상황은 복합한 것이어야 한다. 충분한 정보가 제공되어 있지 않기 때문에 문제 상황은 탐구하고 정보를 수집하고 되돌아보는 과정을 요구한다. 정보가 수집되고 평가됨에 따라 초기 문제는 변화될 수 있고 조사해야 하는 새로운 국면이 열리게 된다. 아동은 다양한 가정을 확인하고, 충돌되는 증거들을 해결하고, 문제 상황에 대한 다양한 의견을 내놓는다. 아동은 어떤 하나의 해결책으로 의견을 결정할 때조차도 그것을 성취하는 데에 또 다른 다양한 선택을 내놓을 수 있다. 아동의 수준과 인식에 따라 문제 상황은 변화 가능하며 임의적이다.

셋째, 아동은 그들이 아는 것(what they know), 알아야 할 것(what they need to know) 그리고 그들의 아이디어(their ideas)를 규명한다. 아동이 자신의 역할, 문제 상황, 제한적인 정보에 대하여 이해한 것으로부터 주어진 문제중심학습 과제에 대해서 그들이 이미 알고 있는 것을 확실하게 하고 이를 공유한다. 이러한 과정은 아동이 선행 지식을 확인하고 그것을 문제와 연결짓는 문제 해결의 출발점 역할을 한다. 비구조화되어 있다는 문제의 특성은 문제를 해결하기 위하여 아동들이 알고 있는 것과 알아야 할 것을 규명할 필요가 있게 한다. 이러한 과정을 통하여 아동은 문제 상황을 보다 완전하게 이해하기 시작하게 된다.

넷째, 아동은 조사 및 연구에 초점을 맞추기 위하여 문제를 재정의한다. 일단 아동이 그들의 역할과 문제 상황에 빠져들게 되면, 아동은 다른 동료와 함께 문제 해결을 위한 정보를 수집하고 공유한다. 이러한 활동은 모든 아동이 문제에 대한 총체적인 이해를 할 수 있도록 돕는다. 교사는 아동들이 문제의 핵심이라고 생각하는 것에 대하여 명확하게 진술할 수 있도록 도움을 줄 필요가 있다. 아동은 그들이 발견한 것을 공유하고, 그들이 더 알 필요가 있는 것을 규명하고, 그들이 더 배워 나감에 따라 문제를 재규명함으로써 여러 번의 탐구과정을 수행할 수 있다. 그들의 탐구에 의하여 동기화되었기 때문에 아동은 자기 주도적인 학습자가 될 수 있다.

다섯째, 아동은 가능한 다양한 해결책을 내고 최적의 것을 찾는다. 아동은 문제에 대한 해결책을 찾은 후에 문제의 핵심 이슈와 규명된 조건들을 고려하여 그것을 재평가한다. 일단 최적의 해결책을 선택하면, 아동은 그들의 연구 과정과 결과를 발표할 준비를 한다. 이때 그들은 개념도, 차트, 그래프, 제안서, 지도, 모델, 비디오 자료, 웹사이트 등 그들의 역할 상황에서 실제적이고 적절한 다양한 방법을 활용할 수 있다.

이와 같은 과정으로 진행되는 문제중심학습은 다음과 같은 장점이 있다.

- 동기 증진: 문제중심학습은 불일치와 갈등의 상황에 아동을 개입시키고, 아동으로 하여금 조사 결과에 대한 영향력을 가지고 있다고 느끼게 하기 때문에 학습에 보다 적극적으로 참여할 수 있게 한다.
- 실제 세계 및 맥락과의 관련성: 문제중심학습은 아동에게 '우리가 왜 이 정보를 배울 필요가 있는가?' '내가 학교에서 하는 활동이 실제 세계와 어떻게 관련이 되는가?' 라는 질문에 대한 답을 제공한다.
- 고급 사고력의 증진: 비구조화된 문제 상황은 아동의 비판적 · 창의적 사고력을 증진 시킨다. 아동은 문제에 유의미한 정보를 수집하고 정보의 신뢰도와 타당도를 평가 한다. 그리고 문제에 대한 자신들의 해결책을 지지할 타당한 증거들과 연결짓는 과 정에서 고급 사고기능을 수행하게 된다.
- 학습하는 방법에 대한 학습: 문제중심학습은 아동에게 문제의 정의, 정보 수집, 자료 분석, 가설 설정과 검증, 전략의 비교와 공유 등에 대한 자신의 전략을 만들어 내도 록 함으로써 메타인지와 자기조절 학습을 증진시킨다.
- 실제성: 문제중심학습은 아동이 실제로 접하게 될 실제적인 상황에 참여시킨다.

(3) 창의적 문제해결모형

창의적 문제해결모형(Creative Problem Solving: CPS)은 오스본(Osborn)이 1953년 처음으로 '오리엔테이션-준비-분석-가설-부화-종합-확인'의 7단계로 제안하였다가 '사실

발견-아이디어 발견-해결 발견'의 3단계로 단순화시켜 교육에 적용해 왔다. 이후 판즈 등(Parnes et al.)이 오스본의 접근법을 '사실 발견-문제 발견-아이디어 발견-해결 발견-수용 발견'의 5단계로 수정하였다. 이 CPS 모형은 '발산적 사고'를 보다 강조하고 있다. 그러나 이 모형이 성공하기 위해서는 이전의 발산적 사고에 주로 초점을 맞추었던 것에서 '수렴적 사고'의 도구를 가미시켜 균형 있게 사용해야 함이 강조된 것과 CPS 체제를 쉽게 사용할 수 있도록 수정을 가하여 6개의 단계를 세 가지 큰 요소에 포함시킨 것이 요즘 사용하는 CPS 모형이다.

CPS는 세 가지 활동요소, 즉 문제의 이해, 아이디어 생성 그리고 행위를 위한 계획으로 이루어져 있다. 각 요소는 문제를 창의적으로 해결하고자 할 때 나타나는 활동의 범주 또는 일반적인 영역이라고 할 수 있다.

① 문제의 이해 요소

어떤 상황이나, 자료, 문제 상황을 분석하여 문제 해결을 위한 노력이 분명한 초점을 가지도록 하기 위한 것으로, 관심 문제 발견(기회의 구성) 단계, 자료 발견 단계, 문제 발견 단계 등의 3단계를 포함한다.

- 관심 문제 발견 단계: 광범위하고 일반적이며 잘 정의되지 않은 상황에서 포괄적인 문제 해결의 목표나 출발 지점을 확인하고 설정하는 단계다. 이 단계에서는 문제와 관련된 개인의 흥미나 관심사를 발견하고 동기를 유발한다.
- 자료 발견 단계: 문제를 바르게 진술하거나 문제를 이해하는 데 도움이 되는 자료를 찾는 단계다. 이 단계에서는 관심 영역과 관련된 다양한 정보와 자료를 수집·분류·분석하여 문제 상황 속에 숨어 있는 상호관계를 찾고 문제를 더 잘 이해하는 데 중요한 자료를 찾고 선택한다.
- 문제 발견 단계: 많은 문제를 진술하여 문제를 구체적인 것으로 진술하고 명확히 하는 단계다. 이 단계에서는 문제를 조작 가능하고 구체적이고 명확하게 진술하여 드러나게 하며 해결하고 싶거나 해결할 수 있는 문제를 선택한다.

② 아이디어 생성 요소

아이디어의 발견이라는 하나의 단계로 구성되는 것으로 문제 해결에 도움이 될 수 있는 다양한 아이디어나 대안을 탐색하는 과정이다.

● 아이디어의 발견 단계: 이 단계에서는 많고 새롭고 다양하고 독특한 아이디어를 생성해 내는 데 초점을 두고 있다. 많은 아이디어를 생성할수록 독창적인 아이디어가 나올 확률이 높고, 비록 해결책으로 채택하기에 부적당한 아이디어라도 그 창출과정에서 창의성이 증가할 수 있으므로 가능한 한 많은 아이디어가 나올 수 있게 해야 한다. 따라서 해결책으로 좋은 아이디어가 나오더라도 성급하게 채택하지 않고 유보하여 더 많은 아이디어가 나오도록 하는 것이 좋다.

③ 행위를 위한 계획 요소

좋은 아이디어들을 유용하고 수용 가능하고 실현 가능한 구체적인 행위로 바꾸어 주는 것을 목적으로 한다. 즉, 문제를 해결할 수 있는 구체적인 행위를 계획하고, 아이디어나 수행방법을 수정하여 해결을 실천하기 위한 행위계획을 마련한다. 이 요소에는 해결 발견 단계와 수용 발견 단계 등의 두 단계가 있다.

● 해결 발견 단계: 하나 또는 그 이상의 유망한 아이디어를 분석하고 개발하고 조직화하여 다듬는 단계다. 즉, 아이디어들을 구체적인 해결책으로 구성하는 단계로서 몇몇 아이디어들을 분류하고 좁히고 선택하고 강제 조합시키면서 유망한 아이디어들을 체계적으로 음미하고 발전시킨다. 이때 아이디어를 수행하는 시간, 유용성, 실현 가능성 등을 준거로 하여 그 아이디어와 관련된 지식, 가치, 행위, 아이디어에 대한 느낌, 태도 등을 다양하게 동원하여 해결안을 선택한다.
● 수용 발견 단계: 최종적으로 선택한 아이디어를 실현시키기 위한 행위계획을 만들어 수행하는 단계다. 이때 새로운 아이디어를 도와주는 것과 반대로 저항하는 것을 확인하며, 해결책과 관련된 지식이나 이론을 찾아 개발한 해결책을 조절하고, 필요하면 일부 수정한다.

(4) 자율학습자모형

베트(Bett)의 자율학습자모형(Autonomous Learner Model: ALM)은 영재의 다양한 인지적ㆍ정서적ㆍ사회적 요구를 충족시켜 주기 위해 개발되었으며, 렌줄리(Renzulli)와 라이스(Reis)의 학교전체 심화모형과 같이 영재교육과정을 전체적으로 설계하여 안내해 주는 역할을 하는 것이 특징이다.

미국과 캐나다의 많은 학교와 교육청에서 매우 합리적이며 우수한 교육 프로그램 설계의 지침이 되고 있다고 평가받고 있는 자율학습자모형은 유아부터 고등학교 3학년까지의 전 학년을 대상으로 하며, 영재교육 프로그램 설계를 전체적으로 안내해 주는 역할을 한다. 초등학교 과정에서는 약 2시간 30분씩 일주일에 2회 정도 풀아웃 방법으로 운영할 수 있으며, 중등학교에서는 선택과목을 운영할 수도 있다.

베트에 따르면, 자율학습자모형의 목적은 영재의 긍정적인 자아개념을 발달시키고 자신의 영재성을 이해하며, 사회적 기술을 발달시키는 것이다. 또한 영재로 하여금 다양한 영역에서의 지식을 증가시키고 사고력을 계발할 뿐만 아니라 학습에 대한 책임감을 형성하고 창의적이고 독립적인 학습자가 되도록 하는 데 있다(김원경 외, 2007).

이러한 목표는 영재교육 프로그램의 목적과 매우 일치한다. 자율학습자모형은 [그림 12-2]와 같이 다섯 가지 주요 차원으로 나뉜다(김정휘 외, 2004).

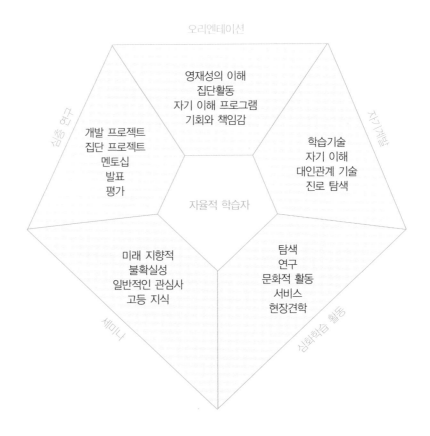

[그림 12-2] **자율학습자모형(ALM)**

출처: 김정휘 외(2004), p. 592.

● 오리엔테이션: 영재교육 관련 이해당사자들에게 영재교육에 관한 중요한 개념과 자율학습자모형의 특수성을 알려 주는 것을 목적으로 한다. 아동은 자기 자신의 수월성, 차별성에 대한 이해를 비롯하여 제공되는 교육 프로그램을 통하여 자신이 무엇을 제공받고 해낼 수 있는지를 배울 수 있다.

● 자기계발: 일평생 독립적이고 자기 주도적인 학습을 할 수 있는 기능, 개념, 태도의 획득 · 개발에 초점을 둔다. 자기계발 차원에서 다루어지는 4가지 영역은 학습기술, 자기이해, 대인관계 기술, 진로 탐색이다.

● 심화학습 활동: 교육 내용과 수준 면에서 교사와 아동에 의해서 정규학교와는 차별화된 교육과정을 제공하는 것이 심화학습 활동의 요체로, 영재아동이 배우기를 원하는 학습내용을 결정하도록 하는 학습자 경험중심의 내용 선정에 초점을 둔다. 이 과정에서 아동은 열의를 갖고 연구하게 될 주제를 선정해서 학습주제와 관련된 영역을 탐색하고 집단활동을 통해서 동료들에게 발표할 것이다. 연구의 유형을 조사하고, 박물관, 도서관, 연극, 연주회, 전시회 관람과 같은 문화활동에 참여하며 미지의 세계에 대한 지적 모험을 시도한다.

● 세미나: 심화교육 활동에 참가한 아동은 3~5명의 소집단 활동을 할 수 있도록 편성하여 하나의 주제에 대해 연구할 수 있는 기회를 제공한다. 학술단체에서 진행하는 토론회 형식으로 각 소집단이 연구한 주제에 관한 의견을 발표하고 그 집단에서 선정한 준거에 따라 세미나를 평가하도록 하기 위한 것이다. 세미나를 통해서 아동의 역할은 기존의 배우는 위치에서 연구한 특정 주제를 연구하고 발표하는 위치로 바뀌는 것이다. 이런 기회를 통해서 개별적으로 자신의 지식을 증대시킬 수 있다는 점에서 세미나는 중요하다. 영재아동은 또래 아동과 청중 앞에서 연구한 정보자료를 발표하고, 청중의 토론 참여를 촉진시키며, 토론 진행과 활동의 종결을 통하여 학술 연찬활동의 향연의 진수를 경험할 수 있는 유익한 기회와 자극이 될 것이다.

● 심층 연구: 장기적인 개인 연구과제나 소집단 공동 연구과제를 선택해서 연구를 수행하는 것을 말한다. 이 활동은 렌줄리의 심화학습 3단계모형에서 연구과제를 수행하는 것과 유사하다. 영재아동은 스스로 무엇을 연구하고, 어떤 도움이 필요하며, 최종 산출물(결과)이 무엇이며, 연구결과를 어떻게 발표하고, 연구과정을 어떻게 평가할 것인지를 결정한다. 심층적 연구가 끝나게 되면 정규학급에서 공부하는 아동 또는 학습도움실에서 공부하는 영재아동은 자율학습의 최고수준에 도달할 것이다.

- 영재란 일반지능, 특수 학문 적성, 창의적 사고능력 등이 뛰어난 사람으로서 타고난 잠재력을 계발하기 위하여 특별한 교육을 필요로 하는 자를 말하며, 우리나라 「영재교육진흥법」에는 6가지 영역에서 영재 판별 기준을 충족시키는 아동들을 판별, 해당 교육기관에서 교육하고 있다.
- 영재성을 측정하는 것은 매우 복잡한 문제로, 조기 판별의 목적은 특별한 재능을 지닌 아동이 자기실현을 이루고 사회에 기여할 수 있도록 그들의 특별한 잠재력을 개발하도록 돕는 것이다.
- 영재로 판별된 아동들은 영재학교, 영재학급 및 영재교육원 등의 영재교육기관에서 배치되어 교육받는다. 전체 초 · 중등학생의 1.8%에 해당하는 이들이 영재로 판별, 교육받고 있으며, 학령기 아동수의 감소로 영재아동의 수 역시 2014년을 기점으로 감소하는 추세이다.
- 영재아동들은 전형적으로 어린 나이에 읽기를 시작하고 대부분의 아동들보다 훨씬 빠른 발달을 보인다. 기본적으로 많은 부분에서 우수할 뿐만 아니라 전형적으로 학교와 학습을 좋아한다. 그러나 다른 학생들과 동일한 심리학적 그리고 신체적 문제들을 지닌다.
- 영재아동의 교육을 위해서는 영재의 특성을 충분히 이해한 후 이를 반영한 영재교육과정이 만들어져야 한다. 이에 영재교육과정은 주제중심, 과정중심, 활동중심의 교육과정이어야 하며 개방적이고 학습자의 자율적인 선택을 중시하는 교육과정이어야 한다.
- 전통적으로 영재아동을 위한 교육 프로그램은 속진과 심화가 강조되어 왔으며, 특별한 교육적 서비스를 제공해 주는 교수–학습 모형으로는 렌줄리의 심화학습 3단계모형, 문제중심학습모형, 창의적 문제해결모형, 자율학습자모형 등이 있다. 심화학습 3단계모형은 초 · 중등학생 수준의 영재아동 교육에 효과적으로 사용될 수 있으며 문제중심학습모형은 동기증진, 실제 세계 및 맥락과의 관련성, 고급 사고력의 증진 등에 효과적이다. 창의적 문제해결모형은 발산적 사고를 강조하며 자율학습자모형은 영재의 다양한 인지적 · 정서적 · 사회적 요구를 충족시켜주는 모델로 평가받고 있다.

1. 영재교육 관련 기관의 영재 판별기준에 대해 조사하시오.
2. 영재의 종류 및 해당 아동의 특성에 대해 기술하시오.
3. 영재아동의 교육이 갖고 있는 사회적 문제점에 대해 논하시오.
4. 영재아동을 위한 교수–학습 모형들을 상호 비교하여 장점과 단점을 기술하시오.
5. 바람직한 영재아동 판별방법에 대해 논하시오.

참 · 고 · 문 · 헌

강승희(2010). 정신지체. 강영심, 김자경, 김정은, 박재국, 안성우, 이경림, 황순영, 강승희, 예비
　　교사를 위한 특수교육학개론(pp. 297-324). 경기: 서현사.

국립특수교육원(2009). 특수교육학 용어사전. 서울: 도서출판 하우.

김동일, 손승현, 전병운, 한경근(2010). 특수교육학개론. 서울: 학지사.

김명환(2011a). 영재의 정의와 특성. 특수과학교육연구회, 특수학생의 과학교육(pp. 249-261). 서
　　울: 볼록미디어.

김명환(2011b). 영재의 학습지도와 사회성. 특수과학교육연구회, 특수학생의 과학교육(pp. 278-
　　298). 서울: 볼록미디어.

김명환(2011c). 과학영재학생의 지도와 교재 예시. 특수과학교육연구회, 특수학생의 과학교육(pp.
　　299-314). 서울: 볼록미디어.

김원경 외(2009). 최신특수교육학(2판). 서울: 학지사.

김정휘, 주영숙, 문정화, 문태형(2004). 영재학생을 위한 교육. 서울: 박학사.

한국특수교육연구회(2009). 최신 특수아동의 이해. 경기: 양서원.

홍종관(2009). 초등학교 영재아동의 상담에 관한 연구. 초등교육연구논총, 21(2), 235-249.

Heward, W. L. (2007). 최신 특수교육(8판) (김진호, 박재국, 방명애, 안성우, 유은정, 윤치연, 이
　　효신 공역). 서울: 시그마프레스. (원저는 2006년 출간)

Renzulli, J. S. (1986). The Three-ring conception of giftedness: A developmental model for
　　creative productivity. In R. J. Sternberg & J. E. Davidson(Eds.), *Conceptions of
　　Giftedness*. New York: Cambridge University Press.

영재교육종합데이터베이스 http://ged.kedi.re.kr

Chapter 13

장애인 평생교육

장애인들에게 평생교육은 매우 중요하다. 비장애인 대상 평생교육도 활성화되어 평생 인간은 교육을 통하여 끊임없이 발전하여야 하며, 교육권은 발달기에 한하여 「헌법」이 보장하는 권리가 아니라 국민이면 누구나 평생 교육을 받을 권리를 보장하고 있다. 「교육기본법」에 교육은 홍익인간의 이념을 실천하는 것이며, 인격도야, 생활능력과 시민의 자질 함양, 인간다운 삶 영위, 인류공영 이상 실현을 교육의 목적으로 하고 있다.

혹자는 장애인교육에 대해 투자 효과가 적다거나, 평생교육만 하는 것이 무슨 의미가 있느냐고 말할지도 모르겠다. 그러나 이러한 생각은 너무나 잘못된 생각이다. 교육 평등권은 투자 대비 효과를 따지는 것이 아니고, 같은 금액의 균등 배분을 의미하지도 않는다. 그리고 엄격히 말하면, 기회 균등이 아니라 동등한 수준의 효과가 나올 때까지 교육에 투자하여야 진정한 교육 평등이 이루어지는 것이다….

평생교육만 받다가 일생을 마감한다고 하더라도 그 교육의 결과를 어떤 소득활동이나 생활에 활용하지 못한다고 하더라도 학습권은 권리이며, 소득과의 관계가 아니라 생각과 생활에서 어느 정도 활용도가 있었는가의 차이지 효과가 있고 없고의 차이는 결코 있을 수 없다. 그리고 수준이 아닌 기본적 생활을 위한 교육은 더욱 기초적이고 중요하다. …특히 장애인은 학교교육에서 충분한 기회를 얻지 못한 것에 대한 보충이 필요하며, 장애인이기에 특화된 교육 프로그램이 필요하고, 장애를 경감시키고 사회에 적응하기 위하여 끊임 없이 교육을 받아야 하는 것이다.

※ 출처: 에이블뉴스(2015. 1. 19.). 장애인 평생교육 활성화를 위하여. http://www.ablenews.co.kr/

「장애인 등에 대한 특수교육법」은 과거 학령기 아동에게 제한적으로 적용했던 특수교육의 범위를 고등교육 및 평생교육의 영역까지 확장시켰다는 데 중요한 의미를 갖는다. 따라서 이 장에서는 장애인의 평생교육 활성화를 위해 필요한 다양한 영역들 중에서 장애영유아 교육, 전환교육 그리고 부모교육과 관련된 내용을 중심으로 살펴보고자 한다.

1. 장애영유아 교육

1) 영유아 특수교육

많은 전문가는 조기교육이 빠르면 빠를수록 더 좋다는 데 동의한다. 비장애아동에게 생후 1년이 가장 중요한 시기라면, 일반 또래보다 발달이 지체될 위험을 안고 있는 장애아동에게는 이 시기가 그 어느 때보다 중요할 것이다. 조기교육은 모든 영유아의 정상적인 성장과 발달, 양육방법, 교수절차, 양육기관에 관한 지원을 하며, 특히 장애영유아에게 실시되는 조기교육은 장애로 인한 다양한 문제들을 극복하게 하고 문제를 최소화하여 긍정적인 성장과 발달을 꾀하게 한다(이소현, 2003). 즉, 조기교육의 중요성은 자기존중감과 자기효능감을 촉진하는 물리적이고 정서적인 질에 관한 요인들을 제공하는 데 있다. 이러한 요인들은 모든 아동을 위한 것으로 장애를 가지고 있든 그렇지 않든 긍정적인 결과를 가져오는 것이다.

최근 많은 연구와 노력으로 장애유아에 대한 조기교육의 필요성이 입증되었으며, 특히 최소제한환경, 가족중심 서비스, 초학문적 접근을 통한 서비스의 제공 등에 주의를 기울이고 있다. 또한 가능한 한 정상적인 환경 내에서 부모와 전문가 간의 협력적이고 포괄적인 서비스를 통하여 장애의 영향을 감소시키고, 좀 더 통합된 환경 내에서 생활할 수 있도록 최선의 노력을 하고 있다.

1994년 「특수교육진흥법」이 전면 개정되면서 시작된 장애유아의 공교육은 장애유아에게 무상의 공교육을 제공하도록 하였으며, 제8조에 이를 위한 조기 발견, 교원 양성, 교육시설 · 설비의 확충 등에 관해 언급함으로써 장애유아에 대한 공교육이 시작되었다. 그 후 2007년 「장애인 등에 대한 특수교육법」이 제정되면서 장애유아를 위한 의무교육을 실시하도록 함으로써 장애유아 교육은 전환점을 맞이하게 되었다. 3세 이상의 장애

유아 교육이 의무교육임을 감안할 때, 장애유아가 배치되어 있는 모든 기관은 동일한 수준의 질적 서비스를 제공해야 한다. 장애유아 교육의 기본적인 질적 보장을 위해서 고려해야 할 사항은 교육과정과 자료의 개발, 유아특수교사의 배치 및 다양한 전문가의 협력체계 구축, 프로그램 점검과 개별화교육계획(IEP)의 관리, 가족 참여 및 지원의 제공과 장애유아에게 맞는 시설·설비를 갖추는 것이다(국립특수교육원, 2009; 교육과학기술부, 2009; 김성애, 2007; 노진아, 박현주, 2008; 이소현, 2007; 조광순, 2004; 최민숙 외, 2009). 또 통합교육기관에 많은 장애유아가 있고 점차 이러한 통합기관이 늘어나는 추세를 감안한다면 통합학급의 질 관리도 중요한 과제다.

이와 같이 장애유아의 의무교육을 실현하고 그들을 위한 교육의 질적 서비스를 제공하기 위한 정책적 노력의 일환으로 2009년 '제3차 특수교육 발전 5개년 계획'을 수립하였으며, 2008년 특수학교 교육과정을 개정하여 시행하고 있다(국립특수교육원, 2010).

2) 진단과 평가

조기 발견의 어려움과 부모의 기다림에 발달 촉진을 위한 지원의 적정 시기를 놓치는 경우도 많다. 발달의 적정 시기를 놓치는 것은 발달을 촉진할 수 있는 가능성을 줄어들게 하고 장애의 예방적 차원에서도 어려움을 갖게 하는 요인으로 작용한다. 따라서 아이의 출생과 더불어 적극적인 발달검사와 부모의 세심한 관찰로 문제를 조기에 발견하여 발달을 촉진할 수 있는 체계적 지원체제의 구축이 필요하다.

장애영유아를 위한 체계적 지원체제는 의료, 교육, 상담 등과 같이 장애영유아에게 필요한 다양한 전문 영역의 협력이 절실히 필요하며, 부모의 적극적 참여도 강조된다(한국특수교육연구회, 2009).

(1) 진단과 평가

조기교육에서 장애나 장애 위험이 있는 영유아를 진단하고 평가하는 목적은 그들의 독특한 욕구에 적절한 지원을 위한 프로그램을 계획하고 적용·평가하기 위함이다. 따라서 프로그램을 계획하고 실행하기 위해서는 먼저 아동과 관련된 정보를 수집해야 하는데, 진단·평가는 이러한 정보를 수집하고 결정을 내리는 과정이다. 진단과 평가에는 장애영유아의 발견, 선별, 진단, 프로그램 계획, 평가의 단계들이 있다. 각 단계마다 독특한 기능과 목적을 지니며, 특별한 절차와 평가 도구로 수행된다(McLean et al., 2004).

〈표 13-1〉 진단 및 평가의 단계

단 계	진단과정	기능과 목적
1단계	장애영유아 발견	장애영유아 혹은 장애 위험이 있는 영유아에게 적절한 지원을 제공하기 위한 조기 발견
2단계	선별	전문적인 진단의 필요성 결정
3단계	진단	장애 유형과 정도에 따른 교육적 지원의 필요 결정
4단계	프로그램 계획	각 발달 영역에 대한 강점 및 약점을 고려한 개별적 교육지원 계획 결정 및 적용
5단계	평가	선별과 진단의 과정을 거쳐 적용한 지원 프로그램에 대한 교수 과정 및 결과 평가

이에 대한 구체적인 내용은 〈표 13-1〉과 같다.

　영유아에게 자주 사용되는 선별도구와 진단도구를 선택함에 있어 고려해야 할 점들을 살펴보면, 선별도구와 진단도구는 정확성을 요구하고, 사용절차가 간편하여야 한다. 선정된 도구들은 인간의 다양한 측면이 포함될 수 있게 종합적이어야 하고, 경제적이어야 한다. 그리고 부모들의 반응이나 요구에 민감하여 부모 참여를 보장해 주어야 한다. 아울러 유아의 연령과 평가받고자 하는 영역에 따라 적절한 선별도구와 진단도구를 선택하여야 한다. 하나 이상의 도구를 사용하여 도구의 한계성을 극복하는 것도 좋을 것이다.

〈표 13-2〉 영유아를 위한 선별도구

선별도구명	연령 범위	설 명	평가 영역
APGAR 평정척도	출생 후, 1, 5, 10개월	• 특별한 보호 및 치료가 필요한 영유아 판별 • 분만실에서 수행	• 심장박동 수 • 호흡 상태 • 반사 및 근육 강도 • 피부색
조기 선별 목록표	2~8세	• 부모의 질문지 작성으로 문제 발견	• 유아의 의학적 경력 • 가족 경력 • 유아 건강 및 발달
바텔 발달선별검사	6~8세	• 직접 검사 • 면담 및 관찰이 전문가에 의해 수행 • 30분 소요되는 개인검사	• 사회성 • 대근육, 소근육, 적응 • 표현언어, 수용언어 • 인지
발달 프로파일 II	0~12세	• 부모면담을 통해 성취수준 판단 • 표준화된 검사	• 신체적 사고 • 사회적 · 학문적 의사 소통

바이랜드 적응행동검사	출생부터	• 사회성숙도, 능력 혹은 독립성의 단계 평가 • 인터뷰 • 사회적 연령 산출	• 자조 • 자기 지시 • 작업 의사소통 • 이동 및 사회화
한국 덴버 발달선별검사	0~6세	• 지체된 발달의 발견 빠름 • 비용이 적게 드는 표준화된 검사 • 정신척도, 운동척도, 행동척도로 구성	• 대근육 • 소근육 • 개인적 · 사회적 언어
유아용 발달선별검사	2~5세	• 잠재된 학습 문제 판별 • 표준화된 검사	• 대근육 • 소근육 • 개념 • 의사소통
ASQ	4~48개월	• 부모에 의한 선별도구 • 연령별 모니터링 체계 • 신체장애와 감각장애 유아에게도 사용 가능	• 적응 • 인지 • 의사소통 • 운동 • 사회성

출처: 유수옥(2005), pp. 111-112.

〈표 13-3〉 영유아를 위한 진단도구

진단도구명	연령 범위	설 명	평가 영역
베일리 영아발달검사 II	0~42개월	• 전문가에 의한 표준화된 절차 사용 • 표준화된 검사	• 정신척도, 운동척도, 행동척도로 구성
개정판 바텔 발달 목록	0~8세	• 신체장애와 감각장애에도 사용 가능 • 표준화	• 인지 • 의사소통 • 운동 • 사회화 • 적응

출처: 유수옥(2005), pp. 113-114.

(2) 진단과 평가 방법

수집하는 정보에 따라 표준화 검사를 사용할지, 관찰, 면담, 점검표 등을 사용할지 그 진단과 평가 방법이 결정된다. 장애영유아를 진단하고 평가하는 경우 다양한 측면의 측정을 위해 여러 유형의 진단과 평가 방법을 사용하여 포괄적이고 종합적인 진단과 평가를 진행할 수 있도록 해야 한다. 진단과 평가 방법에는 표준화 검사의 사용, 관찰, 면담 등이 포함된다(한국특수교육연구회, 2009).

364

진단은 양적 접근과 질적 접근으로 구분할 수 있다. 검사란 양적 접근을 기본으로 해서 고도로 구조화된 과제들을 수행하게 하여 발달의 특정 측면을 측정하고자 하는 것으로, 규준참조진단, 준거참조진단 및 교육과정중심 진단을 들 수 있다. 규준참조진단(norm-referenced assessment)은 동일 연령집단의 또래들과 비교해서 어느 정도 수행하고 있는지의 정보를 제공한다. 준거참조진단(criterion-referenced assessment)은 미리 정해진 표준적인 기준에 의해서 정의되는 특정 목표행동의 습득을 측정하는 것으로, 발달 영역이나 과목 영역으로 구분되어 위계적 구성을 이룬다. 교육과정중심 진단(curriculum-based assessment)은 각 진단 항목마다 교육과정상의 활동이 제공되어 유아의 교육 프로그램의 시작점을 판별하고 교수를 세분화하거나 수정하기 위한 직접적 수단으로 사용된다.

또 다른 방법으로는 관찰이 있는데, 관찰은 전문가나 부모가 자연적인 상황에서 영유아를 관찰하여 영유아 행동의 다양한 발달 영역에 대해서 기록·분석하는 과정으로 다음과 같은 강점들을 가지고 있다. 먼저 관찰은 검사도구로 측정하기 어려운 기술들을 진단할 수 있으며, 다른 측정방법보다 수집된 정보의 타당도를 높여 주고, 일상생활의 환경으로 확장시켜 주며, 행동과 환경 간의 관계 파악과 프로그램의 효과에 대한 일반화와 정보를 제공해 준다.

영유아 진단의 마지막 방법으로 면담이 있다. 면담은 주로 부모나 영유아를 양육하고 있는 제일 가까운 양육자에게 실시된다. 면담은 표준화된 도구를 사용하거나 점검표를 사용한다. 면담을 통하여 몰랐던 새로운 정보를 수집하거나 수집된 정보를 확인하게 한다. 또한 부모의 생각을 고려하여 지원방법의 참고자료로 활용하기도 한다(한국특수교육연구회, 2009).

3) 장애영유아 교육의 과제 및 전망

장애영유아를 위한 무상의 공교육과 의무교육을 실현하기 위해 해결하여야 할 과제들은 다음과 같다.

첫째, 조기 발견과 관련하여 다양한 대중 인식 프로그램을 개발·보급하여야 한다. 장애의 조기 발견은 교육 못지않게 중요한 과제다. 그러나 장애영유아의 조기 발견 체제가 확립되지 않아 장애의 확정 이후에야 발견되는 사례들이 많다.

둘째, 장애 위험 영유아나 장애영유아를 발견하기 위한 주기적인 선별사업이 이루어져야 한다. 지역사회의 일반 유치원이나 어린이집을 대상으로 한 주기적인 선별이 이루어져야 하고, 이를 위한 표준화된 선별도구를 개발해 활용하여야 한다.

셋째, 관련 부처 간 협력체계를 구축하여 장애영유아의 교육을 지원하여야 한다. 부처 간에 협력하여 조기 발견을 위한 중장기계획을 수립하고 이를 순차적으로 시행하기 위해 많은 노력을 하여야 한다.

넷째, 장애영아에게 질적으로 수준 높은 서비스를 제공하여야 한다. 공교육을 받게 되는 장애영아를 위해서는 기관중심, 가정중심, 혼합형 등 다양한 서비스 제공 형태에 따라 최소한의 국가수준의 교육과정이 마련되어야 하고, 영아 가족과 협력할 수 있는 장애영아 전문가를 양성하여야 한다.

다섯째, 장애유아를 위한 의무교육기관의 질적 관리가 이루어져야 한다. 2010년에만 5세부터 연차적으로 시행되는 장애유아의 의무교육을 위해 보육기관, 통합기관에 대한 질적 관리가 이루어져야 한다. 질적 관리를 위한 고려사항으로 교육과정과 자료의 개발, 유아특수교육 교사의 배치 및 타 전문가와의 협력체계 구축, 프로그램 점검과 IEP 관리, 가족 참여 및 지원의 제공과 장애유아에게 맞는 시설·설비를 갖추는 것이다(국립특수교육원, 2010).

영유아특수교육의 중요성에 따라 유아특수교육기관의 설치를 확대하고 지원을 확대하는 정책을 지속적으로 추진해 왔다. 향후 영유아특수교육의 발전을 전망하면 다음과 같다.

첫째, 교육을 원하는 장애영유아의 교육기회가 확대될 것이며, 장애영유아만이 아니라 장애 위험이 있는 영유아의 특수교육 기회도 확대될 것이다.

둘째, 영유아특수교육의 기본적인 질적 보장을 위해 교육과정과 자료의 개발, 유아특수교사의 배치 및 다양한 전문가의 협력체계 구축, 프로그램 점검과 IEP의 관리, 가족 참여 및 지원의 제공과 장애영유아에게 맞는 시설·설비의 구축에 지원이 확대될 것이다.

셋째, 통합교육기관에 많은 장애영유아가 취원하고 있어 이러한 통합교육기관이 지속적으로 늘어날 것이며, 그에 따라 통합학급의 질 관리에도 많은 지원이 이루어질 것이다(국립특수교육원, 2010).

2. 전환교육

1) 전환교육의 개요

전환교육은 장애학생의 진로 및 직업 교육을 포함하는 총체적인 서비스다. 전환교육은 장애학생이 학교에서 성인사회로 나가 직업재활과 독립생활 그리고 통합된 사회생활을 하는 데 필요한 모든 교육·훈련 프로그램과 지원서비스를 제공하는 것에 궁극적인 목표를 두고 있다(윤점룡 외, 2005). 그러나 대부분의 장애성인은 고등학교 졸업 후 성인의 삶으로 전환하는 데 어려움을 겪고 있으며, 비장애성인에 비해 직업, 진로 및 사회 참여에 있어 부진함을 보이고 있다(김정효, 이정은, 2008; 김진호, 2004; 박희찬, 2002; 정희섭 외, 2005). 지역사회 시민으로서 특권과 책임을 누리고 경험할 수 있도록 그들의 능력과 잠재력을 자원으로 활용하기 위해서는 잠재력에 대한 믿음과 확신이 필요하고, 많은 시간과 노력 및 지원이 필요하며, 교육적 지원이 지속적으로 제공되어야 한다. 직업활동과 사회 구성원으로서의 참여 등 장애인의 삶의 질을 향상시키기 위해서는 장애인 직업교육의 총체적인 서비스 활동이라고 할 수 있는 전환교육이 반드시 필요하다(권요한 외, 2010).

장애아동 또한 비장애아동과 마찬가지로 높은 삶의 질을 추구하고 만족하기를 희망한다. 따라서 가장 효과적인 교육은 학교생활 중에 얻은 교육 경험을 졸업 후 자신의 사회생활에 연결시키는 주체적인 역할을 할 수 있도록 교육하는 것이다(조인수, 2005).

전환교육은 직업훈련의 성격이 강한 직업교육으로부터 시작되어 진로교육에서 전환교육으로 패러다임의 변화와 함께 개념 정의가 변화되어 왔다(Sitlington et al., 2000). 우리나라의 경우는 「장애인 등에 대한 특수교육법」에서 '진로 및 직업 교육'이라는 용어로 사용하고 있으며, 장애아동의 학교 졸업 이후의 폭넓은 삶을 고려하고 있다. 같은 법 제2조에서는 "진로·직업교육이란 특수교육대상자의 학교에서 사회 등으로의 원활한 이동을 위해 관련 기관의 협력을 통해 직업재활훈련·자립생활훈련 등을 실시하는 것"이라고 정의하고 있다.

2) 전환서비스 모델

(1) 윌의 다리 모델

1984년 미국 특수교육 및 재활서비스국(OSERS)의 책임자인 매들린 윌(Madeleine Will)은 전환교육 서비스에 대한 모델을 제시하였다. 윌의 다리(bridge)모델은 고용에 초점을 두었으며, 세 가지 유형의 서비스로 구성되어 중등특수교육과 직업적응을 다리로 개념화하여 연결하였다. 구체적으로 3개의 서비스 다리/연결을 살펴보면, ① 특수한 서비스 없이 고용으로 전환(예: 고등교육)으로서, 특별한 전환서비스가 필요하지 않은 장애아동을 대상으로 한다. 주로 중등특수교육을 받은 경도장애인들이 이에 해당되는데, 그들은 지역사회의 일반적인 작업서비스를 이용할 수 있다. ② 시간 제한적인 서비스와 함께 고용으로 전환(예: 직업재활)으로서 직업재활기관이나 성인서비스 기관에서 장애인들을 대상으로 지역사회의 일반 직업에 적응하도록 특별하게 만든 서비스를 제한된 시간 동안에 제공받게 된다. ③ 지속적인 서비스와 함께 고용으로 전환(예: 보호고용)으로서, 중도장애인들이 직업적응을 하는 데 필요한 계속적인 직업재활 서비스를 제공하는 것이다(Heward, 2009).

(2) 핼펀의 지역사회적응 모델

핼펀(Halpern, 1985)은 고용에만 초점을 둔 윌의 모델이 너무 제한적이라는 문제 제기와 함께 삶의 질에 있어서도 그것이 유일한 목표가 아니며 거주환경과 대인관계도 고려해야 한다고 지적하였다. 그는 윌이 주장한 세 가지 유형의 서비스는 장애인이 지역사회에서 성공적으로 적응하도록 돕는 방향으로 제공되어야 한다고 하면서 더욱 확장된 전환교육 모델을 제시하였다. 핼펀의 지역사회적응(community adjustment) 모델은 지역사회 생활을 세 가지 영역, 즉 주거환경(residential environment), 적절한 사회·대인관계(social and interpersonal), 의미 있는 취업(employment)으로 나누었다. 핼펀(1985)은 장애학생의 질적인 삶과 지역사회 적응을 성취하기 위해서는 각각의 기둥에 필요한 전환 프로그램이 고려되어야 한다고 주장하였다.

(3) 콜러의 전환 프로그램 분류 모델

콜러(Kohler)의 전환 프로그램 분류(taxonomy for transition programming) 모델은 교육은 무엇인가라는 관점에서 살펴본 것으로, 전환 교육 및 서비스 프로그램을 5개 영역으로 분류하였다. 이 5개 영역은 전환중심 교육을 촉진하기 위해 수행되어야 하는 과제를 나타낸다. 구체적으로 첫 번째 영역인 학생중심계획은 ① IEP 개발, ② 학생 참여, ③ 계획전략을 포함한다. IEP는 적절한 장기목표, 단기목표 및 서비스를 결정하는 데 중심 수단이기 때문에 학생 참여는 IEP의 핵심이다.

두 번째 영역인 학생개발은 ① 생활기술 교수, ② 직업기술 교수, ③ 진로 및 직업 교과과정, ④ 체계적 일 경험, ⑤ 평가, ⑥ 지원서비스를 포함한다. 이 영역에서는 학교 중심의 직업교육 경험과 직장 현장 중심의 직업교육 경험을 통한 생활, 직업 및 직업에 관련된 기술발달을 강조한다. 이 영역에서는 또한 학생 평가 및 수정도 포함하는데, 이런 정보들은 학생들이 학업중심 및 직장중심 직업교육 경험을 평가하고 결정하는 데 기본이 된다.

세 번째 영역은 부모/가족 참여로서, 교육과 전환 서비스 계획 및 전달에 있어서 부모/가족 참여와 관련이 있다. 이 영역에서는 특히 세 가지 측면의 부모/가족 참여, 즉 ① 참석 및 역할(participation and roles), ② 역량강화(empowerment), ③ 훈련(training)에 초점을 둔다. 개별화전환 교육 및 서비스에 부모/가족이 적극적으로 참여할 수 있도록 그들의 다양한 역할에 중점을 두어야 한다.

네 번째 영역인 각 기관 간의 협동은 협동적인 구조 및 협력적인 서비스 전달을 포함한다. 콜러(1998)는 모든 관련자들로 구성된 중개전환팀(interagency transition team)을 만들기를 제안하였으며, 참여자들은 전환계획 시 서로 협력하여 ① 서비스의 간극을 줄이고, ② 서비스의 중복을 막으며, ③ 자원의 효율적인 사용을 증가시키고, ④ 각 기관 간의 영역적 문제를 줄이며, ⑤ 총체적인 계획 및 서비스 전달을 하는 역할을 담당할 수 있다.

마지막 다섯 번째 영역인 프로그램 구조 및 속성은 프로그램 구조 및 그에 일치하는 철학, 정책, 절차, 평가방법, 자원 배분 및 인적자원 개발을 포함한다. 콜러(1998)는 학교가 전환서비스를 개선하기 위해 ① 여러 형태의 교육을 선택할 수 있도록 체계적인 지역사회 참여 유도, ② 지역사회에 근거한 학습기회, ③ 학교 내에서의 체계적인 사회적 통합, ④ 모든 학생의 기술, 가치 및 결과에 대한 기여를 해야 한다고 제안하였다.

콜러(1998)는 전환 교육 및 서비스는 교육의 다른 한 측면이며, 폭넓은 시야로 교육을 바라봐야 한다고 강조하였다. 그가 강조한 모델에서 근간이 되는 세 가지 점은 다음과 같다(한국특수교육연구회, 2009).

● 졸업 후 목표는 학생의 특성, 능력, 흥미 그리고 선호도에 근거해서 설정되어야 한다.
● 학생의 졸업 후 목표에 준비가 되는 학습활동 및 교육적 경험이 이루어져야 한다.
● 학생을 포함해서 여러 사람이 학생의 목표 및 활동을 알아내고 개발하는 데 함께 일해야 한다.

3) 장애청소년을 위한 중·고등학교의 역할

(1) 자기결정 기술 가르치기

자기결정 기술(self-determination skills)에는 선택하기, 결정하기, 문제 해결, 목표 설정 및 달성, 독립성, 자기 인식 및 자기 지식 등이 포함된다(Wehmeyer, 1996). 자기결정은 고등학교에서 성인의 삶으로 성공적으로 전환하는 데 중요한 역할을 담당하므로, 중·고등학교에서는 반드시 장애청소년에게 자기결정 기술을 가르칠 필요가 있다. 특히 여러 구성요소 중 '선택하기와 결정하기'는 성인의 삶으로의 전환에 있어서 핵심적인 요소로서 개별화전환계획의 근간이 된다. 그러나 대부분의 장애청소년은 자신의 개별화전환계획에 직접 참여하지 않는 경우가 많으며, 이는 자기결정 기술을 연습할 수 있는 최상의 기회를 놓치는 것이라 하겠다. 따라서 교사는 학생이 자신의 개별화전환계획에 참여하도록 격려해야 하며, 또한 선택 및 결정 기술을 연습해 볼 수 있도록 기회를 제공하여야 한다.

(2) 일상생활 기술 가르치기

일상생활 기술(daily living skills)이란 개인이 살아가는 환경에서 독립적으로 기능할 수 있는 기술을 의미한다. 이러한 기술들은 가정, 학교, 지역사회 그리고 직장에서 책임 있는 성인이 되기 위해 필요하다. 일반적으로 일상생활 기술은 가족의 모델링을 통해서 직접교수 없이 자연스럽게 습득되나, 일부 장애청소년은 어떻게, 어디에서, 언제 이 기술을 사용해야 하는지에 대해 직접적인 교수가 필요하다(한국특수교육연구회, 2009).

일상생활 기술을 가르치는 데 다양한 교육과정들이 있으나, 그중에서 가장 많이 쓰이는 교육과정으로는 '생활중심 진로교육 교육과정(Life Centered Career Education Curriculum)'이 있다. 〈표 13-4〉는 생활중심 진로교육 교육과정의 일상생활 기술 영역의 일부분을 발췌한 것이다.

〈표 13-4〉 생활중심 진로교육 교육과정: 일상생활 기술 교육과정

능력	하위 능력: 학생들은 ~을 할 수 있을 것이다			
1. 개인재정 관리하기	1) 돈 세기 및 정확한 잔돈 만들기	2) 현명하게 지출하기	3) 가계부 기록하기	4) 신용카드 현명하게 사용하기
2. 집안일 선택하기 및 관리하기	7) 집 실내/외부 인테리어 유지하기	8) 청소도구 사용하기	9) 적정한 집안일 선택하기	10) 집안일 결정하기
3. 개인 욕구 관리하기	12) 몸매 유지, 영양, 몸무게에 관한 지식 알기	13) 적절한 자신 관리 및 신변 처리하기	14) 상황에 맞춰 적절하게 옷 입기	15) 흔한 질병 및 조치에 대해서 알기
4. 아이 키우기 및 결혼의 의무 지키기	17) 아이를 키우기 위해 자신의 신체 관리하기	18) 아이를 키우는 데 필요한 정서적 측면 이해하기	19) 결혼의 책임에 대해 알기	
5. 장보기 및 음식 만들고 먹기	20) 음식 재료 사기	21) 재료를 깨끗하게 씻기	22) 남은 재료 보관하기	23) 음식 준비하기
6. 옷 사기 및 관리하기	26) 옷 빨기	27) 옷 구입하기	28) 다림질하기 및 수선하기	
7. 시민의 책임감 다하기	29) 시민의 권리 및 의무 알기	30) 지역 및 국가자치단체 성격 이해하기	31) 준법 이해 및 따르기	
8. 레크리에이션 시설 이용하기 및 여가 즐기기	32) 지역사회 시설 및 자원에 대해서 알기	33) 활동 선택하고 계획하기	34) 여가생활의 가치 이해하기	35) 개별 및 집단 활동 참가하기
9. 지역사회 돌아다니기	38) 교통법규 및 안전에 대해서 알기	39) 다양한 교통수단 이용에 대해서 알기	40) 목적지 경로 알기	41) 운전하기

(3) 고등교육 준비시키기

장애학생들을 위한 고등교육(postsecondary education) 준비란 대학에서의 학업 및 사교적 어려움을 잘 해결하는 데 필요한 기술들을 습득할 수 있도록 도와주는 것을 말한다. 이에 대한 효과적인 계획과 준비 없이는 장애학생들이 대학교 환경에 압도되거나 적응하는 데 어려움을 겪을 수 있을 것이다(deFur et al., 1996; Getzel et al., 2000; Getzel et al., 2004).

고등교육으로의 전환은 장애학생의 교육에 있어서 일찍 시작되는 것이 좋다. 고등학교 선택(예: 인문계고, 실업계고, 특수학교)을 살펴보는 것도 매우 중요하며, 이를 통해 장애학생들은 학업 및 진로에 대해 좀 더 배울 수 있을 것이다.

(4) 취업 준비시키기

최근 고등학교에서는 장애학생들의 취업 준비를 위한 노력의 일환으로 현장경험 교육, 진로교육, 지역사회 훈련 프로그램을 실시하고 있다(박석돈, 2006). 현장경험 교육 프로그램에서는 학생들이 학교에서 일부 시간을 보내고 나머지 시간은 학교 밖의 직업훈련 장소에서 보낸다. 훈련 프로그램의 책임은 고등학교 특수교사, 직업재활상담사 그리고 직업교육교사들이 분담한다.

진로교육은 사회적 기술 및 일반적인 직업기술에 대한 훈련을 포함하며, 대개 다양한 진로 선택에 대한 이해, 직업기회 탐색, 적절한 직업태도, 사회적 기술 및 작업 관행 등에 대해서 다룬다.

지역사회 훈련 프로그램에서는 직접적인 훈련 및 지속적인 지역사회 직업 현장에서의 지원을 다루며, 학생들의 지적 능력, 흥미, 선호도와 작업현장의 요구들을 고려하여 개별 학생에 맞는 장기목표와 단기목표들이 설정되어야 한다.

학교는 각 학생의 특성, 흥미 및 선호를 고려한 다양한 직업교육 프로그램을 개발하여 그들이 졸업 후 취업에 연결되거나 준비될 수 있도록 노력해야 한다.

4) 전환교육의 최근 동향

미국은 1980년대 초반에 특수교육의 성과를 알아보기 위해 특수학교 졸업생에 대한 진로 추적조사를 실시하였는데, 그 결과는 매우 회의적이었다. 이러한 저조한 특수교육의 성과를 높이기 위해 윌(1984)은 전환교육 프로그램을 개발하였다. 이 모델은 취업을 위한 직업교육에 초점을 맞춘 것이었다. 이듬해 웨먼 등(Wehman et al., 1985)은 윌의 전환교육 모델을 보완하여 취업에 이르게 하는 과정을 1단계 과정이 아닌, '학교교육 → 전환과정을 위한 계획 → 의미 있는 취업 배치'의 3단계 과정으로 제시하였다. 그리고 핼펀(1985)은 이에 주거생활과 사회생활 영역을 추가하였다(국립특수교육원, 2010).

우리나라에서도 전환교육은 특수교육의 성과를 높이기 위한 직업교육의 중요한 원리로, 1990년대 초반에 소개되어 현재는 특수교육 현장에서 활발하게 적용되고 있다. 일반적으로 전환교육은 개인생활, 사회생활, 여가생활, 직업생활 영역의 4개 영역으로 구성되어 있다. 직업생활 영역을 가장 큰 목표로 하여 지역사회 내에서의 현장실습이 강조된다. 한편 지원고용은 1990년대 초반부터 우리나라에 소개되기 시작하였으며, 2000년부터 「장애인고용촉진 및 직업재활법」의 개정을 계기로 본격적으로 시행된 제도다. 이는 장애학생의 선 배치-후 훈련을 기본 개념으로 한 교육, 즉 지역사회 현장에서의 교육을 강조하고 있다(정민호, 2002).

일반학생의 경우 고등교육 단계에서 전문교육 및 직업교육을 통해 취업에 도달할 수 있지만, 특수교육대상 학생의 경우 고등교육에의 진입이 어렵기에 전단계인 고등학교 및 중학교에서 보다 효율적인 직업교육을 실시함으로써 취업에 이르도록 할 필요성이 있다(국립특수교육원, 2010).

이와 같은 필요성이 제기됨에 따라 교육과학기술부는 '2008년 특수학교 교육과정'을 개정하였다. '2008년 개정 특수학교 교육과정'의 기본교육과정은 중등교육 단계에 있는 특수교육대상 학생에 대한 직업교육 시간이 중학교 과정에서 주당 6시간, 고등학교 과정에서 주당 8시간으로 배당되어 있다. 이는 국어교과 주당 4시간, 사회교과 주당 3시간, 수학교과 주당 3시간 등과 비교할 때 상당히 많은 시간을 할애한 것이다. 또한 이 개정 특수학교 교육과정에서는 초등학교 5~6학년의 경우 주당 2시간의 실과교과를 신설함으로써 직업교육에 대한 조기교육을 강조하였다(교육과학기술부, 2008). 이러한 직업교육의 동향은 기존의 제7차 특수학교 교육과정의 기본교육과정에서 중학교 직업교과를 주당 10시간, 고등학교 직업교과를 주당 12시간 배당한 것과 비교할 때 다소 약화된 듯보인다. 그렇지만 초등학교 과정에서 주당 2시간의 실과교과를 신설함은 물론 중 · 고등학교 과정에서 현장실습의 내용을 추가하고 시대의 흐름에 따른 컴퓨터 및 정보통신의 내용을 반영함으로써 직업교육을 보다 강화한 것으로 평가되고 있다(교육과학기술부, 2009).

3. 부모교육

1) 부모교육의 필요성

최근 특수교육의 큰 변화 중 하나는 부모의 참여와 역할의 증대다. 실제 부모의 역할은 매우 중요한 특수교육의 한 영역으로 자리 매김하고 있으며, 과거와 달리 장애아동 관련 권리 행사나 장애아동 관련서비스의 선별적 적용과 관련하여 보다 폭넓은 기능을 수행해 나가고 있다.

가족은 전문가와 함께 팀 협력을 이루어 아동의 교육적 효과를 극대화하는 데 중요한 역할을 한다(Lee, 2002). 장애자녀의 가정에는 장애아동 양육에 따른 그들만의 독특한 요구가 있으며, 부모는 아동에 관한 교육 증대와 원만한 가족기능을 위한 다양한 가족지원에 대한 관련 정보를 필요로 하고 있다(Brown & Snell, 2000). 장애아동이 성장하면서 부모는 대인관계 형성의 장애, 의사소통장애, 환경 변화에 대한 적응장애, 여러 가지 문제행동, 인지 및 정서적 장애 등에서 어려움을 겪게 된다. 따라서 장애아동을 가진 많은 부모에게 전문적인 부모교육이 절실한 실정이다.

과거 비형식적 교육을 바탕으로 이루어지던 양육에서, 최근의 부모교육은 보다 구체적이고 제도적인 면을 강조하는 형식적 교육내용으로 전환되고 있다. 더욱이 아동발달의 대부분이 부모라는 혈연적 교사가 주도하고 있다는 단순한 사실이 보다 중요한 의미로 부각되기 시작하여 부모의 교사적 역할 조정이 필요한 과제로 떠오르고 있다(권요한 외, 2010).

부모교육은 부모의 참여와 지원을 위한 전략으로서 부모의 역할기능을 발달시키는 것으로, 현대의 장애아동 부모는 보다 적극적인 자세로 장애자녀의 특성을 파악하고 그에 적절한 교육적 조치를 취할 수 있는 부모교육을 필요로 한다. 따라서 장애아동 부모교육은 ① 아동의 인지능력이나 정서발달에 미치는 부모의 역할의 중요성을 알고 장애자녀의 교육적 변화 가능성에 따른 환경 조성의 주요 요인을 알게 하고, ② 가족 간의 유대와 기능 강화를 통한 장애자녀의 인지 및 정서적 교육 · 재활 가능성을 부여해 주며, ③ 인지능력 발달과 연계된 언어적 교육 · 재활에 대한 부모 역할과 기능 습득의 기회를 증가시키고, ④ 장애자녀의 인지 및 정서 발달 수준에 맞는 가정교육 환경 조성과 자녀의 특성을 파악할 수 있는 부모의 교사적 기능 향상 등을 가능하게 해 준다는 점에서 장애인 교육 · 재활의 중요한 부분이 되고 있다.

2) 장애아동 부모의 심리

장애아동의 출생은 부모는 물론 가족에게 큰 충격을 주며, 그로 인한 상실감과 슬픔은 매우 크다. 장애아동을 낳은 부모는 처음에는 수치심, 우울, 죄책감, 분노와 같은 심리적 · 정서적 반응을 보이다가, 장애아동이 성장함에 따라 아동의 발달을 위한 여러 방법을 찾으려 노력한다. 그러나 이러한 노력을 하는 동안 부모는 육체적으로는 물론 경제적부담과 정신적 긴장을 더하게 되어 장애아동을 출산하였을 때의 초기 심리과정이 악순환되기도 한다(김원경 외, 2008). 장애아동의 부모가 겪는 가장 큰 어려움은 장애아동의

양육에 대한 부담으로, 장애아동 양육에는 더 많은 시간과 노력 그리고 비용이 요구된
다. 대부분의 장애아동은 모든 일상생활에서 타인에 대한 의존이 높아 부모 중 한 명은
장애아동을 돌보는 데 전념해야 하고, 장애아동을 수용하면서 일어나는 교육적 열기는
양육에서 육체적·경제적 부담을 가중시킨다. 이와 같은 양육 부담이 장기화되었을 때,
장애아동의 부모는 육체적·정신적 피로를 느끼게 되어 심리적 갈등을 일으키는 경우도
많다.

장애를 가진 자녀의 부모가 자녀의 장애를 알고 난 후에 받는 심리적 적응과정은 모두
동일하지는 않지만, 일반적으로 장애아동 부모의 심리적 변화는 초기 충격, 불신과 부
정, 감정적 격동, 책임감과 죄의식, 분노, 우울, 협상과 수용, 현실적 계획과 교육의 여덟
단계를 거치게 된다(여광응 외, 2003). 장애아동 부모의 심리적 증상에 대한 변화과정은
〈표 13-5〉와 같다.

〈표 13-5〉 **장애아동 부모의 심리적 적응과정 단계 및 특징**

단계	특징
충격	정확한 진단에 따른 충격으로 전문가의 대처방법이나 조언을 거부하는 과정
불신과 부정	기적적인 치료, 희망적인 진단을 기대하며 의사를 찾거나 조언을 거부하며, 심지어 자녀의 장애에 대한 존재 자체를 부정하는 과정
감정적 격동	슬픔, 초조, 혼돈, 갈등 등을 경험하면서 감정의 소용돌이 속에서 모든 사람에게 긴장되고 일관성 없는 태도를 취하게 되는 과정
책임감과 죄의식	장애의 실제 원인에 상관없이 죄의식을 느끼며, 벌을 받는 것을 생각하고 자녀에 대한 책임감으로 사랑하는 마음과 거부감, 증오심을 느끼는 과정
분노	자신에게 장애아동이 태어난 것에 대한 불공평한 감정에서 오는 과정
우울	비장애아동과 비교하며 자녀가 가지고 있는 장애를 염려하는 과정
협상과 수용	여러 가지 감정의 과정을 극복하여 장애아동에 대한 장래 계획과 실제적인 문제를 생각하는 과정
현실적 계획과 교육	일단 장애를 받아들이고 가장 필요한 치료와 교육에 대한 모색과 현실적인 계획을 세우는 과정

3) 장애아동 가족 지원

가족지원은 장애아동 가족이 자녀의 양육이나 교육과 관련하여 자신들에게 필요한
정보를 제공받아 적절하게 활용하고, 사회적 지원을 받을 수 있는 관계망을 형성하는 능

력을 갖도록 도와줌으로써 그들의 삶에 질적 향상을 가져오게 하고, 결과적으로 장애자녀의 교육과 삶에 긍정적인 영향을 미치게 하는 것을 의미한다.

장애아동의 교육에서 모든 결정에 부모가 참여하게 되면서 가족들은 전문가로 인식되기 시작하였다. 특히 진단과 교수 활동계획 시 가족은 전문가들과 동등한 구성원으로서의 역할을 한다. 이와 같은 가족의 중요성에 대한 인식의 변화와 함께 최근에는 가족지원이 장애아동 교육의 주요 목표의 하나로 포함되고 있다(이소현, 2003).

장애아동 가족은 각기 다른 다양한 요구를 가지고 있고, 아동이 성장함에 따라 그 내용도 달라진다. 정보는 아동의 장애를 이해하고 그 장애가 아동의 발달과 학습에 미치는 영향을 파악하여 실제적인 기대수준을 설정할 수 있도록 해 주며 부모나 가족 구성원이 자신의 역할에 도움이 되는 자료를 찾을 수 있도록 해 준다. 가족지원 프로그램은 가족에게 필요로 하는 특정 정보를 제공해 줌과 동시에 가족이 자신들의 다양한 욕구에 따라서 그 정보를 어떻게 접근하고 취할 것인지를 알 수 있도록 지원해야 한다(권요한 외, 2010). 또한 장애아동 가족은 부모 교육과 훈련을 필요로 한다. 많은 장애아동 가족이 부모교육을 통해 아동의 발달과 학습을 촉진하고 행동을 조절할 수 있게 되며, 긍정적인 양육행동을 형성하고, 적극적인 옹호자의 역할을 하게 된다.

장애아동의 가족은 개별 가족의 특성에 따라 다양한 정서상태를 겪어 나가기 때문에 그들을 위한 사회정서적 지원이 개별 가족에 따라 적절하게 제공되어야 한다. 이소현(2003)은 가족지원 프로그램은 부모가 마음을 열고 자녀와 관련된 모든 이야기를 할 수 있는 공동체 및 우정을 지원해 주어야 한다고 주장하였다.

• 2007년 「장애인 등에 대한 특수교육법」이 제정되면서 장애유아를 위한 의무교육을 실시하도록 함으로써 장애유아 교육은 전환점을 맞이하게 되었다. 3세 이상의 장애유아 교육이 의무교육임을 감안할 때, 장애유아가 배치되어 있는 모든 기관은 동일한 수준의 질적 서비스를 제공해야 한다. 장애유아 교육의 기본적인 질적 보장을 위해서 고려해야 할 사항은 교육과정과 자료의 개발, 유아특수교사의 배치 및 다양한 전문가의 협력체계 구축, 프로그램 점검과 개별화교육계획(IEP)의 관리,

376

가족참여 및 지원의 제공과 장애유아에게 맞는 시설·설비를 갖추는 것이다.

- 장애영유아를 진단하고 평가하는 경우 다양한 측면의 측정을 위해 여러 유형의 진단과 평가 방법을 사용하여 포괄적이고 종합적인 진단과 평가를 진행할 수 있도록 해야 한다. 진단과 평가 방법에는 표준화된 검사의 사용, 관찰, 면담 등이 포함된다.

- 전환교육은 「장애인 등에 대한 특수교육법」에서 '진로 및 직업 교육'이라는 용어로 사용하고 있으며, 장애아동의 학교 졸업 이후의 폭넓은 삶을 고려하고 있다. 같은 법 제2조에서는 "진로·직업교육이란 특수교육대상자의 학교에서 사회 등으로의 원활한 이동을 위해 관련 기관의 협력을 통해 직업재활훈련·자립생활훈련 등을 실시하는 것"이라고 정의하고 있다.

- 장애청소년을 위한 중·고등학교의 역할로 선택하기, 결정하기, 문제해결, 목표설정 및 달성, 독립성, 자기 인식 및 자기 지식 등이 포함된 자기결정 기술 가르치기와 개인이 살아가는 환경에서 독립적으로 기능할 수 있는 기술을 의미하는 일상생활 기술 가르치기, 대학에서의 학업 및 사교적 어려움을 잘 해결하는 데 필요한 기술들을 습득할 수 있도록 도와주는 고등교육 준비시키기와 취업 준비시키기 등이 있다.

- 장애아동 부모교육은 ① 아동의 인지능력이나 정서발달에 미치는 부모의 역할의 중요성을 알고 장애 자녀의 교육적 변화 가능성에 따른 환경 조성의 주요 요인을 알게 하고, ② 가족 간의 유대와 기능 강화를 통한 장애자녀의 인지 및 정서적 교육·재활 가능성을 부여해 주며, ③ 인지능력 발달과 연계된 언어적 교육·재활에 대한 부모 역할과 기능 습득의 기회를 증가시키고, ④ 장애 자녀의 인지 및 정서 발달 수준에 맞는 가정교육 환경 조성과 자녀의 특성을 파악할 수 있는 부모의 교사적 기능 향상 등을 가능하게 해 준다는 점에서 장애인 교육·재활의 중요한 부분이 되고 있다.

학 습 문 제

1. 진단과 평가의 단계에 대해 설명하시오.
2. 전환시기의 장애청소년을 위한 학교의 역할에 대해 설명하시오.
3. 장애아동 부모의 심리적 적응단계를 설명하시오.

참 · 고 · 문 · 헌

교육과학기술부(2008). 특수학교 교육과정. 교육인적자원부 고시 제2008-3호.

교육과학기술부(2009). 장애학생 진로 · 직업교육 내실화 방안.

교육과학기술부(2009). 특수학교 교육과정 해설(Ⅳ): 선택중심교육과정(직업교과).

교육과학기술부(2009). 유치원 과정 특수교육대상자에 대한 의무교육 실시 방안 연구.

국립특수교육원(2009). 장애영아 무상교육 지원모형 개발연구.

국립특수교육원(2010). 특수교육백서.

권요한, 김수진, 김요섭, 박중휘, 이상훈, 이순복, 정은희, 정진자, 정희섭(2010). 특수교육학개론. 서울: 학지사.

김성애(2007). 「장애인 등에 대한 특수교육법」에 따른 한국 유아특수교육의 과제 및 해결 방향. 유아특수교육연구, 7(3), 111-140.

김원경, 조홍중, 허승준, 추연구, 윤치연, 박중휘, 이필상, 김일명, 문장원, 서은정, 유은덩, 김자경, 이근민, 김미숙, 김종인(2008). 최신특수교육학. 서울: 학지사.

김정효, 이정은(2008). 한 정신지체 특수학교 고등부 졸업생들의 삶에 관한 어머니들의 보고. 특수교육학연구, 44(4), 245-247.

김진호(2004). 충남지역 특수학교 발달장애 졸업생의 성인생활 실태연구. 특수교육저널: 이론과 실천, 9(5), 225-247.

노진아, 박현주(2008). 교육과정 중심 진단 도구의 활용이 발달지체 유아의 개별화된 교육목적 및 목표에 미치는 영향. 유아특수교육연구, 8(2), 17-38.

박석돈(2006). 장애학생 산학협동 (직업)진로교육에 관한 고찰. 재활심리연구, 13(1), 1-23.

박희찬(2002). 장애졸업생 추적조사와 전환교육. 특수교육학 연구, 37(2), 79-111.

여광응, 이영재, 이은림, 심우정, 임지향, 권영화, 이성현, 윤숙경, 조용태, 강학구, 김순영, 김은희, 권순황, 이태화, 박찬웅, 윤문숙, 김하경, 이상진, 정용석, 이점조(2003). 특수아동의 심리학적 이해. 서울: 학지사.

유수옥(2005). 유아특수교육론, 서울: 학지사.

윤점룡, 김병식, 박용석, 박주완, 백순이, 서원욱, 심재중, 유종호, 이원희, 이한우, 임웅현, 차용찬, 최기상(2005). 장애학생의 이해와 교육. 서울: 학지사.

이소현(2003). 유아특수교육. 서울: 학지사.

이소현(2007). 장애 영유아 지원 체계 구축을 위한 질적 구성 요소-정책적 제도 수립을 위한 기초 연구. 유아특수교육연구, 6(2), 83-108.

정민호(2002). 전환교육에 관한 중등특수교사의 인식 연구. 가톨릭대학교 교육대학원 석사학위논문.

정희섭, 김현진, 김형일, 정동영, 정인숙(2005). 특수학교(급) 고등부 졸업생의 진로실태 및 진로 지원체제 구축방안. 안산: 국립특수교육원.

조광순(2004). 장애 · 영유아 조기발견을 위한 협력적 추적체계의 개발 방향. 특수교육학 연구,

38(4), 145-175.

조인수(2005). 장애인의 삶의 질 향상을 위한 전환교육. 대구: 대구대학교출판부.

최민숙, 박계신, 이경면, 금미숙(2009). 포커스 그룹면담을 통한 장애·영유아 교육과정편성 운영에 관한 실태와 요구. 유아특수교육연구, 9(4), 53-75.

한국특수교육연구회(2009). 최신특수아동의 이해. 경기: 양서원.

Brown, F., & Snell, M. E. (2000). Development and implementation of educational programs. In M. E. Snell & F. Brown (Eds.), *Instruction of Students with Severe Disabilities* (5th. ed., pp. 115-172). New Jersey: Prentice-Hall Inc.

deFur, S. H., Getzel, E. E., & Trossi, K. (1996). Making the postsecondary education match: A role for transition planning. *Journal of Vocational Rehabilitation, 6*, 231-240.

Getzel, E. E., Briel, L. W., & Kregel, J. (2000). Comprehensive career planning: The VCU career connections program. *Journal of Work, 14*, 41-49.

Getzel, E. E., McManus, S., & Briel, L. W. (2004). *An effective model for college students with learning disabilities and attention deficit hyperactivity disorders.* from www.ncsert.org/publications/ researchtopractice/NCSETReserchBrief_3.1.pdf

Halpern, A. S. (1985). Transition: A look at the foundation. *Exceptional Children, 51*(6), 479-486.

Heward, W. L. (2009). *Exceptional Children: An Introduction to Special Education* (9th ed.). Upper Saddle River, New Jersey: Person Education, Inc.

Kohler, P. (1998). Implementing a transition perspective of education. In F. Rusch & J. Chadsey (Eds.), *Beyond high school: Transition from school to work* (pp. 179-205). Belmont, CA: Wadworth Publishing.

Lee, B. I. (2002). A study of family supports for young children with developmental delay in early childhood special education. *Korean Journal of Special Education, 7*(1), 319-340.

McLean, M., Wolery, M., & Bailey, D. B. (2004). *Assessment Infants and Preschools with Special Needs* (3rd ed.). Upper Saddle River, NJ: Merrill/Prentice Hall.

Sitlington, P. L., Clark, G. M., & Kolstoe. O. P. (2000). *Transition Education and Service for Adolescents with Disabilities* (3rd ed.). Allyn & Bacon.

Wehman, P., Kregel, J., & Barcus, J. M. (1985). From school to work: A vocational transition model for handicapped students. *Exceptional Children, 52*(1), 25-37.

Wehmeyer, M. L. (1996). Self-determination as an educational outcome: How does it relate to the educational needs of our children and youth. In D. J. Sands & M. L. Wehmeyer (Eds.), *Self-determination across the life span: Independence and choice for people with disabilities* (pp. 17-36). Baltimore: Brookes.

Will, M. (1984). *OSERS programming for the transition of youth with disabilities: Bridges from school to working life.* Washington, DC: U.S. Deparment of Education, Office of Special Education and Rehabilitative Service.

찾 · 아 · 보 · 기

〈인 명〉

〈내 용〉

■ 저자소개

■ 강대옥
부산대학교 대학원 특수교육학과 졸업(특수교육학박사)
동아대학교 대학원 교육학과 졸업(교육학박사)
현 제주국제대학교 아동심리언어치료학과 교수

■ 강병일
영남대학교 대학원 체육학과 졸업(이학박사)
현 가야대학교 특수체육교육과 교수

■ 김기주
부산대학교 대학원 특수교육학과 졸업(특수교육학박사)
현 소리나라 언어발달 · 심리치료센터 원장
　동명대학교 언어치료학과 겸임교수

■ 김남진
대구대학교 대학원 특수교육학과 졸업(문학박사)
현 대구대학교 한국특수교육문제연구소 연구교수

■ 김창평
대구대학교 대학원 특수교육학과 졸업(문학박사)
현 부산여자대학교 아동복지보육과 교수

특수교육학개론(2판)

Special Education(2nd ed.)

2012년 2월 15일 1판 1쇄 발행
2015년 8월 20일 1판 6쇄 발행
2016년 3월 2일 2판 1쇄 발행
2022년 8월 10일 2판 7쇄 발행

지은이 • 강대옥 · 강병일 · 김기주 · 김남진 · 김창평
펴낸이 • 김 진 환
펴낸곳 • ㈜ 학지사

04031 서울특별시 마포구 양화로 15길 20 마인드월드빌딩 5층

대표전화 • 02) 330-5114   팩스 • 02) 324-2345

등록번호 • 제313-2006-000265호

홈페이지 • http://www.hakjisa.co.kr
페이스북 • https://www.facebook.com/hakjisabook

ISBN 978-89-997-0903-6 93370

정가 **19,000**원

이 도서의 국립중앙도서관 출판시도서목록(CIP)은 서지정보유통지원시스템
홈페이지(http://seoji.nl.go.kr)와 국가자료공동목록시스템(http://www.nl.go.kr/kolisnet)
에서 이용하실 수 있습니다.
(CIP제어번호: CIP2016004122)

출판미디어기업 **학지사**

간호보건의학출판 **학지사메디컬** www.hakjisamd.co.kr
심리검사연구소 **인싸이트** www.inpsyt.co.kr
학술논문서비스 **뉴논문** www.newnonmun.com
원격교육연수원 **카운피아** www.counpia.com